최강의
포식자
논論 刑沖會合
형충회합

최강의 포식자 논 형충회합 - 사주간명의 절대자 갑진의 형충회합 비기

초판발행 2024년 01월 01일
초판발행 2024년 01월 01일
지은이 김 철 주
펴낸이 김 민 철

등록번호 제 4 -197호
등록일자 1992.12.05

펴낸곳 도서출판 문원북
주 소 서울시 마포구 토정로 222 한국출판콘텐츠센터 422
전 화 02-2634-9846
팩 스 02-2365-9846
메 일 wellpine@hanmail.net
카 페 cafe.daum.net/samjai
블로그 blog.naver.com/gold7265

ISBN 978-89-7461-504-8
규 격 152mmx225mm
책 값 25,000원

최강의 포식자

논論 형충 회합

운원북 BOOK

들어가는 길

명리학(命理學)에 입문(入門)하고서 몇 년 정도는 열심히 공부하다가 난관(難關)에 봉착하는 과정이 형충회합(刑沖會合) 이론입니다. 초보시절에 생극제화(生剋制化)를 배웠다면 고급과정으로 넘어가는 과정에서 필연적으로 만나는 장소가 형충회합(刑沖會合) 단계입니다. 이곳에서 막히면 되돌아가야 하는데 넘어가야 할 산을 오르지 못하고 우회(迂回)했기 때문에 이것은 명리학의 결실(結實)이 아니라 다른 구성학으로 대체된 학문인 것이므로 명리학이라는 간판을 내 세울 수가 없는 일입니다. 시간이 지나면서 상담하다 보면 형충회합으로 사건의 개요(概要)를 파악하는 수법이 긴요(緊要)하다는 사실을 깨닫게 됩니다.

여기에 묘고지론(墓庫之論)을 곁들이면 육친의 질환, 사망, 소송 사건 같은 구체적인 사건도 알아맞힐 수가 있다는 점입니다. 이러한 매력 때문에 논형충회합(論刑沖會合)은 오래동안 학인들에게 동경(憧憬)의 대상이 되어 왔지만 실제로 구체적인 간법(看法)을 설명하여 비기(祕記)를 공개한 책이 그리많지 않다는 사실을 알게 되었습니다. 실제로 고전을 뒤져 봐도 형충회합에 대한 실전적인 소개가 상당히 부족하다는 점을 깨달았는데 이런 애로사항 때문에 묘고지론(墓庫之論)과 형충회합(刑沖會合) 이론을 정리하는데 10년이라는 시간을 투자하게 되었습니다.
이것은 제대로 정리가 된 고전의 자료들이 없기 때문이기도 합니다.

따라서 제가 실전의 간명을 통해 역(逆)으로 재구성(再構成)하여 어떤 통일된 규칙을 찾아 이론 집을 만들어야 했기 때문에 시간이 상당히 걸리게 되었고 오늘 그 결실(結實)의 일부분을 맺을 수가 있어서 감개(感慨)가 무량할 따름입니다.

초학자 던지 아니면 고급과정을 이수하신 분들이라도 논(論) 형충회합(刑沖會合)의 거대한 산맥(山脈)을 건너가지 못한다면 명리학은 끝을 맺을 수가 없음을 절실히 느낄 수가 있을 것입니다.

아무쪼록 이 작은 결실(結實)이 명학(命學)을 연구하는 학인들에게 작은 도움이 되기를 간절히 희망해 봅니다. 이 책을 위해 도움을 얻었던 분들의 자료들입니다 개인적으로 감사를 올리면 인사를 드립니다. 역학동의 청명님과 회원님, 태양님, 서상원님, 청운님, 대원명리학님, 인당님, 백담님, 홍산님, 무술님 하륜지산님 등등.

甲辰年 乙丑月　甲辰

목/차

제1장 최강의 포식자 논 형충회합

제2장 묘고지의 득실론(得失論)

제3장 존버의 법칙 육친론(六親論)

제4장 종합적인 질병론(疾病論)

제5장 신통방통 물형론(物形論)

제6장 기국형상 승부론(勝負論)

제1장

최강의 포식자 논 형충회합

형충회합(刑沖會合)과 신살(神殺)  1부

1 논 형충회합의 비기(祕記)

팔자에 형충이 있으면 좋지 않으나, 삼합과 육합으로 형충을 해소할 수 있습니다. 예를 들면 원국에서 묘유(卯酉)충이 되지만 만약, 1) 묘술(卯戌)합이 되어서 충을 해소할 수도 있습니다. 또한 진유(辰酉)합이 되어서 충을 해소할 수도 있습니다.

만약 2) 술(戌) 대신 해(亥)나 미(未)가 있어도 해묘미(亥卯未) 삼합이 되어서 충을 해소할 수 있습니다.

또는 3) 진(辰) 대신 사(巳)나 유(酉)가 있어도 사유축(巳酉丑) 삼합이 되어서 충을 해소할 수 있습니다. 이것은 회합이 있어서 형충을 해소한 사례입니다.

1)	時	日	月	年
	戌	卯	酉	辰

2)	時	日	月	年
	亥	卯	酉	辰

3)	時	日	月	年
	亥	卯	酉	巳

또, 4) 병(丙) 일간이고 월지가 자(子)인데 지지에 묘(卯)가 있으면 자묘(子卯)형이 됩니다. 지지에 술(戌)이 있으면 묘술(卯戌)합이 되어서 형이 해소가 됩니다.

5) 축(丑)이 있다면 자축(子丑)합이 되어서 형을 해소하게 됩니다.

6) 해(亥)나 미(未)가 있어도 해묘미(亥卯未) 삼합이 되어서 형을 해소할 수 있습니다. 또는 7) 진(辰)이나 신(申)이 있어도 신자진(申子辰) 삼합이 되어서 형을 해소할 수 있습니다. 이것은 회합이 있어서 형을 해소한 사례입니다.

4)	時	日	月	年
	戌	卯	子	

5)	時	日	月	年
	戌	卯	子	丑

6)	時	日	月	年
	亥	卯	子	丑

7)	時	日	月	年
	亥	卯	子	申

또. 해소함이 있어서 도리어 형충이 되는 경우가 있습니다. 예를 들면 갑(甲) 일주가 자월(子月)에 났는데 지지에 2개의 묘(卯)가 있으면 2개의 묘(卯)는 1개의 자(子)를 형하지 못하게 됩니다.

그러나 이 경우에 술(戌)이 있다면 묘술(卯戌)합이 되어 1개의 묘(卯)가 자(子)를 형할 수 있게 됩니다. 육합이 있으면 본래는 형을 해소하지만 1개를 합거하니 1개가 남아서 형하게 되는 것은 원리입니다. 이것이 바로 해소함이 도리어 형충을 유도하는 것이 됩니다.

2개의 묘(卯)는 1개의 자(子)를 형하지 못한다.

時	日	月	年
卯	子	卯	

묘술(卯戌)합이 되어 1개의 묘(卯)가 자(子)를 형한다.

時	日	月	年
戌	卯	子	卯

또 회합이 있어도 형충을 해소하지 못하는 경우도 있습니다. 예를 들면 자(子)년 오(午)월인데 일지가 축(丑)이면 자축(子丑)합이 되어서 자오(子午)충을 해소합니다. 그런데 이 때 시지에서 사(巳)나 유(酉)를 만난다면 사유축(巳酉丑) 삼합이 되니 자오(子午)충이 부활합니다. 또 자(子)년 묘(卯)월 술(戌)일이면 묘술(卯戌)합이 되어 자묘(子卯)형이 해소가 됩니다. 그러나 시지에 인(寅)이나 오(午)가 있다면 인오술(寅午戌) 회합이 되어 자묘(子卯)형이 되살아나게 됩니다.

• 일지가 축(丑)이면 자축(子丑)합이 되어서 자오(子午)충을 해소한다.

時　　日　　月　　年
丑　　午　　子

• 유(酉)를 만난다면 사유축(巳酉丑) 삼합이 되니, 자오(子午)충이 부활한다.

時　　日　　月　　年
酉　　丑　　午　　子

• 자(子)년 묘(卯)월 술(戌)일이면 묘술(卯戌)합이 되어 자묘(子卯)형이 해소된다.

時　　日　　月　　年
戌　　卯　　子

• 오(午)가 있다면, 인오술(寅午戌) 회합이 되어 자묘(子卯)형이 되살아난다.

時　　日　　月　　年
午　　戌　　卯　　子

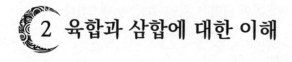

2 육합과 삼합에 대한 이해

합을 볼 적에는 단순히 합이라고 생각하기 전에 합으로 인해 팔자에 어떤 구조적인 변화가 일어나는가를 먼저 이해해야 합니다. 그러므로 합은 2가지 강력한 합거(合去)와 합동(合動)이 발생하게 됩니다. 그 이외에 합류(合流), 합생(合生) 등이 있지만 이것들은 여기서는 생략합니다. 육합은 보통 합거(合去)가 많고 삼합은 합동(合動)이 많습니다. 그래서 육합은 묶이는 현상이 발생하겠고 삼합은 합동이므로 합기가 일어납니다. 이런 기본적인 합의 특성을 이해할 줄 알아야 형충파해를 볼 수 있는 것입니다. 삼합은 지장간에 공통되는 오행이 모여 있기 때문에 "회(會)"라고 말하였던 것입니다. 예를 들어 인오합(寅午合)이라면 인(寅)중에 병화(丙火)와 오중(午中)의 정화(丁火)가 모여 불이 모여 들므로 회(會)가 되는 것이죠. 회(會)가 되면 동기(同氣)반응(反應)이 일어나 발현(發顯)이 됩니다. 실자(實字)로 구현(俱現)이 되는 겁니다. 그래서 삼합에서는 합거(合去)가 안되고 합기(合起)현상이 많이 발생하는 겁니다. 그러므로 동합(同合)도 합기(合起)라고 보았던 것입니다. 그러나 육합(六合)의 탄생배경은 삼합(三合)과 전혀 다른 환경 입니다. 그래서 육합(六合)을 삼합(三合)의 원리에서 이해하고자 한다면 전혀 이해할 수 없는 겁니다.

육합의 생성원리와 삼합의 생성원리는 전혀 다른 구조임을 알아야 합니다. 예를 들어 묘술합(卯戌合)이라면 목(木)과 토(土)의 합이니 오행으로 합하는 게 아닙니다. 그런데도 어느 학파에서는 지장간에 공통되는 오행이 없는데 묘술합화(卯戌合火)한다고 이상하게 생각들을 하더군요. 그래서 사신합(巳申合)에서는 오히려 사중(巳中) 경금(庚金)과 신중(申中)의 금(金)으로 인해 사신합화금(巳申合化金)이라고 주장하는 학파도 생겨났습니다. 그러나 이것은 틀린 생각입니다. 육합은 지장간을 보는 게 아닙니다.

육합의 원리는 천문학 별자리에서 가져온 것이므로 지장간이 배경이 될 리가 없는 것이니까요. 그래서 사신합수(巳申合水)가 되는 원리를 지장간을 살펴 본다고 수(水)가 나오겠습니까? 육합은 아시다시피 위도의 합, 적도의 합이라고 말하는 것입니다. 공통 위도에서 결합이 되어 만들어지는 것입니다. 같은 공간을 움직이면서 합하는 자리라고 보면 됩니다. 그래서 육합은 오행의 결합이 아닌 것입니다. 묘술합화(卯戌合火)가 그렇고 사신합수(巳申合水)가 그러며 자축합토(子丑合土)가 그런 겁니다. 이런 종류들은 모두 극합(剋合)이라고 부르는 것들입니다.

다음 아래의 그림을 살펴보면 육합(六合)이라는 것은 동일한 구역을 움직이는 위도의 합이라는 것을 알 수 있습니다. 이 위도의 중심에는 북두칠성이 놓여 있는데 예를 들어 묘술합(卯戌合)이 같은 위도를 중심으로 회전하고 있고 진유합(辰酉合)이 같은 위도(緯度)를 돌고 있습니다. 또한 사신합(巳申合)과 인해합(寅亥合)도 마찬가지입니다 육합이 모두 회전을 하는 지역이 합화(合化)오행(五行)이 되는 것입니다. 따라서 묘술합(卯戌合)의 경우는 해와 달이 묘(卯)에서 만나면 두건(斗建)은 술(戌)을 가리키는 까닭에 묘술(卯戌)합이라 말을 하는 것입니다.

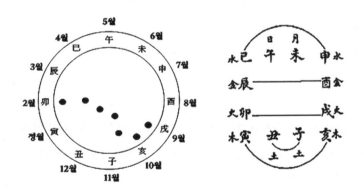

3 왕신을 제복(制伏)하는 법도는 충제(沖制)는 위태롭고 합제(合制)가 마땅하다

時	日	月	年	건명
상관		정재	정재	六神
庚	**己**	**壬**	**壬**	天干
午	**酉**	**子**	**辰**	地支
편인	식신	편재	겁재	六神

74	64	54	44	34	24	14	4	
庚	己	戊	丁	丙	乙	甲	癸	대운
申	未	午	巳	辰	卯	寅	丑	

이 사람은 병화(丙火)대운의 36세 무진(戊辰)과 37세 기사(己巳)년은 위암으로 고생하다, 정화(丁火)대운의 47세 무인(戊寅)과 48세 기묘(己卯)년에 잘 넘어간 이유가 무엇일까?

사주원국에서 왕한 오행의 결집이 존재하면 왕신(旺神)이라고 말할 수 있는데 만약, 왕신이 기신에 해당한다면 왕신(旺神)을 제복하는 법도는 충제(沖制)는 위태롭고 합제(合制)가 마땅한 것입니다. 왜냐하면 사주에 국(局)을 이루어 흉신(凶神)이 넘쳐난다면 이 험악한 살을 충극으로 건드리면 전쟁이 발생하게 됩니다. 따라서 승리한다고 하여도 전후 복구가 상당히 어려워지는 것입니다. 반면에 합제(合制)하게 되면 조용히 사라지는 것이므로 왕신의 흉심(凶心)을 건들이지 않고 악(惡)한 힘을 줄일 수가 있게 됩니다. 그런 연고로 왕신은 충제(沖制)보다는 합제(合制)가 마땅하다고 하였던 것입니다.

충거(衝去)와 합거(合去)의 차이는 충거(衝去)는 충하여 밀어 내는 것이고 합거(合去)는 합하여 따라가는 것입니다. 당연히 합거(合去)는 자기가 좋아서 따라간 것이므로 무슨 문제가 될 수 있겠습니까?

따라서 위암 환자는 천간에 2개의 임수(壬水)가 투출하였는데 또 다시 진자(辰子)수국(水局)으로 수(水)가 태왕(太旺)한 것이 결함(缺陷)입니다. 고로 종격(從格)으로 넘어가면 다행이지만 시지의 오화가 방해하고 있습니다 따라서 만약 병정화(丙丁火)와 사오미(巳午未)대운을 만나게 되면 종격(從格)에 실패한 것으로 봐야 합니다. 그래서 종재(從財)에 실패한 것이 확실하면 정격(正格)으로 간명하는데 정격에서는 임수(壬水)가 흉신(凶神)이고 왕신(旺神)이 분명한 것입니다.

이러한 흉한 왕신을 병화운(丙火運)에 병임충(丙壬沖)으로 충제(沖制)하니 왕신충발(旺神沖發)이 두려운 것인데 숨어 있는 흉심(凶心)을 자극하여 흉신(凶神)이 일어나고 정화운(丁火運)에는 정임합(丁壬合)으로 흉신(凶神)을 합제(合制)하므로 왕신을 건드리지 않고 제복이 되니 사주의 안정을 얻을 수 있습니다. 그러므로 36세와 37세는 병화운(丙火運)에 속하는 세운이며 47세와 48세는 정화운(丁火運)에 속하는 세운(歲運)에 해당되는 것입니다. 고로 병화(丙火) 길운(吉運)을 만났으나 충제(沖制)하여 왕신(旺神)을 건드린 결과물이 위암발견과 수술성공이고 정화운(丁火運)에는 정임합거(丁壬合去)로 임수(壬水) 하나를 제거하는데 성공하니 무사무탈(無事無奪)한 것입니다.

【근황】

36세 무진(戊辰)년 위암 발견.

37세 기사(己巳)년 위암수술을 하였다.

42세 갑술(甲戌)년 재혼하였다.

49세 경진(庚辰)년과 50세 신사(辛巳)년은 사업이 부진했다.

4 마득재향(馬得財鄕)에는 성공의 깃발을 날리기도 한다

時	日	月	年	세운	건명
비견		편관	비견	편인	六神
丙	丙	壬	丙	甲	天干
申	申	辰	戌	寅	地支
편재	편재	식신	식신	편인	六神
병지역마	병지역마	공망		학당	신살

이 명조는 서락오 선생의 팔자입니다. 월지(月支) 진토(辰土)가 공망(空亡)이고 일시지 양(兩) 신금(申金)은 문창(文昌)과 역마(驛馬)에 해당합니다. 문창(文昌)과 역마(驛馬)라는 말은 학문을 찾기 위해 분주히 움직인다고 이해하면 됩니다. 특히 일간(日干)이 역마(驛馬)를 깔고 앉았으면 분주할 수 있어서 가만히 있지를 못하게 됩니다.

그러나 이 말(馬)은 병지(病地)에 놓인 병마(病馬)이니 진마(眞馬)가 아닌 것입니다. 그래서 만약 역마(驛馬)가 합이 되면 말고삐를 묶어 놓은 상태라 병(病)든 마(馬)의 상(像)을 가진 연고로 말구유에 엎드려 있는 슬픔이 있는 것입니다. 이 팔자에서는 신신(申申)이 동합(同合)에 해당합니다. 그러므로 서락오선생은 평생 원행(遠行)은 많이 하였지만 별다르게 큰 소득은 없었다고 합니다.

그래서 말하길 **"역마가 형충(刑沖)되면 동(動)하고, 합(合)되면 말고삐를 묶어 놓은 것과 같다"**고 하였습니다.

따라서 이 명조는 묶인 합을 깨서 병든 말들을 깨워 밖으로 내몰아야 길해 진다고 볼 수 있습니다. 갑인년(甲寅年)에 학당 인목(寅木)을 만나 역마충이 되면 신신(申)은 합기(合起)하게 됩니다. 그렇게 되면 말구유에 묶였던 말들이 비로소 활기를 찾아 격동하기 시작하는 겁니다. 그러니 서락오는 다음과 같은 말을 하였습니다.

"갑인년(甲寅年)에 일본(日本)에 관광을 갔다가 귀국한 후 절군부(浙軍府)에서 직책을 맡았다. 일생(一生)을 돌아보건대 그때가 가장 순조로 왔으니 인(寅) 은 좋은 말임을 알겠다." 이것을 마득재향(馬得財鄕)이라 합니다.

"마득재향(馬得財鄕)"이란?
그대로 역마가 재성의 고향을 만난 것을 말하는 것입니다. 예를 들어 년지 (年地)의 인오술(寅午戌)을 기준으로 보면 신금(申金)이 역마에 해당하는데 병 화 일간 기준으로 보아도 신금(申金)이 재성에 해당하면 역마가 재성에 해 당 되는데 이것을 마득재향(馬得財鄕)이라 하고 인신충(寅申沖)으로 움직이게 되면 희망적인 일들이 생겨날 수 있습니다.

5 역마도화(驛馬桃花)가 용신이면 해외 이동 출장이 많다

時	日	月	年	대운54	곤명
겁재		상관	편재	인수	六神
甲	乙	丙	己	壬	天干
申	亥	子	酉	午	地支
정관	정인	편인	편관	식신	六神
	역마	도화			

이 여자분은 기묘(己卯)대운에 파티에 한번 불려 다닐 때마다 남들 월급만큼 받았다고 하는데 현재 서울 아파트 2채 보유하고 있다고 합니다. 출장 뷔페라든지 파티, 연예 기획 같은 이미지는 어느 점을 보면 알 수 있을까요.

자월(子月)에 태어난 을목(乙木)일간은 겨울철에 피는 꽃이므로 인동초(忍冬草), 난초(蘭草), 매화(梅花)같은 기질을 가진 여자입니다. 고매(高邁)한 성품을 가졌다고 볼 수 있습니다. 특히 병화(丙火)상관(傷官)을 갖추고 있는데 편인(偏印)도화(桃花)까지 있으므로 다양한 학문적 지식과 기술 그리고 남을 위하는 배려와 처신에 뛰어나 각별함을 느낄 수 있을 것입니다.

그런데 용신이 자수(子水)이면 물은 흐르는 성질이 있으므로 유통업, 물류업, 택배업, 무역, 통상업으로 나타납니다. 그리고 해자수(亥子水)가 붙어 있게 되면 물의 특성이 강화되어서 주류업, 음료업, 얼음, 어항, 수족관, 수산업류, 양어장, 양식장, 수영장, 사우나 등으로 좁혀집니다.

또한 자(子)는 시간적으로는 저녁에 해당하고 도화(桃花)는 밤에 움직임이므로 은밀한 애정사가 많아서 비밀, 술집운영, 주류업, 그로 인해 파생이 되는 오락, 유흥업, 카지노, 숙박업등에 속한 직업을 가질 수 있습니다. 그러므로 자수(子水)가 도화(桃花)이고 해수(亥水)가 역마(驛馬)이면 이동, 출입이 잦은 직업을 얻게 됩니다.

또한, 용신인 자수(子水)가 도화(桃花)가 되면 을목(乙木)은 매화꽃이 될 것이므로 매화(梅花)의 향기로 인해 남자들이 모이게 됩니다. 년지(年支)의 유금(酉金) 편관과 시지(時支)의 신금(申金) 정관의 남자들입니다.
그러므로 출장파티, 부페, 연예, 기획단처럼 행사를 위한 이벤트 사업에 종사할 가능성이 높습니다.

왜냐하면 년지(年支)의 편관(編官)은 자유파살(子酉破殺)에 걸린 계약 문서이므로 행사장에서 만나는 업무상의 남자들이고 나의 남자는 시지(時支)의 신금(申金) 정관(正官)이 될 것입니다. 왜냐하면 갑신(甲申)이라는 고목(古木)위에 앉아 있는 갑목(甲木)은 을목(乙木)에게는 등라계갑(藤蘿系甲)의 상(像)이 되기 때문입니다.

자수(子水) 도화(桃花)가 신자합(申子合)으로 당기는 구조라 나와는 친밀한 사이입니다. 역시 자유파살(子酉破殺)에 걸린 도화(桃花)처럼 파티 행사 중에서 만난 것입니다. 갑목(甲木)을 재력가(財力家)로 판단하는 근거는 갑기합(甲己合)에 있습니다. 갑목(甲木)이 기토(己土) 편재(偏財)를 갑기합(甲己合)으로 통제(統制)하고 있는 겁니다. 이것은 기유(己酉)의 편관(編官)을 직접 혹은 간접적으로 통솔하고 있다는 것이므로 숨어 있는 세력가 됩니다.

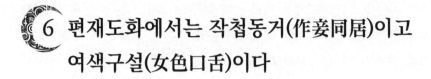

6 편재도화에서는 작첩동거(作妾同居)이고 여색구설(女色口舌)이다

時	日	月	年	세운48	대운39	건명
정인	식신	정인	편재	편재	편관	六神
戊	辛	癸	戊	乙	丁	天干
戌	卯	亥	戌	酉	卯	地支
정인	편재	상관	정인	비견	편재	六神
도화	지살				도화	

"년월(年月)에 있는 도화(桃花)는 장내도화(牆內桃花)라 하고 일시(日時)에 있는 도화(桃花)는 장외도화(牆外桃花)"라 한다.

년월에 있으므로 부모 관할 하에 놓인 도화라 하여 젊은 날의 도화는 제화(制化)가 되었으므로 준수하여 그리 흠이 없겠으나, 일시(日時)에 있는 도화는 성장 한 후에 나오는 도화(桃花)이므로 주변의 통제가 없다는 것이 문제입니다 그래서 야외도화(野外桃花)라 하여 주색(酒色)으로 패가망신하는 경우가 더러 나타납니다.

그런데 특히 일지에 도화가 있고 충이 있는 경우나 운에서 충이 되는 경우 바람기로 인하여 관재, 구설수 또는 폭행 등의 횡액을 당하는 경우가 있을 수 있습니다. 이것은 도화살은 형, 충, 파, 해를 꺼리기 때문인데 공망이면 오히려 흉이 반감이 되어 길할 수도 있습니다. 도화(桃花)는 형충(刑沖)을 만나 충파(沖破)되면 음동(淫動)이 일어나 도화병(桃花病)으로 몸을 망칠 수가 있다는 것입니다.

그래서 이 명조는 월주 계해(癸亥)가 투출하였는데 무계(戊癸)합하고 해묘(亥卯)는 반합(半合)을 합니다. 이것은 상관(傷官)이 편재(偏財)를 합생(合生)하여 상관(傷官)이 재(財)로 변화(變化)한 것이니 화상위재(化傷爲財)가 되는데 상관생재격(傷官生財格)을 구성하므로 재성(財星)의 수기(秀氣)가 빼어난 것입니다. 특히, 무술(戊戌)이 2개로 인수(印綬) 태과(太過)의 우려가 있었는데 화상위재(化傷爲財)가 되어 재성(財星)의 국(局)으로 변화하니 재성이 희신(喜神)으로 태과(太過)된 인수를 눌러 안정을 이루었습니다. 그러므로 이 사람은 철강업으로 700억의 재물을 벌어 들였습니다.

그런데 일지(日支)가 편재도화(偏財桃花)입니다. 말하기를 재록도화(財祿桃花)에서는 취재(聚財), 소실축재(小室蓄財), 인처치부(因妻致富), 부친풍류(父親風流)하다고 하였는데 특히, 처(妻)로 인하여 치부(致富)하기도 하지만 소실(小室)을 두고 축재(蓄財)할 수 있다고 염려하였습니다. 그런데 이 명조는 도화(桃花)와 지살(地殺)이 합이 되어 상관생재(傷官生財)의 격을 구성하므로 이 사람은 은근한 매력을 지니고 편재적인 투기 활동이 큰 사업가입니다. 이것은 편재 재물에 국한(局限)하지 않고 희신 상신으로 작용하게 되므로 많은 재산을 일구었는데 일지 재성(財星)도화는 처(妻)로 인하여 복(福)이 되면서 주색(酒色)으로 인한 풍류(風流)를 즐기게 됩니다. 한마디로 남자가 편재도화이면 작첩동거(作妾同居)이고 여색구설(女色口舌)이 발생할 수 있습니다.

그런데 지금 정묘(丁卯)대운(大運)이니 편재도화를 재차 만난 것입니다. 도화살 대운에 와 있는 사람은 용모를 가꾸려 하므로 화려해지고 누군가에게 눈이 띄기 쉽습니다. 이를 발판으로 성공의 길로 향해야 하지만 다른 이성의 만남은 그 과정 속에서 거쳐야 할 순서인지라 새로운 이성간의 고비를 경험하기도 합니다.

그러므로 묘(卯)대운에는 편재(偏財)도화(桃花)를 거듭 만나니, 47세 갑신년(甲申年)에 일간 신금(辛金)이 갑목(甲木) 정재(正財)를 취하려 하는데 자신의 신금(申金) 록(祿)에 안착(安着)하는 까닭에 자신이 운영하는 회사 경리와 사통(私通)하였고 일지(日支) 도화(桃花)와 묘신(卯申)암합(暗合)하여 들어오는 그 해에 바람이 난 것입니다.

그러다가 그 다음해인 을유년(乙酉年)에는 묘유충(卯酉沖)을 하는데 도화의 형충이 발생하는 시기에는 음동(淫動)이 크게 일어나서 주변을 살피지 못하게 됩니다. 육친의 애정행각과 이성간의 갈등이 밖으로 드러나게 됩니다. 또한 일지궁(日支宮)을 도화충(桃花沖)한 사건이므로 배우자궁 역시 음동(淫動)하여 아내가 맞바람을 피우다가 들통이 났습니다.

【근황】

병인(丙寅)대운과 정묘(丁卯)대운에 철강업으로 700억을 벌었다고 합니다. (350억은 부인 명의임) 47세 정묘(丁卯)대운 갑신(甲申)년에 여자 경리와 바람나더니 48세 을유(乙酉)년에 부인에게 들통이 났습니다. 그런데 남편도 부인을 추적 조사하여 남자관계가 있음을 밝혀냈다고 합니다.

7 흉살이 함지(咸池)를 범(犯)하다

時	日	月	年	세운24	대운22	곤명
편관	정인	편인		상관	비견	六神
己	癸	庚	辛	甲	癸	天干
未	未	子	酉	申	卯	地支
편관	편관	비견	편인	인수	식신	六神
墓	墓					12운성
과숙 조객 비인	과숙 조객 비인	공망 도화 육해	공망 재살 상문 격각	겁살	수옥 낙정관살	신살

이 사주의 주인공은 계묘(癸卯)대운 갑신년(甲申年)에 강에 투신해 자살했습니다. 이 사람이 투신자살할 수 있는 근거를 찾을 수 있겠습니까?

이 명조는 보도이로(寶刀已老)의 상(像)이 동주묘(同柱墓)에 걸린 운명입니다. 그런데 도화(桃花)를 중심으로 자미원진과 자유귀문파살이니 함지(咸池)를 범(犯)한 것이 가장 큰 이유가 됩니다. 무슨 말인가 하면 경금(庚金)이 계수(癸水)를 생하면 보도이로(寶刀已老)의 상(像)이라 하고 계미(癸未)는 동주묘(同柱墓)이니 보도이로(寶刀已老)의 상(像)이 묘지(墓地)에 놓인 삶을 말하는 것입니다.

보도이로(寶刀已老)라 함은 오래된 철에 녹이 쓴 녹물을 상징하므로 마실 수 없는 탁수(濁水)와 같은 존재입니다.

또한 미토(未土) 2개가 일간의 묘지(墓地)로 중첩(重疊)이 되어 있으니 이 사람은 항상 피로감으로 질환을 호소하거나 혹은 인생의 장애가 있는 것입니다. 더구나 계수(癸水) 일간은 오로지 록(祿)이 되는 도화 자수(子水)에 의지하고자 하나 인수 비겁 공망은 육친의 덕이 부족하니 자미(子未)원진과 자유(子酉)귀문 파살로 자수(子水)를 중심으로 모든 악살(惡殺)이 모이게 되면 이것이 이른바 **"함지(咸池)"**를 범(犯)한다고 하는 것입니다.

함지(咸池)라 함은 도화꽃이 가물거리듯 촉촉한 연못에 들어가는 것을 가리켜 함지(咸池)라 하였는데 이는 도화살의 다른 별칭(別稱)입니다. 일단 도화(桃花)를 범(犯)하게 되면 유금(酉金)이 재살(災殺)인 까닭에 도화(桃花)로 인해 수옥(囚獄)에 갇히는 것입니다.

계묘(癸卯) 대운에는 묘목(卯木)이 수옥살(囚獄殺)이고 **"낙정관살(落井關殺)"**이죠. 낙정관살(落井關殺)은 우물이나 맨홀에 빠져 익사(溺死)한다는 살입니다. 계묘(癸卯)대운에서 묘유충(卯酉沖)이 되면 재살(災殺)을 형충(刑沖)하여 함지(咸池)를 범(犯)하게 되므로 숨은 악살(惡殺)이 일어나는데 낙정관살(落井關殺)을 일으키므로 투신자살할 수 있습니다.

8 백호대살에 걸리면 해당 육친에 관련된 사건이 일어난다

(1) 백호살(白虎殺) 개념

백호살(白虎殺)은 무진(戊辰), 정축(丁丑), 병술(丙戌), 을미(乙未), 갑진(甲辰), 계축(癸丑), 임술(壬戌)이며 년(年), 월(月), 일(日), 시(時) 어디에 있어도 성립되며 궁성(宮星)으로 살펴봅니다. 백호대살에 망신겁살, 형충, 제압하지 못한 양인, 칠살, 원진살 등 흉살이 가중될 적에 해당합니다. 해당 육친이 백호살에 걸려 있다면 혈광 흉사 할 수 있는데 엽총에 의한 오인으로 피격 당하거나, 처참한 사망, 짐승에게 물려 죽을 수도 있습니다. 혹은 수술 중 죽을 수도 있고 낙태, 유산, 산액사(産額死)도 해당이 됩니다. 과거 호랑이에게 잡혀 죽는다 하여 백호살 있으나, 요즘에는 개에 물림, 교통사고, 추락사 등 일반적인 사고 다발 유형자에게 나타납니다. 그러므로 백호살이 년주궁(年柱宮)에 거주(居住)하면 조상이 비명횡사하였거나 굴곡이 많았고 백호살이 월주궁(月柱宮)에 거주하면 육친 혹은 부모가 무덕(無德)하고 박복(薄福)하거나 육친 간 왕래가 없을 수 있습니다. 백호살이 일주궁(日柱宮)에 거주하면 배우자가 질환으로 고생하거나 결혼이 수월치 않으며 다사다난하나 소득이 없고 백호살이 시주궁(時柱宮)에 거주하면 자손이 무력(無力)하고 말년에 고독 불안할 수 있습니다. 또한, 육친으로 보아서 인수가 백호에 형살이면 모친이 산망(散亡) 또는 혈광사(血狂死)이고 비겁이 백호살에 형충이 걸리게 되면 형제자매 중에 병사, 흉사가 나타날 수 있으며 상관이 백호살이면 조모가 산망(散亡)하고 여자는 자녀가 흉사(凶事)할 수 있습니다. 만약, 남자 일간이 재성의 백호살을 놓으면 처가 비명횡사할 수 있고 편재가 백호에 걸리면 부친이 객사 혹은 흉사하기도 합니다.

(2) 백호살(白虎煞)이 나온 원리

백호살은 60간지를 구궁(九宮)에 순행(順行), 역행(逆行)시켜 중궁에 닿는 간지를 말합니다. 곧 중궁에 닿는 간지인 백호살은 무진(戊辰), 정축(丁丑), 병술(丙戌), 을미(乙未), 갑진(甲辰), 계축(癸丑),임술(壬戌)입니다. 구궁을 순행시켜 중궁에 닿는 간지는 다음과 같습니다.

구궁을 역행해도 중궁(⑤궁)에 닿는 간지는 동일합니다.

④丁卯.丙子.乙酉 甲午.癸卯.壬子.辛酉	⑨壬申.辛巳.庚寅 己亥.戊申.丁巳	②乙丑.甲戌.癸未 壬辰.辛丑.庚戌.己未
③丙寅.乙亥.甲申 癸巳.壬寅.辛亥.庚申	⑤戊辰.丁丑.丙戌 乙未.甲辰.癸丑.壬戌	⑦庚午.己卯.戊子 丁酉.丙午.乙卯
⑧辛未.庚辰.己丑 戊戌.丁未.丙辰	①甲子.癸酉.壬午 辛卯.庚子.己酉.戊午	⑥己巳.戊寅.丁亥 丙辛.乙巳.甲寅.癸亥

백호살(白虎煞)은 구궁도(九宮圖)에서 나온 이론입니다.

백호살(白虎煞)은 구궁도(九宮圖)에서 진술축미(辰戌丑未)의 토(土)기운이 중궁(中宮)을 침범하는 것을 말합니다. 일명 오귀살(五鬼煞)이라 하는데 감궁(坎宮)에서 갑자(甲子)로부터 출발하여 순행할 때 임신(壬申)에 이르면 9번째를 뜻합니다. 그 중앙은 5번째로 황제자리인 중궁(中宮)에 해당되는 것인데 진술축미(辰戌丑未)는 묘지(墓地)에 해당하므로 이 둘이 서로 토(土)끼리 상충하다보니 결국 토 중앙이 흔들린다는 의미가 됩니다. 이것은 죽음의 기운이 중궁(中宮)을 침범하여 황제를 위협한다고 해서 나온 이론입니다.

(3) 백호살(白虎煞)의 흉사가 오행마다 다르다

① 갑진(甲辰), 을미(乙未) 백호(白虎)

목(木)에 해당하므로 끈이나 나무와 관계된 흉사(凶事)를 암시합니다. 사고가 나더라도 끈 나무와 관련된 사건이 발생하거나 죽으면 목을 메달아 죽거나 몽둥이에 맞아 죽는 일이 벌어집니다.

② 병술(丙戌), 정축(丁丑) 백호(白虎)

화(火)에 해당하므로 불, 자동차, 양약에 관련된 흉사(凶事)를 암시합니다. 사고가 나더라도 교통사고이거나 화재관련으로 죽어도 불에 타서 죽거나 부딪쳐 압사당해 죽습니다.

③ 임술(壬戌), 계축(癸丑) 백호(白虎)

수(水)에 해당하므로 물이나 약물에 관련된 흉사(凶事)를 암시합니다. 사고가 나더라도 익사, 음독, 자살입니다. 술중독자, 과량음주로 죽는 경우도 이에 해당됩니다.

④ 무진(戊辰) 백호(白虎)

토(土)에 해당하므로 건축물 산사태 등에 관련된 흉사(凶事)를 암시합니다. 사고가 나더라도 토사 붕괴에 의한 사고, 건물붕괴, 지하철붕괴에 갇힐 수 있습니다.

(4) 사주에서 응용하는 방식

① 년월일시의 근묘화실(根苗花實)을 따져 백호에 임한 글자를 보는 법
② 백호(白虎)가 좌(坐)한 그 글자의 십신(十神)으로 운명을 논하는 법
③ 12운성으로 묘지(入墓地)의 글자에 무엇이 죽는 자리인지 보는 법
④ 형충파해하여 일어나는 충극을 살펴보는 법

(5) 일간의 고(庫)에 백호가 걸리면 혈광사를 의심해야 한다

【예시1】

時	日	月	年	명조
편인		식신	상관	六神
戊	**庚**	**癸**	**壬**	天干
寅	**辰**	**丑**	**戌**	地支
편재	편인	편인	인수	六神

이 사주는 사주실록에 올려진 명조입니다. 말하기를 "축토(丑土)가 동(動)하게 되면 백호살이 발동하니 사건 다발(多發)이요 잘못하면 사망할 수가 있다"고 밝히고 있는데, 계축(癸丑)은 백호살(白虎殺)이고 축토(丑土)가 인수이므로 인수(印綬)백호(白虎)에 걸려 있는 상황입니다.

인수백호는 모친의 혈광사이지만 주변에 인수를 극하는 오행이 약하고 인수(印綬)다자(多者)에서는 인수가 고강(高强)하므로 모친의 근심은 있어도 사망할 정도는 아닙니다. 경금일간의 유일한 뿌리가 되는 축토(丑土)가 백호에 해당하면 일간 본인의 혈광사(血狂死)를 의심해 보는데 축토(丑土)는 금(金)의 고장지이므로 그 가능성이 높습니다. 그러므로 이 사람은 익사(溺死) 요절한 사람입니다.

(6) 인성이 백호살이면 모친의 건강수복을 염려하고 상관이 백호살이면 조모의 혈광사를 의심해야 한다

【예시2】

時	日	月	年	명조
겁재		식신	상관	六神
庚	辛	癸	壬	天干
寅	巳	丑	戌	地支
정재	정관	편인	인수	六神

이 명조는 계축(癸丑)과 임술(壬戌)이 백호살입니다.

그런데 술(戌)중의 무토(戊土)가 인성이고 모친에 해당합니다. 곧 모친이 백호에 걸려 있는 것입니다. 이것은 모친의 혈광사를 의심할 수 있는데 축술형(丑戌刑)이므로 백호(白虎)가 형살(刑殺)에 걸린 것이니 모친의 건강 수복을 따져 볼 만 합니다.

본인의 혈광사가 아닌 이유는 신금(辛金)일간은 경금(庚金)의 겁재(劫財)와 사중(巳中)의 경금(庚金)에 뿌리가 튼튼하기 때문입니다. 그러므로 축토(丑土) 고장지(庫藏地)라도 무사할 수 있는 것입니다. 그런데 인수와 편인이 연장선상에 이어지게 되고 축술형(丑戌刑)을 한다는 것은 두 모친을 모신다고 볼 수 있습니다.

고로 이 명조는 그의 어머니가 산망(散亡)하였습니다.

(7) 재성이 백호살이면 처(妻)가 비명횡사하고 편재 백호면 부친이 흉사한다

【예시3】

時	日	月	年	곤명
식신		편재	편인	六神
甲	**壬**	**丙**	**庚**	天干
辰	**戌**	**戌**	**申**	地支
편관	편관	편관	편인	六神

이 명조는 일찍이 부친의 흉사를 경험하였고 부부의 인연이 박하다고 합니다. 이 명조는 병술(丙戌), 임술(壬戌), 갑진(甲辰)이 전부 백호살입니다. 월주 병술은 병화(丙火)가 편재이니 부친성인데 병화 부친은 자체로 동주묘(同柱墓)이고 백호살(白虎殺)이니 부친(父親)의 흉사(凶事)를 예견할 수 있는 대목입니다.

진술충(辰戌沖)이 되게 되면 백호를 동하게 만들면서 병화(丙火)가 술토(戌土) 묘고지에 입고합니다. 부친의 흉사는 짐작이 되는 것이고 부부의 인연도 모두 백호이고 임술(壬戌)과 갑진(甲辰)의 진토(辰土)와 술토(戌土)는 모두 관살이라 모두 남자들이죠.

그리고 일지 배우자궁에 백호가 걸린 것이므로 부부가 무정(無情)하다고 볼 만합니다.

(8) 월주궁의 편재 백호는 부친의 흉사(凶事)가 일찍 나타날 수 있다

【예시4】

時	日	月	年	곤명
편인		편재	상관	六神
辛	**癸**	**丁**	**甲**	天干
酉	**亥**	**丑**	**寅**	地支
편인	겁재	편관	상관	六神

이 사람은 갑술(甲戌)대운 임오년(壬午年)에 부친이 작고(作故)하셨습니다. 이 명조는 월주궁(月柱宮)에 정화 편재(偏財)가 놓여 있는데 이것은 정축(丁丑) 백호(白虎)가 걸려 있는 것입니다.

정계충(丁癸沖)하고 백호살(白虎殺)이 동주묘(同柱墓)라 부친의 흉사(凶事)가 일찍 발생할 수 있습니다. 이러한 경우는 부친 분만 아니라 정화(丁火)가 재성이므로 재물의 손괴(損壞)에 대해서 축재(蓄財)가 어려울 수 있다는 뜻도 됩니다.

(9) 편재 백호에는 부친(父親)의 흉사(凶事)가 나타난다

【예시5】

時	日	月	年	건명
편관		편재	식신	六神
丙	**庚**	**甲**	**壬**	天干
戌	**辰**	**辰**	**子**	地支
편인	편인	편인	상관	六神
백호		백호		신살

이 사람의 아버지는 6살때 돌아가셨고 홀어머니가 계십니다.

이 명조는 일주가 경진(庚辰)괴강살이고 병술(丙戌)과 갑진(甲辰)은 백호살입니다 그런데 편재가 갑경충이 되고 모두 진술충(辰戌沖)과 진진(辰辰)형살 위에 걸터 앉아 있으므로 재관(財官)이 위태롭다고 봐야 합니다. 왜냐하면 진진형(辰辰刑)이 동(動)하면 괴강(魁罡)과 백호(白虎)가 살아나니 흉폭함을 쏟아낼 수 있습니다.

9 일지궁이 백호 탕화이면 남편의 비명횡사를 의심해야 한다.

時	日	月	年	세운54	대운45	곤명
편인		편재	정인	비견	겁재	六神
辛	癸	丁	庚	癸	壬	天干
酉	丑	亥	子	巳	午	地支
편인	편관	겁재	비견	정재	편재	六神
	백호 탕화					신살

남편이 54세 계사(癸巳)년에 농약을 음독하여 자살하였는데, 어떤 대목이 자살을 알 수 있을까요? 일지(日支) 계축(癸丑)은 백호살(白虎殺)인데 일지궁에 탕화살(湯火殺)이 걸려있습니다. 백호자리가 배우자궁이고 백호(白虎) 축토(丑土)는 편관(編官)이니 백호(白虎)가 동(動)하면 남편이 혈광사(血狂死)하는 사건을 암시합니다. 그런데 백호가 동(動)하면 탕화(湯火)도 함께 움직이므로 피흘리는 사건이 탕화로 나타나는데 계축(癸丑)은 해자축(亥子丑) 물과 연결이 된 것이므로 화재 혹은 차량(車輛)사고 보다는 홍수, 익사, 음독으로 인한 사고로 보는 것입니다. 곧 탕화가 사해충(巳亥沖)으로 불이 우세하면 화재 사건이고, 자오충(子午沖)이면 감전사(感電死) 일 수 있으며 탕화(湯火)가 인신충(寅申沖)이면 차량사고이거나 작업 중 사고이며 탕화(湯火)가 물로 연계가 되면 익사(溺死) 혹은 음독(飮毒) 사건으로 판단하는 것입니다. 그러므로 축토일지는 백호(白虎)와 탕화(湯火)가 한 자리에 있으므로 축오(丑午) 귀문(鬼門)이나 삼형, 칠살 등의 악살(惡殺)이 모여들 때에 탕화는 발동하게 됩니다. 따라서 오(午)대운에 재생살(財生殺)이 되는데 축오(丑午)귀문(鬼門)을 자극하더니 계사년에 탕화살이 일어났습니다.

10 용신(用神)이 술해(戌亥)천문에 놓이면 직업구성이 활인업(活人業)이 많다.

時	日	月	年	곤명
정재		비견	편관	六神
庚	**丁**	**丁**	**癸**	天干
戌	**亥**	**巳**	**未**	地支
상관	정관	겁재	식신	六神

78	68	58	48	38	28	18	8	
乙	甲	癸	壬	辛	庚	己	戊	대운
丑	子	亥	戌	酉	申	未	午	

○○대 의대생입니다. 정신과에 관심이 있다고 합니다. 부친은 평범한 직장인이고 다만, 요즘 사회관계가 안 좋은데 주로 언니 때문에 힘들어 합니다.

(1) 용신 분석

이 명조는 천간에 경금(庚金) 정재(正財)와 계수(癸水)편관(編官)이 투출하였습니다. 그런데 계수(癸水)칠살(七殺)은 월령에 근본이 없으므로 용신(用神)으로 잡을 수가 없으니 제외(制外)하지만 시간의 경금(庚金)은 월령의 장생자리가 되므로 사중(巳中) 경금(庚金)이 투출한 까닭에 경금(庚金)을 용신(用神)으로 잡을 수가 있습니다. 곧 화겁위재(化劫爲財)에 해당하여 변격(變格)이 되는 것입니다. 따라서 원래대로라면 록겁격(祿劫格)이지만 록겁에서 투출한 경금(庚金)으로 인해 용신의 변화를 일으키는 것입니다. 그런데 중요한 관점은 이 사람의 초년운과 중년운이 다르다는 사실을 파악해야 합니다.

현재 21세이므로 기미(己未)대운에 놓여 있습니다. 그러면 무오(戊午)대운에는 중고등학교를 진학하고 기토(己土)대운에 졸업과 동시에 부산(釜山)의대(醫大)에 입학했다는 이야기가 됩니다 그렇게 보면 초년운(初年運)은 남방화운(南方火運)을 지나오는 것인데 오화(午火)대운을 지나면서는 사오미(巳午未)방국을 구성합니다. 자연스럽게 이 시기의 용신(用神)은 지지 회합자(會合者)를 따라가야 하는 것입니다.

그러므로 무오대운에는 록겁격(祿劫格)을 구성합니다. 곧 용신은 큰 세력을 쫓아 가는 원칙이 있으므로 무오(戊午)대운과 기미(己未)대운은 록겁용살식제(祿劫用殺食制)로 보는 것입니다. 록겁용재(祿劫用財)로 안보고 록겁용살(祿劫用殺)로 보는 이유는 근묘화실(根苗花實)에서 년주(年柱)는 근(根)에 해당하여 초년운(初年運)을 관장하기 때문이고 시주(時柱)는 실(實)에 해당하여 중년운(中年運)을 관장하기 때문입니다.

그런 까닭에 이 사람의 초년 격국은 록겁용살식제(祿劫用殺食制)이고 서방금운(西方金運)이 시작이 되는 경신(庚申)대운 부터는 화겁위재(化劫爲財)를 따라 재대칠살(財帶七殺)를 구성할 수 있습니다. 칠살을 사용하려면 반드시 제복되어야 하는데 계미(癸未)에서는 계수(癸水)칠살(七殺)이 미토(未土) 식신(食神)에 앉아 있으므로 이미 제복(制伏)이 된 식제(食制)를 구성합니다.

(2) 경금(庚金)의 상의(象意) 분석

그런데 의대(醫大)이고 하필 정신과(精神科)에 관심이 많을까요. 이것은 경금(庚金)이 술해(戌亥) 천문(天文)에 앉아 있는 사람은 활인업(活人業)의 등장이 이루어집니다.
즉 용신(用神)이 술해(戌亥)천문에 놓이면 직업구성이 활인업(活人業)으로 많이 나타납니다.

그러므로 용신의 특성이 종교(宗敎), 의료(醫療), 역술(曆術)인으로 발전합니다. 따라서 이 사람의 직업을 알 수 있는 대목은 용신에 있는 것이므로 화겁위재(化劫爲財)의 상(像)이 어떻게 변화하여 나타나는지 살펴봐야 합니다. 화겁위재(化劫爲財)라 함은 겁재(劫財)가 재성(財星)으로 변한 것을 뜻하므로 이것은 비견겁(比肩劫)이 많은 사회집단을 말했던 것입니다. 그러므로 록겁(祿劫)이 변하여 재성(財星)이 되었다는 것은 집단 사회 구성원에서 출발하는데 이것은 경쟁자들과 어깨를 겨루는 모습이므로 군인, 운동선수, 집단교육체제에서 많이 나타납니다.

그런데 일지 술해천문이 놓인 자리에서 경금 용신이 투출해 있는 것이므로 경금용신의 주목적은 종교, 철학, 교육, 의학, 법무 등의 분야에서 시원(始原)이 된 것이라 볼 수 있는 것입니다. 고로 이 사람의 재성은 정신계통이지 육체를 움직이는 운동선수 혹은 군인, 근로자 계열은 아니라고 보면 됩니다. 또한 경금(庚金)은 하늘에서는 별, 달이고 사찰의 종(鍾)을 메달아 놓은 모습을 보이는데 경금은 종교성이 깊은 글자입니다. 원래 경금(庚金)은 "바꾼다" 또는 "고친다"는 고칠 경(更)에서 파생이 된 글자입니다. 그래서 혁신의 뜻이 강한 성질이 있는데 교육, 변혁, 개혁을 상징하기도 합니다.

따라서 재성용신이 술해(戌亥) 천문(天門)을 근본으로 하는 직업이므로 활인업이 나타나지만 경금의 혁신 기질로 인해 할인업의 내용도 개혁을 주제로 삼게 됩니다. 또한 재성이 용신인 사람은 활인 업에서도 돈 잘 버는 목적이 있는 사람입니다. 그러므로 사람 살리는 정신계통의사가 적합합니다. 왜냐하면 만약 편인이 있고 관성이 없는데 공망이면 역술인에 가깝고 만약 식신생재라면 사업가이고 의식주나 제조업이 맞겠지만 재성이 없다면 사업가는 될 수가 없으니 교육계, 학계가 적합합니다. 그러나 이 사주는 재성용신이므로 정재편재에서는 재성이 힘이 있고 지지가 술해천문으로 형충 혹은 삼형이 존재하면 한의사, 양의사, 의료계통이 적합합니다.

11 축술미(丑戌未) 삼형이 일간과 재성의
입고처이면 위태롭다.

時	日	月	年	세운20	대운18	건명
정재		정재	비견	겁재	상관	六神
庚	丁	庚	丁	丙	戊	天干
子	未	戌	丑	申	申	地支
편관	식신	상관	식신	정재	정재	六神

서울○○대학에 진학한 남자의 사주입니다. 2016년 12월 26일 자전거를
타고 가다가 택시와 충돌하여 사망하였습니다. 이 명조에서 사망의 근거를
판단할 수 있는 명리적인 이유를 알 수 있겠습니까?

이 명조는 축술미(丑戌未)삼형 구조가 되어 있습니다. 가장 흉한 구조는 월
지의 술토(戌土)가 일간 입고지라는 점이며 년지의 축토는 재성의 입고지인
데 이 둘의 입고처가 삼형(三刑)을 한다는 점입니다. 일간 입고지를 가진 팔
자는 상당히 주의해야 하는데 스스로 갇히는 것이므로 답답한 삶의 경험을
체험하기 쉽기 때문입니다. 축술미삼형(丑戌未三刑)이 발동(發動)하게 되면
축(丑)중의 계수(癸水)가 술(戌)중의 정화(丁火)를 공격하여 일간 정화(丁火)는
지지의 큰 손상을 당하게 됩니다.

사망 사건이 발생한 시기는 무신(戊申)대운 병신년(丙申年) 12월이므로 늦게
찾아옵니다. 12월에 발생한 이유는 바로 시지(時支) 자수(子水)와 신자합(申
子合)하는 시기이므로 10월 이후가 되는 겁니다. 그러면 신자합수(申子合水)
하게 되면 당연히 축술미(丑戌未)삼형이 동(動)하고 지지의 큰 변동이 일어나
므로 재성과 일간의 입고가 진행이 됩니다. 삼형 발동에서는 일간의 구속
감금 입원 사망 등이 발생한다고 보면 됩니다.

12 천라지망(天羅地網)으로 격국을 이루면 교도관이 될 수도 있다.

時	日	月	年	건명
비견		상관	식신	六神
丁	**丁**	**戊**	**己**	天干
未	**巳**	**辰**	**巳**	地支
식신	겁재	상관	겁재	六神
월살	지살	천살	지살	**신살**

2020년 6월 8일부터 교정직으로 일하고 있습니다만, 요새 양지로 나가고 싶다는 생각이 많이 듭니다. 직업을 바꿔야할까요? 아니면 계속 이 업을 계속 해야 할까요?

이 명조는 화토(火土)상관격(傷官格)에 해당합니다. 또한 양기성상(兩氣成像)을 갖추었습니다. 그런데 진토(辰土) 상관을 기준으로 년지(年支)와 일지(日支)가 진사(辰巳)의 천라지망(天羅地網)의 구조에 해당합니다. 라망(羅網)은 갇힌다는 것을 의미합니다.

삼형(三刑)과 마찬가지로 라망(羅網)살에서는 내가 남을 갇히게 하지 못하면 내가 오히려 갇히게 됩니다. 또 진(辰)은 천살(天殺)이고 사(巳)는 지살(地殺)입니다. 천살(天殺)은 하늘에서 내리는 천벌을 집행하는 사람이고 지살(地殺)은 번거로운 이동을 의미합니다. 그러므로 진사(辰巳) 라망(羅網)에서는 그물처럼 갇힌 주변에서 벌을 집행하려고 왔다 갔다를 수시로 반복하는 물상이 나올 수 있습니다.

이것은 교도관의 물상이기도 합니다. 라망(羅網)은 사물을 강제적으로 억압, 통제 또는 구속, 고정시켜 놓는 작용을 하기 때문에 범인이나 죄인을 구치소에 수감하거나 형무소에 복역시키는 일이 모두 라망(羅網)의 작용으로 인해 발생하는 것입니다.

그러므로 고전(古典)에서 말하기를 라망(羅網)살이 있는데 천살과 수옥살이 겹치면 관재와 관련이 되어 형장에 갇히는 것을 두려워해야 한다. 다만 경찰, 형법 집행관, 사법기관, 특수기관 직종에 근무하면 감금을 면하게 된다고 밝혔던 것입니다.

【핵심정리】
술해(戌亥)는 천라(天羅)이고 진사(辰巳)는 지망(地網)이다. 술해(戌亥)나 진사(辰巳)가 원명에 있을 때는 천라지망이 되는 해를 만나면 반드시 재해(災害)가 발생한다. 술해(戌亥)는 천문(天門)이니 고독성이므로 극처(剋妻), 극자(剋子)라 고독(孤獨)으로 무처(無妻)하다. 진사(辰巳)는 거미줄이 앞에 처져서 장래가 안 보인다. 술해(戌亥)는 고독성이요 진사(辰巳)는 장애(障碍) 패망성이다. 술해(戌亥)가 일시(日時)에 있으면 종교, 경신(敬神)에 뜻이 있다.

13 형살(刑殺)을 가진 사람으로 기토탁임
　　　(己土濁壬)이면 경찰관이 될 수도 있다.

時	日	月	年	건 명
정인		정관	비견	六神
辛	**壬**	**己**	**壬**	天干
丑	**戌**	**酉**	**戌**	地支
정관	편관	정인	편관	六神

이 사주의 주인공은 대학졸업하고 일반회사에 잠시 근무하다가 경찰 공무
원 시험에 합격해 현재 계급이 경사(警査)입니다. 이 사람이 군인, 경찰임을
알 수 있는 대목이 어디 있겠습니까?

이 명조는 월지에 유금(酉金)이 있으니 인수격에 해당합니다. 그런데 지지는
전부 정편관으로 이루어지고 월간에 기토(己土)정관(正官)이 투출하였습니
다. 관인상생(官印相生)을 이루는 구조이므로 공직자로 활동할 수 있습니다.
또한 기토(己土)가 정관인데 년주(年柱)의 임술(壬戌)과 일주(日柱)의 임술(壬戌)
을 관할하는 모습은 기토탁임(己土濁壬)의 상(像)이라 동일한 지역의 지구대
를 말할 수 있습니다.
즉 이것은 운동선수나 집합 공동체의 단체 생활문화권에서 많이 등장합니
다. 이러한 유형은 지구대와 같은 동일한 관할지역을 오고가는 순찰 업무
가 유리하다는 뜻입니다. 곧 군인, 경찰들을 말합니다. 그런데 정편관(正編
官)이 축술형(丑戌刑)이므로 관살혼잡의 염려가 있을 수 있겠지만 목화금수
(木火金水)로 이루어진 관살혼잡(官殺混雜)은 폐해(弊害)가 크지만 토(土)로 구
성이 된 관살혼잡(官殺混雜)은 별 영향이 없습니다.

왜냐하면 토동(土動)이 일어나면 토(土)가 붕충(朋沖)인 까닭에 금수목화(金水木火)는 파손이 되어도 토(土)정관은 파손이 되지 않기 때문입니다. 따라서 축술형(丑戌刑)이 되면 토동(土動)으로 인해 월간의 기토(己土) 정관(正官)이 오히려 왕(旺)해지게 됩니다.

따라서 이 사람의 축술형은 호형(好刑)이므로 관살혼잡을 염려할 필요는 없는데 다만 형살이므로 만만한 직업은 아니라고 보면 됩니다. 곧 관살이 형살이 되는 사주에서는 남과 구설 시비는 달고 살아야 하므로 그 상의(象意)는 군인, 경찰이 맞습니다. 경찰이 직업이라면 자신에게 맞는 일을 찾은 것입니다.

【핵심정리】
만약 기토(己土)가 임수(壬水)를 만나면 기토탁임(己土濁壬)이라 하는데 모래가 섞인 호수라는 뜻으로 곧 혼탁(混濁)한 물을 말한다. 그런데 이 명조는 기토(己土) 하나를 놓고 두 개의 임수가 다투는 상이라 분관(分官)이 될 수 있다. 그래서 만약 여자라면 처(妻)와 애인(愛人)의 관계를 의미하고 남자라면 경쟁관계에 있는 조직체이니 경찰이라면 관할 지구대가 된다.

14 관살혼잡(官殺混雜)이 자미원진(子未元嗔) 에 걸려 있다.

時	日	月	年	세운	대운	곤 명
겁재		편관	정관	인수	인수	六神
乙	甲	庚	辛	癸	癸	天干
亥	寅	子	未	卯	卯	地支
편인	비견	정인	정재	겁재	겁재	六神

이 사람의 용신(用神)을 분석해 봅니다. 월지(月支)의 자수(子水)가 인수(印綬)
이므로 수(水)용신이고 격신은 인수격(印綬格)입니다.

곧 이 사람의 인생에서 문서를 다루는 환경이 지배적으로 많다는 사실을
알 수가 있습니다. 그런데 그 문서가 관살혼잡에 걸린 자미원진(子未元嗔)을
가지고 있는 것입니다. 미토(未土)는 정재(正財)이므로 돈에 관련이 된 문서
입니다. 즉 이 사람은 돈과 관련이 된 원한이 맺힌 문서를 가지고 활동해야
합니다. 그런데 천간(天干)으로 보면 경신(庚辛)금으로 관살혼잡(官殺混雜)이
된 상태에서 자미원진(子未元嗔)이 걸려 있는 구조입니다.

이것은 관재(官災) 소송(訴訟)으로 발생하는 재성문서라고 인식해도 됩니다.
계묘(癸卯)대운이면 묘목(卯木)이 양인에 해당합니다. 그런데 양인이 자묘형
(子卯刑)이면 양인(陽刃)의 형충(刑沖)은 위험한 것이죠. 왜냐하면 양인의 형충
이 되면 천간의 관살혼잡(官殺混雜)이 갑경충과 을신충으로 작동이 일어납
니다. 곧 관재소송으로 보면 될 것입니다

그러므로 이 사람은 법원처, 행정사, 쟁의 관련사무처, 노동관계등과 같은 업종에서 일을 한다면 적합하고 그래야 이 관살혼잡에 걸린 자미문서를 액땜할 수가 있는 것입니다.

【근황】

2021년 4월부터 2년째 소송이 진행 중이며 정말 날벼락 같은 소송에 휘말렸습니다. 민사 소송 외에도 서로 형사 소송도 걸고 너무 괴롭습니다. 집을 임대해 주었는데 세입자가 유기견을 집에 키워서 집 손상이 보증금액을 이미 뛰어 넘었고 변호사 비용만 6천만 원에 달합니다.

세입자가 돈이 없어서 배상을 안 해주는 게 아니라 남한테 피해를 주고 죄의식을 못 느끼는 사람이라고 합니다.

대체 왜 그러는 걸까요? 저는 임대만 해줬을 뿐입니다. 또, 이성을 만나면 안전하게 이별을 못하고 경찰서 출입이 하게 됩니다.

【핵심정리】

원진(元嗔)은 서로 미워하여 만나길 싫어하나 만날 수밖에 없음을 나타낸다. 원진의 속성은 불화(不和), 증오(憎惡), 고독(孤獨), 원망(怨望), 이별(離別) 등이며 정신적 측면으로 보면 신경쇠약이고 정신질환을 불러온다. 부부간에는 의처증, 의부증을 가져오며 악연처럼 살아간다.

천간합(天干合)의 간명(看命)  2부

1 중정지합(中正之合)의 구성 갑기합토(甲己合土)

갑(甲)은 봄철에 태어난 온화한 기운으로 하늘에서는 천둥 번개를 말하고 땅에서는 소나무 대림목(大林木)에 해당합니다. 위로 오르고 꺾이지 않는 성품으로 인해 정이품송이라 칭하고 갑목참천(甲木參天)이라 부릅니다. 고로 갑목은 양목(陽木)을 대표하므로 어질다는 뜻에서 인(仁)을 관장합니다. 또한 기(己)는 하늘에서는 습한 뭉게 구름이 되고 땅에서는 낮고 비습한 토(土)가 되는데 과수원, 논, 밭, 낮은 구릉지 언덕에 해당합니다. 그 성질은 모자라거나 넘치지 않으면서 중도(中道)를 지키는 까닭에 신(信)을 관장합니다. 치우침이 없으니 만물을 생육(生育)하려는 의지를 가지고 있어 씨앗을 거두어 모아 저장하는 능력이 있습니다.

그러므로 갑기합(甲己合)이 모이면 하늘에서는 우레와 구름이 섞인 까닭에 천둥이 치고 비가 내리게 됩니다. 비가 내린 산천초목 구릉지에서는 운기(雲氣)를 형성하여 치솟아 오르니 안개가 되고 다시 구름이 되는 까닭에 갑기합토(甲己合土)가 되는 것입니다.

땅에서는 이러한 곧은 갑목(甲木)과 중용(中庸)의 기토(己土)가 만나 그 분수를 지키며 매사에 공명정대(公明正大)하여 절도(節度)가 있으므로 중정지합(中正之合)이라 말하는 것입니다. 그러므로 갑기합(甲己合)이 좋게 있는 사람은 공명, 정직, 착함, 공동선, 중도라는 뚜렷한 성품이 나타나게 됩니다.

【예시1】
정관으로 득관(得官)하는 구조는 공기업 공무원이 좋다

時	日	月	年	곤명
식신		정관	편재	六神
辛	**己**	**甲**	**癸**	天干
未	**未**	**寅**	**酉**	地支
비견	비견	정관	식신	六神

지방4년제를 졸업하여 경찰공무원에 합격한 후에 경찰로 임관했고 2023년 승진도 했습니다. 이 사주에서 경찰공무원을 암시하는 항목을 찾을 수 있겠습니까?

이 명조는 갑인(甲寅)이 정관격인데 갑기합(甲己合)으로 득관(得官)하는 구조입니다. 이것은 곧 일간이 관성을 얻었다고 말하는 것이지 관살이 일간을 극한다고 말하면 안되는 것입니다 그런 연고로 득관(得官)이라 말하는 것입니다 그러므로 갑기합(甲己合)을 중정지합(中正之合)이라 말하였는데 이것은 매사(每事)를 공명정대(公明正大)함으로 판단하는 사람이라 법규를 제정하거나 법 관련 집행자가 마땅한 것입니다.

그러나 정관은 존귀한 물건이라 식상을 만나면 불쾌(不快)하다고 말하였는데 이것은 식상이 정관을 극하기 때문입니다. 또한 인유(寅酉)원진이고 인미(寅未)귀문인지라 정관이 많이 피곤한 모습을 보이고 또한 미토(未土)는 관고(官庫)가 되는데 중첩(重疊)이라서 관고(官庫)의 위험성마저 존재합니다. 고로 경찰근무는 천직(天職)이 될 수 있습니다. 이러한 신살과 정관의 혼탁은 사법, 교도, 경찰직을 수행하면 크게 액땜이 될 수 있습니다.

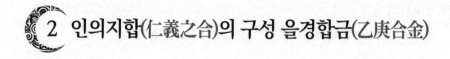

2 인의지합(仁義之合)의 구성 을경합금(乙庚合金)

을(乙)과 경(庚)은 봄과 가을의 만남입니다. 을목(乙木)은 봄의 새싹이 솟아 나는 것이니 화창(和暢)하고 경금(庚金)은 가을의 을목(乙木)을 마르게 하니 숙살지기(肅殺之氣)라 하는데 부드러움과 단단함의 결속이 됩니다.
이와 같은 상극(相剋)이 만나 합을 이루면 유순강직(柔順剛直)되는 까닭에 인의지합(仁義之合)을 결성하게 됩니다. 어질고 의리로써 사물을 바라보는 것이니 내면의 바른 도리를 가지게 됩니다. 일을 진행하는데 있어서 과단성과 결단력이 있고 일 처리가 매우 능숙하다고 합니다.

을경합금(乙庚合金)의 인의지합(仁義之合) 구성이 좋게 나타난 팔자는 냉정, 강직, 변심, 순수, 고집 등의 성품이 뚜렷하게 나타납니다. 반면에 태과불급(太過不及)하면 매사(每事)를 쉽게 처리하려 하고 용맹(勇猛)하나 무모(無謀)한 짓을 벌이므로 신중하지 못하여 사려가 깊지 못하다고 합니다.

【예시1】
을경합(乙庚合)은 인의지합(仁義之合)이니 부드럽지만, 과단성과 결단력이 있다

時	日	月	年	건명
정관		정재	편인	六神
庚	**乙**	**戊**	**癸**	天干
辰	**酉**	**午**	**卯**	地支
정재	편관	식신	비견	六神

사주를 간명하려면 가장 먼저 유정(有情)과 무정(無情)을 봅니다.

일간에게 정(情)이 향하면 유정(有情)이라 하고, 막히거나 방해하면 무정(無情)이라 하죠. 이 명조는 을경합(乙庚合)하니 정관(正官)이 유정(有情)하고 진유합(辰酉合)하니 재성(財星)이 유정(有情)하다고 판단하는 것입니다. 일주(日柱)로 모든 재관(財官)이 귀의(歸依)하면 최상급 사주가 된다고 보시면 됩니다.

그런데 천간에 을경합(乙庚合)이 보이는데 곧 인의지합(仁義之合)의 뜻이 있습니다. 그러므로 이 사람은 어진 성품의 소유자라고 볼 수 있으며 경금(庚金)과 합하므로 강직한 성품도 가지고 있습니다. 따라서 유순강직(柔順剛直)하여 일을 진행하는데 있어서 과단성과 결단력이 있고 일 처리가 매우 능숙할 수 있다고 봅니다. 그런데 이러한 기질이 식신생재격으로 드러나게 되면 재물 축재(蓄財)을 할 수 있게 됩니다.

고로 이 사람은 44세 간명 시기에 수백억대 부자입니다. 또한 오월(午月)의 무계합(戊癸合)은 합거(合去)가 아니고 합화(合化)로 변하는 겁니다. 완전합화(合化)는 아니더라도 화기(火氣)가 강렬한 겁니다. 이것은 식신(食神)의 국(局)을 이루는 겁니다. 식신이 국을 이룬 사람은 활동폭이 대단함을 말하는 겁니다. 아마도 제조업을 경영할 수 있을 겁니다.

식신생재하고 재생관되는 사주이니까요. 중소기업에 준하는 운영자로도 볼 수 있습니다.

3 위엄지합(威嚴之合)의 구성 병신합수(丙辛合水)

병신(丙辛)합을 위엄지합(威嚴之合) 또는 위제지합(威制之合)이라 말합니다.
병(丙)과 신(辛)을 어찌 위제지합(威制之合)이라 합니까?

병(丙)은 양화(陽火)이고 스스로 발(發)하여 빛을 발현합니다. 신(辛)은 음금(陰金)이고 극하는 칼날이니 살을 좋아합니다. 서로 상극이 된 존재가 위엄으로 합하니 그런 연고로 병신(丙辛)을 위제지합(威制之合)이라 합니다.
또한, 병화(丙火)는 임금이 되고 신금(辛金)은 어린 소녀가 되어 위엄(威嚴)으로 합하지만 병화(丙火)가 합한 후에 스스로 위엄(威嚴)을 버리고 수(水)로 변하므로 병화(丙火)의 성질을 버리는 것입니다. 또한 신(辛)은 서리(霜)가 됩니다. 8월(酉月)의 신금(辛金)은 건록(建祿)의 자리이니 이 달에는 천기(天氣)가 숙살(肅殺)하여 하얀 이슬이 얼어 서리가 되어 땅에 내리는 것입니다. 이 때에는 초목(草木)이 누렇게 말라 떨어져 고사(枯死)하니 오행 중에서 을목(乙木)이 유금(酉金)에는 절지(絶地) 자리에 놓이는 겁니다.

혹 말하길 서리(霜)는 항상 햇빛을 꺼리는데 병(丙)과 신(辛)이 합(合)함은 어찌 된 일입니까? 가로되 이것은 역시 상극(相克)하는 이치(理致)라 화(火)는 오직 금(金)을 극하는 고로 상합(相合)하여 수(水)로 변하고 서리는 오직 태양을 꺼리므로 서로 만나면 얼음이 녹아서 역시 수(水)로 되는 것이니 이것을 병신합으로 취하였다고 합니다.
병화(丙火)는 불의 기세가 맹렬(猛烈)하여 능히 경금(庚金)을 단련(鍛鍊)할 수 있으나 신금(辛金)을 만나면 도리어 겁을 낸다고 합니다. 그러므로 병신합이 준수한 격국을 이루면 그 주인은 풍채가 위엄이 있고 엄숙하여 많은 사람들이 무서워하고 두려워합니다.

그러므로 조명을 받는 주인공은 풍채가 당당하여 사람들이 항상 우러러 봅니다. 그러나 만약 여자가 천중, 대모, 함지를 병신합(丙辛合)과 나란히 가지게 되면 용모는 뛰어 나나 천(賤)하여 음란하다고 합니다.

병신(丙辛)의 물상으로 공통적인 자연의 모습은 태양과 서리를 예로 들었으나 현대에서 와서는 그 빛을 받아 달구어진 쇠를 활용하는 도구를 상기하면 됩니다. 열을 받아 빛을 반사시키는 도구는 신금(辛金)이고 열을 받고 녹으면 경금(庚金)이 됩니다. 그러므로 다음 아래와 같습니다.

(1) 병신합의 물상

① 광선(丙)이 철판을 쪼이면서 열(丙)을 받는 판금(辛)이 됩니다.
② 빛(丙)이 통과한 감광 조리개(辛)를 통해 이미지가 전송이 되면 카메라가 됩니다.
③ 조명을 반사 시키는 전봇대에 걸린 조명(丙)의 갓등(辛), 무대조명이 됩니다.
④ 빛(丙)을 받아 열을 내는 온방 기구(辛), 온수기, 냉수기가 됩니다.
⑤ 열(丙)로 신금(辛金)을 가열시켜 음식을 끓이면 냄비(辛), 주전자 등이 됩니다.

【예시1】
조명기구 공장을 운영하는 사장님 사주

時	日	月	年	건명
편재		겁재	편관	六神
辛	**丁**	**丙**	**癸**	天干
丑	**未**	**辰**	**卯**	地支
식신	식신	상관	편인	六神
癸辛己	丁乙己	乙癸戊	甲乙	**지장간**

이 명조는 월령 진토(辰土)에서 계수(癸水) 칠살(七殺)이 투출하는 즉 살용식제(殺用食制)가 됩니다. 그러면 상신이 되는 식신인 축미(丑未)에 주목해야 합니다. 상신이 그 사람의 보직을 결정하는 것입니다.

그런데 신축(辛丑)이 병신(丙辛)합하는 상(像)이라는 것은 큰 조명의 빛(丙)이 금속(辛)에 비추는 것입니다. 그런데 이 신금(辛金)은 월지의 진토(辰土)가 묘지(墓地)에 해당합니다. 곧 죽은 쇠이고 창고에 쌓인 금속의 파편이 됩니다. 축미(丑未)충을 하므로 형태의 변환을 의미하는데 곧 가공(加工)이 됩니다. 그러므로 미(未)중 정화(丁火)라는 열성(熱性)을 가진 성품이 축(丑)중의 신금(辛金)을 분해하는 상(像)입니다.

그 결과 축(丑)중의 신금(辛金)은 금속을 가공하는 어떤 직업 형태로 나타나게 될 것입니다. 따라서 천간에 투출한 병(丙)은 빛이니 조명(照明)에 해당하고 천간에 투출한 신금(辛金)은 그 조명에 비치는 쇠로 구성이 된 철판이 됩니다. 곧 병화(丙火)를 활용하여 불, 조명, 태양, 열기구등에 쓰이는 받침을 만드는 철을 가공하는 공장이 될 수 있습니다. 그러므로 이 명조는 자동차의 남은 철판으로 전등의 갓을 만들고 있는데 조명등의 금속재료 가공공장을 운영하는 사장님입니다.

4 음양지합(陰陽之合)의 구성 정임합목(丁壬合木)

깊은 바다 속 마그마에 의해 뜨거워진 물이 분출되는 열수구를 심해 "열수분출공(熱水噴出孔)"이라 합니다.

햇빛이 없고 수압(水壓)이 높으며 황화수소와 같은 독성물질로 가득 찬 열수분출공의 척박한 환경에서도 생물이 존재한다는 것은 실로 놀라운 일이 아닐 수가 없습니다. 이것은 실제로 갈등과 혼란에서 새로운 생명이 탄생하는 순간과 같은 것이죠.

따라서 정임합은 음양의 합인지라 정신은 교태(嬌態)하고 감정에 따라 흐르기 쉽습니다. 임수(壬水)라는 막(膜)을 향해 정화(丁火)가 난입하는 것은 정자와 난자의 교태이니 색의 힘을 취하여 생명을 만드는 것입니다. 그러므로 정(情)에 쉽게 움직이고 고결함에 구애 받지 않는다고 말하는 것입니다. 이것이 음양지합(陰陽之合)으로 구성이 된 정임합목(丁壬合木)의 정체입니다.

【예시1】
정임합이 음양지합이 구성이 되면 바람을 핀다

時	日	月	年	세운57	대운50	건명
식신		정재	정재	겁재	비견	六神
甲	壬	丁	丁	癸	壬	天干
辰	寅	未	未	卯	寅	地支
편관	식신	정관	정관	상관	식신	六神

어떤 사람의 사주에서 정임합(丁壬合)이 보인다면 일단 이 합이 음양지합(陰陽之合)이 구성이 되는가 안 되는가를 파악해야 합니다.

왜냐하면 어떤 사람이 성욕(性慾)이 과욕이 심하거나 혹은 자신이 넘쳐나는 이성의 끈을 끊기 어려운 이유로 여러 가지 속설(俗說)이 있겠으나, 명리학에서는 정임합(丁壬合)의 구성을 한 요인으로 보기 때문입니다. 다만 정임합이 모두 음란하다고 보면 안 되는 것은 이 합으로 재물을 얻고 현명한 처를 얻을 수 있기 때문입니다.

그러나 만약 정임합(丁壬合)의 오행(五行)이 사절(死絶)이 되거나 혹은 칠살(七殺)이 있게 되거나 함지(咸池)를 보고 대모살을 보고 천중자패하면 내게는 인색하고 상대방에게 탐욕스러워서 더러움이 지나쳐서 가풍에 폐(閉)가 된다고 하여 음란하게 보았던 것입니다. 그래서 이 명조는 일간이 임수(壬水)인 경우인데 정화(丁火)가 정재(正財)가 되면 임수(壬水)가 월간의 정화(丁火)와 정임합(丁壬合)하면서도 년간의 정화(丁火)마저도 탐합(貪合)하려는 움직임이 확실하다면 음양지합(陰陽之合)이라 말합니다.

이것은 임수(壬水)라는 막(膜)을 향해 정화(丁火)가 난입(亂入)하는 것으로 정자와 난자의 교태(嬌態)의 상(像)이니 색(色)의 힘을 취하여 생명을 만드는 것입니다. 그러므로 이성(理性)보다는 정(情)에 쉽게 마음이 움직이고 고결함에 구애 받지 않습니다. 이것이 정임합목(丁壬合木)이 음양지합이 될 경우에 발생하는 특징이 됩니다. 그래서 정임합은 갈등과 혼란에서 새로운 생명이 탄생한다고 하였는데 왜냐하면 정신은 교태(嬌態)하고 감정에 따라 흐르기 쉽기 때문입니다.

또한 두 번째 상의(象意)를 분석해 보면 정미(丁未)의 상(像) 때문입니다. 정임합을 음양지합이 되려면 동일한 2개의 정미는 정재와 정관이므로 이것은 남자에게는 처와 자녀가 되는 것입니다.

즉 나에게는 처와 자식인 정미(丁未)가 두 집이 존재한다고 보는 것이니 처첩(妻妾)이 있다고 파악하는 것입니다. 이런 구성이 되면 이 사람의 정임(丁壬)합(合)은 음란(淫亂)하다고 보시면 됩니다. 색(色)에 이끌려 정(情)을 파괴하니 이성(理性)으로는 통제가 되기 어려운 것입니다.

【근황】
50대 초부터 바람이 났는데 남편회사에 다니는 유부녀로 경리입니다(甲寅년생)유부녀를 만난 날은 파김치가 되어 들어온다고 하는데 무리한 방사로 탈이 났다고 합니다.

【핵심 정리】
위의 제시가 된 명조는 일종의 쟁재(爭財)의 상(像)을 구성한다. 그러나 정확히 말하자면 쟁합(爭合)은 아니다. 쟁합(爭合) 혹은 투합(妬合)이 되려면 거리가 같아야 한다. 즉 일간기준으로 간격의 차이가 생겨나면 쟁합은 아닌 것이다. 힘이 균등해야 쟁합이며 간격의 차이로 힘이 대등하지 않으면 상대방에게 뺏았기는 것이지 쟁합(爭合)이라고 할 수가 없는 것이다. 따라서 위의 명조는 임수(壬水) 일간을 기준으로 정화 월간(月干)이 년간(年干)의 정화보다 가까운 이유로 월주가 처(妻)가 되고 년주는 애인(愛人)이 된다.

5 무정지합(無情之合)의 구성 무계합화(戊癸合火)

천간에는 오합(五合)이 있습니다. 천간 오합(五合)에는 갑기합(甲己合), 을경합(乙庚合), 병신합(丙辛合), 정임합(丁壬合), 무계합(戊癸合)이 있습니다. 그런데 합(合)에는 각자의 성질이 있습니다. 곧 갑기합토(甲己合土)은 중정지합(中正之合)이라 하고 을경합금(乙庚合金)은 인의지합(仁義之合), 병신합수(丙辛合水)는 위엄지합(威嚴之合)이고 정임합목(丁壬合木)은 음양지합(陰陽之合)이며 무계합화(戊癸合火)는 무정지합(無情之合)이라 합니다.

합(合)에 그러한 성질이 부여되는 이유가 무엇일까요?
예를 들어 어느 사주팔자에 무계합(戊癸合)이 있다고 합시다. 그러면 이 사람에게 있어서 무정지합(無情之合)은 어떻게 나타날까요? 곧 나이 차이가 많이 나는 부부를 생각 할 수가 있다는 겁니다. 왜 그런가요?
무정지합(無情之合)이란 정(情)이 없이 이루어지는 합이라서 실제로는 정책적인 결혼 관계를 생각해 봐야 하는 겁니다. 곧 정략결혼이죠.
그래서 나이가 많은 늙은 사람에게 소녀가 시집가는 상이 되는 겁니다. 그래서 애정(愛情)없이 이루어진 결합이라 하여 무정지합(無情之合)이라 말을 합니다. 이와 같이 합에는 각기 그 특성이 있으므로 잘 파악한다면 그 사람의 부부 상황까지도 맞출 수가 있다는 겁니다.
그렇다면 왜 무정지합(無情之合)이라는 용어가 붙게 되었을까요?
이것은 무토(戊土)가 넓은 광야 또는 사막에 해당하고 고중(固重)하기 때문입니다. 곧 오래된 고토(古土)라는 특징이 있습니다.
그러므로 무토(戊土)는 잘 움직임이 없으며 변화를 싫어하게 됩니다.
그래서 마치 만수(滿數)라 할 수 있는 늙은 토양이며 늙은 남자와 같은 특성이 있습니다.

그런 반면에 계수(癸水)는 초목에 맺힌 이슬이며 계곡물 또는 옹달샘과 같습니다. 신선하기가 샘물처럼 맑으니 젊은 소녀에 비유를 하게 됩니다. 그래서 서로 전혀 다른 환경에서 이 둘이 만나는 것을 무정지합(無情之合)이라 하였던 것입니다.

따라서 말하기를 무(戊)가 계(癸)를 얻으면 나이 늙은 사람이 요염하고 생기 발랄한 소녀의 자태를 얻는 것이 되어 만약 남자라면 젊은 아내를 얻고 여자라면 미소년에게 시집가는 경향이 있게 됩니다. 그러나 반대로 만약 계(癸)가 무(戊)를 얻으면 늙고 추한 것을 얻는 것이니 용모가 촌티가 나고 겉늙고 저속한 만남이 이루어질 수 있습니다. 고로 남자라면 늙은 처를 만나거나 여자라면 늙은 지아비를 만나게 될 수 있다고 하였던 것입니다.

장(長)과 소(少)의 합(合)을 이루니 뜻하지 않는 어울림이라 정(情)이 작아 무정(無情)함이라 하는 것이죠.

【예시1】
명암부집(明暗夫集)이 된 여자가 무정지합을 범하였다

時	日	月	年	곤명
편재		정관	편인	六神
丁	癸	戊	辛	天干
巳	亥	戌	未	地支
정재	겁재	정관	편관	六神

이 명조는 무술(戊戌) 정관격(正官格)인데 술미형(戌未刑)이 된 까닭에 관형(官刑)에 걸려 있습니다. 따라서 이 명조는 중관(重官)으로 보아도 되고 관살혼잡(官殺混雜)으로 보아도 됩니다.

특이사항은 명암부집(明暗夫集)의 구조를 가졌다는 겁니다. 일간 계수(癸水)와 합하려고 하는 남자인 무토(戊土)가 지장간에 숨어 있는데 사중(巳中) 무토(戊土)와 해중(亥中) 무토(戊土) 술(戌)중 무토(戊土) 그리고 미중(未中) 기토(己土)입니다. 숨은 남자들이 일간과 무계합(戊癸合)하려고 시도를 많이 하는 것을 명암부집(明暗夫集)이라 말하는 것입니다. 여자로써 명암부집 팔자를 꺼리는 이유는 상대하는 남자가 많을 수 있다는 염려 때문입니다. 그런데 무토(戊土)가 투출하여 무계합(戊癸合)의 상(像)이니 이것은 무정지합(無情之合)이라 명암부집 팔자가 무정지합을 범한 경우가 됩니다. 이것은 사랑이 없이 애정을 즐긴다고 추리할 수 있습니다.

그런데【삼명통회】에서 말하기를 "만약 계(癸)가 무(戊)를 얻으면 늙고 추한 것을 얻는 것이니 용모가 촌티가 나고 겉늙고 저속하다. 남자는 늙은 처를 만나고 여자는 늙은 지아비를 만난다."라 하였는데 이 팔자에서는 일간 계수(癸水)가 월주의 무토(戊土)를 만나는 것이니 나보다는 연장자(年長者)라고 보면 됩니다. 또한 무정지합이니 정이 없이 만나는 것으로 명암부집을 해소하는 것이 되는데 장(長)과 소(少)를 구분 안하고 즐기는 것입니다. 이것은 동년배의 정상적인 사랑을 찾아가지 못하는 경향이 많은 겁니다.

【근황】
자(子)대운(21~25)에 일본으로 공부하러 건너가서 계사(癸巳)년(23세)에 남자를 만나 연애를 시작하였다. 신(辛)대운 26세 병신(丙申)년부터 적성에 맞는 직장을 들어가서 직장운은 잘 흘렀으나 축(丑)대운 31세에 남자를 만나 양다리를 걸치고 관계를 가졌다. 결국 신축(辛丑)년 신축(辛丑)월에 전 남자에게 이별을 통보했다.

6 나의 정재(正財)가 비견(比肩)과 합하여 사라졌다.

時	日	月	年	세운42	대운40	건명
겁재		정재	비견	겁재	인수	六神
癸	壬	丁	壬	癸	辛	天干
卯	辰	未	戌	卯	亥	地支
상관	편관	정관	편관	상관	비견	六神

이 남자 분은 현재 42세로 국립대를 졸업하고 항공업체에 근무하고 있습니다. 신혼집은 이미 준비된 상태이고 여자만 있으면 될 것 같았는데 소개팅을 여러 번 했지만, 인연이 나타나질 않습니다. 왜 그런가요?

【자평진전】에서 "천간의 합이불화(合而不化)를 논함"을 보면 자세히 설명이 나오는 대목이 있습니다.

時	日	月	年
	丁	壬	丁

만약, 일간이 정화인데 월간의 임수는 정관이니 내 남자가 됩니다. 그러나 만약 년간에 비견 정화가 투출이 되어 있다면 이것은 정임합거가 되는데 이런 경우는 월간 임수(壬水)가 먼저 년간 정화(丁火)와 합하므로 정화일간은 월간의 임수와 합하지 못한다고 설명을 합니다. 이것이 여자 명조라면 남편의 별이 자매와 합해서 사라졌으니 남편이 있어도 없는 것과 같은 것으로 취급하는 것입니다.

따라서 위의 명조도 정임합거(丁壬合去)를 당한 구조이므로 나의 정재(正財)가 비견(比肩)과 합하여 사라졌으니 아내가 있어도 없는 것과 같은 이치인 것입니다.

그러므로 이런 구조는 짝을 만나 해로(偕老)하는 것이 쉽지가 않는데 대운에서 이 합거(合去)를 해소시켜줘야 나에게도 기회가 오게 됩니다. 그러나 해소(解消)되는 기간도 5년 이상 지속하기 어려우므로 역시 합거가 되살아나면 부부갈등이 있게 됩니다.

【핵심 정리】

일간 본신(本身)이 합하는 경우는 득관(得官)이라 말하고 일간 이외의 월간(月干)과 년간(年干)이 합하는 관계를 합거(合去)라고 한다. 가령 을(乙)일간은 경(庚)이 정관인데 일간 을(乙)과 경(庚)은 합한다. 이것은 나의 정관이 나와 합하는 것이요, 내가 정관과 합하는 것이니 어찌 합거(合去)라고 보겠는가? 그러나 만약 월간에 비견 을(乙)이 존재하고 년간에 경(庚)이 있다면 선합(先合)이론에 의해 먼저 비견 을(乙)은 년간 경(庚)과 합하니 일간은 도리어 합이 되지 않는다.

그러므로 월간의 을(乙)과 년간의 경(庚)이 합거(合去)했다고 말하는 것이다. 따라서 일간이 정관을 취하면 득관(得官)이라 하고 월간이 정관을 취하면 합거라 부른다.

7 일간 득재(得財)의 상(像)으로 재인불애(財印 不碍)하다.

時	日	月	年	곤명
정재		정인	식신	六神
癸	**戊**	**丁**	**庚**	天干
丑	**寅**	**亥**	**午**	地支
겁재	편관	편재	정인	六神

70	60	50	40	30	20	10	0	
己	庚	辛	壬	癸	甲	乙	丙	대운
卯	辰	巳	午	未	申	酉	戌	

이 명조는 해월(亥月)에서 계수(癸水)가 투출하니 용신은 재격(財格)이죠. 그런데 정화(丁火)를 상신(相神)으로 사용하므로 재격패인(財格佩印)의 명조가 됩니다. 그런데 일간 무토(戊土)와 계수(癸水)가 무계합(戊癸合)이죠. 무토(戊土)가 계수(癸水)를 합극으로 당기는 것이라 이런 경우는 계수(癸水)가 무토(戊土)를 넘어 정화(丁火)를 극하기 어렵다고 보는 것이죠. 이것을 "재인불애(財印不碍)하다"라고 말하는 것입니다.

곧 재성과 인수가 서로 장애를 받지 않는다는 뜻입니다. 그러므로 정화(丁火)는 손상함이 없습니다. 따라서 이 정화(丁火)가 년지의 오화(午火)에 정인의 록(祿)을 내리고 무토(戊土) 일간은 장생지인 관록(官祿) 인목(寅木)에 자리를 잡았습니다. 년지(年支)에는 정화 상신(相神)의 록(祿)이 뿌리를 내렸고 일지(日支)에는 일간의 록(祿)이 뿌리를 내린 겁니다. 또한 월지(月支)에는 계수(癸水) 정재(正財)의 뿌리를 내려 재격(財格)을 이루는 것입니다.

이러한 록(祿)의 구조를 과갑팔자(科甲八字)라고 하여 국가의 록봉(祿俸)을 받는 문서라고 보는 것입니다. 이 사람은 앞으로 상신(相神)의 왕기(旺氣)를 보이는 사오미(巳午未) 남방(南方)화운(火運)으로 진행하므로 전도양양(前途洋洋)하다고 보면 됩니다. 만약 정화(丁火) 손상(損傷)으로 재극인(財剋印)이 되었거나 오화 록(祿)이 없다면 이 사람은 공부 욕심은 있는데 합격은 어려우니 과갑(科甲)이 어렵다고 보아도 되는 것입니다. 그래서 이 사람은 28세 정유(丁酉)년에 9급 공무원에 합격하였고 공무원 근무를 하면서 7급 시험을 준비하여 신축년 32세에 세종시 7급에도 최종 합격하였습니다.

【핵심정리】

사주첩경에서 말하는 재인불애(財印不碍)란 무엇인가?

그것은 인수와 재가 동림(同臨)하여 있어도 장애가 없을 때가 있다는 뜻이다. 재(財)는 인수를 극하고 인수는 재에 피상(被傷)을 당하는 것이므로 재인동림(財印同臨)은 원칙적으로 있을 수 없지만 때로는 인수가 타인를 생하거나 또는 타인과 결탁하였을 경우, 아니면 인수가 심왕(甚旺) 하였을 경우는 재(財)가 있어도 하등의 구애가 없을 뿐 아니라 오히려 그 재가 은성(恩星)이 될 경우가 있다는 것이다.

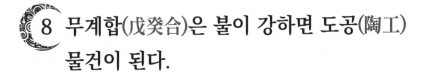

8 무계합(戊癸合)은 불이 강하면 도공(陶工) 물건이 된다.

時	日	月	年	건명
편재		겁재	편관	六神
丙	**壬**	**癸**	**戊**	天干
午	**寅**	**亥**	**午**	地支
정재	식신	비견	정재	六神

월지 해수(亥水)에서 무토(戊土)가 투출하였으니 무토(戊土) 칠살을 용신(用神)으로 잡을 수 있습니다. 원래 월지(月支)를 용신(用神)으로 해야 하지만 해수(亥水)는 비견(比肩)이므로 일간과 동일한 월령의 오행은 용신(用神)으로 잡을 수가 없는 것입니다. 만약에 해수(亥水)에서 무토(戊土) 칠살(七殺)이 투출이 안 되었더라면 그때에는 비로소 월겁격(月劫格)으로 할 수 있습니다. 그래서 일간과 동일한 월령 오행은 무엇보다도 다른 천간의 투출자가 있으면 그것으로 용신을 삼는 것입니다.

또한, 상신을 잡으려고 한다면 임수(壬水) 일간에서는 계수(癸水)는 겁재(劫財)입니다. 곧 임수일간에서는 월령(月令)이 자수(子水)이면 양인(陽刃)이라 말하고 천간에 계수(癸水)가 투출이 되면 겁재(劫財)라고 합니다. 겁재는 양인보다는 약하다고 보면 되지만 무계합살(戊癸合殺)하는 까닭에 칠살(七殺)이 제복(制伏)을 당하는 것이므로 이 사람은 양인합살(陽刃合殺)이 되어 있는 구조입니다. 그러므로 이 사람은 무토(戊土) 칠살이 투출했으므로 칠살격(七殺格)이 됩니다. 그런데 칠살(七殺)에서는 식신(食神)으로 제살(制殺)하는 것이 정법(正法)이지만 이 팔자에서 인목(寅木) 식신(食神)은 인오합(寅午合)으로 인해 화식위재(化食爲財)가 되었습니다.

고로 식신(食神)으로 역할을 다하지 못하고 재성(財星)으로 변하여 재생살(財生殺)을 돕고 있습니다. 그래서 살용식제(殺用食制)가 아니라 양인합살(陽刃合殺)로 보는 것입니다. 다만 양인이 아닌 겁재가 겁재(劫財)합살(合殺)하는 팔자이기 때문에 격국의 고저(高低)가 떨어진다고 보면 됩니다. 그런데 무오(戊午)는 재생살(財生殺)이 되는 것이니 무토(戊土) 칠살(七殺)은 무척 강한 겁니다.

그래서 이분의 직업 환경이 재생살(財生殺)이라는 위험 직군에 속한다고 예측됩니다. 따라서 사무직은 아닌 현장 근무자일 가능성이 높습니다.
다음으로는 용신의 상의(象意)를 분석해 나가야 합니다. 용신이 무토(戊土)이므로 이 사람의 작업 환경은 흙, 땅과 관련이 된 겁니다. 1차 직업으로 부동산, 건축업, 건설업, 산림업, 농업 계통을 그려 보면 됩니다. 이러한 무토(戊土)의 성질을 바탕으로 고위험에 해당하는 직업을 찾아 2차로 분석해 가는 것입니다. 그런데 이 사주에서는 무오(戊午), 병오(丙午)의 재생살(財生殺)의 구조가 두드러집니다. 즉 화(火)가 무척 강렬하게 나타납니다. 즉 이것은 불로 구운 흙의 특성을 보이게 됩니다. 도자기 종류가 될 수 있고 세라믹 계통도 생각해 볼 수 있습니다. 이 팔자는 물이 많으므로 불로 흙을 구운 다음에 물로 세척해 주는 작업이 반드시 따라 줘야 합니다. 그것이 무계합(戊癸合)이 되는 것입니다. 물과 뒤범벅이가 된 채로 돌아가면서 불에 응고가 된 물질입니다.

그러므로 재생살(財生殺)하는 위험이 존재하는 2차 직업을 유추할 수가 있게 됩니다. 곧 도자기, 세라믹, 유기그릇, 화공약으로 구운 세면대 등과 관련이 있을 수가 있습니다. 곧 공장 같은 환경에서 불을 다루는 현장 근무하는 사람일 가능성이 높습니다. 이 사람에게는 이런 종류의 업종군에 취업하면 적성이 알맞다는 겁니다. 그러므로 이 사람은 석고보드 제조 현장 생산 직원입니다.

9 정임합거이면 두 육친(六親)을 잃어버린 것과 같다

時	日	月	年	세운32	대운28	건명
편재		편관	상관	식신	겁재	六神
乙	辛	丁	壬	癸	庚	天干
未	卯	未	申	卯	戌	地支
편인	편재	편인	겁재	편재	인수	六神

10대 때 게이머(gamer)에 뜻을 두었다가 여의치 않았고, 20대엔 별다른 기술 없이 여자와 도박으로 방탕하게 지내다가 급기야 임인년(壬寅年)에 집을 나가서 소식도 없습니다. 일간 재격(財格)으로 격이 좋아 보이는데 왜 성취가 없는지 궁금합니다.

위 사주에서는 월지에 놓인 양인(陽刃)이나 칠살(七殺)이 두려운 것인데 잡기(雜氣)에서 출현한 천간 칠살(七殺)은 그리 엄중(嚴重)하다고 보지 않습니다. 이 경우는 정임합거(丁壬合去)예요. 합거(合去)에서는 두 글자가 제거되어 쓰지 못하는 글자이니 있어도 없는 것과 같은 존재입니다. 그렇게 보면 수화(水火)가 없는 것이니 상관과 칠살이 사라진 겁니다. 팔자에서 두 육친을 사용 못하는 것이니 길이 쉽게 열리겠습니까?

또한 을미(乙未)는 동주고(同柱庫)이고 묘미(卯未)는 쟁합(爭合)이라 합이불합(合而不合)으로 보기 때문에 묘미합(卯未合)의 결성이 어렵습니다. 이것은 미미(未未)토(土)가 묘고지(墓庫地)로 그대로 작동한다는 의미가 될 수 있습니다. 그러므로 을신충거(乙辛沖去)가 된 재격(財格)이 고지(庫地)를 가진 것이라 이건 재물에 대한 성취욕구가 앞서서 한 방을 노리고 올인하는 스타일입니다. 돈 날리는 상(像)이므로 도박증세가 나타날 수 있어요.

천간충(天干衝)의 간명(看命)

3부

1 정계충으로 비견 분탈(分奪)의 상(像)은 재물 손재수이다.

時	日	月	年	세운58	세운59	대운58	건명
비견		편재	상관	겁재	비견	비견	六神
癸	癸	丁	甲	壬	癸	癸	天干
丑	酉	丑	午	辰	巳	未	地支
편관	편인	편관	편재	정관	정재	편관	六神

유통업을 경영하는 대표의 명조입니다. 임진(壬辰)년부터 같이 일을 하는 이사 와 불화(不和)가 생겨서 계사년(癸巳年) 11월 서로 고소 고발한 상태입니다. 이것을 명리적인 원인으로 볼 때 불화(不和)의 시작은 정화(丁火) 편재(偏在)의 재물 다툼으로 보입니다.

곧 2개의 비견 계수(癸水)가 정화(丁火) 편재(偏在)를 놓고 세력 다툼을 하는 데 분탈(分奪)의 상(像)인 것입니다. 임진년(壬辰年)에는 임수(壬水) 겁재(劫財)가 새롭게 등장해서 정임합거(丁壬合去)하므로 다툼하던 재물 정화(丁火)가 완전히 사라지게 되는 것입니다. 이것은 편재 정화(丁火)의 피상(被傷)이므로 금전 문제임을 알 수 있습니다. 계사년(癸巳年)에 3개의 비견이 정화(丁火)를 완전히 다투어 쪼개 박살을 내는 것입니다. 일간은 큰 손재수의 상(像)이 나타날 것입니다. 그런데 계사년 말에 사유축(巳酉丑)삼합이 되면 인수국이 결성이 되는데 인수가 비견을 생하므로 문서 문제이고 그 원인은 천간의 3개의 비견 계수가 정화를 정계충거하여 편재를 파손하는 것이라 재물손재수이므로 부도(不渡), 파산(破産)으로 이어질 수 있습니다. 그러므로 계사년(癸巳年)의 사유축(巳酉丑)삼합의 인수국은 흉신으로 송사문서가 되는 것입니다.

2 의사(醫師) 성분인 상관패인(傷官佩印)의 을신충(乙辛沖)구조

時	日	月	年	곤명
정인		상관	정관	六神
辛	**壬**	**乙**	**己**	天干
亥	**寅**	**亥**	**未**	地支
비견	식신	비견	정관	六神

이 여자 분은 국립대학교 의대 의사인데 월지에 해수(亥水)가 존재하므로 용신을 록겁격으로 보아야 하나요 아니면 해(亥)중에서 투출한 목(木)을 용신으로 잡아서 상관격으로 봐야 하나요?

용신을 결정하는 사항은 매우 중요한데 록겁격(祿劫格)의 성분과 상관격(傷官格)의 성분이 명확히 다릅니다. 따라서 록겁격(祿劫格)으로 할 경우에는 록겁(祿劫)의 기질이 나와 야 하는 겁니다. 또한 상관격으로 할 경우에는 상관(傷官)의 기질이 보여야 합니다. 록겁(祿劫)은 공문서 관리하는 기업체 종사자가 많겠고 상관격은 기술자, 언론 강사에 많이 포진이 되어 있습니다.

그런데 이 분이 의사이라면 을목(乙木) 상관(傷官)을 용신하였다는 말이 됩니다. 왜냐하면 건록자보다도 상관자에게서 의료 관련 기술자가 많이 등장하기 때문입니다. 따라서 이 사람은 해(亥)중에서 투출한 오행 을목(乙木)을 용신으로 선택을 한 것입니다. 곧 용신은 을목(乙木)이고 상관격이 됩니다. 그런데 이 사람은 을목의 뿌리가 되는 인목(寅木)이 일지(日支)에 있고 미토(未土)도 년지(年支)에 있고 하니 상관(傷官)이 은근히 강한 사람입니다.

그래서 인해(寅亥)합목(合木)으로 화겁위식(化劫爲食)의 구조로 바뀌는 것입니다. 이것이 변격(變格)입니다. 그래서 용신(用神)이 을목(乙木)이고 상관(傷官)이라는 의미는 직업적으로 손가락을 많이 사용하고 또한 상관은 기술력이므로 손을 주로 사용하는 기술자라고 판단할 수 있는 것입니다. 그래서 이 사람의 직업이 의사라면 매우 적합한 직업을 선택한 것이 됩니다.

그런데 상관격(傷官格)에서는 정관(正官) 기토(己土)를 상신으로 하기에는 부담이 큰 것입니다. 왜냐하면 상관자는 제화(制化)가 되어야 하기 때문입니다. 만약 제화되지 않는 상관이라면 정관기토를 파괴하기 때문에 이 사주가 패격이 될 수 있는 것입니다. 그러므로 신금(辛金) 인수를 상신(相神)으로 선택하게 됩니다. 곧 상관패인격(傷官佩印格)을 형성하는 것입니다. 그러므로 상관을 누그러뜨려 정관을 극하지 못하게 하는 구실을 인수가 할 수 있으므로 올바른 길입니다.

만약에 을목(乙木)을 용신(用神)으로 잡지 않고 해수(亥水) 건록(建祿)을 용신으로 잡으면 이 사람의 직업이 의사보다는 관리자가 나오게 됩니다. 왜냐하면 해수(亥水)는 록(祿)의 성분이 농후해서 행정 관료 기업 관리 등의 관록으로 길이 열리게 됩니다. 고로 기술자보다는 관리자의 삶을 살아가게 됩니다. 만약 의사직업이라 해도 건록자로 형성이 된 의사라면 이 사람은 의사 면허를 가진 행정의료 관리자일 수있습니다.

3 냉금(冷金)이 대양(大洋)을 떠돌아 다니니 걸인(乞人)사주다.

時	日	月	年	건명
정관		상관	정관	六神
丁	庚	癸	丁	天干
亥	子	丑	亥	地支
식신	상관	인수	식신	六神

73	63	53	43	33	23	13	3	
乙	丙	丁	戊	己	庚	辛	壬	대운
巳	午	未	申	酉	戌	亥	子	

이 명조는 축월(丑月)의 경금(庚金)이니 동토(凍土)에 태어난 금(金)인데 천간에 계수(癸水)가 투출하였고 지지에서는 해자축(亥子丑) 삼합으로 수국(水局)을 이루어 전 국토가 물바다가 된 형국입니다.

이런 환경에 년간 정화(丁火)는 정계충거(丁癸沖去)로 등불은 이미 파손(破損)되어 정(情)을 얻지 못하고 시간의 정화(丁火)는 넓은 호수에 위태로운 등잔불이니 정화(丁火)가 귀물(鬼物)이 된 형상입니다. 고로 경금(庚金)일간는 대양(大洋)에 홀로 떠 다니는 한 조각의 찬 얼음신세가 된 모습입니다.

정관(正官)은 원래 존귀한 물건인데 귀물(鬼物)이 되었으니 년주궁(年柱宮)의 조상궁(祖上宮)은 귀신이니 나를 돕지 못하는 환경에서 출생하였을 것이 분명하고 시주궁(時柱宮)의 귀물(鬼物)정관(正官)은 자신에게 닥칠 운명을 상징하게 됩니다. 귀물제거가 되지 못하면 순조롭지 못하는데 귀물(鬼物)이 2개라 제거하기 무척 힘든 구조입니다. 그러므로 이 사람은 걸인(乞人)사주입니다. [위천리 걸인명조]

4 인수와 상관의 갑경충(甲庚沖)이므로 재화
(財貨)가 움직인다.

時	日	月	年	곤명
정관		정인	상관	六神
戊	**癸**	**庚**	**甲**	天干
午	**卯**	**午**	**寅**	地支
편재	식신	편재	상관	六神

서울○○대학교 경영계열 졸업하고 진로를 변경하여 27세 늦은 나이에 간호대학을 졸업하여 간호사가 되었습니다. 나이 때문에 대학병원에 들어가지 못하고, 병인(丙寅)대운 중 보건소 무기 계약직이 되었습니다. 경영학과에서 간호사로 진로변경을 하게 된 이유가 궁금합니다.

이 명조는 두 개의 직업의 상(像)이 존재합니다. 하나는 경오(庚午)의 상(像)이고 두 번째로는 무오(戊午)의 상(像)입니다. 지지가 오오형(午午刑)으로 이어져 있으므로 이것은 형살(刑殺)로 인해 이직(移職) 변경(變更)을 암시하는 것입니다. 경오에서는 월령(月令)에 오화(午火)가 용신(用神)이 됩니다. 그리고 경금(庚金)인수를 상신으로 삼게 되면 재격패인(財格佩印)이므로 이 사람의 주목적은 재물을 벌기 위해 인수라는 문서를 활용하는 직업이 적당합니다.

그런데 시주(時柱)의 무오(戊午)는 재생관(財生官)이므로 나중에 이 사람은 안정된 관직을 쫓게 될 것입니다. 왜냐하면 무계합(戊癸合)으로 득관(得官)한 구조는 재물보다 관료직을 선호하기 때문입니다.

그러므로 이 사람은 초년에 경오(庚午)의 직업을 가지다가 나중에는 무오(戊午)의 직업으로 바꾸게 되는데 이것은 지지의 오오형살로 기인한 연유입니다. 형살을 소화하기 위해 이직이 발생했는데 이것을 변격(變格)이라고 말을 합니다. 그런데 경오(庚午)라는 물상은 제련(製鍊)의 상(像)이고 욕패지(浴敗地)이므로 불로 금을 녹여 기물을 만드는 금속 관련이 맞습니다. 따라서 조선업. 철광소, 대장간 등이 될 수 있습니다. 그러나 정신이 발달한 사람이라면 금융업, 법무법인, 추신업 쪽으로 진행할 수 있습니다. 따라서 경금의 금속 분야는 두 가지 업종으로 구분합니다. 철광소, 조선업, 금속제작, 칼 도금류 등이거나 혹은 금융업 계열입니다.

그런데 이 사주에서는 인오합(寅午合)으로 불(火)이 발달하였는데 상관생재(傷官生財)하여 편재를 크게 일으킵니다. 경금(庚金)은 약하고 목화(木火)는 강성하니 상대적으로 정신, 교육, 분야 쪽에서 일을 하게 될 가능성이 높습니다. 그러므로 경오(庚午)는 재화(財貨) 편재를 만드는 사업이므로 동전, 엽전의 물상인 것입니다.

그런데 오화(午火)는 밝게 드러난 사회이므로 공공성을 대표합니다. 그래서 오화(午火)가 편재가 되면 공공의 재물이 될 수 있고 공공의 장소에서 움직여지는 환전(換錢) 건물이 됩니다. 갑경충(甲庚沖)이라는 것은 인수와 상관의 충돌이므로 재화(財貨)가 움직이는 장소가 됩니다. 채권추심도 가능한 곳입니다. 대중적이고 밝은 지역이니 시내 중심가에서 일하는 사람입니다. 또한 경(庚)은 원래 금융을 상징하므로 금융업, 사채업, 전당포 등인데 오화(午火)가 밝은 시내를 상징하므로 금융권이 발달한 장소에서 일하니 은행원, 경영계, 금융 대리인이 될 수 있습니다.

그런데 이 경오는 지지 오오형살과 재생관으로 인해 무오(戊午)의 상(像)으로 직업이 바뀌게 됩니다. 왜냐하면 이미 진행한 사업이라해도 오오형살로 한 번은 깨지게 된다는 점입니다.

또한 재생관(財生官)으로 이어진다는 사실에서도 재(財)가 관(官)으로 변경을 시도하게 됩니다. 무오(戊午)의 상(像)을 이루는 무토(戊土)정관(正官)은 오화(午火)로 구운 오래된 고적한 흙 건물이니 오오(午午)라는 형살(刑殺)의 기운으로 세워진 건물입니다. 현침살로 된 형살이 오묘파(午卯破)로 구성이 되면 수술의 물상을 가지게 되므로 법원 건물, 교도소, 보건소, 연구소, 대학교 등의 건물이 될 수 있습니다.

이것은 무엇을 말하는가하면 경오(庚午)를 써먹은 후에 재생관(財生官)하는 무오(戊午)로 이직을 하게 됨을 알려주는 것입니다.

【핵심정리】
용신은 월령을 기준으로 하여 정한다. 그러나 월령의 지장간(支藏干)은 한 개만 있는 것이 아니다. 용신의 변화는 이 때문에 생겨난다. 인(寅)을 예로 들어 살펴보면 인(寅)중에는 무병갑(戊丙甲)의 지장간이 있는데 본기가 되는 갑목(甲木)이 위주이니 군(郡)의 지부(知府)와 같다.

중기가 되는 병화(丙火)가 인(寅)에서 장생(長生)하니 군의 동지(同知)와 같으며 여기가 되는 무토(戊土)가 역시 장생하니 군의 통판(通判)과 같다. 인(寅)이 월령에 있을지라도 갑목(甲木)이 천간에 투출하지 않고 병화(丙火)가 투출하면 이는 바로 군에 지부가 부임하지 않고 동지가 지부의 권한을 대행하는 것과 같다. 이리하여 용신의 변화가 생겨나는 것이다.

5 인수와 재성의 병임충(丙壬沖)의 상(像)은 문서와 재물의 교환이다

時	日	月	年	곤명
정재		겁재	정인	六神
壬	**己**	**戊**	**丙**	天干
申	**丑**	**戌**	**寅**	地支
상관	비견	겁재	정관	六神

월지(月支)의 술토(戌土)가 병화(丙火)를 중심으로 인술(寅戌)과 합작(合作)하면 인수가 강해집니다. 고로 인수용재(印綬用財)인데 인신충(寅申沖)이고 병임충(丙壬沖)이 있습니다. 축술형(丑戌刑)에서는 토동(土動)이 일어나니 겁재에 의한 겁난(劫亂)이 많으므로 재물 손재수가 많겠고 그런 경쟁자들을 상대로 살아가야 합니다.

병화(丙火)는 회광(晦光)을 두려워 하는데 다비견겁(多比肩劫)에 의해 원국에 병화(丙火)는 회광(晦光)에 들어가 있으므로 염려가 있을 수 있습니다. 그러므로 동생학비를 위해 뒷바라지 하는 겁재 모습이 나타납니다.

년주(年柱)에 놓인 병인(丙寅)은 년지(年支)가 정관(正官)이고 정인(正印)문서를 생조하므로 관인상생(官印相生)의 구조입니다. 국가의 록(祿)을 받을 수 있습니다. 국가 록봉이 아니라면 그에 비견이 될만한 국영기업일 수도 있습니다. 임신(壬申)은 장생지(長生地)에 앉은 임수(壬水)정재(正財)이므로 재물의 크기가 작지 않습니다. 인신충(寅申沖)이 되면 신금(申金)의 장생지가 충동(衝動)하므로 임수(壬水)가 발(發)하니 재물을 얻을 수 있습니다.

병임충(丙壬沖)하므로 문서를 주고받으면서 벌어들인 돈이므로 은행원이 맞고 공기업에 이직해서도 역시 재물과 관련된 문서 일을 하게 됩니다 이것이 병임충(丙壬沖)의 상(像)이기 때문입니다.

축토(丑土)는 금고이므로 축술형(丑戌刑)하니 금고속 돈을 꺼내는 사람이 맞습니다. 축술형(丑戌刑)하면 인신충(寅申沖)도 일어나는데 여기 신금(申金)은 충동(衝動)하게 되므로 장생지가 충동(衝動)한다는 의미는 임수(壬水)가 크게 발한다는 말이 되겠죠. 축술형이 될 적마다 임수가 발하니 금고 속 돈을 꺼내는 직업이 되는 것이죠.
결론은 임수가 정재이므로 저축, 담보, 대출, 은행이 되는 겁니다.

【근황】
중1, 2때 아버지 사업이 망하고 부모님은 이혼을 했다. 이 후 아버지 종적은 알 수 없다. 그래도 공부를 열심히 해서 서울○○대에 입학하여, 졸업 후 은행에 근무하다 최근 공기업으로 이직했다. 그동안 어머니와 남동생을 먹여 살렸는데 뒷바라지 보람을 느낄 수 있게 남동생이 회계사 시험에 합격했다.

최강의 포식자 論

刑冲會合

육합(六合)의 간명(看命)

4부

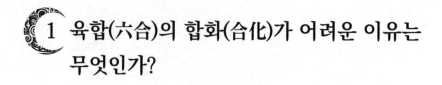

1 육합(六合)의 합화(合化)가 어려운 이유는 무엇인가?

지지의 육합(六合)이 합화격(合化格)이 되는 조건은 천간의 오합(五合)이 화격(化格)이 되는 것 만큼처럼 어렵습니다. 천간(天干)의 화격(化格)은 그냥 정임합목(丁壬合木)이 되는 것이 아니라 반드시 봄철에 태어나야 화격(化格)이 된다고 말을 합니다.

삼합(三合)은 2개만 만나더라도 동일 오행이 지장간에 존재하므로 쉽게 동(動)하는 까닭에 합화하는 조건에는 특별한 어려움은 없는 것이라 쉽게 합화(合化)가 이루어지게 됩니다. 예를 들어 신자(申子)합에서는 신중에 임수가 존재하는데 자수에도 임계수가 존재하므로 신자(申子)가 만나면 수(水)오행이 급격히 동(動)하게 됩니다.

하지만 천간의 화격이나 육합의 화격은 극합(尅合)이 많아서 조건이 까다로운 겁니다. 그래서 육합이 변격이 된 사례가 좀처럼 등장하기 어려우므로 일반인에게 나타나기 힘든 겁니다. 그러나 특별한 조건에서는 육합의 합화가 일어날 수 있습니다.

이것은 천간의 오합이 월령과 주변에 동일한 오행이 갖추어져야 합화에 성공하듯이 육합도 마찬가지입니다. 예를 들어 사신합수가 성공하려면 천간에 임계(壬癸)수가 등장하고 혹은 신자(申子)합의 결성도 있게 되면 합화의 가능성이 놓은 것입니다 그럴 경우에는 사신합수가 변격(變格)이 되는 겁니다. 만약에 월령이 묘월(卯月)이라던지 아니면 술월(戌月)에서 만나는 묘술합(卯戌合)은 합화(合化)가 어렵습니다. 묘술합화(卯戌合火)는 오행이 화(火)로 변하는 것이라 일단 월령이 오월(午月)이나 사월(巳月)이라야 가능해진다고 보는 것입니다. 더구나 천간(天干)에서도 이를 도와주는 불로 이루어진 오행의 합이 필요합니다. 그래서 육합(六合)은 합화(合化)의 조건이 무척 까다롭다고 하는 것입니다.

그러나 합화(合化)가 불가능한 것은 아닙니다. 예를 들어 천간의 합화(合化)로 화격(化格)을 논한다는 것은 합화(合化)가 가능하기 때문에 그런 논리가 나오는 것입니다. 예를 들어 오월(午月)에 오미합(午未合)이고 천간에 무계합(戊癸合)이 있다고 가정한다면 그러면 이것은 합화(合化)로 움직여 줄 수 있게 됩니다.

【예시1】

時	日	月	年	건 명
상관		인수	식신	六神
壬	辛	戊	癸	天干
辰	丑	午	未	地支
인수	편인	편관	편인	六神

이 명조는 오래 전에 SBS에서 방영한 모 프로그램에 등장한 걸인입니다. 어째서 거지일까요?

이 사람은 월령(月令)이 오월(午月)에 지지로 오미(午未)합을 하고 천간에는 무계(戊癸)합을 합니다. 그러면 오미합(午未合)에서는 합기(合起)가 발생하게 됩니다. 곧 화기(火氣)가 천간까지 치솟아 불의 화신(火神)을 이루는데 천간의 무계합화(戊癸合火)도 화세(火勢)를 얻어 불기둥의 형상을 하고 있습니다. 고로 오미합화격(午未合化格)으로 국(局)을 이룬다고 보면 됩니다. 이러한 명조는 일단 불길이 치열(熾熱)하다고 느껴야 합니다.
그런데 이러한 명조에 천간 임수(壬水)는 오히려 독(毒)이 되는 것입니다.
왜냐하면 한 바가지의 양동이 물로 성난 불을 꺼트리고자 하니 오히려 불길은 더욱 거세지고 일간 신금(辛金)을 녹이고 있는 형상을 하고 있는 것입니다.

곧 화다수증(火多水蒸)의 사례가 됩니다. 수(水)는 화(火)를 능히 극(剋)하지만 화(火)가 많게 되면 수(水)가 말라버리게 되는 자연의 이치를 말했던 것입니다. 그러므로 이 사주의 문제점은 많은 불길로 인해 물이 증발하는 것입니다.

이 부분을 【적천수】에서 "성국간투일관성(成局干透一官星), 좌변우변 공록록(左邊右邊空碌碌)"의 현상을 보이는 명조라 설명을 하고 있습니다.

이것은 주변에 의지할 곳이 없이 정처 없이 떠돈다는 말이니 결국 이 사람은 노숙자의 운명을 가지고 있는 것입니다.

【핵심정리】
육합의 화격 조건은 해당이 되는 계절을 얻어야 한다. 곧 묘술합화(卯戌合火)이면 사오월(巳午月)에 태어난 명조를 말한다. 만약 진유합금(辰酉合金)이면 가을철 태생자가 좋다. 또한 주변에 화(化)한 오행이 가득차면 가능성은 더욱 높아진다. 예를 들어 사신합수(巳申合水)의 격(格)이 완성이 되려면 천간에는 수(水)가 중중(重重)해야 좋다. 시지(時支)는 해자(亥子)시에 태어나면 훌륭하다. 비록 천간에 병화(丙火)가 있다고 해도 신금(辛金)이 있게 되면 병신합수(丙辛合水)로 합(合)할 수 있다.

② 자축합(子丑合)의 북고(北庫)를 이해하기

자축합(子丑合)은 북고수귀(北庫水鬼)라고도 말을 합니다.

용어(用語)에서 나타나 있듯이 여러 가지 질병과 흉조를 암시 합니다. 예를 들면 자축합(子丑合)이 있는데 유(酉)가 있게 되면 자유파(子酉破)가 겹치면서 위장에 물이 차는 질환을 면하기 어렵다고 합니다. 동물로 비유해 보면 유금(酉金)은 솔개를 상징하고 자(子)는 박쥐. 혹은 쥐가 됩니다. 그런데 박쥐의 천적은 매(未), 수리, 올빼미 고양이(申), 족제비(卯) 계열인데 박쥐는 이들의 공격을 피해 축(丑)이라는 동굴 속에 있을 때가 가장 안전한 것입니다. 이것이 북고(北庫)이며 자축합(子丑合)의 상(像)이 됩니다.

쥐를 공격하는 이들은 모두 현침 글자에 배속이 된 동물입니다.

현침(懸針)이란 갑(甲), 신(辛), 묘(卯), 오(午), 신(申), 미(未)를 말하는데 쥐는 원래 뾰족한 바늘을 두려워한다고 합니다. 그래서 자오축(子午丑), 자축유(子丑酉), 자오미(子午未), 자묘오(子卯午) 등의 구조가 되면 상파(相破)하기 때문에 대부분이 수술 물상이라고 말했던 것입니다.

그렇다면 자축합(子丑合)의 해석을 어떻게 해야 하겠습니까?

쥐라는 동물은 축토(丑土)를 보면 자기 집으로 생각을 합니다. 곧 쥐는 동굴을 보고 안전하다고 생각하며 동굴로 들어가 숨어 버리게 됩니다. 이러한 구조가 자축합(子丑合)입니다. 그러므로 자축합(子丑合)은 북고(北庫)가 된다고 설명을 하였던 것인데 곧 입고(入庫)하므로 자수(子水)가 묶이게 됩니다. 그런데 만약 오화(午火)가 있게 된다면 오화(午火)는 말이라 말과 쥐는 상극 관계입니다. 말이 놀라 쥐를 말발굽으로 내려치고 쥐는 도망 다니느라 혼비백산합니다.

그러므로 쥐와 소는 친숙하고 쥐와 말은 상극(相剋)입니다. 여기서 만들어진 용어가 자축합(子丑合)과 자오충(子午沖)이 되는 것입니다.

【예시1】
자축합(子丑合)의 상의(象意) 분석

時	日	月	年	건 명
상관		편관	정관	六神
丁	甲	庚	辛	天干
卯	午	子	丑	地支
겁재	상관	정인	정재	六神
실(實)	화(花)	묘(苗)	근(根)	궁성

이 남자 분은 고등학교 때 아버지 돌아가시고 가정형편이 어려워서 동사무소 공무원(9급)으로 있으면서 야간대학을 다녔다고 합니다. 그 후에 은행에 입사해서 지점장까지 승진을 하였습니다.

여기서 보면 자축합(子丑合)이 있습니다. 근묘화실(根苗花實) 중에서 근묘(根苗)에 해당되는 장소에 자축합(子丑合)이 배치가 되어 있으므로 이 사람의 자축합(子丑合)의 상의(象意)는 인생 초반부에 나타날 것입니다. 곧 자수(子水)는 인수인데 자축합(子丑合)이 되면 인수가 북고(北庫)에 들어 간 상태라 인수격으로는 격을 잡을 수가 없게 됩니다.
쥐라는 동물은 축토(丑土)라는 동굴을 보고 달려 들어가 숨어 있는 것이니 격으로 삼을 수가 없다는 말이 됩니다. 그런데 일지의 오화(午火)가 있으면 자오충(子午沖)이 되는 것인데 이것은 기다란 화살촉으로 쥐구멍을 꾹꾹 쑤시는 것과 같은 위협적인 행동이 됩니다.

그러면 쥐가 놀라 혼비백산하여 구멍을 빠져 도망을 가게 됩니다.

이로써 자오충(子午沖)으로 자축합(子丑合)이 풀렸다고 말을 하는 것입니다. 이렇게 되면 놀란 자수(子水)가 크게 활동 중이므로 자수(子水)를 인수격(印綬格)으로 잡아 격을 삼을 수가 있는 것입니다. 그러므로 이 명조는 인수격에 해당이 됩니다. 인수(印綬)를 용신(用神)하는데 천간에 관살혼잡(官殺混雜)이 등장하였으므로 분명 한 번 이상은 크게 이직(移職)을 한다고 판단할 수 있을 것입니다. 그 시점은 자오충과 자축합의 합충이 연달아 발생하면 천간의 관살혼잡이 동하는 시기에 이직 운이 찾아오게 될 것입니다.

【핵심정리】

자평진전에서 논(論)형충회합(刑沖會合)해법(解法)이라는 장이 소개가 되고 있다. 이것은 형충을 해소하는 법리를 설명하고 있다. 곧 팔자에 형충(刑沖)이 있으면 좋지 않으나 삼합과 육합으로 형충을 해소(解消)할 수 있다. 예를 들면 묘유(卯酉)충이 되지만 묘술(卯戌)합이 되어서 충을 해소할 수도 있고 진유(辰酉)합이 되어서 충을 해소할 수도 있다.

만약 술(戌) 대신 해(亥)나 미(未)가 있어도 해묘미(亥卯未) 삼합이 되어서 충을 해소할 수 있다. 또는 진(辰) 대신 사(巳)나 유(酉)가 있어도 사유축(巳酉丑) 삼합이 되어서 충을 해소할 수 있다. 이것은 회합이 있어서 형충을 해소한 사례이다.

3 오미합(午未合)의 남고(南庫)를 이해하기

오(午)는 말이 되고 미(未)는 마구간이라고 보면 됩니다.
이것은 말이 마구간에 들어가 휴식을 취하는 물상입니다. 이것이 오미합의
물상이 됩니다. 그런데 오화(午火)는 남쪽에 있는데 미토(未土) 마구간에 들
어가 있는 것이라 남고(南庫)라고 말하기도 합니다. 또는 미(未)를 기러기로
보기도 합니다 그래서 말과 기러기의 관계로 말은 초원을 달리고 기러기는
창공을 날므로 크게 비약하는 모습이고 발전을 의미합니다. 그래서 대부분
의 오미합(午未合)은 길한 면이 많습니다.

【예시1】
오미합(午未合)의 육친 응용

時	日	月	年	세운	건명
					六神
	壬				天干
未	午			丑	地支
자녀	아내			정관	六神

임수(壬水) 일주에게 축년(丑年)이 찾아 왔을 때, 가족 간의 생이별을 예측할
수 있습니다. 임수 일간에게는 오화는 재성이므로 처가 되고 미토는 관성
이므로 자식이 됩니다. 그런데 오미합(午未合)이니 말이 마구간에서 쉬듯이
처와 자녀의 관계가 안정적이며 좋다고 보면 됩니다. 미(未)는 자녀이며 또
기러기 상(像)이 되기도 합니다. 그런데 축년이 되면 축미충이 되는 해에 미
(未)는 오화(午火)에서 풀려나게 됩니다.

이로 인하여 오미(午未)합이 풀리므로 말은 마구간을 떠나 초원을 달리고 기러기는 창공을 나를 수 있는 여건 조성이 완료가 됩니다. 그래서 축년에 자녀는 해외 연수하러 유학을 가게 됩니다. 자식이 혼자 가기 힘들어 하므로 모친이 함께 동반을 합니다. 그런 결과로 아버지는 일 년에 한 두 번씩 가족과 상봉하는데 기러기 아버지가 되었습니다.

【예시2】
오미(午未)합의 물상은 남고(南庫)이다

時	日	月	年	곤명
상관		정인	편인	六神
癸	庚	己	戊	天干
未	午	未	辰	地支
정인	정관	정인	편인	六神

오미합(午未合)의 상(像)이라는 것은 말이 마구간에 머무는 모습을 말합니다. 이것을 남고(南庫)라고 표현을 하였습니다. 자축합(子丑合)에서는 축토(丑土)를 북고(北庫)라고 표기했다면 오미합(午未合)에서는 미토(未土)를 남고(南庫)라고 표기합니다.

그러므로 이것을 육친변화로 설명해 본다면 이 명조에서 오화(午火)남자는 월지의 미토(未土) 마구간에 머물다가 시지(時支)의 미토 마구간에도 생활한다고 추정할 수가 있습니다. 다시 말씀드리자면 경금(庚金)일간에게는 오화(午火) 정관(正官)은 남자에 해당이 되고 미토 정인(正印)은 모친에 해당이 됩니다.
그런데 오미합(午未合)을 한다는 말은 정관(正官)과 인수(印綬)의 합이므로 모친과 사위가 동거(同居)한다는 의미가 됩니다.

그런데 장모가 사위와 동거를 한다는 말은 곧 아내와 모친 그리고 사위가 한 집에서 살아간다는 뜻으로 이해하면 됩니다. 그러나 오화(午火) 정관은 쟁합(爭合)이 된 구조입니다.

곧 오화(午火)가 월지(月支)의 미토(未土)와 시지(時支)의 미토(未土)를 번갈아 합하는 것이므로 쟁합(爭合)이라 보는 것입니다. 쟁합(爭合)에서는 합이불합(合而不合)이 되기 때문에 합처럼 보이지만 합할 수 없는 관계라고 설명을 합니다.

그러므로 이 오화(午火) 남자는 이 집과 저 집을 동가식서가숙(東家食西家宿)하게 됩니다. 즉 이 장모집과 저 장모집을 방문하여 번갈아 생활하므로 비정상적인 만남이 지속이 되는 것입니다. 장모가 두 명이라는 말은 내 남자가 두 장모를 섬기므로 내연녀가 있다고 보는 것입니다. 그래서 이 사람의 남자는 두 장모를 섬기는 모습이므로 본인은 처첩(妻妾)의 관계가 될 수가 있다는 사실입니다. 그러므로 이 여자분은 지방에서 요식업을 운영하였는데 남자는 큰 재산가로 그녀의 든든한 후원자라 말하였습니다.

【예시3】
남방(南方)에 진출하여 중고차 수출무역을 하다

時	日	月	年	곤명
편재		편인	정인	六神
庚	**丙**	**甲**	**乙**	天干
寅	**午**	**申**	**未**	地支
편인	겁재	편재	상관	六神

이 사주의 주인공은 베트남으로 진출하여 중고차 수출무역을 하였습니다. 그런데 왜 자동차 무역상일까요?

이 사람은 오미합(午未合)과 인신충(寅申沖)이 되어 있습니다. 오미합(午未合)이라는 말은 남방(南方)을 말하고 남쪽에 창고(倉庫)가 열려 있는 사람이라 남쪽으로 길이 열린 사람이므로 해외 이동 거주가 많다고 보면 됩니다. 그래서 미토(未土)는 철새이고 새가 남쪽을 향해 창공을 날아가면 기러기아빠 혹은 기러기 부부라고 불렀던 것입니다.

그래서 오미합(午未合)을 남고(南庫)라고 말하는 것입니다. 남고(南庫)의 역할은 바다를 건너가서 해외 유학, 취업 등으로 생각해 볼 수 있는데 해외에서 벌어지는 사업이 성공할 수 있다고 판단하면 됩니다. 즉 타향에서 성공하는 사람이 있을 수 있습니다. 또한 신금(申金)이 역마(驛馬)이니 인신충(寅申沖)은 역마충이라 이 사람은 해외 무역이 어울리는 사업인데 남방으로 가는 쇠, 고철과 관련 있는 무역을 하면 좋습니다. 그런데 정화(丁火) 제련의 상(像)이 보이니까 고철은 아니고 제련된 금속품이 될 겁니다. 인오합(寅午合)하니 문서를 취하여 무역 수출하는 사람입니다. 편재격(偏財格)이 상관생재(傷官生財)하죠.

그러므로 이 사람은 장사꾼이라고 보고 무엇을 판매하는가를 생각해 보면됩니다. 신금(申金)은 원래 완금장철(頑金丈鐵)인데 신금(申金)이 정화(丁火)를 만나면 제련(製鍊)의 상(像)이 되죠. 그래서 철을 다루는 업종과 관련된 직업이 될 수 있습니다. 오화(午火)로 제련되면 이동할 수 있는 선박, 차동차가 만들어 집니다. 그러므로 철강, 금속, 무기, 기계, 선반, 농기구, 승강기, 자동차, 차량, 비행기, 조선소, 선박등과 인연이 깊어집니다. 오화가 없게 되면 그저 쇠, 철고물 수입상입니다. 정화(丁火)가 있으므로 제련(製鍊)의 상(像)이 이루어져 자동차, 선박 등이 되는 겁니다. 이 차이점을 잘 구별하시기 바랍니다.

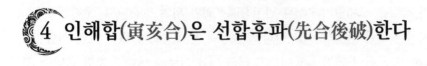

4 인해합(寅亥合)은 선합후파(先合後破)한다

(1) 인해합(寅亥合)의 개념

인해합(寅亥合)은 선합후파(先合後破)라고 합니다. 곧 먼저 합을 한 다음에는 깨지기 쉽다는 함의(含意)가 있습니다. 이것은 인목(寅木)이 해수(亥水)를 반기는 것이며 그 이유는 해수(亥水)가 인목(寅木)을 생조해주는 물건이므로 급수처(給水處)가 되는 까닭이고 또한 인목(寅木)은 해수(亥水)가 장생지에 해당이 되기 때문입니다.

반대로 해수(亥水)는 인목(寅木)이 병지(病地)이고 설기를 당하여 시달리는 형상이라 해수(亥水)입장에서는 인목(寅木)을 반기지 않게 됩니다. 이로 인해 합은 하더라도 깨지게 되는 결과물이 발생하게 됩니다. 따라서 인해합(寅亥合)이 존재하게 되면 육친법상 합의 결과물을 먼저 확인한 후에 파(破)의 결과물도 나올 것임을 미리 예측하여 확인해 둬야 합니다.

【예시1】

時	日	月	年	곤명
				六神
	丁			天干
	亥	寅		地支
	정관	인수		六神

예를 들어 위의 여자 명조에서 정화(丁火) 일간이 인해합(寅亥合)이 되어 있다면 인목(寅木)은 인수(印綬)가 되고 해수(亥水)는 정관(正官)이 되므로 인목(寅木)은 모친(母親)이고 해수(亥水)는 남편(男便)이 되는 것입니다. 그러므로 남편 입장에서는 인해합(寅亥合)의 관계는 사위와 장모가 되는 것이죠. 그러므로 장모인 인목(寅木)은 자기를 생조해주는 해수(亥水)가 장생지이므로 반기는 것이고 결혼을 서두르지만 결혼 한 후에도 해수(亥水) 사위는 인목(寅木)에게 시달리는 형상을 보입니다.

그래서 사위가 장모로 인해 이혼할 수도 있게 되는데 이게 선합후파(先合後破)의 일종이라 보면 됩니다.

(2) 인해합(寅亥合)의 상의(象意)를 분석

【예시2】

時	日	月	年	세운51	대운43	건명
정재		상관	식신	식신	편관	六神
壬	**己**	**庚**	**辛**	**辛**	**乙**	天干
申	**巳**	**寅**	**亥**	**丑**	**酉**	地支
상관	정인	정관	정재	비견	식신	六神
겁살	역마	공망	지살			신살
실(實)	화(花)	묘(苗)	근(根)			궁성

이 명조는 공직에 있다가 30대 후반 퇴직하여 11년째 전국을 다니면서 형님의 회사 산업용 자동 밸브 수리를 하고 있습니다.

위 명조의 남자분의 행적을 살펴보면 초년기에는 공기업에 근무하다가 중년이후부터 밸브(valve)수리 기술자(技術者)로 생활을 합니다. 그렇다면 그러한 직업 변화는 어디에서 나타난다고 볼 수가 있을까요.

이 명조를 근묘화실(根苗花實)로 살펴보면 년지(年支)와 월지(月支)는 인해(寅亥)합의 상(像)이고 일지(日支)와 시지(時支)는 사신형합(巳申刑合)의 상(像)입니다. 무슨 말인가 하면 초중년(初中年)은 인해합(寅亥合)의 상의(象意)가 직업적인 용신(用神)이 되는 것이고 중년(中年)이후부터는 사신합(巳申合)의 상의(象意)가 직업적인 용신이라는 뜻입니다.

그러므로 근묘(根苗)의 인해합(寅亥合)을 십신으로 분석해보면 재생관(財生官)이고 화실(花實)에서는 사신형합(巳申刑合)은 상관패인(傷官佩印)이 되는 것입니다. 따라서 재생관(財生官)은 대기업 공기업 근무자가 맞는 것이며 상관패인(傷官佩印)의 격에서는 자격증 등의 기술적인 문서를 가지고 돈을 버는 직공이 적합한 것입니다. 따라서 인해합(寅亥合)은 선합후파(先合後破)이므로 늦게 인해합의 구실이 없어진다고 보고 직업의 변화를 예상할 수 있다는 뜻입니다.

그래서 중년이후에 나타난 상관패인(傷官佩印)이 사해충(巳亥沖)의 역마충(驛馬沖)이라 문서 도면을 가지고 전국을 돌아다니는 기술자가 됩니다.

5 진유합(辰酉合)은 합후질기(合後疾忌)이다

진유합(辰酉合)은 동물 배속(配屬)에서는 물고기와 독수리의 관계를 말합니다. 즉 유(酉)는 닭이 되기도 하고 솔개 혹은 독수리과 동물이 되기도 합니다. 그래서 독수리(酉)가 물고기(辰)를 낚아채는 모습이 진유합(辰酉合)의 물상입니다.

또는 반대로 대형어류(辰)가 물새(酉)를 잡아먹는 모습이기도 합니다. 이것은 서로에게 피해를 주므로 합후질기(合後疾忌)라고 말을 합니다.

곧 포태법으로 보면 진(辰)은 유(酉)에는 사지(死地)이고 유(酉)는 진(辰)에 묘지가 됩니다. 서로에게 흉지(凶地)가 되므로 서로 다치는 것이니 합후질기(合後疾忌)라고 말합니다.

【예시1】

時	日	月	年	건명
				六神
	庚			天干
辰	酉			地支
편인	겁재			六神

이 명조는 진토(辰土)는 편인(偏印)이므로 모친이 되고 유금(酉金)은 겁재(劫財)이므로 형제가 됩니다. 그런데 진(辰)어머니는 일간인 경(庚) 보다는 겁재인 유(酉) 형을 더 좋아합니다. 이것이 진유합(辰酉合)의 표현을 해석하는 방법입니다. 생(生)보다는 합(合)이 더 적극적인 표현이 되기 때문입니다.

일방적으로 먹잇감이 되어 주는 것이 모친이므로 진유합의 물상인 것입니다. 그러나 유(酉)라는 솔개가 진(辰)이라는 물고기를 낚는 물상이니 겁재형은 어머니에게 상처를 주게 됩니다.

이것이 합후질기(合後疾忌)의 표현을 읽는 방법입니다. 합후질기(合後疾忌)는 서로에게 묘지(墓地)와 사지(死地)가 되어 불리한 합의 관계를 말했던 것입니다.

(1) 진유합(辰酉合)으로 겁재를 통제한다

【예시2】

時	日	月	年	곤명
겁재		상관	겁재	六神
戊	**己**	**庚**	**戊**	天干
辰	**酉**	**申**	**午**	地支
겁재	식신	상관	편인	六神
천살 홍염	육해	역마	도화	신살

이 사주의 주인공은 상당한 미인으로 직업은 경락마사지 사이고 본인의 적성에 맞는다고 합니다. 이 사람의 직업이 사주에 나타나 있습니까?

이 명조는 무진(戊辰)이라는 백호(白虎)칠살이 있는데 백호가 천살(天殺)일 경우에 형충(刑沖)을 만나면 폭력성을 두려워해야 합니다. 그런데 이 명조는 무진(戊辰)이 백호(白虎)이면서 겁재(劫財)이고 천살(天殺)에 해당합니다. 양인(겁재)이나 칠살은 성정(性情)이 비슷합니다.

만약 양인과 천살(天殺)이 형충(刑沖)을 만나면 폭력성이 드러남을 두려워 하지만 육합(六合)으로 묶이면 폭력성은 힘을 못 쓰고 가두어지게 됩니다. 이 명조가 그렇습니다. 무진(戊辰)이 겁재(劫財)이지만 진유합(辰酉合)으로 통제(統制)를 받는 것입니다.

그러므로 겁재가 이성을 잃지 않으며 진유합(辰酉合)으로 재성을 겁탈하는 일을 막아주는 것이죠. 마사지는 상대방의 몸을 손으로 두들겨 패는 직업입니다. 합의금을 먼저 받고 합법적으로 두들겨 패는 일을 합니다. 이런 직업은 이 사람의 백호(白虎) 천살(天殺)의 폭력을 액땜하는 좋은 직업이 됩니다. 또한 경신(庚申)금은 살성(殺性)이 강하여 불을 만나면 예리해지고 물을 만나면 맑아진다고 하였습니다.

명조에 화(火)는 있는데 물은 없으니 정신은 둔탁하지만 예리한 상관(傷官)의 손맛이라 마사지의 손날이 날카롭습니다. 무진(戊辰)이 홍염살이라 남자를 상대로 하는 마사지 업종에 종사하게 됩니다.

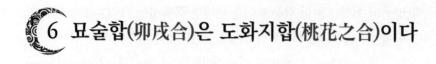

6 묘술합(卯戌合)은 도화지합(桃花之合)이다

묘술합(卯戌合)이 합화(合化)하여 생기는 화(火)는 뜨거운 열기(熱氣)에 해당합니다. 그 이유는 술토(戌土)는 화고(火庫)의 역할을 하기 때문에 화로(火爐)에 묻어 둔 불씨라고 보았던 것입니다. 곧 술(戌)은 화고(火庫)로 여름철의 병정(丙丁)의 열기를 가둔 것이니 술토(戌土)는 정화(丁火)를 품은 열기로 인해 항상 뜨거워질 수 있는 환경이 되는 것입니다. 그래서 술토(戌土)를 형상화(形象化)한 즉 주유소, 무기고, 화약창고, 화공약품에 비유를 많이 합니다.

최근에는 컴퓨터 내부의 발열을 보고 술토(戌土)를 전자장치 혹은 컴퓨터외장이라고도 합니다. 아무튼 묘술합(卯戌合)에서는 열기가 발생하는 게 원칙입니다. 그래서 술토(戌土)는 메마른 고원이 되고 그 땅에 핀 묘목(卯木)은 봄의 도화 꽃이 됩니다. 그래서 이 둘의 합을 봄과 가을철의 합이라 하여 춘추(春秋)의 합이라고도 하였습니다. 이 도화 꽃에 벌꿀이 달려드는 모습을 묘술합화(卯戌合火)로 보면 됩니다. 곧 벌꿀이라는 정화(丁火)를 끌고 온 것입니다. 또한 을(乙)은 바람의 형상(形像)이니 묘(卯)가 불어오면 술(戌)중의 정화(丁火) 불똥이 살아나는데 이것이 마치 도화(桃花)가 불어와서 애정의 불똥이 일어난다고 비유한 것입니다.

그래서 도화지합(桃花之合)이 됩니다. 이것은 묘(卯) 도화(桃花)가 창고인 술(戌)에서 은밀하게 만나 열정(熱情)이 일어나는 것에 비유한 것입니다. 그래서 묘술합(卯戌合)을 음정지합(淫情之合)이라고도 말을 합니다. 또 술(戌)은 늙은이에 해당하고 묘(卯)는 젊은 청춘을 나타내므로 묘술합(卯戌合)은 연분(緣分)의 합이라고도 합니다.

(1) 묘술합(卯戌合)의 상의(象意)를 분석한다

보통 묘술합(卯戌合)을 늙은이와 소녀의 합이라고 말을 합니다. 그런데 이것을 고지식하게 남녀 사람으로만 해석할 것이 아니라 오래된 물건과 참신한 발상의 합이라고 생각해 보겠습니다. 그러면 오래된 건물에서 참신하게 연구하는 소녀들이 되는 것입니다. 이러한 상의(象意)를 가진 물형(物形)으로 대학교, 연구소가 되는 것이 많습니다.

1) 묘술합(卯戌合)이 문명지상(文明之像)의 학구열로 표출이 되는 경우

【예시1】

時	日	月	年	대운20	건명
상관		편관	정재	편인	六神
壬	辛	丁	甲	己	天干
辰	卯	卯	戌	巳	地支
정인	편재	편재	정인	정관	六神

묘술합(卯戌合)이 늙은이와 소녀의 합이라 하는데 그걸 응용하면 이 명조에서는 술토(戌土)라는 오래된 땅에 있는 갑목(甲木)이 보입니다.
곧 갑진(甲辰)은 건물의 상(像)이 됩니다. 묘목(卯木)의 도화는 젊은 소녀이므로 최신 연구 프로젝트가 됩니다. 그래서 묘술합(卯戌合)에서 투출한 갑목(甲木)의 상(像)은 대학교 연구소가 될 수 있습니다.

그런데 갑목(甲木)에서 생하는 정화(丁火)라는 칠살은 위험한 화기성 물질이 됩니다. 그걸 임수(壬水)로 합살(合殺)한 것이니, 이 분이 나가야 할 적성은 위험물 취급사등의 자격증을 따서 연구소에 취업하는 것이 바람직합니다. 현재 남자 분은 대학원생으로 생화학을 전공 중입니다.

2) 묘술합(卯戌合)이 연분(緣分)의 정(情)으로 표출(表出)이 되는 경우

【예시2】

時	日	月	年	대운12	곤명
겁재		편인	정인	편관	六神
壬	癸	辛	庚	己	天干
戌	巳	巳	戌	卯	地支
정관	정재	정재	정관	식신	六神

위 여명(女命)은 20살쯤에 언니가 형부와 다투고 집을 비운 사이 형부한테 성폭행을 당한 후 형부와 기구한 사랑이 시작되었다고 합니다. 형부의 구타와 회유를 겪으며 지금까지 함께 살아오고 있습니다. 언니가 이들을 고소하자 위자료를 언니에게 지불하였고 현재는 언니 자녀들을 보살피면서 형부와 살고 있다고 합니다.

이 명조에서 간통죄를 짓는 형상을 찾아보겠습니다.
재성(財星)이 왕성하여 정관(正官)을 생조하는 재왕생관(財旺生官)의 구조입니다. 그런데 재생관(財生官)이 사술(巳戌)원진에 걸려있는 겁니다. 이 말은 내가 돈을 남자에게 갔다 바치고는 후회한다는 뜻입니다.

이 사람은 년주(年柱)의 경술(庚戌)이라는 정관이 월지의 사화(巳火)와 사술(巳戌)원진(元嗔)하고 시주(時柱)의 임술(壬戌)이라는 정관도 일지의 사화(巳火)와 사술(巳戌)원진(元嗔)하고 있습니다. 정관이 각기 2개로 사화(巳火)에 의해 사술원진을 구성한다는 사실은 부성(夫星) 이위(二位)의 상(像)이 뚜렷한 증거입니다.

그런데 정관의 사술(巳戌)귀문이 중첩이 되면 기이한 사고(思考)를 수용(受容)하여 남자에 대해서 올바르지 못한 판단을 내릴 수가 있게 됩니다. 20살 정도이면 묘(卯)대운에 발생한 사건이니까 식신운이죠.

여자 명조에서 묘(卯)가 식신이 되면 식신은 자녀 생산을 위한 결혼 혼기라고 보면 됩니다. 원국에 정관이 있는데 식신이 등장하면서 묘술합(卯戌合)이 되면 남자와 자식의 결합이라 연애, 동거, 혼인 등이 발생할 수 있습니다.

보통 묘술합(卯戌合)을 도화지합(桃花之合)이라 하는데 이것은 늙은이와 소녀의 합이고 춘추지합(春秋之合)이니 세월의 차이가 나므로 결국 나이 차이가 많은 남녀의 만남을 의미하게 됩니다.

다시 말하자면 술토 정관은 늙은이에 비유하고 중년 남자이니 형부가 되고 소녀는 묘(卯) 도화이니 처제(妻弟)가 되는 것입니다 이 둘의 만남은 귀문(鬼門)의 만남으로 떳떳하지 못한 것이니 불륜임을 알면서도 벗어나지 못하는 것이니 이로 인해 도화지합이라 합니다.

사신합(巳申合)으로 겁재를 합제(合制)하여
재성을 보호한다.

時	日	月	年	세운58	대운52	건 명
식신		정재	편재	상관	인수	六神
癸	辛	甲	乙	壬	戊	天干
巳	丑	申	巳	寅	寅	地支
정관	편인	겁재	정관	정재	정재	六神

년간(年干)과 월간(月干)에 정재(正財)와 편재(偏財)가 놓이게 되면 길신태로(吉神太路)에 처할 수 있습니다. 특히 년간의 편재(偏財)는 공공의 재산물이라 여겨 남의 재산으로 간주하였는데 남의 재산이 되느냐 아니면 내 재산이 될 것인가는 관청의 역할을 살펴봐야 하는 것입니다.

곧 내 재산이 관청에 등록이 되어 있거나 혹, 내가 일하는 장소가 경찰 또는 관청 소속이 되어야 내 재산을 지킬 수가 있을 것입니다. 그래서 만약 사주에서 재성이 노출이 된 사주라 하더라도 관성이 존재하여 겁재(劫財)로부터 보호하여 지켜 줄 수 있다면 길신태로(吉神太路)라고 말하지 않게 됩니다. 그러므로 천간에 정재와 편재가 놓여 공공의 재산에 가까우므로 이를 지켜내려면 년지(年支)의 사화(巳火) 정관(正官)의 소속으로 내가 뿌리를 틀어 내려가야 합니다. 사화(巳火)정관(正官)이 월지의 겁재(劫財)와 사신합(巳申合)으로 합제(合制)가 되는 것이므로 정관(正官)이 나의 겁재를 눌러 겁탈의 기운을 막고 있는 것입니다. 그러므로 제복(制伏)을 당한 겁재 신금(申金)은 정관이 사신합(巳申合)으로 결탁(結託)하였은 즉, 천간의 갑을(甲乙)은 관청에 등록이 되어 내 소유가 되어 임의로 활용할 수 있게 되었습니다. 이 분은 의료관련 공공기관에서 근무하고 있습니다.

최강의 포식자 論

刑沖會合

육충(六沖)의 간명(看命)  5부

1 자오충(子午沖)의 왕신충발로 등산 중 추락 사망하다.

時	日	月	年	세운61	대운57	건명
정관	비견	편관	편관	편관	편관	六神
癸	丙	丙	壬	壬	壬	天干
巳	戌	午	寅	寅	子	地支
비견	식신	겁재	편인	편인	정관	六神

임인년 2022년 5월에 등반 중 추락하여 사망하였습니다. 사망을 암시하는 대목을 찾을 수가 있겠습니까?

인오술(寅午戌)합이 되어 있는데, 천간에는 병병(丙丙)의 상(像)입니다. 화국(火局)이 치열하다고 보면 됩니다 이런 사주를【적천수】에서 말하길 전국이 화국(火局)결성인데 천간에 관성인 임수(壬水)만 있다면 "성국간투일관성(成局干透一官星), 좌변우변공록록(左邊右邊 空碌碌)"의 현상을 보이게 되어 대패(大敗)한다고 말했던 것입니다. 그러나 이 명조가 무사한 이유는 아마도 천간의 임계수(壬癸水)로 인해 화국(火局) 결성에는 실패했다고 보이고 대운의 흐름이 금수운(金水運)으로 진행하여 임계수(壬癸水)를 강하게 하므로 화기(火氣)를 누를 수 있었던 것 같습니다. 그러므로 일반 정격(正格)으로 해석을 해야 할 것 같습니다. 그래서 57 임자(壬子)대운이 되면 천간과 지지에서 병임충(丙壬沖)과 자오충(子午沖)이 되는데 흉신의 왕신충발(旺神沖發)이 염려가 됩니다. 임인년 61세는 57 자수(子水)대운이 시작이 되는 시점이므로 자오충(子午沖)의 격발(擊發)이 강하게 발생하는 시기인데 임인년(壬寅年)에 오히려 인오술(寅午戌)삼합(三合)국을 시도 하려고 무리수를 두고 있는 상황입니다. 이 해에 왕신충발(旺神沖發)을 당한 것으로 판단합니다.

2 인신(寅申)의 충기(衝起)로 정관(正官)을 극하다.

時	日	月	年	세운49	대운44	곤명
상관		겁재	정관	정재	편재	六神
甲	癸	壬	戊	丙	丁	天干
寅	亥	戌	申	申	巳	地支
상관	겁재	정관	정인	인수	정재	六神
고신 급각	고신	과숙 백호				신살

이 여자 분은 남편이 48세 을미년(乙未年)에 불치병 판정을 받고 다음 해인 49세 병신년(丙申年)에 사망하였습니다.

이 명조에서 년간의 무토(戊土) 정관(正官)은 남편에 해당하겠고 갑인(甲寅)은 간여지동(干與之同)으로 상관이 되는 것이므로 정관에게는 위협적인 상대가 되는 것입니다. 그런데 갑목(甲木)이 인목(寅木)에 단단히 박혀있는 것이라 일단 인신충(寅申沖)이 발생하게 되면 충거(衝去)로 밀려나지 않고 충기(衝起)가 발생하게 됩니다. 충기(衝起)라 함은 그대로 위로 치솟는다는 말이죠.

그런 경우에는 상관(傷官)의 흉살(凶殺)이 충기(衝起)하는 것이므로 정관(正官) 무토(戊土)가 상관액(傷官厄)을 당할 수가 있게 됩니다. 곧 충기(衝起)할 적에는 상관이 더욱 과격해지는 겁니다. 사망하는 사건이 발생한 배경이 되는 사화(巳火) 대운을 살펴 봅니다. 사(巳)대운에 사신형(巳申刑)과 사술(巳戌)원진(元嗔) 그리고 사해충(巳亥沖)과 인사형(寅巳刑)이 보이죠.

원래 지지가 전부 형충파해(刑沖破害)에 걸리는 대운에는 흉조(凶兆)가 깊습니다. 이것은 대운의 체(體)에서 흉신이 잠복해 있다가 세운에서 흉이 실(失)로 나타나게 되는 것입니다. 고로 병신년(丙申年)에는 병임충(丙壬沖)과 인신충(寅申沖)이 발생합니다.

원국에 인신충(寅申沖)이 약하게 존재하는데 세운(歲運)에서 다시 인신(寅申)을 만나 재충(再沖)하는 겁니다. 그러면 갑인(甲寅)의 간여지동(干與之同)은 충기(衝起)하게 됩니다. 따라서 갑인(甲寅) 상관(傷官)이 노기(怒氣)를 띄고 정관을 극하려고 시도하였습니다.

【핵심정리】
명충명합(明沖明會)은 팔자의 합충이고 암충암회(暗沖暗會)는 장간의 숨은 합충을 의미하는 것이다. 또한 천간의 명신(明神)과 지장간과의 암신(暗神)이 결합하는 것을 명암충, 명암합이라고도 한다. 이러한 암충암회가 길(吉)하다고 하는 것은 충기(沖起)하거나 충발(沖發)하기 때문인데 기(起)라는 것은 천간 육신이 확연히 드러난 것을 말한다.

그래서 만약에 사길신(四吉神)이 드러나면 긍정적 결과가 오겠지만 살상겁효(殺傷劫梟)의 흉신이면 불리해지는 것이다. 예를 들어 갑인(甲寅)을 신(申)이 인신(寅申)충하면 충(沖) 당하는 지지 위에 있는 천간 갑(甲)은 통근하여 힘이 있는 까닭에 충기(沖起)하고 충(沖)을 당한 지지 신(申)은 오히려 충파(沖破)되기 쉽다.

**3 사해충이 상관견관이면 오고 가고,
세척하는 직업을 얻어야 좋다.**

時	日	月	年	대운	곤명
식신		편인	상관	정재	六神
癸	辛	己	壬	甲	天干
巳	亥	酉	寅	寅	地支
정관	상관	비견	정재	정재	六神

이 명조는 건록용재(建祿用財)입니다. 건록용재(建祿用財)에서 유금(酉金)용신
이 나의 직업환경이 됩니다. 유중(酉中)의 신금(辛金)은 칼이나 장식품, 유리
그릇, 악세사리, 도자기, 금속 반도체 등으로 반짝거리는 특성이 있습니다.
신금(辛金)은 이미 완성된 제품이기 때문에 정화(丁火)의 제련(製鍊)은 옳지
않으며 임수(壬水)로 도세주옥(淘洗珠玉)하는 것을 최선(最善)으로 여기게 됩
니다. 그런 후에 병화(丙火)를 보면 태양이 주옥(珠玉)을 비추는 형상이 되는
데 이것을 천원득명(天庭得明)의 상(像)이라 하여 광채나는 보석으로 여겨 최
고의 가치로 판단하였습니다.

즉 신금(辛金)이라는 물건은 정화(丁火)를 꺼리고 임수(壬水)를 반기는데 그런
후에 병화(丙火)를 만나 광채나는 신금(辛金)의 기질을 재현(再現)시키는 것을
좋아합니다. 이것이 보석의 속성입니다.
그런데 사해충(巳亥沖)이 있는데 상관견관이 된 구조입니다. 상관견관(傷官見
官)이 되면 그 흉(凶)을 액땜시키는 직업을 찾아야 합니다. 그러므로 사해충
(巳亥沖)은 역마이니 불로 쏘이고 물로 닦고, 이리저리, 왔다 갔다를 반복해
야 합니다.

즉 움직임이 많은 직업을 선택해야 하는데 그러려면 물류업, 택배업, 무역업종이 적합할 것입니다. 그런데 월지 유금(酉金)이 재살(災殺)로 수옥(囚獄)살에 해당하는데 이것은 갇힌다는 뜻입니다. 이 수옥살이 사화(巳火) 정관과 사유합(巳酉合)을 합니다. 곧 사유합으로 인해 사해충의 역마충이 방해받고 있는 것이죠. 이것은 무엇을 뜻하는가 하면 역마충이 해소가 되어 즉, 넓은 거리를 왕복하지 않고 근거리 이동에서 찾아 봐야 한다는 겁니다

곧 대형병원에서 간호사들은 하루 종일 병실을 왔다 갔다 하듯이 재살에 묶인 사해충은 건물 밖 이동이 아닌 건물 안 이동이라고 보는 것입니다. 정관은 건물을 상징하는데 이것은 일정하게 갇힌 공간에서 이리 저리, 왔다 갔다를 반복해야 하는 특성이 있습니다. 즉 내 직업은 일정하게 갇힌 공간 안에서 불로 쐬이고 물로 닦고, 왔다 갔다를 반복하는 것이 이 사람의 직업이 됩니다. 이것이 상관견관이 된 사해충(巳亥沖)을 액땜하는 방법입니다. 그러므로 이 사람은 보석류 등의 전문가공업을 겸한 보석점을 운영하고 있습니다.

【근황】

종로 3가에서 쥬얼리 숖(jewelry shop)을 운영하고 있습니다. 귀금속 전문점이며 세공기술도 겸하고 있는데 세공 일을 하기 전에는 평범한 직장인 이였습니다. 갑대운에 어렵게 시작하여 인목대운의 을미 54, 병신55, 정유년 56세에 매장과 공장 근로자 두 명, 매장근로자 한 명두고 사업을 확장하였습니다. 코로나로 경자년 고생하다가 신축년에 사업을 접었습니다.

4 진술충(辰戌沖)에서 지장간의 싸움을 볼 줄 알아야 한다.

세운에서 술토가 등장하게 되면 진술충(辰戌沖)으로 지장간 내부의 싸움을 살펴봐야 합니다. 곧 진중(辰中)의 을목(乙木)이 술(戌)중의 신금(辛金)을 만나 을신충(乙辛沖)하므로 을목(乙木)이 손상 당합니다. 그 결과 만약 천간에 갑목(甲木)을 용신으로 사용한다면 갑목(甲木)의 뿌리가 손상당하므로 흉(凶)하게 되는 겁니다.

【예시1】

만약 여자 명조인데 임술년(壬戌年)이라고 가정해 보세요. 술토(戌土)가 들어오면서 진토(辰土)를 진술충(辰戌沖)한다면 그 해에 벌어지는 일들을 예상할 수가 있다는 겁니다. 술(戌)중의 신금(辛金)이 진중(辰中)의 을목(乙木)을 극충(剋沖)하므로 그 해에 갑목(甲木)이 손상당합니다.

그렇게 되면 갑목(甲木)이 정관이면 남편의 문제, 관소송이 발생할 수 있는 겁니다. 만약 갑목(甲木)이 식신이라면 자녀문제, 진학문제 또는 진로문제가 발생할 수 있는 겁니다. 만약 남자 명조라면 정관 손상에서는 직업문제, 관재소송, 승진탈락문제, 불합격, 좌천문제, 자녀문제가 발생하게 될 겁니다.

【예시2】

時	日	月	年	歲
	정관			
甲	壬			
辰			戌	
乙癸戊			辛丁戊	

마찬가지로 진술충(辰戌沖)이 되면 지장간의 정계충거(丁癸沖去)가 일어나므로 계수(癸水)도 손상당하고 정화(丁火)도 손상당합니다. 서로 상(傷)함으로 천간에 임수(壬水)를 용신으로 사용한다면 임수(壬水)의 뿌리가 손상당하는 겁니다. 만약 정화(丁火)를 사용한다면 정화(丁火)의 뿌리가 손상당하는 겁니다. 그 결과 임수(壬水)와 정화(丁火)의 흉사(凶事)가 발생하게 됩니다.

특히 임진(壬辰)과 같은 글자는 동주고(同柱庫)에 해당하므로 반드시 임수(壬水)에 해당이 되는 육친의 문제를 접할 수 있습니다. 왜냐하면 진술충(辰戌沖)은 수화(水火)입고(入庫)가 발생하기 때문입니다. 따라서 동주묘(同柱墓)로 구성이 된 간지(干支)중에서 흉살(凶殺), 악살(惡殺)이 몰려 있는 고지(庫地)는 매우 위험한 것이므로 충(沖)을 만나면 악살(惡殺)이 몰고 오는 사고로 인해 해당 육친이 입고 될 수 있는 것입니다.

5 축미충(丑未沖)이 되는 해마다 큰돈이 들어온다.

時	日	月	年	곤명
정관		정관	장관	六神
辛	**甲**	**辛**	**辛**	天干
未	**寅**	**丑**	**酉**	地支
정재	비견	정재	정관	六神
천을귀인	겁살	천을귀인		신살

사/주/분/석▶

① 큰돈이 들어온다.
② 그 돈으로 인해 불화가 발생하여 사람을 잃었다.

이 명조는 중관(重官)이므로 인목(寅木)이 겁살비견으로 희신(喜神)이 됩니다. 겁살비견이 희신이 되면 횡재수가 많다고 합니다. 겁살(劫殺)이 희신으로 작용하면 운 좋게 복권에 당첨이 되는 것이고 생각지도 않은 유산을 물려받을 수도 있습니다. 뜻밖에 돈이 들어오는 것이고 운에서 겁살이 희신으로 작용하면 복잡다단한 가운데에서도 나에게 의외의 횡재수도 발생합니다. 겁살 뽑는 요령은 년을 기준으로 하나 일도 기준으로 하니 참조해야 합니다.

원인이야 어찌 되었던 간에 겁살이 희신인 사람은 남에게 재물을 빼앗기는 것이 아니라 남의 재물을 내가 빼앗아오게 된다는 사실입니다.

그런데 식신이나 상관이 있으면 상관생재(傷官生財)하므로 노력하여 벌어들이는 재물이지만 무식상(無食傷)에서 재성(財星)의 충(沖)이 존재하면 노력 없이 생겨나는 일확천금, 로또가 되는 것입니다.

그러므로 누구로부터 상속 보상금을 받는 이유는 재성(財星)의 축미충(丑未沖)은 천을귀인(天乙貴人)이 되기 때문이고 인목(寅木) 겁살(劫殺)이 희신이므로 내가 가져올 수 있는 목돈이 되기 때문입니다.

목돈이 들어 온 해는 모두 지지가 축토(丑土)인 정축(丁丑)년, 기축년(己丑年), 신축년(辛丑年)이라고 합니다. 축미충(丑未沖)은 붕충(朋沖)이므로 토동(土動)하기 때문에 재물의 충이 일어나면 목돈이 들어오고 그 재물은 정관을 생하게 됩니다. 즉 토생금(土生金)으로 재생관살(財生官殺)하는 구조가 됩니다.

이로 인해 관살(官殺)을 동(動)하게 만들게 됩니다. 그런데 이 사주의 문제는 중관(重官)이라는 점입니다. 곧 정관이 많으면 칠살로 보는 것이므로 관살이 동(動)한 즉, 칠살이 나를 공격하여 남편과 불화(不和)가 발생하게 되었던 것인데 특히 일지겁살은 부부별리, 상처, 이혼이니 고집, 자존심이 강해 이혼하게 됩니다.

【근황】
정축년(丁丑年), 기축년(己丑年), 신축년(辛丑年) 등 축년(丑年)이 들어오는 해에는 보상금, 만기적금회수, 아파트 신축당첨으로 상당한 금액의 프리미엄이 붙었습니다. 그런데 그 목돈으로 인해 남편과 분란이 생겨 이혼한 후에 재혼하였습니다. 그런데 재혼한 남편과도 사이가 안 좋다고 합니다.

6 탐재괴인(貪財壞印)이 묘유충이면 파재(破財)의 상(像)이다.

時	日	月	年	세운46	대운41	곤명
식신		식신	정재	겁재	편인	六神
己	丁	己	庚	丙	甲	天干
酉	亥	卯	戌	申	戌	地支
편재	정관	편인	상관	정재	상관	六神

이 사람은 갑술(甲戌)대운 병신년(丙申年) 46세에 지인(知人)으로 인해 전자도박에 빠져 3억 남짓을 잃었습니다. 병신년(丙申年)에 발생한 파재(破財)의 사건을 어떻게 알 수 있겠습니까?

이 사람은 월령의 묘목(卯木)으로 인수격(印綬格)에 해당합니다. 그런데 시지(時支)의 유금(酉金)이 묘유충(卯酉沖)이 되고 천간에 경금(庚金)이 투출하였은 즉, 탐재괴인(貪財壞印)의 근심이 있을 수 있습니다. 탐재괴인(貪財壞印)이라 함은 인수를 사용하는 사주에서 재물을 탐내어 재성에 의해 인수가 파괴(破壞)된다는 뜻입니다. 그런 까닭에 인수 용신으로 이루어진 관공리(官公吏)는 재운(財運)이 오면 뇌물수뢰죄를 범하기 쉬운 것이므로 항상 주의하여야 합니다.

【연해자평】인수시결(印綬詩訣)에서 말하기를 "운약거재(運若去財)에 환작복(還作福)이나 재행재운(再行財運)이면 수원종(壽元終)"이라 하였는데 이것은 인수격에서는 만약 재(財)운을 제거해준다면 돌이켜 복(福)을 이루지만 다시 재운(財運)으로 간다면 목숨의 근원이 끊어진다는 이야기입니다.

그러므로 인수는 재(財)를 대기(大忌)하는 것이 원칙이지만 그 외에 재와 인수가 장애가 안되는 "재인불애(財印不碍)"도 있다는 것을 알아야 합니다. 그러므로 이 명조는 갑술(甲戌)대운에는 갑경충거(甲庚沖去)하고 원국의 묘유충(卯酉沖)을 유발시키니 천충지격(天沖地擊)이라 위태로운 상황을 만나게 됩니다. 곧 병신년(丙申年)에 겁재출현은 재물을 손괴(損壞)시키는 지인(知人)의 출현이 등장하는 것입니다. 병신년(丙申年) 말쯤에 신유술(申酉戌) 방국을 결성하여 용신 묘목(卯木)을 크게 극충(剋沖)하면 이것을 탐재괴인(貪財壞印)이라 하고 파재(破財)의 상(像)이 분명하다고 말할 수 있습니다.

【핵심정리】

탐재괴인(貪財壞印)이란 무엇인가 사주첩경에서 말하길 "재를 탐내어 인수가 파괴된다"는 뜻이다. 인수는 생아지신(生我之神)이요 재는 아극지신(我剋之神)인데 그 재는 인수를 극한다. 고로 재극인(財剋印)이 된다. 그런데 인수는 문성(文星), 교육, 종교성이요 재(財)는 재물이므로 재왕(財旺)하면 곧 문성(文星)이 몰(沒)하고 문성(文星)이 왕(旺)하면 재(財)가 없는 까닭이다. 그러므로 돈 많은 부자는 재가 왕한 즉 인수를 극하니 글이 풍부하지 못하고 글이 많은 학자는 인수가 왕한 즉 재(財)가 없으니 가세가 궁핍(窮乏)하니 그 원리가 바로 여기에 있다.

7 고(庫)의 저승사자가 있는 구조는 진술충(辰戌沖)을 조심해야 한다.

時	日	月	年	세운	곤명
편인		식신	겁재	식신	六神
丙	**戊**	**庚**	**己**	**庚**	天干
辰	**戌**	**午**	**巳**	**子**	地支
비견	비견	정인	편인	정인	六神

이 여자 분은 경자년(庚子年)에 남편이 사망하였다고 하는데 남편 사망을 알 수 있는 대목이 있습니까?

이 명조는 무토(戊土)일간이 월령에 오화(午火)를 놓았으므로 양인격(陽刃格)에 해당합니다. 양인(陽刃)을 충극하는 세운(歲運)은 대흉(大凶)하다고 생각할 수 있습니다. 그러므로 경자년(庚子年)에 남편 사망의 원인은 바로 양인(陽刃)충을 당한 결과입니다. 그런데 오화(午火)와 자수(子水)는 모두 인수인데 인수의 손상이 아니고 정관의 손상이 온 이유는 무엇인가요?

본명에서 양인의 충이 발생하게 되면 사주 원국에서 이미 엇물려 있는 다른 형충를 동시에 충격을 주기 때문입니다. 따라서 경자년(庚子年)에 자오충(子午沖)이 되면 진술충(辰戌沖)도 함께 발생하게 됩니다. 그런데 진중(辰中)의 을목(乙木)이 남편성에 해당합니다. 곧 진술충(辰戌沖)을 하므로 고(庫)가 열려 을목(乙木)이 충출(沖出)하게 되는데 이때 월간의 경금(庚金)이 을경합거(乙庚合去)로 데리고 가는 것입니다. 이런 구조를 저승사자가 놓인 구조라 합니다. 고(庫)에 숨어 있는 남편성은 형충(刑沖)으로 꺼내는 것이 마땅하나, 천간에 남편성을 합거(合去)하는 저승사자가 존재하면 한번 쯤 별리(別離)를 당하는 사주가 될 수 있습니다.

암충암합의 동정론(動靜論)   6부

1 합제(合制)와 충제(沖制) 이해하기

(1) 육합과 암합 그리고 삼합

육합(六合)과 암합(暗合)은 합제(合制)의 공덕이 있고 삼합(三合)은 합기(合起)의 공덕(功德)이 크게 나타납니다. 즉 묘술합(卯戌合)은 묘목(卯木)이 술토(戌土)를 목극토(木克土)로 합극(合剋)하여 제(制)하는 공(功)이 있고 인해합(寅亥合)은 해중(亥中)의 임수(壬水)가 인중(寅中)의 병화(丙火)를 충제(沖制)하고 진유합(辰酉合)은 유금(酉金)이 진중(辰中)의 을목(乙木)을 합제(合制)하는 공(功)이 있고 자축합(子丑合)은 축토(丑土)가 자수(子水)를 토극수하여 제하는 공(功)이 있고 오미합(午未合)은 서로 상생하므로 합제의 공(功)이 적습니다.

묘신(卯申)암합(暗合)은 신중(申中)의 경금(庚金)이 묘중(卯中)의 을목(乙木)을 합제(合制)하는 공(功)이 있으며 오해(午亥)암합(暗合)은 수화(水火)를 제복(制伏)하는 공(功)이 있습니다. 인축(寅丑)암합(暗合)은 인목(寅木)이 축토(丑土)를 제하는 공(功)이 있습니다.

그런데 삼합(三合)의 경우에는 합제(合制)보다는 합기(合起)하는 경향이 강한데 이것은 반합(半合)이라도 동종(同種)의 오행이 결집하기 때문입니다. 즉 신자합(申子合)이라면 신중(申中)의 임수(壬水)와 자중(子中)의 임수(壬水)가 결집(結集)하므로 수(水)가 동(動)하여 합기(合起)가 발생하지 합제(合制)가 되지 못합니다. 또한 해묘합(亥卯合)에서도 해중(亥中)의 갑목(甲木)과 묘중(卯中)의 갑목(甲木)이 결집하니 목(木)이 동(動)하여 합기(合起)하게 됩니다. 그러나 사유합(巳酉合)같은 경우에는 사화(巳火)가 결속당하게 되므로 합제(合制)의 기능이 있다고 볼 수 있습니다. 이런 경우는 화(火)가 구속(拘束)받고 금(金)이 합기(合起)하게 됩니다.

(2) 관형(官刑)에 걸린 왕신(旺神)은 합제(合制)가 마땅하다

【예시1】

時	日	月	年	건명
정재		정관	상관	六神
甲	**辛**	**丙**	**壬**	天干
午	**酉**	**午**	**午**	地支
편관	비견	편관	편관	六神

70 60 50 40 30 20 10 0

甲 癸 壬 辛 庚 己 戊 丁　대운

壬 丑 子 亥 戌 酉 申 未

신해(辛亥)대운에 우연히 어떤 분의 도움으로 돈 벌고 집도 사고 점포 2개를 운영하는 사장이 되었는데 도와준 상대방을 이용하고 차버려 상대방을 망하게 하였다.

화(火)가 극성한 사주는 극제(剋制)하면 위태롭고 합제(合制)해야 합니다. 신해(辛亥)대운 병신합제(丙辛合制)로 병임충(丙壬沖)을 잡아 주는 겁니다. 이 때 신금(辛金) 비견이 협력자인 겁니다 비견(比肩) 동업자가 등장하여 합제(合制)로 도와주면 길해지는 것을 알 수 있습니다.
또한 지지로는 해수(亥水)가 오해(午亥)암합(暗合)이죠. 암합(暗合)도 합제(合制)에 해당이 되는 겁니다. 따라서 관형(官刑)이 되어 있는 왕신(旺神)을 극제(剋制)하면 왕신충발(旺神沖發)의 위험성으로 잘못하면 패가망신(敗家亡身) 당합니다.

임자(壬子)대운 51세 임신(壬申)년(1992)에 어떤 사람이 서울 근교의 좋은 땅에 공장을 지어 임대보증금을 받아 땅값을 계산하는 방법을 제시하여 투자를 하게 된다. 상대방을 이용하려고 했으나 오히려 당하게 되었다.

임자(壬子)대운에는 병임충(丙壬沖)이 발생합니다. 지지(地支)는 자오충(子午沖)이 됩니다. 왕신충발(旺神沖發)이 발생하면 관형(官刑)에 걸린 흉신(凶神)이 대노(大怒)하는 겁니다. 그러므로 관재와 소송에 시달리게 됩니다. 흉(凶)한 왕신(旺神)을 극제(剋制)하면 패가망신 당한다는 말이 이 경우입니다.

(3) 악비 사주는 양인의 합살에서는 성공하나 충제에서는 실패하였다

【예시2】

時	日	月	年	세운39	대운38	대운28	건 명
정재		겁재	인수	정관	정관	편인	六神
己	甲	乙	癸	辛	辛	壬	天干
巳	子	卯	未	酉	亥	子	地支
식신	인수	겁재	정재	정관	편인	인수	六神
戊庚丙	壬癸	乙癸戊	丁乙己				지장간

악비의 명조는 월지(月支)의 묘중(卯中) 을목(乙木)이 양인에 해당합니다. 양인은 칠살로 합살하는 구조를 최고의 선으로 여기는 것인데 그래서 을목(乙木)과 시지(時支)의 사중(巳中) 경금(庚金)이 을경합살(乙庚合殺)이 되어 있습니다.

이것은 묘중(卯中)의 을목(乙木) 양인(陽刃)이 암합(暗合)으로 제화(制化)가 되고 있다는 뜻이죠. 양인합살(陽刃合殺)이 된 구조에서는 합살(合殺)을 깨뜨리지 않으면 발복합니다. 다만 합살(合殺)을 다시 충하여 파괴(破壞)하면 대흉(大凶)하니 형액(刑厄)이 따르게 됩니다. 그러므로 이 사주는 암중(暗中)의 합살(合殺)이 된 칠살을 보호해야 하기 때문에 년간의 계수(癸水)와 일지 자수(子水)의 역할이 두드러지는 겁니다.

그래서【연해자평】에서 말하길 "시(時)의 기사(己巳)가 계수(癸水)인성을 깨는 것은 불합리하다."라고 설명하고 있는 것입니다. 이것은 전적으로 암(暗)중이 된 경금(庚金)을 보호하기 위한 수단이 계수(癸水)와 자수(子水)라는 의미입니다.

그러므로 임자운(壬子運)이 길할 수밖에 없고, 35세 정사(丁巳)년 최고계급(最高階級)인 태위(太尉)에 진급할 수 있었다. 38세에는 경신년(庚申年)에는 양인합살(陽刃合殺)이 성공적으로 드러난 해이므로 총사령관의 대임(大任)을 맡는 것입니다. 다만, 39세(1141년 辛酉年)에는 대운이 신해운(辛亥運)으로 바뀌는 시기이므로 두 개의 신금(辛金)이 을신충(乙辛沖)으로 양인을 충제(沖制)하는 것이니 양인(陽刃)의 충발(衝發)은 대흉(大凶)하여 형액(刑厄)을 당하게 되었습니다. 왕신(旺神)을 다스리는 법칙은 합제(合制)는 가능하나 충제(沖制)는 대흉한 것입니다. 따라서 양인국을 이룬 명조에서 을경합살(乙庚合殺)은 가능하지만 을신충(乙辛沖)은 대흉하다고 본 것이니 양인충을 불길하게 본 것입니다. 고로 38세 경신년(庚申年)은 을경합살(乙庚合殺)로 합제(合制)하니 대길하여 총사령관에 임명이 되어도 39세 신유년(辛酉年)은 을신충으로 충제(沖制)하니 흉신의 왕신충발이 당한 것입니다. 그러므로【연해자평】에서 악비명조를 말하기를 "양인이 합(合)이 되었는데 충(沖)이 되면 불가(不可)한 것이므로 양인에서는 꺼리는 바이다."라고 말하였던 것입니다.

2 충기(衝起)의 개념 정의

【자평진전】에서는 진술축미(辰戌丑未)의 사고(四庫)가 충(衝)할 경우에 여기(餘氣) 중기(中氣)가 파손이 되더라도 본기(本氣)는 토(土)라서 토(土)는 파손(破損)이 되지 못한다고 주장하고 있습니다. 그러므로 이것을 토동(土動)이라 하였는데 토의 기운이 충기(衝起)하는 현상을 개고(開庫)라고 설명하고 있습니다.

그런데 일반적으로 사고(四庫)의 충에 있어서는 중기(中氣)가 충출(沖出)하는 경우를 개고(開庫)라고 정의하고 있지만 자평진전에서는 토(土) 본기(本氣)의 충기(衝起)도 개고(開庫)가 된다고 설명하는 것입니다. 그러므로【신봉통고】에서도 사고(四庫)가 충하면 여기, 중기, 본기의 3자가 모두 충출(沖出)한다고 가르치고 있습니다.

그러므로 【자평진전】에서 말하길 "사고(四庫)는 지장간을 보면 오행이 골고루 구비되어 있지만 결국은 토(土) 위주로 된다고 보았고 진술충(辰戌沖), 축미충(丑未沖)이 되면 토(土)는 사라지지 않지만 지장간에 있던 금목수화(金木水火)는 파괴되므로 충을 한다고 해서 발동할 이유가 없다고 주장하는 겁니다.

그러므로 말하기를 만약, 잡기에서 재관(財官)이 토(土)에 해당한다면 진술축미(辰戌丑未)의 충이 있어도 토(土)가 없어지지 않고 오히려 발동하니 창고가 열린다고 말할 수도 있을 것입니다. 비록 사고(四庫)의 충으로 목화금수(木火金水)는 파괴되어도 토(土)는 살아 남았으니 만약 본기인 토(土)가 재관(財官)이라면 재관(財官)을 방출(放出)하여 사용하는 것이라 이것이 개고(開庫)로 창고가 열리는 것이라 말하는 것입니다. 이와같이 자평진전에서는 분명하게 본기인 토(土)의 충출(沖出)도 개고(開庫)라고 설명을 하고 있습니다.

그러므로 보충 설명을 하자면 **"고재관속토충즉고계(故財官屬土沖則庫啓)"** 곧 재관이 토(土)에 속하는 이유로 토(土)가 충한 즉 창고가 열리는 것이다.

곧 "충으로 금수목화(金水木火)가 파괴되어도 토 본기는 살아 있으니 개고(開庫)로 인해 토(土)를 방출하여 사용할 수 있다" 이것이 곧 본기 충출인데 곧 충기(衝起)라고 불렀던 겁니다. 보통 자오충(子午沖)이 만나 충기(衝起)가 되면 자중(子中) 계수(癸水)와 오중(午中) 정화(丁火)가 만나 십간(十干)이 위로 오르는 것을 충기(衝起)라고 말하는 겁니다.

이것이 충기(衝起)의 본 정의입니다. 분명한 것은 12지지는 껍데기로 암충 암회, 사고의 충, 개고는 모두 지장간 십간(十干)을 논했던 것임을 알아야 합니다. 지지는 땅에 속한 것인데 충기(衝起)한다고 어찌 땅에 속한 자들이 하늘로 오를 수가 있겠습니까? 오직 천간인 십간만이 자기의 본토(本土)로 하늘에 오를 수가 있다는 겁니다.

그래서 유명한 고수들은 12지지라도 일찍이 십간만을 논하고 통변했습니다. 즉 자수(子水)라고 말하지 않고 자중(子中) 계수(癸水) 또는 자중(子中) 임수(壬水)의 육친이 없어진다.

이렇게 말하지 자수(子水) 육친이 사라진다. 이렇게 논하지 않는다는 점이죠. 그렇다면 진술축미(辰戌丑未) 사고(四庫)는 이와 같은데 인신사해(寅申巳亥)의 사맹(四孟)과 자오묘유(子午卯酉) 4패(敗)의 글자가 충(沖)을 한다면 어떠한 움직임이 발생할까요?

여기에 대해서【적천수】는 이렇게 언급합니다.
"생방(生方)은 동(動)하는 것을 두려워하고 고지(庫地)는 열어주는 것이 좋다. 패지(敗地)가 충(沖)을 만나는 것은 자세히 살펴보아야 한다."

무슨 말인가 하면 인신사해(寅申巳亥)는 오행의 생지(生地)이고 자오묘유(子午卯酉)는 오행의 4왕지(旺地)이면서 동시에 4패지(敗地)에 해당합니다. 그리고 진술축미는 4묘지(墓地)이며 오행의 4고지(庫地)입니다.

패지(敗地)라는 것은 "깨트릴 패" 라는 뜻이므로 12 운성에서 오행의 왕지를 말하는 것입니다. 인신사해(寅申巳亥)인 생방(生方)이 동(動)하는 것을 두려워한다는 것은 상대가 모두 손상을 입기 때문입니다. 예를 들어 인신(寅申)충으로 인목(寅木)과 신금(申金)이 서로 충(忠)한다고 할 때 신금(申金) 속에 있는 경금(庚金)이 인목(寅木) 속에 있는 갑목(甲木)을 극하면 인목(寅木) 속에 있는 병화(丙火)가 신금(申金) 속에 있는 경금(庚金)을 극하지 않을 수가 없는 것입니다.

그러면 신금(申金) 속의 임수(壬水)가 인목(寅木) 속의 병화(丙火)를 극하면 인목(寅木) 속의 무토(戊土)는 또 신금(申金) 속의 임수(壬水)를 극하지 않을 수 없는 것입니다. 이렇게 서로 싸우고 극하여 조용하지 않기 때문에 생지(生地)는 충으로 움직이는 것을 두려워한다고 말하는 것입니다. 또한, 인신사해(寅申巳亥)는 오행(五行)의 주된 세력이고 근기가 되므로 주중(柱中)에 충(沖)을 당해 동(動)하면 자유로울 수가 없는 것입니다.

왜냐하면 생지(生地)라는 것은 미래를 두고 항상 움직이는 글자이므로 역마(驛馬)라고도 하는데 이러한 역마가 충을 당해 움직임이 급가속이 되면 반드시 신상변화나 교통사고 유발 등의 횡액이 따르기 때문인 것입니다. 그래서 생지의 충을 두려워한다고 말하는 것이지만 예외사항은 있는 것입니다. 무슨 뜻인가 하면 인신충(寅申沖)으로 역마의 글자가 충(沖)을 당할 때에 만약에 팔자 천간(天干)에 음간(乙 ,丁 ,己 ,辛 ,癸)의 글자가 없으면 역마의 충은 오히려 조속 조발하는 길(吉)한 현상을 예고할 수가 있는 것입니다.

왜냐하면 음간이 없으면 양(陽)의 지지 (地支)가 개고(開庫)가 되어도 합거(合去)되어 지지(地支)가 파손이 되지 않기 때문입니다. 지지가 파손(破損)이 안 된다고 하는 것은 지장간의 입고물을 꺼내 쓸 수 있다고 말하는 것이 됩니다. 예를 들어 인신(寅申)충이 성립이 될 경우에 만약에 충(沖)으로 인(寅)중 무토(戊土)가 충출(沖出)하게 되면 천간에 음간 계수(癸水)가 없다면 무계(戊癸)합거로 손실이 안 되는 것이고 또한 인(寅)중 병화(丙火)가 투출(投出)하여도 천간에 음간(陰干)인 신금(辛金)이 없다면 병신(丙辛)합거로 병(丙)과 신(辛)의 글자를 잃어버리지 않고 활용할 수가 있다는 것이 됩니다.

그래서 인신(寅申)충은 좋을 때도 있고 나쁠 때도 있다는 말이 옳은 것이지만 사해(巳亥)충은 천간에 음간이 반드시 배속(配屬)이 되는 것이므로 여지없이 기반(羈絆)과 기물(器物)손상이 따르게 되어 있으므로 대부분을 나쁘게 보는 것입니다. 음간이 반드시 배속이 된다는 말은 정사(丁巳)년이나 계해(癸亥)년처럼 양간양지(陽干陽支), 음간음지(陰干陰支)의 원리에 따라 60갑자가 정해지는 것이 60갑자이므로 음지(陰支)년에는 천간에 반드시 음간(陰干)이 배속이 되는 원칙을 말하는 것입니다.

예를 들어 주중(柱中)에 사화(巳火)가 있는데 계해(癸亥)년에 사해(巳亥)충이 발생하였다면 사(巳)중 무토(戊土)가 충출(沖出)하여 무계(戊癸)합거로 사(巳)의 지지(地支)가 파손이 되면 그 글자는 쓰지 못한다는 것을 말하는 것입니다

3 삼명통회 옥정오결(玉井奧訣)편에 기록이 된 충기(沖起)와 형기(刑起) 및 합기(合起)

사주 간명의 핵심 요결은 형충회합인데 합기(合起) 와 충기(沖起) 형기(刑起) 이므로 반드시 읽을 줄 알아야 합니다.

(1) 一看其力勢 沖起是何支神_일간기력세 충기시하지신

첫 번째론 그 힘의 세력이 충기(沖起)하여 일어남을 어느 지신(支神)이 하는 가를 볼 것이다

時	日	月	年
			丙
	子		午

자오충이면 오화는 충기한다

(2) 二看其力勢 拱起是何支神_이간기력세 공기시하지신

두 번째론 그 힘의 세력이 마주 끼어선 공기(拱起)가 일어남을 어느 지신(支神)이 하는가를 볼 것이며

(3) 三看其力勢 刑起是何支神_삼간기력세 형기시하지신

세 번째로 그 힘의 세력이 형기(刑起)하여 일으킴을 어느 지신(支神)이 하는 가를 볼 것이며

時	日	月	年	대운
壬			己	
戌	戌		丑	

축술형기하여 관형이 발생하였다

(4) 四看其力勢 合起是何支神_사간기력세 합기시하지신

네 번째로 그 힘의 세력이 합기(合起)함을 어느 지신(支神)이 하는가를 볼 것이며

時	日	月	年	세운
甲	壬			
子				申

신자합기하여 문서사건이 일어났다

(5) 五看地支 統攝此法是空中立有者也_오간지지 통섭차법시공중립유자야

다섯 번째로 지지가 거느려 통섭(統攝)하는 것을 볼 것이다. 이런 법은 허공에서 집을 짓는 것처럼 아무 것도 없는 팔자에서 간명법을 세우는 것이다.

4 인신(寅申) 생방(生方)의 충(沖)에서는 충기(衝起)현상이 일어난다.

時	日	月	年	곤명
정재		편재	편재	六神
癸	戊	壬	壬	天干
丑	午	寅	申	地支
겁재/공망	정인	편관	식신	六神
양	왕	생	병	12운성
반안/천살	재살	역마/지살	역마	12신살

영화배우 엘리자베스 테일러(Elizabeth Taylor)는 8차례에 걸쳐 7명의 남편과 결혼을 했습니다. 그런데 이 명조가 결혼을 여러 번할 수 있었던 배경은 무엇일까요.

그것은 인신충(寅申衝)에 있습니다. 인목(寅木)은 편관(編官)이고 남자에 해당하고 월령에 위치하여 강성하고 신금은 식신이고 자녀이므로 자녀가 남편을 충동(衝動)하는 구조입니다. 이런 경우는 인신(寅申)이 생방(生方)의 충이고 역마(驛馬)에 해당하므로 인목(寅木)이 거듭 충기(衝起)하는 것입니다. 곧 생방(生方)이 충기(衝起)하면 인목(寅木)이 일어나는데 관살의 인연(因緣)이 거듭 나타나게 됩니다.

또한 인오(寅午)반합이 인신(寅申)충으로 충(沖)을 흡수하여 강한 충극(沖剋)이 해소가 되는 구조라서 인목(寅木)이 생지의 작용을 잃지 않는 것입니다. 이런 상태에서 충기(衝起)가 가능해집니다.

5 자오충(子午沖)으로 충기(衝起)된 병오(丙午)의 육친성을 얻는다.

時	日	月	年	건명
편관		식신	편인	六神
甲	**戊**	**庚**	**丙**	天干
寅	**申**	**子**	**午**	地支
편관	식신	정재	정인	六神

무토(戊土) 일간으로 병오(丙午)가 편인(偏印)과 정인(正印)에 해당하여 모친성이 됩니다. 그런데 자수(子水)는 정재이므로 결혼 전이라면 부친성에 해당이 되고 결혼하였다면 아내성에 해당이 되는 겁니다.

이것은 편재가 있으면 편재가 부친성에 해당이 되겠지만 편재가 없는 정재는 결혼 전후로 육친성을 분간하여 살펴야 하는 것입니다. 따라서 자오충 (子午沖)이 되면 병오(丙午)는 간여지동(干與之同)에 해당하여 밀려 나가지 않고 충기(衝起)하게 될 것입니다. 충기(衝起)라는 것은 "위로 솟구치다"를 뜻하는 말인데 곧 오화(午火)의 기운이 충기(衝起)하였은 즉 병정(丙丁)의 기운이 위로 올라가는 것을 말합니다. 일단 충기(衝起)가 되면 그 해에는 병정(丙丁)의 기운이 화(化)하여 나타난 물건을 내가 취하여 얻는다고 보면 됩니다. 보통 이렇게 충기(衝起)하면 충기(衝起)된 기운을 얻게 됩니다.

그런데 병오(丙午)는 인수에 해당하고, 모친이니 모친과 관련이 된 사건들이 반복적으로 일어난다는 것을 알 수 있습니다. 만약, 이것이 문서로 나타났다면 문서사건들이 연속적으로 발생하고, 이 사람의 경우 육친의 사건들로 나타난 사례로 아버지는 3번 결혼하였는데, 현재의 아내도 도망갔습니다. 부친이 이혼, 재혼하면서 이복형제도 생겼습니다.

6 장간(藏干)의 왕기(旺氣)가 출현하면 실자(實字)로 본다

時	日	月	年	곤명
비견		겁재	편관	六神
癸	癸	壬	己	天干
亥	丑	申	巳	地支
겁재	편관	정인	정재	六神

76	66	56	46	36	26	16	6	
庚	己	戊	丁	丙	乙	甲	癸	대운
辰	卯	寅	丑	子	亥	戌	酉	

부부가 미용사입니다. 지난 4월 미용실 오픈 했는데 예약 손님 위주로 영업이 아주 잘 된다고 하네요. 자식은 3명 출산하였습니다.

이 명조는 신(申)중에서 임수(壬水)가 투출했지만 겁재를 용신으로 하지 못하므로 그 다음 순차(順次)인 기토(己土) 칠살을 용신으로 합니다.
이 명조는 월지 신금(申金)이니 인수로 금생수(金生水)하는데 일간과 비견겁이 많아서 수(水)가 왕성하니 설기 유통시켜주는 식상(食傷)이 반드시 필요한 부분입니다. 이것이 해중(亥中) 갑목(甲木)이 됩니다. 곧 해중(亥中) 갑목(甲木)이 상관입니다. 따라서 해중(亥中) 갑목(甲木)의 용도(用道)가 중요하고 용신(用神) 기토(己土) 칠살을 갑목이 제복하는 구도로 흘러가야 좋습니다. 따라서 살용식제(殺用食制)입니다.
이런 경우에는 해중(亥中)의 갑목(甲木)이 지장간이라 해도 갑목(甲木)이 왕기(旺氣)를 출현시키고 있어서 살용식제(殺用食制)로 이루어질 수 있습니다. 이것을 장간(藏干)의 현출(現出)이라 말합니다. 곧 사해충으로 충기하는 겁니다.

고로 상관(傷官)갑목(甲木)을 보직으로 하니 이미용사 출신인 것 같습니다. 아쉬운 점은 월지가 인수이고 사신형(巳申刑)이 기토(己土)를 재생살하는 구조라 권살(權殺)이 있으므로 학업을 해서 공무원에 도전해서 국가 법제처 근무했다면 좋았겠다는 생각입니다.

결국 해중(亥中) 갑목(甲木)이 시주(時柱)에 있어서 칠살 제복이 일찍 도래 못해서 그런 것 같습니다. 무슨 말인가 하면 사신형(巳申刑)이니 인수(印綬) 신금(申金)을 재성 사화(巳火)가 합제(合制)므로 공부를 멀리하게 된 것 같습니다.

【핵심정리】

지장간을 실자(實字)로 볼 수 있는 조건으로는 첫째, 반합(半合) 혹은 동합(同合)으로 이루어진 구조에서 장간의 오행이 동일하게 만날 때를 말한다. 예를 들어 신자합(申子合)이라면 신중(申中)의 임수(壬水)와 자중(子中)의 임계수(壬癸水)가 모여 결집하므로 수(水)가 왕성해진다. 둘째, 동합에서는 신신(申申)이면 임수(壬水)가 모여 결집하므로 임수(壬水)가 동(動)하는 것이다. 또한 인인(寅寅)이면 인중(寅中)의 병화(丙火)가 모여 결집하므로 병화(丙火)가 동(動)하는 것이다.

마지막으로 위 제시가 된 사례처럼 일간과 비겁이 태왕(太旺)하여 설기시켜주는 글자 식상(食傷)을 반기는데 이때 지장간에 숨은 해중(亥中)의 갑목(甲木)에 의지하니 지장간이라도 수생목으로 생왕(生旺)하면 글자가 동(動)하는 원리가 있다.

7 인신충(寅申沖)으로 인목(寅木)이 합기하여 문서문제가 발생한다.

時	日	月	年	세운	대운	곤명
편재		정관	정관	편재	겁재	六神
辛	丁	壬	壬	辛	丙	天干
亥	亥	寅	寅	丑	申	地支
정관	정관	정인	정인	식신	정재	六神

중관(重官)의 팔자로 인인(寅寅)이 동합(同合)을 형성하고 있습니다.

신축년(辛丑年)에는 신금(申金)대운이므로 인신충(寅申沖)이 발생합니다. 재성이 출현하면서 인수를 충동(衝動)하는 겁니다. 곧 인목(寅木)은 두 개가 붙어 있으면 동합(同合)이라고 말하는데 인신충(寅申沖)을 하면 왕자충발(旺字沖發)이 있게 됩니다. 곧 인목(寅木)은 발(發)하고 신금(申金)은 뽑히게 됩니다. 세운에서 오는 충은 원국의 충과 달라서 동력이 강해서 세(歲)가 응(應)하게 되는 것입니다.

이 경우는 인목(寅木)의 합기(合起)로 문서문제가 제기가 될 수 있습니다. 충기(衝起)가 안 일어나고 합기(合起)가 일어난 이유는 인인(寅寅)의 동합(同合) 때문입니다. 즉 이 해에 돈은 날아가고 문서가 동하는 사건이 일어납니다. 곧 기해년(己亥年)에 해수욕장에서 횟집을 시작했는데 경자년(庚子年) 상반기 까지는 유지되다가 코로나로 손님이 끊기더니 신축년에 문을 닫은 상태입니다 현재 가게를 내놓은 상태로 월세만 까먹고 있는데, 인신충(寅申沖)으로 인해 인목(寅木)은 합기(合起)하고 신금(申金)은 뽑히는 결과입니다. 인목(寅木)의 합기(合起)에서는 문서문제가 발생하고, 신금(申金)의 제거는 보증금으로 월세만 날리는 것입니다.

최강의 포식자 論

刑沖會合

사건을 유추(類推)해 낸다  7부

1 체용(體用)의 이치

체용(體用)의 이치를 총포(銃砲)에 비유하여 설명한다면, 대운은 체(體)의 영역에 해당하므로 장약(裝藥)이 장전(裝塡)이 되어 있어야 합니다. 그런 다음에 세운을 만나면 격발이 될 수 있는 것입니다.

이것은 체(體)와 용(用)의 영역이 다르므로 체용(體用)이 일치 되어야 격발(擊發)한다는 이야기가 되는 것입니다. 그러므로 세운에서 사건이 발생하기 위해서는 먼저 대운의 체(體)에서 준비된 장약(裝藥)으로 미리 장전이 되어 있어야 용(用)에서 쓸 수가 있다는 말이 됩니다. 이것은 대운에서 장약이 준비가 안 된다면 세운에서 격발이 성공 될 수 없다는 뜻이죠. 만약 대운에서 장전이 안 되어 있는 상태에서는 세운에서 격발 시도를 한다고 하여 총탄이 날아갈 수가 없는 이치와도 같은 것입니다. 이것이 체용(體用)의 이치입니다.

따라서 대운의 천간 5년과 지지 5년은 다르다고 보는 것입니다.
왜냐하면 천간에 장약이 장전이 안 된 상태에서는 세운에서 아무리 격발 시도를 진행한다고 하여도 총탄이 발사가 될 수 없기 때문입니다. 이것이 제시가 된 사례명조의 경우입니다. 임수(壬水)대운에서 경자년(庚子年)에 자오충(子午沖)이 일어나지 않는 이유가 되는 것입니다.

그러므로 자수(子水)대운에 접근하여 장전(裝塡)이 완료가 된 상태에서 다시 만난다면 자오충(子午沖)이 격발(擊發)에 성공할 수 있는 것입니다.

(1) 자오충(子午沖)의 왕신충발로 추락 사망하다

時	日	月	年	세운61	대운57	건명
정관	비견		편관	편관	편관	六神
癸	丙	丙	壬	壬	壬	天干
巳	戌	午	寅	寅	子	地支
비견	식신	겁재	편인	편인	정관	六神

이 남자 분은 2022년 5월에 등반 중 추락하여 사망하였습니다.
이 사주를 보면 임자(壬子)대운에는 병임충과 자오충이므로 천충지격(天沖地擊)의 흉조(凶兆)가 분명합니다. 그런데 추락사고는 임인년 61세이므로 임수대운의 영향력을 벗어나는 시점이고 자수대운에 근접합니다. 왜 임수(壬水)대운에서 경자년(庚子年)이면 분명한 자오충(子午沖)으로 재충(再沖)하는데에도 왕신충발(旺神沖發)이 일어나지 못하고 자수(子水)대운 임인년(壬寅年)에 왕신충발(旺神沖發)이 일어났는가? 이런 의문을 풀 줄 알아야 할 것입니다.

그 이유는 대운은 천간 5년 다르고 지지 5년이 달리 움직인다고 말한 자평진전을 이해한 사람이라면 쉽게 알 수 있습니다. 곧 왕신충발이라 함은 자수대운에 진입이 되야 가능하다는 점입니다 그러므로 대운이라는 체(體)에서 준비가 되고, 세운이라는 용(用)에서 격발이 동시에 일치해야 그 사람의 사건 발생이 예측이 되는 것입니다.

그러므로 임자(壬子)대운 임인년(壬寅年)에 임인년(壬寅年)생을 만나게 되면 3개의 임수(壬水)가 병화(丙火)를 충극하는데 자수(子水)대운에 영향에 진입하고 있기 때문에 세운인 병임충의 격발로 대운 자오충을 일으켰는데 곧 왕신충발이 발생할 수 있는 것입니다.

子					壬					대운57
丁 未	丙 午	乙 巳	甲 辰	癸 卯	壬 寅	辛 丑	庚 子	己 亥	戊 戌	세운
66	65	64	63	62	61	60	59	58	57	

경자년(庚子年)에는 임수(壬水)대운에 속하는 세운이므로 격발(擊發)에 실패하게 됩니다. 왜냐하면 장약(裝藥)의 장전(裝塡)이 완료가 된 대운은 자오충(子午沖)을 구성하는 자수대운이고 임수(壬水)대운에는 장전이 안 된 시점입니다. 곧 자오충(子午沖)에 더 가깝게 접근하는 시기가 자수(子水)대운의 격발을 성공시킬 가능성이 높은 것입니다. 결국 임자대운에서 자오충(子午沖)은 지지의 충이므로 해당되는 자수대운까지 기다려야 하는 것입니다

【핵심정리】

사망하는 원인은 항상 원국(原局)에 나타나 있다. 첫째로 병술(丙戌)일주는 일간의 자좌입고지(自座入庫地)로 동주고(同柱庫)이며 백호살(白虎殺)에 속한다. 그런데 사술(巳戌)원진(元嗔)에 걸려 있다. 이런 구조가 암시하는 바는 일간의 고충(苦衷)이다. 본인의 사고이거나 아니면 타인의 죽음으로 슬픔을 경험할 수 있다는 사실이다 .

2 행운(行運)을 보는 법

운(運)을 보는 법과 명(命)을 보는 법은 다르지 않습니다. 명(命)을 보는 것은 사주 간지를 월령의 희기(喜忌)와 배합하는 것이고 운(運)을 보는 것은 운의 간지를 팔자의 희기와 배합하는 것이 목적이 됩니다. 그러므로 운이 어느 한 글자로 향할 때는 반드시 이 한 글자를 팔자 간지와 배합하여 총체적으로 보고 그 희기를 정하면 길흉(吉凶)이 저절로 드러날 것입니다.

그러면 무엇을 희신(喜神)이라고 합니까?
명국(命局)의 희신은 내가 그것을 얻으면 도움이 되는 것을 말합니다. 예컨대 정관용인(正官用印)의 격국은 정관격에 인수를 상신(相神)으로 하여 상관(傷官)을 제압하는 사주인데 대운에서 인수를 돕는 운을 만나면 이것을 희신이라 말하였는데 이런 경우는 대부분이 성공적인 삶을 산다고 보면 됩니다.

만약, 재생관(財生官)이라면 재(財)가 관(官)을 생하는데 신약한 사주라면 신강하게 하는 비겁운(比劫運)이 희신이 되고 방신(幇身)해주는 운이 좋은 것입니다. 인수용재(印綬用財)에서는 인경재중(印輕財重)한 경우라면 이것은 인수가 용신이지만 가볍고 재성이 중(重)하여 기신(忌神)이 되는 경우이므로 운에서 겁재운을 만나면 재성을 극제하여 주므로 겁재를 희신이라 말할 수 있습니다.

또한, 식신대살의 격국에서는 식신과 칠살이 함께 있어 격을 이룬 사주인데 만약 신약하면 식신제살(食神制殺)의 어려움이 있을 수 있기 때문에 운에서 인수를 만나면 일간을 도와주므로 길해지는데 인수가 희신이 되는 것입니다.

역시 식신대살인데 식신과 칠살이 함께 있어 격을 이루고 칠살이 중한 경우에는 식상을 돕는 운이 희신운이 되는 것이고 상관패인(傷官佩印)의 격이라면 상관을 눌러주는 인수를 돕는 관살운을 희신이라 말할 수 있습니다. 양인격에서는 관살이 상신인데 운에서 재성이 와서 재생관, 재생살을 도와주면 살인상정(殺刃相停)을 이루게 되어 길하게 되는데 이때 재성운이 희신이 되는 것입니다.

또한, 록겁격에서는 월지가 겁재인데 재성을 상신으로 사용하는 경우에는 식상의 운이 희신이 되는 것입니다. 이와 같은 경우를 모두 희신운이라 말하는 것입니다.

그렇다면 무엇을 기신(忌神)이라 말합니까?
사주에서 꺼리는 것으로 나에게 도움이 안되고 오히려 손해를 끼치는 것을 말합니다. 예를 들면 정관용인(正官用印)에서는 정관을 보호해야 하는데 만약 정관은 있는데 인수가 약하거나 없고 운에서 상관이 온다면 상관을 기신운이라 말하게 됩니다.

- 재용식신에서는 칠살이 두렵지 않겠지만 만약 재격에 식신이 투출하지 않았다면 운에서 칠살이 오면 재생살로 변하여 파국이 되는데 이때 칠살운을 기신운이라 말하게 됩니다.
- 또한, 인수용관(印綬用官)에서는 인수격에 정관이 상신인데 운에서 정관을 합하는 글자가 온다면 합하는 글자가 기신운이 되는 것입니다.
- 식신대살(食神帶殺)이 되었는데 운에서 재가 와서 재생살로 이어지면 파국이니 재성이 기신운이 되는 것입니다.
- 칠살식제(七殺食制)인데 운에서 편인이 오면 편인이 식신을 극제하므로 상신을 극하는 편인운은 기신운이 되는 것입니다.
- 상관패인(傷官佩印)인데 운에서 재가 오면 재극인을 하여 상신 인수를 패하게 만드니 재성이 기신운이 됩니다.

- 양인용살(陽刃用殺)인데 운에서 식신이 오면 칠살을 극제하여 패격이 되니 식신운이 기신운이 됩니다.
- 록겁용관에서는 건록격에 정관이 상신인데 운에서 상관이 오면 정관을 훼손하므로 이때 상관운이 기신이 됩니다. 이런 유형의 운은 모두 패운(敗運)으로 기신이라 말하는 것입니다.

【예시1】

時	日	月	年	건명
		정관	편재	六神
甲	辛	戊		天干
	酉	辰		地支
	정관	편재		六神

주의해야 할 대목은 희신처럼 보이지만 사실은 기신인 것이 있습니다.
정관이 인수의 운을 만났는데 본명(本命)과 합이 되는 것이 있습니다.

이것은 갑목(甲木)일간이 무진년(戊辰年) 신유월(辛酉月)의 구조를 말할 수 있습니다 즉 갑목일간은 신금(辛金)을 정관(正官)으로 삼는데 무토(戊土) 재성(財星)이 재생관(財生官)으로 정관을 돕는 구조입니다.

그런데 만약 운에서 계수(癸水)라는 인수를 만나게 되면 무계합거(戊癸合去)가 되어 인수와 재성이 모두 사라지게 됩니다. 이것은 정관을 고립무원(孤立無援)으로 만들게 되므로 패격(敗格)이 될 수 있다는 뜻입니다. 그러므로 이때 인수는 희신이지만 무계합(戊癸合)으로 길신인 재인(財印)을 모두 손상시켰으므로 실제로는 기신운으로 변한 것입니다.
또, 인수가 정관의 운을 만났는데 본명에 칠살이 상신인 것 등이 있습니다.

어떤 경우인가 하면 인수용살(印綬用殺)에서는 인수를 용신으로 하여 칠살을 상신으로 쓰는 격국을 말하는데 운에서 정관운을 만나게 되면 관살혼잡(官殺混雜)으로 파국(破局)이 될 수 있습니다. 원래 인수격에서는 정관을 희신으로 반기지만 원국에 칠살이 있게 되면 오히려 정관운은 기신운이 되는 것입니다.

• 기신처럼 보이지만 실상은 희신인 경우가 있는데 어떤 경우인가요?
예를 들면 정관용인에서는 인수를 상신으로 하여 상관을 견제하게 됩니다. 그런데 정관격에서 상관의 운을 만났다면 사주 원국에서 인수가 투출하여 대비한 것이므로 인수가 상관을 충분히 방어해 줄 수 있다면 이 때 상관은 기신운이지만 실상은 아무런 흉이 되지 못하게 됩니다.

또한 재생살운은 기신운이 틀림이 없겠지만 만약 재격에서 칠살의 운으로 갔는데 사주 원국에 식신이 미리 투출해 있다면 식신대살로 제살할 수 있으므로 칠살이 요긴하게 쓰임이 되므로 실상은 희신운으로 변화하게 된 것을 말합니다.

• 천간은 가능하고 지지는 불가능한 글자가 있는데 어떤 경우인가요?

예를 들면 해년(亥年) 혹은 자월(子月)의 병화(丙火) 일주는 관살이 병령(秉令)하여 승왕(乘旺)하다고 볼 수 있습니다. 이럴 때 병정(丙丁)의 운으로 가면 비겁이 방신(幇身)하여 좋다고 하며 그러나 사오(巳午)의 운으로 가면 원국과 운이 서로 충(沖)하니 좋지 않다고 말하는 것입니다.

【예시2】

時	日	月	年	세운	흉길	건명
丙				丙	吉	天干
	子			午	凶	地支

• 지지는 가능하나 천간은 불가능한 글자가 있는데 어떤 경우인가요?

예를 들면 갑(甲) 일주가 유월(酉月)에 출생하고 신금(辛金) 정관이 천간에 투출했지만 정관의 힘이 여전히 미약하다면 운에서 신유(申酉)를 만나면 정관이 통근해서 좋으나, 운에서 경신(庚辛)을 만나면 관살혼잡이 되거나 중관(重官)이 되므로 좋지 않다고 보는 것입니다. 이런 경우를 지지는 가능해도 천간은 불가능하다고 말하는 것입니다.

【예시3】

時	日	月	年	대.세운	건명
	甲	辛			天干
		酉		申酉	地支

時	日	月	年	세운	건명
	甲	辛		庚辛	天干
		酉			地支

• 천간에 동일한 오행이 오는데도 결과가 다른 경우가 있습니다.

예를 들면 해월(亥月)의 정화(丁火)이면 정관격(正官格)인데 년간에 정관 임수(壬水)가 있다고 할 때 운에서 병화(丙火)를 만나면 내 몸을 돕는 작용을 하는데 비하여 운에서 정화(丁火)가 온다면 정관 임수(壬水)를 합거(合去)시키게 된다. 이런 유형을 말합니다.

【예시4】

時	日	月	年	세운	건명
丁			壬	丙	天干
			亥		地支

時	日	月	年	세운	건명
丁			壬	丁	天干
			亥		地支

• 같은 오행의 운이 지지에서 올지라도 하나는 쓰는데 다른 하나는 못 쓰는
  경우가 있습니다.

아래의 사주에서 운에서 신(申)이 온다면 수(水)가 신(申)에서 장생(長生)이 되
니 무방하지만 운에서 유(酉)가 온다면 유축(酉丑)이 합하여 금(金)이 되고 정
관인 묘목(卯木)을 충극하는 상관이 되는 것이라 쓸 수가 없는 것입니다.

【예시5】

• 같은 충이지만 빠르고 늦은 구별이 있으니 어떤 경우를 말하는가요?

아래의 경우 년(年)과 월(月)을 충하면 급하고 일(日)과 시(時)를 충하면 느린 것입니다.

이것은 년월(年月)은 세운(歲運)에서 가깝고 일시(日時)는 멀어서 충이 오는데 시간이 걸리기 때문입니다. 예를 들어 년지 자수(子水)는 인수(印綬)인데 오화(午火) 상관(傷官)을 만나면 자오충(子午沖)을 하는데 년지에 놓인 까닭에 충이 세운 이전부터 일찍 발생할 수 있게 됩니다. 이것이【적천수】에서 말한 양지 동차강 속달현재상(陽支動且强 速達顯災祥)의 현상입니다

【예시6】

時	日	月	年	세운	건명
	甲				天干
			子	午	地支

• 같은 충이라도 가벼운 충과 무거운 충이 있습니다.

어떤 경우인가 하면 운이 본래 좋은 희신의 충(衝)이라면 충(沖)을 당해도 가볍고 운이 꺼리는 기신의 충이라면 또 다시 충하면 무겁다고 보는 것입니다. 예를 들어 갑목(甲木)일간이 유금(酉金) 정관(正官)을 용신으로 하는데 오화(午火) 상관(傷官)이 극하게 되면 불리해집니다.

그러나 세운에서 인수(印綬) 자수(子水)를 만나 자오충(子午沖)이 되면 호충(好衝)이라 하여 길하게 보는 것입니다.

【예시7】

時	日	月	年	세운	건명
	甲				天干
酉	午			子	地支

• 충이 되는 것 같지만 충이 아닌 것이 있으니 어떤 경우인가요?

예를 들면 갑(甲) 일주가 유(酉)의 정관을 용신으로 삼는데 묘(卯) 운으로 행하면 묘유(卯酉)가 충을 합니다. 그러나 본명(本命)에 사유(巳酉)가 서로 합하여 있으면 충이 무력해집니다.

또한 유(酉)정관이 있더라도 년지(年支)에 해(亥) 또는 미(未)가 있다면 묘(卯)의 운이 와도 년지와 묘미합(卯未合)하느라고 월지의 유(酉)정관을 충하지 않는다는 것입니다.

【예시8】

時	日	月	年	세운	건명
	甲				天干
		酉	巳	卯	地支

時	日	月	年	세운	건명
	甲				天干
		酉	未	卯	地支

• 하나의 충이 두개의 충으로 되는 경우가 있습니다.

예를 들면 을(乙) 일주에 신(申) 정관을 용신으로 삼는데 두 개의 신(申)은 한 개의 인(寅)을 충하지 못하는 것입니다. 그러나 운에서 인(寅)이 또 다시 오면 운과 본명이 어우러져서 두개의 인(寅)과 두개의 신(申)이 서로 충하게 됩니다. 이것을 이자불충오(二子不沖午) 이오불충자(二午不衝子)라고 말합니다. 곧 두 개의 자(子)가 1개의 오(午)를 충하지 못하고 두 개의 인(寅)이 1개의 신(申)을 충하지 못하며 두 개의 오(午)가 1개의 자(子)를 충하지 못하고 두 개의 신(申)이 1개의 인(寅)을 충하지 못한다는 이론입니다. 이상이 운을 보는 요체입니다.

【예시9】

時	日	月	年		건 명
	乙				天干
申	申	寅	不沖		地支

時	日	月	年	세운	건 명
	乙				天干
申	申	寅	寅		地支

3 겸격(兼格)을 보는 방법

時	日	月	年	건명
정인		겁재	상관	六神
甲	**丁**	**丙**	**戊**	天干
辰	**卯**	**辰**	**申**	地支
상관	편인	상관	정재	六神

73 63 53 43 33 23 13 3

甲 癸 壬 辛 庚 己 戊 丁　대운

子 亥 戌 酉 申 未 午 巳

이 사주의 주인공은 초반기와 중반기는 상관생재(傷官生財)의 삶이고 나이
들어서는 상관패인(傷官佩印)의 길입니다.

곧 겸격(兼格)으로 보는 것입니다. 다시 말하자면 초년에는 장사를 할 사람
이고 늙어서는 숙지한 기술을 가지고 사업장을 관리할 사람입니다. 무신(戊
申)년주의 초년(初年)은 상관생재(傷官生財)하니까 사업가, 장사꾼인데 서방금
(西方金)운이 도래(到來)하는 것을 보고 이 사람의 재성의 기운이 통문(通門)이
됨을 볼 수가 있습니다. 그러므로 중년운부터 재물이 흥성(興盛)하여 30대
초반에 수십억 자산을 이루었습니다.
그런데 상관패인(傷官佩印)은 금운(金運)이 지나야 발휘될 것 같습니다. 갑목
(甲木)이 앞에 있었다면 공부를 더했을 겁니다. 뒤에 있고 앞에는 생재(生財)
이니 일찍이 공부보다는 돈 버는 일에 관심을 가지고 있으며 장사 수단이
더 큰 것 같습니다.

【근황】

가정은 부유하나 학력은 높지 않고 일찍 직업 전선에 뛰어들었습니다. 무오(戊午)대운 19세 병인(丙寅)년에 일을 시작하고 기미(己未) 대운에 발복했습니다.

오(午)대운 23세 경오(庚午)년에 직장에 다니면서 자동차부속품 사업을 시작해서 25세 임인(壬申)년에 사업이 더욱 커지니 직장을 그만 두고 전문적으로 사업에 뛰어들었습니다.

31세 무인(戊寅)년에는 사업을 확장하여 부속품만 아니라 소형자동차판매 대리상도 겸했습니다. 33세 경진(庚辰)년에 이미 자산이 수십억에 이르렀습니다.

4 신사년(辛巳年) 주식 투자 실패로 빚에 시달리고 있다

時	日	月	年	세운28	대운25	곤 명
식신		정재	상관	겁재	편인	六 神
壬	庚	乙	癸	辛	戊	天 干
午	申	丑	丑	巳	辰	地 支
정관	비견	인수	인수	편관	편인	六 神

이 명조는 월지 축토(丑土)에서 임계수(壬癸水)가 투출한 것이므로 잡기(雜氣) 식상격(食傷格)입니다. 그런데 계수(癸水)가 을목(乙木)을 상관생재(傷官生財)하므로 사업적 기질이 있다고 보는데 경신(庚申)일주가 신강하고 을경합(乙庚合)으로 득재(得財)하는 상(像)은 재물복이 있다고 볼 수 있습니다.

다만 문제는 년지(年支)와 월지(月支)가 축토(丑土) 중첩(重疊)이니 일간의 고(庫)로 구성이 된 결함이 있는데 이것은 일간의 대패(大敗)로 이어질 수가 있는 것입니다. 일간입고가 발생하게 되면 감금, 구속, 입원 등의 갇히는 사건들이 발생할 수 있습니다. 그 원인은 축토(丑土)가 인수(印綬)이므로 입고의 원인은 문서 문제임을 알 수가 있습니다.

역시 을경합(乙庚合)이 깨지므로 발생하는 것이라 곧 손재로 인한 파재(破財)의 상(像)을 가진 팔자가 되는 것입니다. 그러므로 무진(戊辰)대운에는 무계합(戊癸合)이므로 용신(用神) 계수(癸水)를 파괴하여 상관생재의 격국을 무너뜨리게 됩니다. 신사년(辛巳年)에 을신충(乙辛沖)으로 재물손괴를 일으키는 신금(辛金) 겁재자의 출현을 경계해야 합니다. 이 사람이 유명역술인입니다.

지지에 사화(巳火)는 사축(巳丑)이므로 겁재를 강화시키는데 을신충(乙辛沖)은 을경합(乙庚合)을 깨뜨리면서 득재(得財)의 상(像)을 파손(破損)합니다. 곧 내가 가진 재물을 이동하게 만드는 주범이 되는 것입니다

신사년(辛巳年)의 겁재자(劫財者) 출현의 결과를 확인하려면 내년의 임오년 (壬午年)의 상(像)을 살펴보면 알 수 있습니다. 곧 내년에는 축오(丑午)귀문과 원진이 쌍(雙)귀문(鬼門)에 걸쳐 있는 것을 알 수 있습니다. 이것은 후회하고 원망할 일로 가득찰 것이다. 라는 간명이 나오기 때문에 신사년 주식 투자 는 당연히 말려야 하는 것입니다.

【근황】

무진(戊辰)대운 신사년(辛巳年)과 임오년(壬午年)에 주식투자로 손재했습니다. 유명 역술인의 말을 믿고 주식투자하였다가 전 재산 약 10억 원을 모두 날 리고 빚더미에 앉았습니다.

5 신축년 대패(大敗)한 이유는 무엇일까요?

時	日	月	年	세운42	대운35	건명
편관		정재	식신	상관	인수	六神
甲	戊	癸	庚	辛	丁	天干
子	戌	未	申	丑	亥	地支
정재	비견	겁재	식신	겁재	편재	六神

이 사람의 사건은 신축년 대패(大敗)이므로 그 부분에 초점을 맞추어 명리적으로 분석해 봅니다.

원래 경자년(庚子年)은 금생수로 계수(癸水)를 생조하여 나의 재물을 늘리는 한해가 됩니다. 그러므로 경자년(庚子年) 말에서 신축년(辛丑年) 초에 4공장 팀장으로 승진합니다. 즉 금수운(金水運)은 호운으로 재성을 강하게 하는데 길조가 되는데 그러한 길운을 그대로 이끌어 가지 못하고 대패하는 이유는 어디에 있겠습니까?

신축년(辛丑年)이면 어떻게 판단하나요? 축술미삼형(丑戌未三刑)에 걸리는 겁니다. 대패(大敗)하는 것이죠. 이것은 축토(丑土)에 금(金)이 모두 입고(入庫)되는 것인데요. 그 뿐이 아니라 미토(未土)는 관고(官庫)입니다. 곧 갑목(甲木)도 입고(入庫)가 됩니다. 그러므로 축술미삼형(丑戌未三刑)이 되면 편관과 식상이 관고(官庫)와 식상고(食傷庫)에 모두 정리가 되는 겁니다.

그런데 이 분의 경신(庚辛)금은 식상이므로 식상이 입고되는 사람은 언행의 장애를 가지므로 이상징후를 보이게 됩니다. 이게 식상입고의 증상인 겁니다. 그 결과 관고(官庫)가 시주(時柱)에 놓여서 늦게 따라와 입고하므로 늦게 직장을 정리하는 모습이네요.

다만 갑자시는 자수(子水)가 생조하는 모습이라 버틸 수 있는 것이지만 임인년에 인신충(寅申沖)이 되면 술미형(戌未形)도 유발이 됩니다. 겁재(劫財)비견(比肩)의 형살이란 동료의 구설수이고 인미귀문(寅未鬼門)은 나를 미치게 만드는 역할을 할 만 합니다. 만약 신축년(辛丑年)의 입고를 이해 못하시는 분들은 축술미삼형(丑戌未三刑)으로 금(金)과 목(木)의 지지가 손상당했다고 이해하시면 됩니다. 그게 입고입니다.

【근황】

저는 본사 팀장입니다. 이 친구가 다른 동기들 보다 똘똘해 보여 팀원 20명 중 책임자급 대우를 해주었으나, 조금씩 나태하여 입에 오르락내리락 하던 중, 제 4공장 건설 때 본인도 원하고 해서 연말부터 밀어주기 시작하여 신축년 1월에 보직 이동하여 팀장으로 발령 내어 주었습니다.

그러나 발령 후 공장승인 문제와 실적이 부진하여 4공장 공장장과 마찰로 문제가 발생하였습니다. 사람은 착하나 눈치, 상황 판단 부족 등으로 구설이 많았습니다. 결국 2021년 말 2022년 말까지 방황과 갈등을 계속 하다가 회장님과 사장님 눈 밖에 나서 결국 퇴사하게 되었습니다.

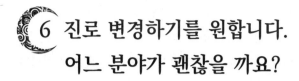

6 진로 변경하기를 원합니다.
어느 분야가 괜찮을 까요?

時	日	月	年	건명
편재		식신	정관	六神
辛	**丁**	**己**	**壬**	天干
丑	**未**	**酉**	**申**	地支
식신	식신	편재	정재	六神
		학당귀인 관귀학관		신살

73	63	53	43	33	23	13	3	
丁	丙	乙	甲	癸	壬	辛	庚	대운
巳	辰	卯	寅	丑	子	亥	戌	

중견기업 설비보존업체에 근무 중인데 계묘년(癸卯年)32세 6월부터 부동산
업으로 직업을 바꿔 일해보고 싶다고 합니다. 왜 이 시점에 진로를 변경하
려는 것일까요?

사/주/분/석▶

이 사주에는 신유(申酉)금과 축미충(丑未沖)이 대조를 이루고 있는데 이것은
변격(變格)을 의미하기도 합니다. 곧 이 사람은 중도에 직업을 바꿀 가능성
이 큰 사람입니다. 이것을 아는 방법으로는 변격이라는 것을 알아야 하는
데 변격은 용신의 변화를 뜻하는 것이므로 곧 직업변화가 예상이 되는 것
입니다. 이런 것은 용신을 구한 후에 변격이 어느 시기에 적용될 것인가를
찾아보는 궁성법을 보고 판독합니다.

이 분의 용신은 유금 편재(偏財)이므로 재격(財格)에 해당합니다.

그러므로 편재 유금(酉金)의 상의(象意)를 분석하면 그 사람의 직업 분포도가 나타납니다. 유금(酉金)은 가장 유일한 환경이 단단한 금속분야 입니다. 두 번째로는 경영학, 금융업종입니다.

그래서 금속, 금융, 제조 공장, 정밀기계, 첨단기계입니다. 따라서 이 사람의 주변환경은 금속과 관련이 된 직업이 나타나게 됩니다. 그런데 임수(壬水)가 투출이므로 재생관(財生官)의 구조이죠. 재생관(財生官)에서는 임수가 상신(相神)에 해당하므로 보직이 되는데 임수(壬水)의 상의(象意)는 숫치를 측정하거나 혹은 흐르는 성질이 있으므로 금속분야에서 이동하는 일이 잦은 시설관리 업이라고 보는 것입니다.

그런데 자수(子水)대운 끝 무렵인 계묘년(癸卯年) 32세에 직종을 바꿔서 이동할 생각을 가지게 됩니다. 임수(壬水)의 상신(相神)이 종료하고 축미충(丑未沖)의 상신(相神)으로 이동하기 때문입니다. 즉 재생관(財生官)의 삶에서 식신생재(食神生財)로 탈바꿈이 시작이 되는 것입니다.

그래서 돈을 벌기 위한 욕구가 살아나는 것인데 축미충(丑未沖)의 토동(土動)은 부동산이 될 수 있습니다. 축미충(丑未沖)이고 기토(己土) 식신(食神)이 모두 토(土)오행이라 건설, 토건업 혹은 부동산 관련업종이라고 보면 됩니다. 결론적으로 이 사람은 축미충으로 부동산을 선택하더라도 유금(酉金) 용신(用神)의 영향력에서 완전히 벗어날 수는 없는 것이므로 금속업체 관련 임대업 혹은 기계시설이 딸린 부동산매매, 공장매매 등이 적합하다고 판단됩니다.

자수(子水)대운에 자유파살(子酉破殺)과 자미원진(子未元嗔) 자축합(子丑合)은 식신대살(食神帶殺)이고 식신합살(食神合殺)이므로 식신을 움직여 편관을 취하는 것은 모종의 새로운 진로이며 취업 확장이 나타납니다.

그래서 계묘년(癸卯年)의 묘유충(卯酉沖)은 편재와 문서의 충이므로 부동산 매매의 물상을 보이고 있습니다. 이것은 앞으로 다가올 인묘진(寅卯辰) 동방 목(東方木)운은 문서 운이므로 미리 대비하고자 하는 변화된 움직임이 포착이 되는 것입니다.

이것은 사주팔자가 가진 예측력 때문인데 대운 이전부터 움직이는 현상이 앞당겨져 포착이 되는 것입니다. 그러므로 이 사람이 부동산으로 변경하려는 움직임은 역시 기술보다는 경영학의 성향이 강한 겁니다. 사람의 팔자에서 변격(變格)이 발생하게 되면 사람의 용신(用神)구조가 변하므로 그 직업이 달라지는 것이죠. 그래서 변격(變格)은 매우 중요한 용신의 실전법(實戰法)이 됩니다.

7 상관입고 운에서는 진로 변경이 발생한다

時	日	月	年	세운31	대운25	건명
편인		편관	상관	상관	상관	六神
丙	戊	甲	辛	辛	辛	天干
辰	午	午	未	丑	卯	地支
비견	인수	인수	겁재	겁재	정관	六神

신축년(辛丑年) 3월에 이직(移職)을 하였는데 직장 상사와 트러블로 어려운 점이 있지만 직장근무는 성실히 하고 있습니다. 신금(辛金)대운 기간은 어려운 점이 많았다고 생각하는데 현재 묘(卯)대운에 진입하여 갑목(甲木)의 반록이 되므로 길하다고 보았습니다. 그런데 왜 신축(辛丑)년에 스카우트도 아니고 직장 내 상사와 트러블로 이직(移職)을 할 수밖에 없는 까닭은 무엇인가요?

이 명조는 무토(戊土)일간이 월령(月令)이 오화(午火)이므로 양인격(陽刃格)에 해당합니다. 그런데 양인(陽刃)의 형충(刑沖)은 흉(凶)하지만 오미합(午未合)으로 인해 형살(刑殺)이 해소(解消)가 되었습니다. 그러므로 갑목(甲木) 칠살(七殺)의 투출은 반가운 점입니다. 곧 칠살(七殺)로 양인(陽刃)을 제복(制伏)하는 구조이므로 양인합살(陽刃合殺) 명조가 됩니다. 그런데 신금(辛金) 상관의 존재는 칠살을 극하는 것이라 불리해 질 수 있는 겁니다.

왜냐하면 양인격에서는 칠살을 정관처럼 생조해야 올바른 것입니다. 이것이 균형(均衡)을 이루게 되면 살인양정(殺刃兩停)이라 하여 대길(大吉)하게 보았던 것입니다.

그런데 신금(辛金)의 투출로 격이 떨어질 수 있었는데 다행인 것은 병신합 (丙辛合)으로 원합(遠合)을 구성하여 상관의 제화(制化)를 시도한다는 점입니 다. 이로 이해 칠살이 역할을 할 수 있다고 봅니다.

그런데 신축년(辛丑年)의 이직 변동수는 신금(辛金) 입고(入庫)물상(物像)이기 때문입니다. 즉 신미(辛未)년주와 신축년(辛丑年)이 만나면 축미충(丑未沖)으 로 신금(辛金) 상관(傷官)이 입고가 되는데 그 시기는 년주를 충극하여 입고 하므로 올 해 초순에 발생하게 됩니다. 따라서 식상입고 운에는 진로좌절, 변경, 궤도수정이 일어날 수 있습니다.

그런데 시간이 지나면서 신금(辛金) 기신(忌神)의 입고(入庫)는 분명하니까 진 로 궤도 수정은 분명한 일이고 다만 이직의 성공여부를 알 수 있는 대목은 갑목(甲木)이 묘목(卯木)을 얻어 분명한 힘을 얻고 있으므로 이직(移職)에 성 공한다고 말할 수 있습니다.

8 관살합거 운에는 관살제거라 탈락, 낙방, 중도포기가 발생한다.

時	日	月	年	세운54	대운49	건명
상관		상관	편인	상관	편관	六神
戊	丁	戊	乙	戊	癸	天干
申	巳	寅	巳	戌	酉	地支
정재	겁재	정인	겁재	상관	편재	六神
망신	지살	겁살	지살			신살

이 명조를 정리해보면 인목(寅木)에서 을목(乙木)이 투출하였으므로 목(木)오행이 투간한 것입니다. 그러면 인수격(印綬格)에 해당이 됩니다. 용신은 오행용신으로 잡는 것이니까 목오행이라 하고 거기에 십신(十神)을 덮어 씌우게 되면 격(格)이 세워지게 됩니다. 그러므로 을목(乙木)은 편인(偏印)이므로 인수격으로 통칭을 하면 됩니다. 여기에서 상신(相神)을 잡게 되면 격국(格局)이 완성이 되는 것입니다. 곧 인수격에서는 단지 격신(格神)에 불과한 것이므로 격국(格局)이 완성이 된 것이 아닙니다. 여기서는 신금(申金) 정재(正財)를 상신(相神)으로 하게 되면 인수용재(印綬用財)의 격국 명칭이 만들어집니다. 그러므로 인수가 용신(用神)이고 재성이 상신(相神)이 되는 것입니다.

이 사주를 해석해 보면 문서를 가지고 돈을 벌려는 인생을 살 팔자라고 해석하면 됩니다. 그러므로 이 사람은 자격증, 문서, 학자, 교수, 교육, 출판, 인쇄 등에서 성공할 수 있게 됩니다. 이것이 용신을 풀어서 직업환경과 배경을 추정할 수 있는 근거가 되는 것입니다. 또한 보직(補職)은 재성 상신(相神)이므로 곧 현금(現金)이 됩니다. 이 사람의 최종 목적지는 금전인 것입니다. 현금을 굴리는 보직이 큰 사람입니다.

그런데 정재가 인사신(寅巳申)삼형에 걸려 있습니다. 정인문서와 겁재와 정재 현금이 서로 삼형(三刑)에 걸려 있다는 것은 내가 인목(寅木) 정인(正印)의 문서(文書)를 상사(上司)인 겁재(劫財)에게 제시하면 겁재(劫財)는 정재(正財)를 사신형합(巳申刑合)으로 통제할 수 있다는 뜻이 됩니다. 이것은 품의서(稟議書)를 말하는 것으로 이 사주에서 인사신(寅巳申)삼형의 해석이 됩니다. 그러므로 사무직이 적합한데 돈을 최종 관리하는 업무이므로 세무원, 금융인, 은행원이라면 그 직업이 적합합니다. 또한 영업점(지점)에서 대출 업무를 담당하는 은행원인데 여러 번 승진에서 누락이 되었다고 합니다. 최종적으로 2019년 1월 18일 은행지점장 승진발표에서 떨어졌습니다.

왜 승진에 연거푸 떨어질까요? 결론적으로 말씀드리자면 이 사람은 관성이 없는 사주이므로 평소에 관록에 기대하면 힘들고 재성에 의지해야 길이 열립니다. 그런데 계유(癸酉)대운에 편관운이 등장합니다. 그러나 이 계수(癸水)가 두 개의 무토(戊土) 상관(傷官)에게 합거(合去)가 됩니다. 계수(癸水)는 사주의 지지에 근본이 없는 상태이므로 계수(癸水)의 합은 합거(合去)가 되는 것입니다. 그러므로 편관의 합거는 제살태과(制殺太過)의 성격을 가지므로 실각(失脚)에 가까워서 계수기간에는 승진하기 어렵습니다. 이것이 5년간 승진에 실패하는 이유입니다.

곧 이 사람에게는 계수(癸水)대운에 천간 편관이 등장하므로 승진 운을 기대해 볼만하였는데 이것이 합거(合去)가 되는 바람에 모든 노력이 수포로 돌아가게 됩니다. 이것은 천간의 대운에서 길신이 합거(合去)가 되면 체(體)의 영역에서 관록(官祿)이 막히는 것이 됩니다. 그러므로 이 편관의 합거운을 보고 5년간 동안에는 승진 운이 사라졌다고 판단하면 정확합니다.

9 취업을 위해여 4월에 유럽을 가는데
이게 사주에 있나요?

時	日	月	年	세운26	대운21	곤명
편재		편관	정재	편인	정재	六神
乙	辛	丁	甲	己	甲	天干
未	丑	丑	戌	亥	戌	地支
편인	편인	편인	정인	상관	정인	六神
				역마		신살

이 여자 분은 기해년(己亥年)에 프랑스로 발령받았습니다. 올 해 이동한다는
암시가 팔자에 나타나 있는가요?

지지가 축술미(丑戌未)로 인수격(印綬格)입니다. 편인이 많게 되면 식신을 만
나면 편인도식(偏印倒食)의 우려가 있으므로 식신(食神) 계수(癸水)는 축(丑)중
계수(癸水)로 지장간에 숨어 있는 것이 유리합니다. 이로 인해 도식팔자에서
구제를 받을 수 있게 됩니다. 또한 인수(印綬)다자(多者)에서는 인수를 눌러
제복(制伏)해주는 갑을목(甲乙木) 재성의 역할이 중요하게 부각이 됩니다. 그
러므로 이 명조는 사주에 편인의 병이 중중하지만 갑을목이라는 약신이 투
출하여 인수용재(印綬用財)를 이루게 됩니다. 갑술대운에 상신인 두 갑목의
출현은 발전을 기대할 수가 있습니다. 기해년(己亥年)에 해수(亥水)가 역마살
(驛馬殺)에 해당합니다. 즉, 역마가 동(動)하므로 반드시 이동과 관련한 일이
발생할 수 있습니다. 그런데 사주 원국에서는 축미충(丑未沖)이고 축술형(丑
戌刑)이라 지지의 문서가 동(動)해 있다고 보면 됩니다. 동(動)하는 사주에서
는 문서가 움직이는 것이므로 문서로 인한 일이 발생하고, 해수(亥水)가 역
마(驛馬)를 만난 것이므로 이동문서는 발령장이라고 보는 것입니다.

10 임인년(壬寅年)에 부친으로 부터 3억 원의 유산을 받았습니다.

時	日	月	年	세운37	곤명
편인		겁재	정관	상관	六神
己	辛	庚	丙	壬	天干
丑	亥	子	寅	寅	地支
편인	상관	식신	정재	정재	六神

임인년(壬寅年)에 3억이라는 금액을 얻을 수 있는 근거는 무엇인가요?
이 명조에서 년주 병인(丙寅)을 살펴보면 재생관(財生官)이죠. 년주의 재생관
(財生官)은 조상궁이 부귀함을 말하는 것인데 일간(日干) 신금(辛金)과 병신(丙
辛)합(合)하므로 이런 경우는 가업(家業)을 승계(承繼)한다고 보는 겁니다.

그러므로 유산(遺産)이 있을 수 있습니다. 또한 오행 십간과 십이지지 및 생
수와 성수에 보면 해당하는 음양(陰陽)의 수리(數理)가 기록이 되어 있습니
다. 그 내용에 의하면 갑목(甲木), 인목(寅木)은 3이고 을목(乙木), 묘목(卯木)은
8에 속하는 겁니다. 따라서 정재(正財) 인목(寅木)의 등장으로 인인(寅寅)이
동(動)하는 것이므로 재물이 들어오는 것입니다. 모든 물건은 동(動)해야 얻
을 수가 있기 때문이죠.

따라서 인목(寅木)은 3에 해당하므로 그 예상 금액은 3 혹은 33입니다. 3백
만 원은 작아서 제외시키고 33억은 사주 구조상 받을 수 없는 그릇이므로
또한 제외시킵니다. 그러므로 받을 수 있는 예상 금액은 3천만 원 혹 3억입
니다.

11 재성과 인수의 합은 부동산매매를 뜻한다

時	日	月	年	세운54	곤명
겁재		정재	정관	편인	六神
甲	**乙**	**戊**	**庚**	**癸**	天干
申	**亥**	**子**	**戌**	**卯**	地支
정관	인수	편인	정재	비견	六神

이 분은 이미 지난 봄에 남편 이름으로 땅을 구입했습니다. 그런데 올해는 노후 아파트 경매가 싸게 나왔는데 하나 더 구입할까 질문하러 왔습니다. 그런데 계묘년(癸卯年)에 부동산 매입하려고 하는데 문서 운은 어디를 확인해야 합니까?

이 명조에서는 무토(戊土)가 재성(財星)에 해당하는데 년지(年支)에 정재(正財)가 되고 또한 해중(亥中) 무토(戊土)와 신중(申中)의 무토(戊土)도 있기 때문에 재성의 뿌리가 튼튼하다고 볼 수 있습니다.

그런데 계묘년(癸卯年)이 되면 계묘년에 무계합(戊癸合)이 구성이 되는데 무토(戊土)는 정재이고 계수(癸水)는 편인이므로 보통 재성과 인수의 합은 부동산으로 봅니다. 또한, 계수(癸水)는 지지의 해자수가 왕(旺)하므로 합동(合動)으로 보면 되겠죠. 합으로 인해 해자수(亥子水)가 크게 동(動)하는 것이므로 올해는 문서가 움직이는 것입니다.

그러므로 이 사람은 올 해에 재성을 투자하여 얻어낼 문서가 많아지게 됩니다. 이것은 현금은 묶이는 것이고 문서 운이 왕(旺)하여 일어나는 것이니 부동산 등기문서가 됩니다.

176 / 최강의 포식자 논 형충회합

12 정관의 을경합동(乙庚合動)에서는 승진운이 발생하고 합거(合去)에서는 파관운이다

時	日	月	年	세운45	대운	건명
정인		정관	겁재	정재	식신	六神
丁	戊	乙	己	癸	庚	天干
巳	子	亥	未	卯	午	地支
편인	정재	편재	겁재	정관	인수	六神

이 명조는 해중(亥中)의 을목(乙木)이 정관에 해당하여 재생관(財生官)을 구성합니다. 그런데 경금(庚金)대운에 을경합(乙庚合)이 보이므로 분명히 변동(變動)이 있을 수 있습니다. 만약 을경합(乙庚合)이 합거(合去)이면 파관운(破官運)이고 합동(合動)이면 관록운(官祿運)이라고 판단하면 됩니다. 합거냐 합동이냐? 이걸 판단하는 것이 어려운 점입니다.

그런데 이 분은 계묘년(癸卯年)에 승진하였고 또한 모친으로부터 유산증여를 기대하고 있습니다. 그리고는 갑진년(甲辰年)에 사직하여 사업구상을 예상 중입니다. 그러므로 경금(庚金)기간에 승진운과 사직운이 2개가 다 발생했어요. 즉 을경합(乙庚合)이 합동(合動)이 되었다가 합거(合去)가 된다는 추산(推算)을 할 수 있습니다. 합동(合動)이 되면 승진이고 합거(合去)가 되면 사직(辭職)해야 하는 겁니다. 이게 차후에 길한 것인지 흉한 것인지 확인은 당연히 오화(午火)대운을 보고 판단합니다.

그런데 왕지(旺地)가 빠진 해미(亥未)는 아무런 합을 구성하지 않습니다. 그러나 천간에 을목(乙木)이 등장하면 이야기가 달라집니다. 곧 을목(乙木)을 왕지(旺地)로 보는 겁니다. 그러므로 해미(亥未)가 을목(乙木)을 만나 준목국(木局)이 될 수 있습니다.

그래서 관성국이고 이건 중관(重官)의 염려도 있으므로 을경합(乙庚合)이 되면 중관을 해소하는 동시에 정관이 합동(合動)이 되는 것입니다. 그러므로 이 명조가 말하기를 경오(庚午) 대운 진입 후에 업무상 몸과 마음이 편해졌다고 밝히고 있습니다. 또한 임인년(壬寅年) 44세에 인목(寅木)이 등장하고 계묘년(癸卯年) 45세에 해묘미(亥卯未)삼합이니까 역시 정관의 합동(合動)이 됩니다. 즉 파직운(罷職運)이 아니라 관운이 동(動)하므로 승진운(昇進運)이라고 보는 겁니다. 특히 계묘년(癸卯年)에는 무계합(戊癸合)으로 득재(得財)하고 지지 해묘미(亥卯未)삼합국이므로 득재(得財)하면서 관록(官祿)이 커지는 것이니 승진하거나 유산 증여가 나타납니다. 그러나 갑진년(甲辰年)에 사직하는 이유는 역시 갑기합(甲己合)에 원인이 있습니다. 세운에서 갑목이 제거가 되고 대운에서 을경합으로 을목이 제거가 된 것입니다. 그러면 지지의 해미(亥未)는 이제 아무것도 아닌 것이 됩니다. 관록의 해체가 나타나겠죠. 그래서 갑진년은 파관 운입니다.

결론은 오화(午火)대운의 예측인데 이것 역시 자오충(子午沖)을 보면 됩니다. 오화(午火)가 문서이므로 문서관련의 사업일 수도 있는데 인수가 강하므로 문서파괴는 아니고 문서가 동(動)하는 겁니다. 문서 일이 많이 발생하겠죠. 그런데 자사(子巳)암합(暗合)이 된 구조이므로 자오충(子午沖)이 되면 자수(子水)가 손상이 없이 동(動)하게 됩니다. 병오년(丙午年)에 다시 자오충(子午沖)으로 세(歲)가 응(應)하는 것이니 병오년(丙午年)부터 재성 유입이 들어오기 시작합니다. 즉 병오년(丙午年)에 실제적인 사업의 성과가 나타나기 시작 할 수 있다고 판단해 봅니다. 실제로 확인한 바 이 사람은 갑진년(甲辰年) 퇴사하여 무역업을 구상중이라고 합니다. 이것은 곧 문서를 집중적으로 다루는 업체가 되는 것입니다.

13 인수의 위치와 유정(有情)과 무정(無情)으로 합격 여부를 판독한다.

時	日	月	年	곤명
비견		식신	편인	六神
己	己	辛	丁	天干
巳	未	亥	丑	地支
정인	비견	정재	비견	六神

이 사람은 중등교사 임용고시 준비 중인 여성입니다. 계묘년 올해가 4수 째이고 작년부터는 아르바이트를 하며 시험 준비를 하고 있습니다.

이 명조는 재용식인(財用食印)같은데 이런 경우 인수(印綬)가 년주(年柱)와 월주(月柱)에 놓이면 합격이 빠르다고 할 수 있습니다. 그런데 정축(丁丑)은 동주묘(同柱墓)이고 해월(亥月)의 합극(合剋)을 받으므로 힘을 못씁니다. 따라서 정축(丁丑) 동주묘(同柱墓)가 신금(辛金) 상신(相神)을 극(剋)하는 화소주옥(火燒珠玉)의 상(像)이고 다비견(多比肩)이라는 점은 경쟁할 대상자가 많다는 점이고 편인이 상신을 극충하는 일은 올바르지 못하다는 점입니다. 그러므로 정화(丁火)는 불미(不美)하여 무정(無情)하니 일찍 달성이 어려운 점이 보입니다.

따라서 시지(時支) 사화(巳火) 반록의 기운을 기다려야 하므로 합격이 늦어지는 것입니다. 이런 경우는 사화(巳火) 인수(印綬)가 시지(時支)의 놓인 까닭에 합격이 늦는 것 같기도 합니다. 재용식인에서는 신금(辛金)이 상신(相神)이므로 신금(辛金)은 4수에 해당하여 4까지만 갑니다.

14 양지동차강속달현재상(陽支動且强速達顯災祥)
하니 경인년 무자월에 신묘년 운기가 도래한다.

時	日	月	年	세운31	대운31	건명
편관		정관	겁재	겁재	상관	六神
丙	庚	丁	辛	辛	癸	天干
子	寅	酉	酉	卯	巳	地支
상관	편재	겁재	겁재	정재	편관	六神

이 사람은 2011년 1월 2일(庚寅年 戊子월 丁巳일)에 자살 하였습니다. 그런데 경인년(庚寅年) 무자월(戊子月)은 12월이므로 아직 신묘년(辛卯年)의 입춘(立春)이 지나지 못했지만, 내년 신묘년(辛卯年)의 흉액(凶厄)이 앞당겨져 일어날 수 있습니다.

즉 【적천수】에서 말했듯이 동(動)하는 세운에는 흉액(凶厄)이 앞당겨져 발생하기도 합니다. 그러므로 자살한 시기는 경인년(庚寅年)의 무자(戊子)월이지만 정확히는 신묘년(辛卯年)의 기운이 일찍 넘어 온 것으로 봐야 하므로 계사(癸巳)대운(大運)에 해당됩니다.

그러므로 계사운에는 정계충거(丁癸沖去)가 발생하여 상신(相神)이 파괴되는 파국(破局)을 당해야 사망을 유추(類推)할 수 있게 됩니다. 그래서 사망 시기를 조정해야 하는데 계사(癸巳)대운 신묘년(辛卯年)의 기운으로 보는 것이 정확합니다. 자살의 원인으로는 양인 중첩이 유유(酉酉)형살(刑殺)에 걸려 있는데 신묘년(辛卯年)의 묘유(卯酉)충(沖)으로 양인을 형충하게 되면 대흉(大凶)해지기 때문입니다. 이 명조는 양인노살투인(陽刃露殺透刃)이 되어 병화(丙火)칠살(七殺)이 병신(丙辛)합이 되어 아무런 공을 이루지 못하고 있습니다.

다만 정화(丁火) 정관(正官)에 의지하여 양인을 견제하니 양인용관(陽刃用官)의 구성을 이루게 됩니다. 그런데 계사(癸巳)대운에 정계(丁癸)충거로 유일한 의지처인 상신 정화(丁火)가 제거가 되는 것인데 다시 세운 신묘년(辛卯年)에 묘유(卯酉)충(沖)이니 양인의 왕신충발(旺神沖發)을 일으키게 되어 사망하게 되었습니다.

【핵심정리】
양인노살투인(陽刃露殺透刃)이란?
월지(月支)가 양인격(陽刃格)을 구성하면 칠살을 만나 양인합살(陽刃合殺)하는 원칙을 최고로 여기는 구조이다. 그런데 천간에 월지의 양인(陽刃)이 투출하게 되면 칠살(七殺)을 재합살(再合殺)하게 되므로 월지의 양인은 제복을 받지 못하므로 흉하게 된다는 말이다.

곧 경금(庚金)은 유월(酉月)에 태어나면 양인격(陽刃格)을 구성하는데 양인(陽刃) 유금(酉金)을 제복(制伏)해 주는 병화(丙火)가 천간에 신금(辛金)을 만나게 되면 병화(丙火)는 병신합(丙辛合)으로 탐합망극(貪合亡剋)하는 것이다. 이것은 유금(酉金)을 제복(制伏)하지 못하는 결과가 나타나므로 이것을 양인노살투인(陽刃露殺透刃)이라 하여 아무런 공(功)을 이루지 못한다고 말했던 것이다.

15 상신합거(相神合去) 운에는 파국(破局)으로 치닫는다.

時	日	月	年	세운42	대운42	곤 명
식신		정재	정관	편관	편인	六神
癸	辛	甲	丙	丁	己	天干
巳	亥	午	申	丑	丑	地支
정관	상관	편관	겁재	편인	편인	六神

이 사주는 오(午)중에서 병화(丙火)가 양간(陽干)으로 투출하였는데 월간에 갑목(甲木) 정재(正財)를 보았으므로 정관용재(正官用財)입니다.

그러면 용신(用神)이 정관(正官)이고 상신(相神)은 갑목(甲木) 정재(正財)가 되는 것입니다. 기축(己丑)대운에는 갑기합거(甲己合去)로 재성합거운이 됩니다. 재성합거(財星合去)는 상신합거이죠. 곧 격국이 파국(破局)이 되는 시기입니다. 그러면 기축대운 기간이 매우 흉운(凶運)이라고 판단할 수 있는 것입니다. 그런데 이 사람은 무슨 흉한 사건이 발생할까요. 재성합거이니 곧 손재수입니다. 5년간 재성합거운이라 손재수가 지속적으로 발생한다고 보면 되겠죠. 그런데 갑목(甲木)은 병화(丙火)를 생하는 겁니다.

곧 재생관(財生官)이던 구조가 파괴가 되는 것이므로 병화(丙火)에게도 큰 피해를 주게 됨을 알 수가 있습니다. 그러므로 손재수는 남편의 손재수가 될 수도 있습니다. 또한 정축년(丁丑年)의 칠살은 애인이 등장하는 것입니다. 이것을 잘 살펴 보는데 대운에서 체(體)가 상신(相神)합거(合去)라 파국(破局)을 보이고 정축년(丁丑年)에 칠살은 남자문제로 인한 손재수 발생이라고 추리할 수 있습니다. 이 사람은 42세 정축(丁丑)년 외도를 시작하여 43세 무인(戊寅)년에 들통이 나서 이혼을 당하였습니다.

최강의 포식자 論

刑沖會合

제
2
장

묘고지의 득실론(得失論)

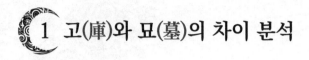

1 고(庫)와 묘(墓)의 차이 분석

구분	고(庫)	묘(墓)
	진술축미	진술축미
출신배경	삼합	12운성
사용처	오행	양간과 음간
정 의	창고의 개념	무덤의 개념
대 의	창고는 필요할 때 꺼내 쓸 수 있다	무덤은 재생 부활이 불가능하다

고(庫)와 묘(墓)는 출생배경이 다릅니다. 고(庫)는 삼합을 배경으로 만들어진 용어이고 묘(墓)는 12운성을 배경으로 만들어진 용어이기 때문입니다.

출신 배경이 다르니 그 쓰임새와 용도는 전혀 다른 겁니다. 다만 고(庫)도 진술축미(辰戌丑未)이고 묘(墓)도 진술축미(辰戌丑未)로 같다 보니까 그냥 이해하기 쉽게 이 둘을 합쳐서 모두 묘고지론(墓庫之論)이라 명칭을 한 것입니다. 그러나 엄격히 말하면 이 들의 사용처는 분명히 다른 것이므로 명확히 이해하고 사용해야 합니다. 두드러진 특징이 고(庫)는 오행(五行)의 입고(入庫)처로 표기하고, 묘(墓)는 음간, 양간으로 구분하죠. 과거 고법(古法)에서는 왕상휴수사처럼 오행 위주의 명리학을 하였기 때문에 음간과 양간을 따로 구분하지 않았습니다. 이것은 점학(點學)을 중요시 하였기 때문이므로 납음(納音) 등의 오행점으로 점을 치던 삼명학에서는 따로 음간과 양간을 분간할 필요가 없었다는 사실입니다. 나중에는 삼명학을 거치면서 오행학자와 음양학자들 간의 큰 논쟁이 있어 왔음을 삼명통회에 보면 잘 서술이 되고 있습니다.

이러한 초창기 오행학자 위주로 하여 만들어진 것이 오행의 입고처가 되는데 이것은 양간을 위주로 하는 것이므로 오행과 양간 표기가 동일하게 만들어졌습니다. 이로 인하여 명리학자들 간에도 이견들이 분분하였고 즉 오양간의 장생건록은 존재해도 오음의 장생건록은 없다고 주장하는 이들이 나타났던 것입니다. 대표적인 사람이 서락오입니다.

그러나 12운성법이 활성화 되면서 음간의 묘지이론이 각광을 받기 시작하였습니다. 이 이론에 의하면 양간의 건록장생과 음간의 건록 장생이 다르므로 이로 인해 음생양사(陰生陽死)가 일어난다고 주장하는 것입니다. 오직 오행으로 양간만이 존재하고 음간은 양간을 따라간다고 주장하면 동생동사(同生同死)를 믿는 것이라 하도와 낙서의 기본원리인 음생양사(陰生陽死)를 부정하게 되는 것입니다.

모든 역학이 음생양사(陰生陽死)에서부터 시발이 되는 것인데 이것을 부정하여 동생동사(同生同死)를 주장하게 되면 순행만 존재하고 역행이 없다는 주장을 하는 것이므로 이를 믿게 되면 만물이 썩지도 못하고 탄생하지도 못하게 되는 것이 되어 모순이 발생하게 됩니다. 음생양사이론이 맞는 구체적인 증거로는 사주팔자를 뽑는 방식을 보면 알 수가 있습니다. 곧 음간인 남자의 경우에는 대운이 역행한다고 하여 역순으로 기록하고 있음을 다 알고 있을 것입니다. 동생동사를 주장하는 사람들이라면 사주학에서 음간의 역행이 나와서는 안 되는 것이 될 것입니다. 그러므로 만약 양간(陽干)과 음간(陰干)으로도 나타나면 이건 묘(墓)를 말하는 내용이고 양간(陽干)으로만 또는 오행으로 표기가 되면 이건 고(庫)를 말하는 것이라 보면 됩니다.
무슨 말인가 하면 예를 들면 12운성표를 보면 묘지(墓地)라고 기재하였지 고지(庫地)라고 표기한 문서들은 없다는 사실입니다. 생왕절묘(生旺絶墓)로 진행하는 것이지 생왕절고(生旺絶庫)라고 표기하지 않는다는 말이죠. 또한 출신 배경이 다르기 때문에 지지의 묘고(墓庫) 쓰임도 달라집니다.

예를 들어 12운성의 묘지(墓地)로 논하면 갑(甲)의 묘지는 미토(未土)이고 을(乙)의 묘지는 술토(戌土)가 됩니다. 그러나 고지(庫地)로 논하게 되면 갑목(甲木)의 고지는 미토(未土)이고 을목의 고지도 역시 미토(未土)가 됩니다. 이것은 갑을(甲乙)목(木)을 오행(五行)의 입고(入庫)로 보았기 때문이죠.

즉 오행(五行)목(木)은 미토(未土)에만 입고(入庫)되는 것이므로 미토(未土)를 목고(木庫)라 명칭한 겁니다. 고로 개고(開庫)라는 용어는 존재해도 개묘(開墓)라는 용어 자체가 없는 겁니다. 왜냐하면 개고(開庫)는 창고에서 다시 꺼내 쓰는 것을 말하고 개묘(開墓)라 함은 파묘(破墓)이니 묘를 파헤쳐 죽은 사람을 이장(移葬)하는 것을 말하는 것이죠. 그러니 개고(開庫)는 있어도 개묘(開墓)라는 용어는 명리학에는 없다는 겁니다. 또한 묘지(墓地)로 보면 갑목(甲木)의 기(氣)는 묘지 위를 흐르는 쇠락한 기운이고 고지(庫地)로 보면 갑목(甲木)의 기(氣)는 고지 안에 갇히는 겁니다. 고지의 입장에서는 갑목(甲木)이 그 다음 겨울을 넘기기 위해 종자(種子)의 형태로 보존하는 겁니다. 땅속에 묻어 두어야 신유(申酉)월에 금극목을 무사히 벗틸 수가 있다는 것입니다. 그러나 묘지에서는 갑목(甲木)이 묻히는 것이 아니라 그 계절을 지나가는 것이니 기운이 쇠락해 약해지는 것이죠. 신유(申酉)월을 만나면 절지라 숨을 곳이 없는 까닭에 바로 즉사하는 겁니다. 고지(庫地)에서라면 이미 입고된 상태라 안전하게 숨어 있으니 그 다음해를 기약하며 조용히 살아남는 겁니다. 그러니 다음 계절에 다시 꺼내 종자 보존을 할 수 있는 겁니다. 이것이 고(庫)와 묘(墓)의 다른 점입니다.

그러므로 삼명통회에서 고(庫)를 설명하는 내용이 있는데 "진(辰)중에 을무계(乙戊癸)가 있고 수토(水土)의 창고로 삼는다.
술(戌)중에 신무정(辛戊丁)이 있고 화(火)의 창고로 삼는다. 축(丑)중에 계신기(癸辛己)가 있고 금(金)의 창고로 삼는다. 미(未)중에 정기을(丁己乙)이 있고 목(木)의 창고로 삼는다."라고 말했던 겁니다.

또한, 시살귀고(時煞歸庫)에서 설명하기를 "을목(乙木)일간이 신축시(辛丑時)를 만나면 칠살이 축토의 고(庫)지에 좌(坐)하면 별도로 입격(入格)이 되고 또한 고(庫)속에 편관이 있으면 고살(庫殺)이라 칭하는데 형충파해하면 가장 기이하다" 고 설명을 하였습니다

以殺坐庫 故另立名 庫內偏官名庫殺 刑衝破害最為奇
이살좌고 고령립명 고내편관명고살 형충파해최위기

【다시 정리하면】

진(辰) - 수(水)의 창고로 삼는다.

술(戌) - 화(火)의 창고로 삼는다.

축(丑) - 금(金)의 창고로 삼는다.

미(未) - 목(木)의 창고로 삼는다.

이것은 고(庫)에서는 오행(五行)을 기준함을 알 수가 있습니다.

즉 고(庫)에서는 음간과 양간을 따로 구별하지 않았던 것입니다. 음간과 양간을 뚜렷히 구분한 것은 오직 12운성을 말 할 때이며 이것은 고(庫)라고 말하지 않고 묘(墓)라고 표기를 한다는 사실을 분명히 이해하면 되는 것입니다.

2 고(庫)에 갇힌 자녀 진(辰)중 을목(乙木)이 공망이 되다.

時	日	月	年	세운55	대운54	건명
겁재		정재	겁재	정재	겁재	六神
戊	己	壬	戊	壬	戊	天干
辰	巳	戌	申	寅	辰	地支
겁재	정인	겁재	상관	정관	겁재	六神

이 명조는 무관(無官)사주인데 내 자식성은 진토(辰土) 내부에 을목(乙木)으로 자리 잡고 있습니다. 이것은 자식이 진(辰)중 을목(乙木)이니 고(庫)에 갇힌 자식이 됩니다.

그런데 고(庫)에 갇히면 마땅히 충(沖)해서 꺼내 써야 합니다. 그러나 진사(辰巳) 라망(羅網)의 그물에 덮혀 있으니 벗어나기가 쉽진 않다는 사실입니다. 왜냐하면 사(巳)중의 경금(庚金)과 진(辰)중의 을목(乙木)이 을경(乙庚) 암합(暗合)하므로 단단히 결박을 당한 것이라 밖으로 충출(沖出)되기 어려운 구조인 것입니다. 혹 밖으로 나오더라도 인묘(寅卯)가 공망(空亡)이니 자식성이 공망이고 무관(無官)사주이면 이 사람은 자식의 인연이 깊지를 못한 것입니다.

또한 월간의 임수(壬水) 정재(正財)는 처(妻)가 되는데 년간과 일간, 시간에 무기(戊己)토(土)는 토극수(土克水)하므로 극처(剋妻)를 하는 상(像)이 됩니다. 처성(妻星)이 군겁쟁재(群劫爭財)를 당하고 있습니다. 남자 팔자에서 극처(剋妻)하고 무관(無官)사주가 자식공망이 되면 부부의 인연 자체가 이루어지기 힘든 구조라고 보면 됩니다.

190 / 최강의 포식자 논 형충회합

이런 경우는 자식으로 연결이 되는 인연의 줄이 약하기 때문에 자식이 없거나 혹은 늦어진다고 판단해야 합니다. 이 사람은 건축 기술자입니다. 여러 가지 목수, 철근 못하는 것이 없는 기술자입니다. 모친이 염려하며 말하길 현재 임인년 55세인데 아들 결혼하는 것을 보고 죽는게 소원이랍니다. 그런데 아들이 결혼 생각을 전혀 안 한다고 합니다.

【핵심정리】

군겁쟁재(群劫爭財)라 함은 재성(財星)을 사용하려고 할 때에 비견, 비겁의 무리가 많아 한정(限定)된 재물을 놓고 비겁(比劫)들이 경쟁하듯이 서로 다투는 것을 말한다. 대부분의 군겁쟁재는 일간보다는 비견, 겁재의 기운이 강할 때 일어나는 현상으로 주로 형제, 친구, 경쟁자 등에게 일간이 그 몫을 뺏기는 경우를 말한다.

군겁쟁재는 비견, 양인의 무리가 모이는 것이니 당연히 극처(克妻), 극부(克父), 파재(破財)가 되는 데 그 결과 비견, 겁재는 일간의 기운을 분리, 이탈시키는 작용이 있다. 따라서 청소년기에 군겁쟁재를 만나게 되면 부모의 이혼으로 가출하거나 혹은 아버지의 변고사 등 주로 분리(分離), 분탈(分奪)의 작용을 경험할 수 있다.

또한 결혼하여서는, 운에서 비견, 겁재를 만나면 아내의 질환으로 손재수하거나 혹은 이별의 기로(岐路)에서 고민한다. 그래서 군겁쟁재에 걸린 사주의 주인공은 축재(蓄財)가 어려우니 동료와의 합작사업을 해서는 안 되며, 금전관리에 많은 신경을 써야 한다.

③ 사고(四庫)는 모두 입고처가 될 수 있다.

천간(天干)만 입고하는 것이 아닙니다. 지지(地支)도 고(庫)를 만나면 입고할 수 있습니다.

사(巳)와 오(午)는 술(戌)를 만나면 화고(火庫)에 입고(入庫)하고
인(寅)과 묘(卯)는 미(未)를 만나면 목고(木庫)에 입고(入庫)하고
신(申)과 유(酉)는 축(丑)을 만나면 금고(金庫)에 입고(入庫)하고
해(亥)와 자(子)는 진(辰)을 만나면 수고(水庫)에 입고(入庫)합니다.

인신사해(寅申巳亥)의 생지는 묘고(墓庫)를 보면 입고(入庫)하나 자오묘유(子午卯酉) 왕지는 묘고(墓庫)를 보면 반합이 됩니다.

예를 들면 묘미(卯木)는 미(未)를 보면 반합으로 보지 입고(入庫)로 안 봅니다. 그러나 묘미(卯未)라고 하여도 입고 할때가 있는데 묘(卯)가 형충을 받아 약할땐 미토(未土)에 입고가 될 수 있습니다. 또한 묘묘(卯卯)가 되어 동하게 되면 미(未)에 입고 할 수 있습니다. 다시 말씀드리자면 자오묘유(子午卯酉)가 고(庫)를 볼때 힘이 다하거나 약할 때에는 입고 된다는 점입니다. 또한 좌고(坐墓)이면 입고로 안 봅니다.

예를 들어 신축(辛丑)같은 것은 입고(入庫)로 안보고 신금(辛金)이 투고(投庫)가 된 상태이므로 통근(通根)으로 보는데 이것은 동주고(同柱庫)라고 하여 힘이 다하면 얼마든지 입고가 가능한 물건으로 보는 것입니다. 즉 수시입고가 진행되기 쉬운 간지라고 보면 되는데 이것이 동주고(同柱庫) 입니다.

(1) 남편이 사망한 명리학적 근거가 궁금합니다.

時	日	月	年	곤명
인수		비견	인수	六神
丙	己	己	丙	天干
子	亥	亥	申	地支
편재	정	정재	상관	六神

77	67	57	47	37	27	17	7	
辛	壬	癸	甲	乙	丙	丁	戊	대운
卯	辰	巳	午	未	申	酉	戌	

45세이던 을미(乙未)대운 경진(庚辰)년 무인(戊寅)월 정미(丁未)일에 남편이 사망했습니다. 이 명조에서는 해중(亥中)의 갑목(甲木)이 정관에 해당하므로 남편성이 됩니다. 그런데 지장간에 숨어 있는 것이므로 무관(無官)팔자에 해당한다고 보면 됩니다.

일단 무관(無官)팔자라면 부부인연이 깊지 않은 것입니다. 다만 형충(刑沖)으로 구제받을 수도 있기 때문에 지장간에 숨어 있는 내 남편일 경우는 형충을 자세히 관찰해 봐야 합니다. 그러므로 해해형(亥亥刑)으로 인해 갑목(甲木)이 발현될 수 있으므로 남편성을 취할 수 있는 구조가 됩니다. 그러므로 이 여자 분은 결혼을 할 수가 있는 것입니다.
그러나 을미(乙未)대운은 일간 기준으로 보면 부성입고지(夫星入庫地)에 해당이 됩니다. 즉 이 사람에게 을미(乙未)대운은 을목이라는 남편성이 투출하여 등장하는데 미토(未土)라는 관고(官庫)에 누워 등장하는 모습을 하고 있는 것입니다. 이것은 부성(夫星)의 동주고(同柱庫)라 하여 남편 부고(訃告)의 상(像)이 될 수 있는 것입니다.

특히 무관(無官)사주인 사람은 이런 동주고(同柱庫)가 관고(官庫)로 들어오는 대운에 주의가 필요합니다. 즉 팔자의 약점이 남편성이 숨어 있는 사람이므로 갑자기 남편성이 투출하여 새롭게 모습을 보인다면 또한 남편성의 관고(官庫)가 등장한다면 숨은 남편성이 관고(官庫)로 흡수가 되면 사망할 수도 있기 때문입니다. 이때에는 남편 사주를 열어 남편사주에서 요절명이 존재하는가를 급히 살펴봐야 하는 것입니다.

그러므로 경진년(庚辰年)에는 을미(乙未)대운의 남편성인 을목(乙木)을 을경합거(乙庚合去)하여 제거하는 해가 됩니다. 곧 해수(亥水) 속의 숨은 남편성인 갑목으로 입고 시켜버리는 경우가 됩니다. 이처럼 남편성을 합거하는 운에 지지는 관고(官庫)가 등장하면 남편에게 문제가 발생할 수 있다는 것을 명심하셔야 합니다.

□甲□□.......대,세운에서
□寅午□.......술(戌)을 만나면 삼합으로 봅니다. 묘고(墓庫)로 보지 않는 것입니다.

□甲□□
□午午□.......술(戌)을 만나면 묘고(墓庫)를 만나므로 묘고(墓庫)에 해당이 되는지 파악해야 합니다

□甲□□
□午□□.......戌을 만나면 오술(午戌)반합으로 보면 됩니다. 묘고(墓庫)로 보지 않는 것입니다

□甲□□
子午□□.......술(戌)을 만나면 자오(子午)충으로 오화(午火)가 약해질때이므로 술(戌) 묘고(墓庫)를 보므로 입고될 수가 있습니다.

(2) 자(子)가 있고 운(運)에서 진(辰)이 오는 경우

자수(子水)가 진토(辰土)를 만나면 수(水)의 작용력이 안정을 추구하게 되는데 대부분 이러한 모습 때문에 자수(子水)의 작용이 입고된 것처럼 보이게 되나 주변의 상황에 따라 작용이 다르게 나타 나게 되니 세심한 관찰이 필요합니다. 수기(水氣)가 왕(旺)한 명이라면 진토(辰土)는 수(水)의 작용을 안정시키는 역할을 하게 되나 화기(火氣)가 많아 자수(子水)의 작용이 명조에 이롭게 작용하는 경우 진토(辰土) 운(運)은 화기(火氣)를 설기하여 자수(子水)를 보호하는 듯하나 일정한 시간이 지나면서 진토(辰土)는 오히려 자수(子水)의 작용을 차단하고 방해하는 요인으로 작용하게 되니 세심한 관찰이 필요합니다. 이때 대운(大運)에서의 작용과 세운(歲運)에서의 작용이 크게 다르게 나타납니다.

(3) 진토(辰土)가 있고 운(運)에서 자수(子水)가 오는 경우

진토(辰土)가 수(水)의 고지로 작용하는지 목(木)의 세력(勢力)으로 작용하는지 먼저 살펴야 합니다. 이때 자수(子水)의 작용이 진토(辰土)에 흡수되어 작용력이 상실되기 쉬우니 금(金)이 작용에 따라 자수(子水)의 작용력이 달라지게 됩니다. 명조에 화기(火氣)가 강하고 금(金)의 작용이 없다면 자수(子水)는 입고 될 수 있는 것이므로 공간(空間)의 문제가 아니라 시간(時間)에 따라 희기(喜氣)가 달라지게 됩니다.

4 부성입고(夫星入庫)은 남편의 문제를 이해하자

남녀가 관고(官庫)를 가진 팔자라면 일생을 통해 고(庫)에 입고(入庫) 되지 않도록 주의해야 합니다. 즉 고(庫)를 건들이면 안 되는데 처신(處身)을 스스로 주의해야 하는 것입니다. 관고(官庫)라 함은 여자인 경우에 나의 입장에서 보면 남편의 별이 관성이 됩니다. 그런데 그 관성이 앉은 자리가 바로 무덤 자리라는 말을 하는 것이죠. 이것을 특히 부성입고(夫星入庫)라 하여 을미(乙未) 병술(丙戌) 신축(辛丑) 임진(壬辰)을 두고 말을 하는 것입니다.

예를 들어 만약 일간이 무토(戊土)인데 을목(乙木)이 내 남편성으로 관성이 되는 경우가 있습니다. 그런데 을미(乙未)라는 간지(干支)가 놓여 있다면 그녀는 바로 관고(官庫)를 가진 여자라고 말을 하며 부성입고를 가진 팔자라고 밝혔던 것입니다. 관고(官庫)가 되면 그 무덤 자리에 남편성이 빨려 들어갈 수가 있는 운명의 팔자라고 보는 것이죠. 특히 일지궁 관고(官庫)는 강렬한 것이므로 남편의 초상을 치르는 것처럼 이별 운이 찾아오는 것입니다. 그래서 부성입고(夫星入庫)라 명칭을 하였던 것입니다.

그러므로 상당히 주의를 요구하는데 만약 고(庫)를 건들이는 한 방법이 있다면 그건 내가 무례한 행동으로 상대방에게 척을 짓는 행위를 하는 것입니다. 관고(官庫) 가진 여자는 사람과 남자를 상대로 불손(不遜)한 언사(言辭) 혹은 가르치듯이 훈계하는 행동을 해서는 안 되는 것입니다.

이런 행위들로 인해 사주가 동(動)하게 되면 남자가 쉽게 고(庫)에 들어가므로 쉽게 헤어진다는 말이 되니 그럼 짧게 만나고 짧게 헤어지는 운명이 반복이 될 수가 있는 것입니다.

그러므로 관고(官庫) 가진 여자는 특히 사람과 직업 또는 자녀들이 보고 있는 곳에서 오두방정 떨면 안 되는 것이니 팔자가 동(動)하면 입고가 되기 때문인 것입니다. 남자의 입장에서는 관고(官庫)라 한다면 관성이 내 자녀가 되기도 하고 또 직업과 명성이 되기도 합니다.

그러므로 여러 사람들이 만나는 자리에서 예의 없이 불손한 언사와 행동을 하면 나의 관고(官庫)가 동(動)하게 되므로 내 관성이 입고될 수 있습니다. 특히 관고(官庫)는 남자에게 있어서 내 자녀성의 무덤자리가 되는 것이니 내 자녀의 입지(立地)가 실로 위태롭다는 것을 말해 주는 것이 됩니다. 이러한 모든 불손한 행위들이 고(庫)를 동(動)하게 만드는 행동들이 됩니다. 그러므로 개운(開運)의 행동과는 멀어지는 것이죠. 차라리 집에서 조용히 지내는 것이 현명한 것입니다. 그런데 그럴 수가 없는 것이 현실입니다. 그런 사람일수록 특히 고집이 많아서 한 성질이 있습니다. 그래서 모임이나 채팅 같은 대화방에 참여해서 불손한 과거 이야기를 언급하다가 무례를 범하니 원망을 듣게 되는데 그럴 경우에 자신의 약점이 활성화 되는 것입니다. 곧 고(庫)를 움직이게 만들어 흔들리므로 관성이 입고(入庫)되는게 빨라지게 됩니다. 그렇게 되면 남자는 자녀와 헤어지는 슬픔이 있거나 혹은 명성(名聲)을 실추시키고 여자는 남자와 이별할 수는 시간이 빨리 찾아오기도 하는 것입니다. 이러한 것들은 모두 자신의 의지에 달려 있는 것이지만 관고(官庫)를 가진 사람이 그 운명을 바꾸기에는 실로 힘든 것입니다.

그러므로 사주첩경에서 말하길 남편의 별(星)이 묘고지에 들어가면 수컷 원앙이 다른 길로 날아가고 남자 사주가 이와 같으면 그 자식이 숲으로 돌아간다고 말을 하였습니다. 또한 집설(集說)이라는 글에서도 비슷한 말을 하고 있습니다. 사주에 관살이 묘고지(墓庫地)가 되면 그의 남편이 이미 황천에 들어 간 것이니 단연코 원앙새 짝이 각각 길이 갈린다고 말을 하였던 것입니다 그래서 관고 뿐만이 아니라 여자가 식상고(食傷庫)를 가지면 내 자녀가 무덤자리에 앉은 상(像)이므로 곧 자식을 잃기 쉽다는 것을 뜻하고 만약 인수고(印綬庫)를 가지면 인수는 모친이므로 곧 모친을 일찍 여의거나 관고(官庫)를 가지면 남편과 이별할 수 있다는 말을 하고 있는 것입니다. 이것은 반대로 생각해보면 처신을 잘하면 그 흉한 운명에서 빗겨 갈 수도 있다는 가르침이 될 수는 있습니다.

時	日	月	年	곤명
정관		편관	식신	六神
甲	己	乙	辛	天干
戌	未	未	未	地支
겁재	비견	비견	비견	六神

일지(日支) 배우자 궁에 미토(未土)로 내 남편의 무덤자리입니다.
왜냐하면 갑을목(甲乙木)은 이 여자의 남자의 별이 되는데 배우자궁에 내 남편의 무덤이 놓인 것이므로 이것을 보고 관고(官庫)를 가진 팔자라고 말을 하는 것입니다. 그런데 불행히도 이 여자 분은 미토(未土) 고지(庫地)를 이미 3개를 가지고 있습니다. 이것은 남편의 무덤자리가 즐비하다는 말이며 관고가 3개가 모이게 되면 그 미토(未土)는 항시 동(動)하게 되는 것입니다.

그러면 관고(官庫)가 동(動)한 즉 개고(開庫)가 되는 것이므로 남편 갑을 목이 입고 당할 수 있으므로, 이 사주에서는 남편과 해로(偕老)를 기대하기 어려운 구조입니다. 또한, 과거 이 여자 분에게는 슬픈 사연이 있었는데 처녀 때 첫 애인이 음독자살을 한 후에 이를 잊고 다시 시집을 가서 만난 남편마저도 상부(喪夫)한 여명(女命)의 팔자입니다.

5 병술(丙戌) 동주고(同柱庫)를 가진 남편상(男便像)

時	日	月	年	세운41	대운33	곤 명
편관		편인	식신	식신	편재	六神
丙	庚	戊	壬	壬	甲	天干
戌	辰	申	子	辰	辰	地支
편인	편인	비견	상관	편인	편인	六神

이 명조에서는 병술(丙戌)은 동주고(同柱庫)인데 진술충(辰戌沖)이 되어 있는 구조입니다. 동주고가 진술충(辰戌沖)이면 병화(丙火)가 술토(戌土) 입고지에 수시입고가 되는 팔자라고 보는 것입니다. 관성의 수시 입고처를 가진 팔자는 건강 수명 사업 등에 좌절을 경험할 수 있습니다.

평소에는 신자진(申子辰) 삼합력의 합력(合力)으로 진술충(辰戌沖)이 해소가 되어 정(靜)의 상태를 유지하다가 임진년(壬辰年)에 재충(再沖)이 발생하면 술토(戌土)가 동(動)하니 고장지가 작동하게 되는 것입니다. 즉, 정(靜)이 동(動)으로 변한다고 말하는 것입니다. 그런데 병화(丙火)는 남편성이고 임수(壬水)는 식신으로 자녀성입니다. 진토(辰土)는 수고(水庫)에 해당하므로 화고(火庫)와 수고(水庫)를 모두 가진 팔자인 것입니다 그러나 화고(火庫)는 동주고라 위험해도 수고(水庫)는 임자(壬子)가 강하여 안전하다고 판단할 수 있겠으나, 갑진(甲辰)대운 임진년(壬辰年)같이 임수(壬水)의 동주고를 만나게 되면 양상은 달라집니다. 곧 진토(辰土)가 3개로 결집하게 되면 수고(水庫)의 작동력이 강해지게 됩니다. 당연히 남편과 딸의 안위(安位)가 염려가 되는 것입니다.

이 사주의 주인공은 남편과 딸을 태우고 가던 중에 상대방 차량과 정면 충돌 하였는데 부인은 다치지 않았고 남편과 딸만 중상을 당했습니다.

時	日	月	年	세운56	건명
정관		겁재	편재	인수	六神
丁	庚	辛	甲	己	天干
丑	寅	未	午	丑	地支
정인	편재	정인	정관	인수	六神

72	62	52	42	32	22	12	2	
己	戊	丁	丙	乙	甲	癸	壬	대운
卯	寅	丑	子	亥	戌	酉	申	

이 남자 분은 철물점을 운영하였고, 정축(丁丑)대운 기축년(己丑年) 56세
에 부인이 유방암(癌)으로 사망하였습니다. 어디를 보고 알 수 있나요?
이 명조에서는 월지의 미토(未土)는 재고(財庫)에 해당합니다. 여자 사주에서
는 남편성이 투출이 된 상태에서 관고(官庫)를 만나는 것을 투고라 말하였
는데 이것은 불미(不美)하게 생각하였고 남자의 사주에서는 아내성이 투출
한 상태에서 재고(財庫)를 만나는 것을 두려워 했습니다. 이것은 재고(財庫)
가 나의 부인성을 가두는 창고이기 때문인데 천간에 아내성이 투출하고 지
지에 재고 창고가 있다는 것은 언젠가는 재고 창고에 내 부인이 입고될 수
있다는 두려움을 지적하는 것입니다.

이 사주에서는 일지궁에 인목(寅木)이 앉아 있고 갑목(甲木) 처성(妻星)이 투
출했습니다. 배우자궁과 처성이 훌륭한 겁니다.
그런데 왜 일찍 사망할까요?

미(未)중의 을목(乙木)은 재고(財庫)이지만 이미 천간에 갑목(甲木)이 투간된 상태입니다. 그러므로 이것은 투고(投庫)라고 보아야지 충(沖)하여 출고(出庫)시켜야 한다고 말하면 안 되는 겁니다. 즉 충(沖)하면 출고되는 것이 아니라 오히려 충을 당하면 갑목이 입고(入庫)가 되는 겁니다.

이것을 개고론에서는 **"실자입고(實字入庫) 암신개고(暗神開庫)"** 라고 부르고 있습니다. 즉 이미 투고(投庫)가 된 글자는 지지에 사고지(四庫地)가 존재하면 충하면 안 되는 것입니다. 왜냐하면 투고 된 실자가 입고(入庫)가 되어 위험할 수 있다고 보는 것이죠. 그래서 이 명조도 지지에 축미충(丑未沖)이 존재하므로 가능성이 매우 높은 겁니다. 다만 오미합(午未合)으로 미토(未土)가 열리지 못하도록 잘 보존이 되면 입고를 방지하는 효과가 나타나기도 합니다. 그러나 오미합이 풀리는 순간에는 무방비상태가 되어 역시 입고의 염려가 있게 됩니다. 처가 사망한 날이 기축년(己丑年)이죠. 그러면 축(丑)대운 진입하는 시기입니다.

원국에 축미충(丑未沖)이지만 대운에서 축(丑)을 만나 2충이 되었다가 기축년(己丑年)에 다시 축토(丑土)를 만나므로 축미충(丑未沖)이 3충(三沖)이 되는 겁니다. 그러면 인축(寅丑)암합(暗合)도 풀리고 오미합(午未合)도 풀리는 것이라 미토(未土)가 무방비 상태가 되는 것이죠. 미토(未土)가 무방비라는 것은 언제던지 개고로 입고가 될 수 있다는 것이므로 내 창고가 열쇠가 풀려서 대문이 열려 있다고 보면 됩니다. 곧 기축년(己丑年)에 축미충(丑未沖)이면 미토(未土)가 깨지던지 열리던지 합니다. 그러면 미(未)중 을목(乙木)이 투출하는게 아닙니다. 이미 투고(投庫)된 실자(實字) 갑목(甲木)이 존재하니까요. 이런 경우는 실자입고(實字入庫)가 먼저 진행이 일어나는 겁니다. 그러므로 갑목(甲木)과 인목(寅木)이 모두 미토(未土) 묘고(墓庫)에 빨려 들어가게 됩니다.

식상고와 관고를 가진 여명은 이혼명으로 부부갈등이 많다.

時	日	月	年	곤명
편재		식신	편관	六神
甲	**庚**	**壬**	**丙**	天干
申	**戌**	**辰**	**辰**	地支
비견	편인	편인	편인	六神

이 여자 분은 신축년과 임인년에 이혼 생각으로 가득차 있지만, 모두 불발이 되었습니다. 학원선생이며 학원을 두 개 운영 중인데 부동산 건물 하나는 팔아야 된다고 합니다.

이 명조는 진(辰)중에서 오행 변화하여 갑목(甲木)과 임수(壬水)가 투출한 것이므로 수생목(水生木)하니까 식신생재(食神生財)를 구성합니다. 그런데 진토(辰土)가 진진(辰辰)형이고 일지 술토(戌土)는 편인이 되므로 인수가 득세한 것입니다.
그러므로 인수격(印綬格)에 식신생재(食神生財)하는 상신은 역시 교육자입니다. 그런데 식신생재의 구조이므로 순수한 학자보다는 재리(財利)에 밝아서 학원으로 진출한 경우가 됩니다.

그러나 이 사주의 결함은 임진(壬辰)이 식상고(食傷庫)이고 일지 술토(戌土)는 관고(官庫)를 가졌다는 겁니다. 이 경우는 자식(子息)과 부군(夫君)을 동시에 잃을 수 있는 명조라 부부궁이 불안하고 자식성도 위태로운 것이죠. 그러므로 이 분은 이혼하려는 생각으로 가득하다고 합니다.

8 식상고(食傷庫)를 가진 엘리자베스 2세 여왕의 근심

時	日	月	年	곤명
정관		식신	편관	六神
丁	**庚**	**壬**	**丙**	天干
丑	**辰**	**辰**	**寅**	地支
정인	편인	편인	편재	六神
癸辛己	乙癸戊	乙癸戊	戊丙甲	**지장간**

이 명조에서 일주 경진(庚辰)은 괴강(魁罡)이라 살성(殺性)이 강하다고 합니다. 그러므로 정화(丁火)를 만나 화련진금(火鍊眞金)이 되던가 아니면 임수(壬水)를 만나 득수이청(得水而淸)하므로 괴강(魁罡)의 살성으로부터 벗어나야 합니다. 그런데 그 둘을 모두 가지고 있는 것입니다.

곧 정화(丁火)를 만나 경금(庚金)이 화련진금(火鍊眞金)의 상(像)으로 기물(器物)을 형성하고 있는데 또 다시 경금(庚金)이 임수(壬水)를 만나 득수이청(得水而淸)으로 세척(洗滌)이 되고 있는 것입니다. 그런데 임수(壬水)는 진진형(辰辰刑)으로 그 호수의 수위(水位)가 자못 크고 웅대한 것입니다. 넘실거리는데 물 표면 위로 병화(丙火)의 태양빛을 흡수하게 되면 파도가 빛을 반사하여 넘실넘실 춤을 춘다고 하여 그 황홀함을 강휘상영(江暉相暎)이라 부르게 되었습니다.

화련진금(火鍊眞金)과 득수이청(得水而淸) 또 강휘상영(江暉相暎)이 모두 귀상(貴像)인데 그것을 모두 가지고 있는 것입니다.

더구나 강휘상영(江暉相暎)이 그대로 식신제살(食神制殺)로 제복(制伏)이 되었습니다. 3개의 귀상(貴像)을 지닌 이 여인이 엘리자베스 2세 영국 여왕입니다. 특히 년주 병인(丙寅)은 장생지 위에 앉은 병화(丙火)라 인기가 많습니다.

특히 병화(丙火)가 칠살로 권력을 상징하는데 임수(壬水)를 충(沖)하여 물보라 치는 강휘상영(江暉相暎)인데 식신제살(食神制殺)이 되므로 그 권력은 황홀하였습니다. 년주의 재관(財官)은 그 조상의 융성함을 말해주고 천간 득수이청(得水而淸)과 강휘상영(江暉相暎)은 그 권력이 오래 지속됨을 알 수가 있습니다.

이 사주의 유일한 근심은 식상고(食傷庫)입니다. 임수(壬水) 식신(食神)이 자녀성에 해당이 됩니다. 그런데 고(庫)에 앉아 있습니다. 이러한 구조를 식상고(食傷庫)라 말합니다. 곧 자식이 입고 당할 수 있는 근심 자리라고 말하는데 이것은 자녀에 대한 불안정성을 의미합니다. 이른바 해당육친의 문제가 불거진다는 임진(壬辰) 동주고(同柱庫)에 해당합니다. 이것은 진진(辰辰)이 형(刑)이라 입고 물상에 해당합니다.

그래서 일찍이 찰스 왕세자의 이성관이 세상의 문제가 되었습니다. 유부녀를 사랑하였고 그 결과 이혼하고 그 이후에 다이애나가 사망을 합니다. 그리고는 다시 유부녀와 결합하여 결국에는 불륜녀가 왕비에 오르는 희대의 스캔들을 만들었습니다. 이러한 자녀 결점의 작용은 역시 식상입고를 가진 팔자라는데 있는 것입니다.

9 상관입고를 당하여 자식을 교통사고로 잃게 되었다

時	日	月	年	세운40	대운36	곤명
편인		정재	편관	정관	인수	六神
辛	癸	丙	己	戊	庚	天干
酉	丑	寅	未	戌	午	地支
편인	편관	상관	편관	정관	편재	六神

이 여자 분은 자식은 아들, 딸 둘을 두었는데 아들이 10세가 되는 무술년(戊戌年)에 학교 앞에서 교통사고로 사망했습니다.

이 명조는 상관격(傷官格)입니다. 그런데 인(寅)중의 재성 병화(丙火)가 투출이 되어 있으나 재생살(財生殺)하는 구조라 불미(不美)한 것입니다 또한 병신합도 보이므로 병화(丙火)를 쓰지는 못하겠고 인목(寅木)으로 기미(己未) 칠살을 제복해주는 상관대살(傷官帶殺)의 구조를 취하고 있습니다. 따라서 인목(寅木)이 중요하겠고 다음에는 신유(辛酉)가 병신합(丙辛合)으로 병화(丙火)를 제복(制伏)하고 있는 것은 좋은 현상입니다. 그런데 육친상으로 미토(未土)가 목(木)의 고장지에 해당합니다.

무슨 말인가 하면 미토(未土)는 인목(寅木)의 입고지(入庫地)이므로 만약 인목(寅木)이 입고(入庫)가 되는 경우에는 파국(破局)이 올 수 있다는 추리를 할 수가 있다는 것입니다.
인목이 상관이므로 상관입고의 경우에는 자녀가 해당이 되는 것이라 자녀의 문제임을 알 수가 있는 것입니다.

그런데 년지(年支)와 일지(日支)의 축미충(丑未沖)이 있으므로 미토(未土)의 개고(開庫)가 쉽게 열린다는 점인데 인목(寅木)의 입고(入庫)의 가능성이 높아집니다.

그 시기로는 무술년(戊戌年) 40세에 사망 사고가 일어난 것이니 오(午)대운 시작점이고 오미합이 형성되면서 다시 인오합(寅午合)이다가 축오귀문에도 걸리게 됩니다.

합이 풀리고 형성이 되는 시기가 매우 불안한 요소가 됩니다. 이런 시기는 격동기라 주변 글자가 동(動)할 수가 많은 거죠. 그래서 무술년(戊戌年)에는 축술미(丑戌未)삼형에 걸리게 됩니다. 미토(未土)가 삼형(三刑)에 걸린 것이므로 개고(開庫)가 일어나 인목(寅木) 입고(入庫)가 되면 상관(傷官)입고이므로 내 자녀의 문제 발생이라는 것을 알 수 있습니다. 그래서 이 분은 형충하는 해에 아들을 교통사고로 잃었습니다.

【핵심정리】
자녀(子女)에 해당하는 별이 지지에 분묘(墳墓)가 있다는 말은 진술축미(辰戌丑未)의 잡기(雜氣)를 의미한다. 이 잡기(雜氣)는 누군가에게는 묘고지(墓庫地)가 되기 때문에 보통 잡기(雜氣)는 충(沖)하면 좋다고 하나 이런 경우는 흉하다. 왜냐하면 천간에 실자(實字)가 투출(投出)이 되어 있는 것은 고지(庫地)가 실자(實字)의 뿌리로 작용하기 때문에 충(沖)한다면 지지 손상(損傷)을 당하기 때문이다. 따라서 투고(投庫)가 된 잡기가 형충(刑沖)이 된 사주는 자식으로 인한 근심이 있을 수 있다.

10 인수고(印綬庫)를 가진 명조는 모친의 안위(安位)가 먼저이다

時	日	月	年	세운14	대운7	곤 명
편인	비견	겁재	겁재	편재	겁재	六神
丙	戊	戊	己	壬	己	天干
辰	戌	辰	卯	辰	巳	地支
비견	비견	비견	정관	비견	편인	六神

병화(丙火)가 모친성에 해당하는데 일지 술토(戌土)는 인수고(印綬庫)이므로 우선적으로 모친의 안위(安位)를 물어봐야 합니다. 병술(丙戌)동주고가 아니므로 위력적이지는 않습니다만 진술충(辰戌沖)이 된 구조이므로 가능성이 높은 것입니다.

예측할 수 있는 시기는 지지에 진토(辰土)가 와서 진술충(辰戌沖)으로 재충(再沖)하는 시기가 될 것입니다. 임진년(壬辰年)에 진술(辰戌)충은 재충(再沖)이 되는데 술(戌)중의 정화(丁火)가 진(辰)중의 계수(癸水)에 의해 정계(丁癸)충으로 피상(被傷)당하는 것이죠.

이것은 지장간의 모친성인 정화(丁火)가 손상당하는 것이니 역시 모친의 문제를 거론해야 합니다. 이 시기는 기사대운이므로 사화(巳火) 대운에 사술(巳戌)원진(元嗔)으로 인해 술토(戌土)가 동(動)해 있는 상태가 됩니다. 그런데 임진년(壬辰年)에 재차 진술충(辰戌沖)을 만난 것이므로 병화(丙火)의 손상(損傷)이 보이고 이 시기에는 병화(丙火)가 술토(戌土)에 입고(入庫)될 가능성이 높아서 모친이 건강, 사고로 인해 입원할 수 있습니다.

그리고 계사년(癸巳年)에 다시 사술(巳戌)원진이 중복이 되면 술토(戌土)가 원진으로 인해 원국의 진술충을 동(動)하게 만드는 것입니다. 그러면 병화 모친의 완전 입고(入庫)가 될 수 있습니다. 그러므로 이 명조는 임진년(壬辰年)에 모친의 질환이 발병하였고 계사년(癸巳年)에 모친이 사망하였습니다.

【핵심정리】

병화(丙火)는 빛으로 일광(日光)의 성질을 가지고 있어서 무토(戊土)를 많이 만나게 되면 다토회광(多土晦光)이 발생할 수 있다. 곧 그 빛이 꺾여 어둡게 되므로 본래의 밝은 기능을 하지 못하는 것이다. 그러므로 병화(丙火)는 회광(晦光)을 논했고 정화(丁火)는 회화(晦火)를 언급했다. 이 명조에서는 병화(丙火)가 편인(偏印)에 해당이 되므로 육친법상에 모친성이 되는 것이다.

그런데 병화(丙火)가 무기토(戊己土)를 많이 만나고 일지에 술토(戌土) 입고(入庫)처를 놓았는데 진술충(辰戌沖)을 하는 구조는 모친의 수시입고(隨時入庫)의 상(像)을 가지는 것이다. 따라서 이것은 회광(晦光)으로 어둡던 태양의 빛이 술토(戌土) 언덕 속으로 사라지게 되는 것이다.

11 을미(乙未) 동주고(同柱庫)를 가진 다이애나 Diana 비(妃)

時	日	月	年	세운37	대운32	곤명
상관		겁재	편관	식신	정재	六神
丙	乙	甲	辛	丁	戊	天干
戌	未	午	丑	丑	戌	地支
정재	편재	식신	편재	편재	정재	六神

영국의 다이에나비(妃)는 정축년(丁丑年)에 교통사고로 사망하였습니다.

그런데 이 명조에서 신축(辛丑)과 을미(乙未) 병술(丙戌)은 모두 동주고(同柱庫)에 해당합니다. 사주팔자에서 동주고(同柱庫) 3개인데 술미형(戌未刑)이 된 구조이면 동주고(同柱庫)가 진행이 되는 사주입니다. 특히 일간(日干) 동주고(同柱庫)는 본인의 입고(入庫)를 말하는데 요절(夭折), 입원, 우울증, 정신 질환 등을 발생할 수도 있습니다. 일지(日支)가 술미형(戌未刑)이 되어 있어서 입고 가능성이 높습니다. 또한 신축(辛丑)년주는 편관 동주고이므로 남편 찰스 황태자에 해당하겠죠. 그녀는 불행히도 본인의 동주고 뿐만 아니라 남편의 관고(官庫)를 가지고 있는 것입니다. 이것을 부성입고(夫星入庫)라 하는데 이것은 남편 문제로 인해 본인이 갇힌다는 뜻이니 답답하다는 의미로 받아들이면 됩니다.

그런데 신축(辛丑)과 일주(日柱) 을미(乙未)가 천간에 을신충(乙辛沖)과 축미충(丑未沖)이 되어 있습니다. 이것은 서로 충하면서 각자의 동주고를 작동시키는 것이니 인연이 깊지 않다는 뜻입니다. 그런데 그 중간에 갑오(甲午)가 있습니다.

갑오(甲午)는 동주묘로 사지(死地)인 것입니다. 갑목 겁재는 자매이므로 나와 경쟁자가 되는 것이니 찰스황태자의 연인 카밀라가 될 수 있습니다. 그런데 을목(乙木)이 등라계갑(藤蘿系甲)으로 갑목(甲木)에 의지하려고 하면 카밀라가 처한 장소는 사지(死地)라서 죽음으로 내 모는 여자입니다. 그런데 갑목(甲木)은 신금(辛金)이 정관(正官)이니 남자(男子)가 되는데 신축(辛丑)과 갑오(甲午)는 축오(丑午)귀문이죠. 즉 카밀라와 찰스 황태자와는 비정상적인 이성관계라고 보는 것이죠.

그녀가 사망한 해는 정축년(丁丑年) 37세인데 무술(戊戌)대운에서 술토(戌土)대운에 걸려 있습니다. 그러면 다시 술미형(戌未刑)을 일으키게 됩니다. 정축(丁丑)년에는 축술미(丑戌未)삼형(三刑)이 크게 일어납니다. 이런 경우는 일간 을미(乙未) 동주고(同柱庫)가 작동하는 것입니다.

12 일간 고지(庫地)를 가진 고출이입(庫出移入)의 팔자

時	日	月	年	세운49	대운43	건명
비견		정인	편관	편재	편재	六神
甲	**甲**	**癸**	**庚**	**戊**	**戊**	天干
戌	**子**	**未**	**寅**	**寅**	**子**	地支
편재	정인	정재	비견	비견	정인	六神
	재살		지살			신살

갑진(甲辰)년 15세에 부친이 폐병으로 사망하였다. 무신(戊申)년 19세에 모친이 사망하였다. 탄광에서 일했고 2년 동안 스님을 해보기도 했다. 병술(丙戌) 대운에 이혼한 후 많은 여자를 만났지만 재혼하지 않았다. 무인년(戊寅年) 49세 부터 경진년(庚辰年) 51세 까지 3년 동안 구치소에 있었다. 계미년(癸未年) 54세에 맹인이 될 뻔하였다. 일평생 의지할 곳을 잃고 이리저리 떠돌아다닌 것을 알 수가 있다.

(1) 총평

월지(月支)에 일간(日干)의 묘고지(墓庫地)를 가진 팔자는 일단 긴장해야 합니다. 왜냐하면 고출이입(庫出移入)이라 일간 입고가 빈번하게 발생하기 때문입니다. 고출이입(庫出移入)은 팔자에 입고물(入庫物)이 이미 충출(沖出)된 경우에 입고(入庫) 현상이 빈번하게 나타남을 뜻하는 말입니다. 곧 실자입고(實字入庫)의 두려움을 언급한 것입니다.

일상(日常)에서는 일간의 뿌리가 되기도 하겠지만 일단 형충(刑沖)하면 운세(運世)가 단절(斷切)이 되는 겁니다. 일간(日干) 입고(入庫)라 본인이 갇히게 됩니다. 현실적으로는 송사로 감옥에 갇히던지 사고로 인해 병원에 입원해야 합니다. 이런 경험이 없이 지나가도 갇힌 것처럼 답답함을 호소하게 됩니다.

특히 월지와 일지에 자미(子未)원진이죠. 자수(子水)가 재살(災殺)이니 재살(災殺)과 고지(庫地)가 만나 원진(元嗔)을 이루면 한 번쯤 갇히는 경험을 가질 수 있게 됩니다. 고지(庫地)의 원진(元嗔)발동이 되면 "갇히므로 원망할 수 있다" 이렇게 논평하는 겁니다. 이 사람의 직업은 탄광에서 일하는 것입니다. 곧 땅 속에 갇히는 겁니다. 월지 근무 환경이 묘고지(墓庫地)라 일신(日身)이 갇히는 게 안전한 겁니다. 만약 땅 위로 나오면 강제로 일간이 갇히게 됩니다. 그래서 직업이 탄광 작업소가 자연스럽다는 겁니다.

(2) 부친사망

술토(戌土)편재(偏財)가 부친이 되죠. 부친사망이 갑진년(甲辰年)이므로 을유(乙酉)대운(大運)에 해당합니다. 그러면 을경합거(乙庚合去)입니다. 년간(年干)의 관살(官殺)은 조상의 덕을 살피는 겁니다. 그런데 을경합거(乙庚合去)가 되면 내 팔자에서 조상의 관록(官祿)이 끊긴다는 말이죠. 조상의 맥(脈)이 단절되니 조실부모(早失父母)를 겪어 봤을 겁니다. 갑진년(甲辰年)이면 진토(辰土)가 편재(偏財)이죠. 무대(舞臺)에 부친이 주연(主演)으로 등장하는 겁니다. 그러면 그 해에는 부친에 대한 사건을 중심으로 봐야 합니다.

그런데 천간(天干)에 갑경충(甲庚沖)하고 지지(地支)에는 진술충(辰戌沖)이죠. 이런 경우는 천충지격(天沖地擊)에 해당합니다. 팔자가 전체적으로 충격을 받아 요동을 치는 겁니다. 그렇게 되면 자미원진이 발동됩니다. 원진(元嗔)이 발동되면 미토(未土) 묘고지(墓庫地)가 열리게 됩니다.

그러면 미토(未土)에 갑목(甲木)이 입고(入庫)될 수 있어서 갇히는 겁니다. 이 해에 심하게 답답증을 호소하고 일의 진척 또한 장애가 있게 되겠죠.

입고시에는 반드시 감옥에 갇혀야 하는 것은 아닙니다. 일이 막혀 답답한 것도 되고 장애로 인해 몸져 드러눕기도 하는 겁니다. 이게 목고(木庫) 현상입니다. 진자합(辰子合)으로 편재가 순간 본성을 잃었다가 다시 진술충(辰戌沖)하는 것이니 진토(辰土)가 맛이 갑니다. 곧 깨질 수 있는 겁니다. 천간 갑경충이라 진토(辰土) 망실(亡失)은 더욱 심하게 나타납니다.

(3) 모친사망

계수(癸水) 정인(正印)이 모친(母親)이 되죠. 무신년(戊申年)에 무계합거(戊癸合去)가 보입니다. 그러면 내 모친이 사라지는 한 해가 될 것이므로 모친에게 화(禍)가 발생할 수 있습니다. 그런데 일지(日支) 자수(子水)는 계수(癸水)의 뿌리가 되죠. 그러면 사망까지는 아니고 단순 사고(事故)수로 봅니다. 그런데 실제로는 사망했지요. 왜 그럴까요?

을유(乙酉)대운에는 년주(年柱) 경인(庚寅)을 두고 을경합거(乙庚合去)와 유금(酉金)과 인목(寅木)이 원진인데 금극목(金克木)이죠. 년주(年柱) 손상이 오면 우리가 배운 대로 "이 시기에는 조상 할아버지와 인연(因緣) 단절(斷切)이다"라고 이해하면 됩니다. 대운에서 조상궁 손상이 나타날 적에 무신년(戊申年)에 무계합거(戊癸合去)로 인수(印綬)가 사라진 것이 됩니다. 그리고 재차 인신충(寅申沖)이 되고, 대운에서는 을경합거(乙庚合去)로 조상의 기운이 단절이고 세운에서는 무계합거(戊癸合去)와 인신충거(寅申沖去)라는 중대 재해가 발생하는 겁니다. 이때에도 천충지격(天沖地擊)이라 봅니다.

팔자가 충격이 심해 전체가 동요(動搖)하여 흉(凶)이 발생한다는 겁니다. 그래서 천충지격에서는 정인 모친의 운세를 심각하게 판단해야 합니다.

(4) 무인년(戊寅年)49세부터 경진년(庚辰年)51세까지 3년 동안 구치소에 있었다

체(體)를 살펴볼 것 같으면 무자(戊子)대운에는 무계합거(戊癸合去)와 자미(子未)원진이 보이죠. 용(用)에서는 시간의 흐름이 따르는 것이므로 무인년(戊寅年) 49세는 어느 대운에 해당하는지를 먼저 확인해 봐야 합니다. 왜냐하면 그 운기가 실제 발동하여 분출하는 시기와 맞물려 있기 때문입니다. 곧 자수(子水)대운에 해당합니다.

그러면 원국에 자미원진이 놓여 있는데 재차 자미원진을 만나는 것이라 자미(子未)원진이 발동되겠죠. 5년 주기 동안에 자미원진이 항상 동하는 겁니다. 쌍(雙)자수(子水)가 미토(未土) 묘고지(墓庫地)를 원진(元嗔)으로 괴롭히는 겁니다. 그러면 5년 동안 미토(未土)가 빈번이 열리는 겁니다. 이 시기에는 해당 되는 오행이 갇힙니다. 감옥(監獄)에 가는 이유를 보면 무계합거(戊癸合去)에 기인(起因)한 것이 아닌가? 추측해 봅니다.

곧 무계합(戊癸合)에서는 재물과 문서가 사라지는 것이죠. 어딘가 재물을 투자한 것 같은데 그게 탈이 난 것 같아 보입니다. 그 결과 지지에서는 자미원진(子未元嗔)의 원망할 일이 일어나는데 인목(寅木) 비견(比肩)이 분쟁, 분탈하겠죠. 자수(子水)대운에 자미(子未)원진이 발동하여 있는데 자수는 인수이니 문서원망으로 보고 사기문서에 당할 수 있습니다. 그 결과 인목 비견의 분쟁으로 인해 일간 신(身)이 갇히는 사건이 되는 겁니다.

이것은 "실자입고(實字入庫) 암신개고(暗神開庫)"에서 상세히 거론하고 있습니다 이미 입고 된 상태에서는 오히려 튕겨 나오는 겁니다. 그래서 경진년(庚辰年) 진술충(辰戌沖)으로 미토(未土)에 갇힌 일간이 충출(沖出)하여 밖으로 나오는 겁니다. 그래서 경진년(庚辰年) 교도소에서 출소(出所)가 됩니다.

(5) 일간 고지를 가진 팔자로 고출이입(庫出移入)된 사람의 개운법

해와 밤이 교차하는 직업이 좋습니다. 즉 일일교대(日日交代) 근무지가 유리한 것입니다. 대형병원의 간호사처럼 야간 근무자로 일하면 좋습니다. 주간근무를 전혀 안할 수는 없는 것이므로 주간과 야간이 교차하여 근무하는 조직이 좋다는 말입니다. 또 지하철의 지하도로에서 판매소를 운영하면 좋습니다. 위의 사람처럼 탄광 일도 괜찮습니다. 지하 땅굴, 도로공사, 지하철 공사, 굴착기 작업자로 근무하는 것이 좋습니다. 평생 태양빛 볼 일이 적은 지역이 좋습니다. 곧 별빛을 보고 출근하고 별빛을 보고 퇴근하는 직업환경이 유리합니다.

13 용신(用神) 입고(入庫)가 되면 사망할 수 있다

時	日	月	年	세운46	대운41	건명
편재		상관	편관	식신	편인	六神
甲	庚	癸	丙	壬	戊	天干
申	戌	巳	戌	申	戌	地支
비견	편인	편관	편인	비견	편인	六神

이 남자 분은 무술(戊戌)대운 임신년(壬申年) 46세에 사망했습니다. 사망한 이유를 알 수 있겠습니까. 사람의 사망은 원국에 나타나야 하는데 가장 분명한 사유(事由)는 용신(用神)입고(入庫)를 들 수 있습니다.

상신(相神)이 다치면 용신(用神)이 손상(損傷)을 당하는데 만약 용신(用神)이 손상(損傷)을 당하게 되면 일간(日干)이 병(病)들 수 있게 됩니다. 그러므로 이 명조에서는 월지 사화에서 투출한 병화가 용신인데 병술(丙戌)이 동주고(同柱庫)입니다. 편관의 입고처를 가진 팔자가 됩니다. 이것은 용신입고처가 됩니다. 그런데 사화(巳火) 용신이 2개의 사술(巳戌)원진에 걸려 있으므로 입고 가능성이 높습니다. 편관과 인수의 사술(巳戌)원진(元嗔)이므로 문서로 인한 스트레스로 관성 입고가 됩니다. 그런데 용신(用神)이 재관(財官)인 사람이, 재관이 입고되면 재록(財祿)이 끊어지는 것을 뜻하고, 재록(財祿)이란 사람의 수명을 의미하기도 합니다. 그런데 년주의 관성(官星)은 조상궁이므로 조상의 기운도 단절됨으로, 무술(戊戌)대운에는 술토(戌土)가 3개가 되어 사술(巳戌)원진(元嗔)이 극(剋)에 다달아 입고처를 동(動)하게 만들 수 있습니다. 또한 임신년(壬申年)에는 병임충거(丙壬沖去)하고 사술원진이 동하므로 병화를 바로 제거하는데 이건 입고(入庫)를 암시하는 것입니다.

14 일간 입고처를 가진 팔자는 우울증과 공황
장애가 올 수 있다.

時	日	月	年	세운16	세운17	대운14	곤명
식신		정재	상관	인수	비견	정관	六神
壬	**庚**	**乙**	**癸**	**己**	**庚**	**丁**	天干
午	**戌**	**丑**	**酉**	**丑**	**寅**	**卯**	地支
정관	편인	정인	겁재	인수	편재	정재	六神
공망		화개					신살

이 여자 분은 초등학교까지 온갖 경시대회에서 상도 타고 학업적으로 승승
장구하다가 14살 정해(丁亥)년에 중학교를 먼 곳으로 배정 받았습니다.
친했던 여자인 친구의 배신으로 왕따를 심하게 당하며 학업 성적이 추락했
습니다. 17살인 경인(庚寅)년에 우울증이 심하게 와서 자퇴하였습니다.
21세 갑오년(甲午年) 2014년에 대학진학하고 우울증도 많이 호전이 되었습
니다. 어머니가 선생님이시고 시선을 많이 받는 분이시라 자퇴한 딸이 부끄
럽다고 아파트 엘리베이터를 못 타게 했었습니다.(17살부터 20살까지 계단으로
다녔어요.) 대운으로 보면 정묘(丁卯)대운인데 학업중단도 사주에서 알 수 있
나요?

이 명조는 잡기상관격입니다. 잡기(雜氣)라는 것은 월지(月支)가 진술축미(辰
戌丑未)로 구성이 되어 있는 경우를 말하는데 이것은 곧 누군가에게는 입고
처에 해당이 되기도 합니다.
그러므로 이 명조에서 축토(丑土)는 일간 금(金)의 입고처가 되는 장소입니
다 따라서 일간 입고처를 가진 팔자가 됩니다.

이것은 무엇을 의미하는가 하면 어느 때에 한 번쯤은 일간이 심한 우울증으로 입원, 감금, 구속 등의 경험을 가질 수 있다는 판단이 나오는 것이죠. 그런데 축토는 인수가 되면 모친이므로 이것은 모친 자리가 내 입고처가 되므로 모친으로 인한 답답증이 될 수 있습니다. 그런데 유축합(酉丑合)이므로 결계가 단단하여 다행이지만 만약 충극이 되어 결계가 해체가 되는 시기에 위험한 것입니다.

그게 묘유충(卯酉沖)입니다. 정묘운(丁卯運)에 묘유충(卯酉沖)이 되면 유축합(酉丑合)이 풀리기 때문에 축토(丑土)가 자유로워지고 잡기(雜氣)가 쉽게 개방(開放)이 될 수가 있는 것입니다. 그러므로 정묘운(丁卯運)에 발생하는 천간의 정계충(丁癸沖)은 정관 정화(丁火)를 상관이 충거(衝去)하면 중학교 배정에서 유배지같은 느낌을 갖을 수 있으며 늦게 정임합(丁壬合)하면 식신합거(合去)로 진로, 좌절입니다.

15 갑목(甲木)이 분멸(焚滅)하여 목고(木庫)로
들어간다.

時	日	月	年	세운29	대운20	건명
정관		식신	상관	겁재	인수	六神
辛	甲	丙	丁	乙	癸	天干
未	午	午	巳	酉	卯	地支
정재	상관	상관	식신	정관	겁재	六神
	탕화					신살

위 사주는 모친이 아들의 혼사를 정하기 위하여 궁합을 보러 와서 상담을
하게 된 아들 사주이다. 상담 당시 모친에게 욕설을 하는 등 정신이상이 있
는 것은 아닌가라고 느낄 정도였다. 그 이후 진토(辰土)대운과 계수(癸水)대
운에는 트럭 운전기사로 일하며 무탈하였는데 묘(卯)대운 2005년 을유(乙
酉)년에 산에 올라 나무에 목을 매어 자살하였다는 소식을 듣게 되었다.[팔
자(八字)는 있다. 中]

사/주/분/석▶
목화상관(木火傷官)이 화기(火氣)가 태왕(太旺)하여 일간 갑목(甲木)이 분멸(焚
滅)하는 팔자입니다. 따라서 시지(時支)의 목고(木庫)를 가진 구조는 오오형
(午午刑)이 발생하면 갑목(甲木)이 목고(木庫)로 빨려 들어 갈 수 있습니다. 고
로 불안 장애의 원인은 분멸(焚滅)의 상(像)에서 발견이 되는 것입니다.
이 명조는 오월(午月)의 갑목(甲木)이 사지(死地)이므로 생의(生意)가 없는데
천간에 병정화(丙丁火)가 투출하고 오오(午午) 탕화(湯火)를 다시 만나면 재난
(災難)의 상(像)을 염려하여야 합니다.

왜냐하면 그 설기(泄氣)가 태과(太過)하여 목(木)의 기운이 소진(消盡)이 되니 필시 체력 고갈로 힘들어 합니다.

목화상관(木火傷官)은 여름의 나무가 물을 만난 경우이므로 반드시 조후가 되는 인수(印綬)로 덕을 베풀지 못하면 대패(大敗)하게 됩니다.

곧 진토(辰土)와 계수(癸水)운(運)에는 화기(火氣)를 설기하고 계수(癸水)로 전 국토에 비를 뿌려 주므로 그나마 온화(溫和)하였으나 묘목운(卯木運)에는 오 오형살(午午刑殺)과 병정화(丙丁火) 투출이니 화기(火氣)가 강해서 습목(濕木) 이라도 말라버리며 신금(辛金)의 정관(正官)은 녹아 흐르니 말하기를 "재관 의 손상에서는 사람이 졸(卒)할 수 있다"고 하였습니다. 그러므로 을유년(乙 酉年)에는 을신충(乙辛沖)과 묘유충(卯酉沖)으로 마른 장작을 만들어 불태우는 상(像)이므로 그 해에는 목(木)의 분멸(焚滅)이 일어납니다.

16 자녀 분묘(墳墓) 충(沖)이 있으면 유산(流産)의 고통을 경험한다.

時	日	月	年	세운	대운29	곤명
식신		상관	식신	인수	편재	六神
乙	癸	甲	乙	辛	丁	天干
卯	未	申	丑	丑	亥	地支
식신	편관	정인	편관	편관	겁재	六神

이 여자 분은 신축년(辛丑年)에 아기가 자연 유산이 되었습니다. 이 명조에서는 신월(申月)의 계수(癸水)가 일간이 되었습니다. 그런데 갑목과 을목(乙木) 2개가 투출하였고 묘미합(卯未合)이 된 구조이므로 목국(木局)의 세력이 무척 강하다고 볼 수 있습니다. 을목(乙木)은 식신이므로 자녀성에 해당하겠죠. 또한 미토(未土)는 목고(木庫)가 되는데 이것은 내 자식의 식상고(食傷庫)를 가진 구조가 됩니다.

그러므로 지지에 내 자녀의 분묘(墳墓)가 있는 것이라서 일단 자식 걱정으로 긴장을 해야 할 팔자가 되는 것입니다. 또한 축토(丑土)는 금(金)의 고장지이므로 이것은 인수고(印綬庫)를 가진 명조이기도 합니다. 즉 식상고(食傷庫)와 인수고(印綬庫) 2개를 소유한 명조가 되는 것인데 축미충(丑未沖)이 되어 있는 구조이므로 식상(食傷)이던 인수(印綬)이던지를 불문하고 평생에 한 번쯤은 입고 당할 운명입니다.

일간이 신약해지면 육친 변고사가 일어날 수 있는 확률도 크게 증가하는 것입니다. 그런데 다행인 것은 묘미(卯未)합이므로 목국(木局)을 결성하여 미토(未土)가 닫혀 있다는 사실입니다 이것은 개고(開庫)를 어렵게 하는 작용을 하게 됩니다.

곧, 자물쇠에 닫힌 창고라 열기가 어려운 것입니다. 그러므로 평소에는 미토(未土) 목고가 작용하지를 못하는 것입니다. 그런데 정해(丁亥)대운이 되면 해묘미(亥卯未)삼합국이 실현이 됩니다. 이런 경우에는 목(木)이 태왕(太旺)해지므로 월지 신금(申金)이 역극으로 피상(彼傷)을 당할 수 있게 됩니다.

무슨 말인가 하면 금고(金庫)가 작용할 수 있다는 이야기입니다. 결국 년지의 축토(丑土)는 금(金)의 고지(庫地)라 피상(彼傷)당하는 신금(申金)이 축토(丑土)로 입고(入庫) 될 수도 있는 것이죠. 즉 용신이 입고 당하면 일간에게는 큰 재앙이 되는 것입니다. 그 재앙이 신축년(辛丑年)에 자연 유산으로 나타나게 된 것으로 보면 됩니다. 신축년의 물상은 자좌입고지의 상이라 신금이 무덤에 누워 등장하는 해입니다. 즉 정해(丁亥)대운에는 해묘미(亥卯未) 식상국을 이룬 자녀성이 너무 비대해지므로 팔자에서는 분명히 부담이 되었던 것입니다.

그 결과로 신축년(辛丑年)에 을신충(乙辛沖)과 축미충(丑未沖)이 발생하면 목고와 금고가 동시에 움직일 수 있습니다. 비록 신금(申金)이 입고하지만 축미충(丑未沖)으로 2개의 축토(丑土)가 미토(未土)를 충극하게 되면 해묘미 삼합이라도 순간적으로 목국(木局)이 해체가 될 수도 있다는 것입니다 이렇게 합과 충이 많이 발생하는 대, 세운에는 팔자가 크게 요동을 치게 되므로 미토(未土) 분묘의 변동이 많이 발생하게 되어 개고(開庫)입고(入庫)가 일어날 수 있으므로 자녀의 운이 위태로워 질 수가 있다는 것입니다

17 재고(財庫)가 있는 사람 중 부유한 사람이 많다.

재고(財庫)를 가진 명조로 부유한 사람이 많습니다. 그래서 말하길 재고(財庫)는 마땅히 충기(衝起)하거나 합기(合起)하여야 한다고 가르쳤습니다. 가장 중요한 핵심은 격국(格局)이 이루어져야 합니다. 성격(成格)된 사주에서 재고(財庫)가 호충(好衝)이 된 사람은 부자가 될 수 있습니다. 아래 두 사람의 명조가 이에 해당합니다.

【예시1】
거살류관(去殺留官)으로 재고(財庫)를 가진 사주면 부귀할 수 있다

時	日	月	年	세운39	대운30	건명
편관		정관	겁재	비견	상관	六神
壬	丙	癸	丁	丙	己	天干
辰	子	丑	未	戌	酉	地支
식신	정관	상관	상관	식신	정재	六神

축(丑)중에 신금(辛金)은 재성(財星)인데 축토(丑土)에 보관중입니다.
고(庫)는 충해야 얻을 수 있으므로 축미충(丑未沖)은 호충(好衝)으로 보는 것입니다
경술(庚戌)대운에 축술미(丑戌未) 삼형으로 호재(護財)하여 부(富)를 이루더니 기유(己酉)대운 병술년(丙戌年) 39세 당시 2천억 대 재산을 보유했습니다. 주로 부동산업, 교육 관련업과 또 여러 가지 사업을 동시에 하는 사업가입니다.

【예시2】

재격패인(財格佩印) 구조의 경발수원(庚發水原)을 만난 재고(財庫)는 부자가 될 가능성이 높다.

時	日	月	年	건명
편인		상관	비견	六神
庚	壬	乙	壬	天干
戌	午	巳	辰	地支
편관	정재	편재	편관	六神

70	60	50	40	30	20	10	0	
癸	壬	辛	庚	己	戊	丁	丙	대운
丑	子	亥	戌	酉	申	未	午	

술(戌)중에 정화(丁火)는 재성(財星)인데 술토(戌土)에 보관중입니다. 고(庫)는 충하여야 마땅하지만 오술합(午戌合)하면 합기(合起)하게 됩니다. 또한 사월(巳月)을 쫓으므로 재성의 창고가 뚫려 언덕을 이루었습니다. 고로 술토(戌土) 언덕위에 경금(庚金)을 만들었는데 편인(偏印)은 문서이므로 부동산으로 부(富)를 이룬 사람입니다.

초반기에는 경금(庚金) 편인(偏印)이 을경합(乙庚合)으로 상관(傷官) 을목(乙木)을 사용했으므로 90년대에 학원 강사로 유명하여 부(富)를 축재(蓄財)하다가 돈을 벌어 부동산에 투자하였습니다. 명동에 빌딩이 3채, 강남에 학원이 2, 3채가 있습니다. 기유(己酉)운 신해(辛亥)년에 부동산으로 벌었습니다. 50대 초반의 재산이 약 2천억에 상당합니다.

18 축술미삼형이면 호상(好像)과 흉상(凶像)의 판단을 잘해야 한다.

時	日	月	年	세운59	대운53	건명
인수		정관	겁재	인수	겁재	六神
辛	壬	己	癸	辛	癸	天干
亥	戌	未	卯	丑	丑	地支
비견	편관	정관	상관	정관	정관	六神

이 명조에서는 술미형(戌未刑) 구조이므로 신축년(辛丑年)에는 축술미(丑戌未) 삼형이니 변동(變動)인데 호상(好像)인가 아니면 흉상(凶像)인가요?

그런데 축술미(丑戌未)가 모두 관성이므로 관형(官刑)에 걸린 사건이고 그러므로 내가 몸담고 있는 회사와 관련된 사건입니다. 사건의 내막을 알 수 있는 단서로는 축토(丑土)에는 신금(辛金)이 입고(入庫)되었지만 시간(時干)의 신금(辛金)이 투고(投庫)가 된 상태이고 미토(未土)에는 목(木)이 입고 되는데 묘미(卯未)합하지만 오직 화(火)의 투출이 없으므로 술토(戌土)만 화고(火庫)라 불을 간직하고 있다는 점을 알고 사건의 내막을 분석하면 됩니다.
이러한 것을 가리켜 "실자(實字)는 입고(入庫)되고 암신(暗神)은 출고(出庫)된다"고 말합니다.
그러한 즉 술토(戌土)는 화마(火魔)라 에너지를 저장하고 있고 그 저장소가 파괴가 되면 불기가 치솟으므로 불에 의한 피해는 불가피 한 것입니다. 그로 인해 인수와 상관은 피해를 당한다고 보는 것입니다. 특히 대운과 세운에서 축(丑)과 축(丑)이 2개로 중복되어 나타나는 것은 상당한 의미가 있습니다.

곧 금고(金庫)의 출현이므로 인수 파괴가 분명하니 문서 사건이고 술토(戌土) 화마(火魔)로 인함이니 화재문서가 발생할 조짐이죠. 그래서 이 사람은 신축년(辛丑年)의 공장 화재로 인근의 공장까지 피해를 주게 되었는데 화재 보험금 6억 받고 인근 공장 피해를 보상 해주었고 본인은 파산 신청 한 상태입니다.

【핵심정리】

"실자(實字)는 입고(入庫)되고 암신(暗神)은 출고(出庫)된다."

지지에 진술축미의 잡기(雜氣)가 존재하게 되면 일단 입고(入庫)와 출고(出庫)의 기준을 확실하게 정의해야 한다. 우리가 보통 "고지는 충하면 길하다"고 하는데 다 적용이 되는 원리가 아니다. 고지(庫地) 내부에 글자가 천간에 투출(投出)이 되면 실자(實字)가 투고(投庫)되었다고 말한다. 이런 경우는 충(沖)하면 대흉(大凶)해진다.

왜냐하면 실자(實字)가 투출(投出)했다는 말이므로 충(沖)하면 실자(實字)의 뿌리가 되는 지장간이 파손당할 수 있다는 말이 되기 때문이다. 반면에 고지(庫地) 내부의 글자가 천간에 투출이 안 되는 경우에는 바깥에 드러난 고장지의 물건이 없기 때문에 충한다고 손상이 될 우려가 없는 것이다.
따라서 고장지 안에 갇힌 물건은 마땅히 충하여 밖으로 꺼내야 한다고 말했던 것이다. 이것을 "실자입고(實字入庫)암신출고(暗神出庫)"라 한다.

19 충(沖)하면 고장지 내부의 글자가 모두 충출(沖出)한다.

진술축미(辰戌丑未) 4개 지지의 기물은 천지사방을 수장하는 창고이니 매우 견고합니다. 가령 팔자 지지의 진중(辰中)에 소장(所藏)이 된 무토(戊土), 을목(乙木), 계수(癸水)는 운에서 인(寅)이 온다하여 인(寅)에 있는 갑목(甲木)이 무(戊)를 깨트릴 수 없는 것이며 또한, 운에서 유(酉)가 온다 하여 유(酉)에 비록 신금(辛金)이 있다지만 역시 을(乙)을 깨트리지 못하며 또한 오(午)가 온다하여도 오(午)의 기토(己土)가 계(癸)를 깨트리지 못하는 것입니다.

그러나 꼭 깨트리지 못하는 것만은 아닙니다. 대개 창고를 묶은 쇠사슬은 매우 견고하므로 술(戌)이 운에 와서 충(沖)하여 열어주는 것을 필요로 합니다. 이로서 무토(戊土), 을목(乙木), 계수(癸水)가 방출되는 것입니다. 곧 진술충(辰戌沖)이 되면 진(辰)중의 무토(戊土)와 을목(乙木) 계수(癸水)가 모두 충출(沖出)됨을 밝히고 있습니다. 또한 축(丑)은 미(未)의 충을 필요로 하며 다른 기물로 공격하여 열릴 수가 없는 것입니다. 고로 "잡기재관은 충을 말하였다." 고 언급하는데 정년 이 뜻이 올바른 이치입니다. 그러나 반대로 충(沖)하면 마땅하지 않는 경우가 있습니다.

이것은 천간에 투고(投庫)가 존재하는 경우를 말합니다. 곧 진(辰)중의 계수(癸水)가 이미 천간에 투출이 되었다면 이것을 투고(投庫)라 말하는데 이런 경우에 충(沖)을 만나게 되면 투출한 계수(癸水)가 진토(辰土)에 입고(入庫) 당할 수 있게 됩니다. 그러면 계수(癸水)를 상실(喪失)하는 것이라 해당되는 육친을 잃어버리는 고충을 경험할 수 있게 됩니다. 그러므로 투고(投庫)가 된 사고(四庫)는 충하면 마땅하지 않고 투고(投庫)가 안된 경우에는 충(沖)하는 것은 마땅한 것입니다.

이것을 **"실자입고(實字入庫)암신개고(暗神開庫)"**라 말합니다.

20 충출(沖出)한 정화(丁火)가 정계(丁癸) 충과 다토회화(多土晦火)로 소진이 되었다

時	日	月	年	세운	건명
편관		편관	편인	비견	六神
己	癸	己	辛	癸	天干
未	丑	亥	丑	丑	地支
편관	편관	겁재	편관	편관	六神

이 명조의 부친성은 미(未)중에서 소장(所藏)이 된 정화(丁火)가 됩니다. 이 명조에서는 정화(丁火)가 투출이 안 되고 장간에 암장이 된 것이 여러 모로 부친에게는 길한 것이 됩니다.

만약 정화가 투출하였다면 정계충과 다토회화(土多晦火)에 의해 정화(丁火)가 회광(晦光)으로 빛을 잃어버릴 수가 있는 것입니다. 곧 정화가 회멸(灰滅)이 되면 사망하는 것이 되는 것입니다. 계축(癸丑)년에는 그러한 조건이 형성이 되었던 것입니다. 곧 축미(丑未)충으로 미(未)중 정화(丁火)가 개고(開庫)하여 정화가 투출하였는데 다토회화(土多晦火)와 정계(丁癸) 충으로 정화를 소진(燒盡)하여 날려 버리는 상(象)이 되는 것입니다. 이 명조는 정화가 출현하면 다토회화와 정계충으로 사망한다는 사실을 이미 암시하고 있습니다.

그러한 것은 부친이 살아남기 위해서는 정화가 출현하면 안 된다고 주장하는 것과 마찬가지가 됩니다. 원국에 있는 축미충이 개고(開庫)가 이미 되어 있다면 이 부친은 아이 출생하자마자 사망한 상태가 되는 것입니다. 원국의 충이란 것은 정(靜)적인 상태이므로 운에서 동(動)해 주어야 발생하는 것입니다.

그러므로 13세에 정축년(丁丑年)에 사망한 사실로 볼 때에 그 해에 동(動)함이 일어났다는 사실을 알 수가 있는 것이고 이때에 개고(開庫)가 일어난 것입니다. 개고(開庫)가 일어나게 되어야 다토회화(多土晦火)가 작용하는 것이지 암장이 된 상태에서는 오히려 무사할 수가 있는 것입니다.

【핵심정리】

연해자평의 "논오행생극제화(論五行生剋制化)"에 의하면 오행의 전도현상에 대해 언급하고 있다. 화(火)는 능히 토(土)를 생하지만 토(土)가 많으면 화(火)는 어두워진다. 이것을 "화능생토(火能生土)토다화매(土多火埋)"라 말한다. 이것은 오행의 태과불급(太過不及)을 말했던 것이다.

태과(太過)라 함은 오행의 힘이 과다(過多)해서 어느 한쪽으로 지우치는 것을 말하고 불급(不及)이라 함은 오행의 기운이 부족하여 일간에 미치지 못하는 것을 말한다. 따라서 좋은 사주라는 것은 오행이 균형을 이뤄 중화(中和)를 얻는 것을 최고로 여겼다. 그러므로 태과불급이 된 사주가 되면 병폐가 발생하게 되는데 곧 병화(丙火)는 무토회광(戊土晦光)을 두려워 하고 정화(丁火)는 다토회화(多土晦火)를 근심하였다.

제3장

존버의 법칙 육친론(六親論)

1 궁(宮)에 용신과 육친을 배합하여 간명(看命)한다

사람에게는 육친(六親)이 있는데 육친의 별이라고도 말하며 팔자에서 육친의 근황을 파악하는데 중요한 법식이 됩니다. 또한 육친궁도 있는데 육친궁과 육친성을 적절히 배합하여 팔자에서 육친의 움직임을 진단할 수 있습니다.

궁(宮)이란 년 월 일 시의 지지를 말함인데 년 월 일 시의 지지를 년에서부터 순서대로 조상궁, 부모궁, 배우자궁, 자녀궁으로 배정하는 것입니다. 그 배합이 적당하면 좋으며 이는 불변의 위치가 됩니다.

時	日	月	年	명조
				六神
甲	己			天干
辰				地支
자식궁	배연궁	부모궁	조상궁	六神

예를 들어 일지궁은 배우자궁이라 하여 나의 배연(配緣)이 되는데 남자라면 아내의 자리를 말합니다. 그런데 일지궁에 진토(辰土)는 편재이므로 나의 아내가 배우자궁에 안착(安着)을 한 것이므로 길(吉)하게 보면 됩니다. 그 다음에는 처성(妻星)의 위치를 확인하는데 월간의 기토(己土)가 정재(正財)이므로 나의 아내의 별이 됩니다. 그러므로 아내성이 배우자궁에 뿌리를 내리고 출현(出現)하였으므로 이 사람은 아내복이 있다고 말할 수 있으며 현모양처(賢母良妻)를 얻는다 할 수 있습니다.

용신의 배합을 볼 것 같으면 정인은 내 몸을 생한 곳이므로 나를 낳은 모친이 됩니다.

정재(正財)는 나의 극제(剋制)를 받는 것이므로 나의 아내가 되는 것임은 알겠는데 편재(偏財)는 어찌하여 나의 부친이 되는가? 일찍이 말하길 자식을 이기는 부모가 없다고 하였는데 고로 편재는 나의 부친이 되는 것입니다. 또한 편재(偏財)란 모친의 남편이니 그러므로 정인(正印)이 모친(母親)이 되고, 편재(偏財)가 부친(父親)이 되는 것입니다.

즉 갑목(甲木)일간이라면 무토(戊土) 편재(偏財)가 부친이 되고 계수(癸水) 정인(正印)이 모친이 되는 이유는 무계합(戊癸合)이기 때문입니다. 그러므로 편재가 부친이 되고 정인은 모친이 되는 것입니다. 또한 정재는 처가 되니 나의 극제를 받는 것이고 남편은 아내의 벼리가 되니 아내는 남편을 따르는 것이 맞는 도리입니다. 그러므로 갑목(甲木)일간이라면 기토(己土)가 정재(正財)가 되는데 갑기합(甲己合)으로 나와 합극(合剋)하기 때문입니다.

관살(官殺)은 나를 극제(剋制)하는 것인데 어찌하여 자녀가 되는가?
관살은 재성의 소생인 까닭입니다. 재성은 나의 처첩이므로 관살은 처첩의 소생(所生)이 되니 곧 자녀가 되는 것입니다. 비견은 형제가 되는데 그 이치는 무엇인가요? 비견(比肩)은 견줄비, 어깨 견이므로 비슷한 정도의 처지가 어깨를 나란히 하여 경쟁하는 것을 말합니다. 그러므로 비견을 두면 경쟁자가 많다는 암시가 되고 그래서 단체생활이 있을 수 있고 자식수가 많다고 하였습니다. 그러므로 비견을 형제 동료로 인식하는 것입니다.

(1) 처(妻)에 대하여 논함

일지에 재관(財官)이 있으면 처(妻)가 당연히 현숙(賢淑)하고 고귀(高貴)해야
할 것입니다. 하지만 일지가 재관(財官)인데도 처덕(妻德)이 없는 경우가 있
고 일지가 상관과 양인인데도 오히려 처덕이 있는 경우가 있음은 어찌된
까닭인가요?

이것은 월령의 용신을 기준으로 희신과 기신을 가린 후에 길흉을 판단하여
야 하는 것이 맞는 것입니다. 예컨대, 일지에 재성이 있으면 좋지만 인격(印
格)이라면 오히려 불미스러운 것이 됩니다. 처궁(일지)에 정관이 있으면 길
하지만 월지가 상관격이라면 좋을 리가 없는 것입니다. 처궁에 상관이 있
으면 흉한 것이 원칙이지만, 월지가 재격인 경우에는 재성을 생하므로 좋
은 것이고 칠살격이라면 일지 상관이 상관제살(制殺)하는 작용을 하므로 도
리어 처의 내조가 있게 되는 것입니다.
처궁에 양인이 있으면 흉하지만 재격, 정관격, 칠살격, 상관격 등의 격국에
서 일주가 무기(無氣)하다면 오로지 일지의 양인이 방신(幫身)함에 의지하는
것이므로 처가 반드시 남편을 보필할 것입니다. 그러므로 월지의 용신을
가지고 희기를 가려 논해야 하고 일률적으로 단순하게 논해서는 안되는 것
입니다.

처궁을 본 후에는 처성(妻星)을 봅니다. 처성이란 재성을 말합니다.
처성이 투출하고 국(局)을 이루는 경우가 있습니다. 예컨대 정관격에 재성
이 투출하였다면 재생관의 구조가 되고 인성이 많은 사주에 재성을 만났다
면 인수용재가 되고 식상격에 재성이 투출하여 재성이 상신이 되었다면 식
신생재가 되는데 이런 경우에는 비록 일지궁에 용신이 없다고 해도 역시
내조의 공을 얻을 수가 있습니다. 이와는 반대로 처성이 투출하여 파격이
되는 경우도 있습니다.

예컨대 인성이 경미(輕微)한데 재성이 투출하였다면 재극인이라 파격이 되고 식상이 있는데 칠살과 재성이 다 투출한 경우이면 식신제살의 공이 재성으로 인해 망가지므로 파격이 되는데 비록 일지에 용신이 있다고 해도 역시 형극(刑尅)을 주의하여야 합니다.

또는 처성이 투출하여 성격이 되었고 처궁에 용신이 있지만 일지가 형충이 된 경우가 있습니다. 이렇게 되면 좋은 처를 얻지만 해로하지는 못하는 것입니다. 또는 처성이 두 개 이상 투출하고 정재와 편재가 섞여 있으면 남편 하나에 아내가 여럿인 형상이니 역시 형극을 주의하여야 합니다.

(2) 자녀에 대해 논함

팔자를 입수하여 자녀를 볼 때는 먼저 시지(時支)를 살펴야 합니다. 자녀를 볼 때도 자녀궁을 보고 투출한 자녀성(子女星)이 희신(喜神)인지 기신(忌神)인지를 분별하여야 합니다. 그 보는 법은 처(妻)를 보는 원리와 같은 것입니다. 그런데 자녀를 보는 법 가운데 장생목욕(長生沐浴)으로 보는 가결(歌訣)이 있습니다. 예를 들면 자식궁에 놓인 장생이라면 아들을 네 명을 출산할 수 있고 중순(中旬)이 지났다면 절반으로 줄어들고 만약 자식궁에 목욕지라면 자식 생산은 두 명 정도이고, 자식궁에 관대와 임관이 놓여 있다면 아들은 세 명을 출산을 기대할 수 있습니다.

만약 자식궁에 놓인 왕(旺)지라면 성공하는 아들이 다섯 명은 되는 것이고 쇠(衰)지라면 두 아들 가운데 한 명은 발전하고 다른 한명은 발전 못하며 만약 사(死)지라면 늙을 때까지 아들이 없을 수가 있으니 양자를 둘 팔자일 수 있는데 묘(墓)지라면 자식이 요절할 수도 있겠으며 절(絕)지에서는 아들은 한 명이고 태(胎)지라면 맏딸을 낳아 기르고 양(養)지라면 세 아들 가운데 한 명만 남는다고 보는 식입니다. 이런 법도 참고하여 자세히 살펴야 할 것입니다. 예를 들면 갑을(甲乙) 일간이면 경금(庚金)이 시지(時支)에 놓여 있는 경우라면 경금(庚金)의 상태를 파악해야 합니다.

곧 경금(庚金)이 생왕(生旺)한지 아니면 사절(死絶)했는지를 보고 그 많고 적음을 분별하여야 하는 것입니다. 그런 연후에 시간(時干)과 자녀의 별을 보면 됩니다.

예를 들면 재격인데 시간에 식신이 투출했거나 정관격인데 시간에 재성이 투출했다면 시간에 긴요한 상신이 있게 되는 것이므로 이럴 때는 설사 시지에서 관살의 오행이 사절(死絶)이 된다고 해도 역시 자녀가 귀하게 된다고 판단하는 것입니다. 하지만 자녀의 수가 많지는 않을 것이다. 등의 한계점을 밝혀야 하는 것입니다.

이와는 반대로 시간에 좋지 못한 기신이 있거나 자녀성이 투출하여 파국(破局)이 되었다면 비록 시지에서 자식성이 생왕(生旺)한다고 해도 자녀를 두기 힘들 것이고 시지에서 사절까지 되었다면 자녀를 기대하지 말아야 할 것이 분명한 것입니다.

2 육친관계를 형충회합으로 살펴 보는법

삼합(三合)은 혈연(血緣)의 합이라 가족의 협력이 강해 잘 동(動)하고 잘 움직입니다. 즉 신자진(申子辰)은 물이라는 혈연관계로 움직이는데 지장간에 공통 수(水)가 존재해서 동일한 목적을 가지고 함께 모이므로 쉽게 동(動)하게 되는 겁니다. 반면에 묘술합(卯戌合)같은 육합(六合)은 극합(훤合), 상합(相合)이라 지장간에는 공통된 오행이 없고 단순 이해관계로 만나 모이는 합입니다. 이것은 친인척 관계가 아닌 무연고이며 단순히 이해관계로 만나는 이웃이 됩니다.

【예시1】

時	日	月	年	건명
편관		정관	정관	六神
癸	**丁**	**壬**	**壬**	天干
卯	**亥**	**寅**	**戌**	地支
편인	정관	인수	상관	六神

정해(丁亥)일주의 명조에서는 인술(寅戌)공합은 삼합(三合)이라 인목(寅木)과 술토(戌土)는 혈연관계로 보아 외할머니가 되는 것이며 묘술합(卯戌合)은 육합(六合)이라 이해타산으로 만난 관계라 이웃이 됩니다. 인목(寅木) 인수는 모친(母親)인데 술토(戌土) 상관(傷官)은 조모(祖母)가 됩니다.

그런데 인술(寅戌) 공합(空合)의 관계는 혈육(血肉)의 합(合)이라 피를 나눈 혈연(血緣)이므로 인목(寅木) 인수(印綬)의 친 어머니가 되니 일간(日干) 정화(丁火) 손주에게는 외할머니가 됩니다.

그런데 재성(財星) 부친의 존재가 없고 인목(寅木)이 해수와 합하고 2개의 임수(壬水)로 인해 습(濕)하기까지 하므로 정화(丁火)를 생하기 어렵습니다.

 그래서 모친도 자식을 돌보지 않고 개가(改嫁)를 하였습니다. 고로 모친이 자식을 보살피지 않고 버렸습니다. 그런데 술토(戌土)는 외할머니이므로 술(戌)중 정화(丁火)를 가슴에 품고 있으니 모친이 개가(改嫁)한 후에 그는 외할머니에게 보내져 외할머니가 키웠습니다. 그러나 시지(時支)의 묘목(卯木)은 편인이 되므로 계모(繼母)가 됩니다. 부친이 없으니 새 계모(繼母)는 어려우나 묘술합(卯戌合)으로 인해 외할머니가 그를 돌봐줄 이웃 사람을 찾아 양육을 맡기게 되었습니다. 묘술합(卯戌合)이라는 것은 술토(戌土) 외할머니와 합하는 계모(繼母)이므로 친근한 이웃 사람입니다. [명식: 명리진보]

【예시2】

時	日	月	年	곤명
정재		편재	정재	六神
己	甲	戊	己	天干
巳	寅	辰	酉	地支
식신	비견	정재	정관	六神

이 명조는 진유합반(辰酉合絆)으로 인해 유금(酉金) 정관(正官)이 사라졌습니다. 정관이 남편성으로 년지(年支) 유금(酉金)이니 일찍 헤어진다고 보면 됩니다. 그런데 일지궁(日支宮)을 중심으로 인유(寅酉)원진(元嗔)과 인사형(寅巳刑)이라 부부궁도 매우 안 좋기 때문에 남편이 일찍 사망한 여자입니다.

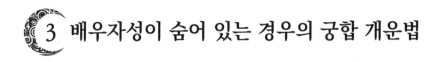

3 배우자성이 숨어 있는 경우의 궁합 개운법

時	日	月	年	건명
식신		편관	상관	六神
甲	**壬**	**戊**	**乙**	天干
辰	**子**	**寅**	**未**	地支
편관	겁재	식신	정관	六神

75	65	55	45	35	25	15	5	
丙	辛	壬	癸	甲	乙	丙	丁	대운
午	未	申	酉	戌	亥	子	丑	

이 명조는 무재(無財)사주이지만 미중(未中)의 정화(丁火)와 인중(寅中)의 병화
(丙火)가 재성이므로 배우자성(配偶者星)이 숨어 있는 구조가 됩니다. 그런데
지장간에 숨어 있는 배우자는 마땅히 팔자 밖으로 출현시켜야 만날 수 있
게 됩니다.
그러면 어떻게 해야 될까요? 두 가지 방법이 있습니다.

첫 번째는 "고(庫)는 충(沖)하는게 마땅하다"
미토(未土)를 충(沖)하는 시기에 만날 수 있습니다. 충해서 만나는 방법은 축
토(丑土)가 등장하게 되면 축미충(丑未沖)으로 미중(未中)의 정화(丁火)가 뛰어
올라 일간 임수(壬水)와 정임합(丁壬合)하기 때문에 나의 배우자를 만나게 됩
니다. 그러므로 갑자년(甲子年) 29세에 만났지만 그 다음 해는 을축년(乙丑
年)이라 축미충(丑未沖)이 갑자년 동지이후부터 앞당겨져 발생하게 된 경우
가 되면 실제로는 갑자년 후반기에 만나게 됩니다.

두 번째 방법은 "상대방의 궁합을 보고 판단합니다."

즉 이 사람처럼 병신(丙申)년의 띠를 만나는 경우입니다. 이런 경우는 임수 일간이기 때문에 병화(丙火)가 이 사람의 배우자의 오행(五行) 궁합이 되는 것입니다. 즉 상대방에게 병화(丙火)가 있게 되면 이것은 인중(寅中) 병화(丙火)가 투출이 되어 나의 숨어 있는 배우자를 만나게 되는 경우가 됩니다. 이 것을 **"투고법(投庫法)"**이라 말하는데 고장지에 있는 인중(寅中) 병화(丙火)가 투출한 띠를 만나게 함으로써 궁합적으로 개운을 하는게 요지입니다. 고로 이 사람은 병신년생(丙申年生)을 만난 것입니다. 또한 지지 궁합의 인신충(寅申沖)으로 인중(寅中) 병화(丙火)가 발현(發現)이 되는 것이죠. 따라서 이런 구 조의 사람이 궁합을 선택하고자 한다면 반듯이 "당신은 인신(寅申)년생(生)의 띠를 만나야 성공할 수 있다"고 알려줘야 합니다. 이러한 두 가지 경우의 수를 살펴보고 나의 배우자를 파악하시면 됩니다.

그런데 반드시 주의해야 할 문제는 이 사주에서는 밖으로 드러난 배우자성이 존재하지 않기 때문에 이혼의 문제가 한번쯤은 불거질 수 있다는 생각을 가지셔야 합니다. 그러므로 이 사람은 을해(乙亥)대운 갑자년(甲子年) 29세에 병신생(丙申生)의 여자를 만나 결혼에 성공하였으나 계유(癸酉)대운 갑신년(甲申年) 49세에 이혼을 하였습니다.

갑신년(甲申年)에 이혼한 명리학적 이유로는 신자진(申子辰) 수국(水局)을 결성하므로 인해 수극화(水剋火)가 강해진다는 것입니다. 수국(水局)의 전도(顚倒)현상에서는 병정(丙丁)화(火)가 위태로워 질 수 있습니다. 즉 배우자성이 피상당하는 것입니다. 이로 인해 이혼할 수 있게 됩니다.

4 배우자성이 합기(合起)하여 노출이 되는 해에 다른 남자를 만난다.

時	日	月	年	세운44	대운36	곤명
정재		정재	편재	정관	겁재	六神
己	甲	己	戊	辛	乙	天干
巳	辰	未	戌	巳	卯	地支
식신	편재	정재	편재	식신	겁재	六神

이 명조는 여자이므로 경신금(庚辛金)의 관성이 남자가 됩니다. 그런데 팔자에 노출이 된 남자가 없으므로 술(戌)중 신금(辛金)과 사중(巳中)의 경금(庚金)이 남자라고 보면 됩니다.

이것은 지장간의 숨은 남자이므로 마땅히 형충(刑沖)으로 얻을 수 있습니다. 그래서 술미형(戌未刑)이므로 년지(年支)의 술(戌)중 신금(辛金)은 이미 취한 것으로 보아 일찍 만나 결혼했으나 시지(時支) 사중(巳中)의 경금(庚金)은 40대 이후에 나타나므로 늦게 남자를 만나게 됩니다.

그런데 사중(巳中) 경금(庚金)의 존재를 살펴보니까 일지의 진중(辰中) 을목(乙木)과 을경(乙庚)암합(暗合)을 하고 있습니다. 거기다가 월지의 미중(未中) 을목(乙木)과도 을경 암합(暗合)하니 2개의 을목이라는 겁재와 양다리 걸친 구조입니다.

여기서 을목(乙木)은 겁재(劫財)가 되고 여자에게는 겁재는 동료, 친구에 해당이 되는 것이죠. 그러므로 내 남자 경금(庚金)과 을경(乙庚)암합(暗合)을 한 겁재는 당연히 유부녀가 되는 것입니다. 이혼하고 만나면 정상적이지만 가정을 가진 여자가 유부남을 만나게 되면 불륜이 되는 것입니다.

신사년(辛巳年)에 신금(辛金)은 정관(正官)이므로 남자의 등장인데 그 정체는 사중(巳中) 경금(庚金)에 기반하여 출현하는 유부남(有婦男)이라는 사실을 알 수가 있게 됩니다. 사사(巳巳)가 만나면 사중 경금이 동(動)하게 되므로 암중(暗中)의 경금(庚金)이 밖으로 드러나게 되어 사건이 알려지게 됩니다. 그러므로 신사년(辛巳年)에 남친을 만나 바람을 피우기 시작하였습니다.

【핵심정리】

두 글자가 첩신(貼身)하여 붙어 있게 되면 동일한 기운들은 동(動)하게 된다. 그래서 신신(申申)이 동합(同合)이고 인인(寅寅)도 동합(同合)이라 한다. 이것은 지장간도 마찬가지이다. 사축(巳丑)이 만나면 사중(巳中) 경금(庚金)과 축(丑) 중 신금(辛金)의 동기감응이 발생한다.

이로 인해 금기(金氣)가 출현(出現)하게 된다. 따라서 사사(巳巳)가 만나면 사중(巳中)의 경금(庚金)이 동(動)하는 원리가 된다. 일단 글자가 동(動)하게 되면 취(取)하는 것이므로 팔자에 없던 육친이 새롭게 출현하는 것이다. 곧 무재(無財)하던 사람이라면 재성(財星)출현이 된 것이라 보고 팔자를 분석해야 한다. 또한 무관(無官) 사주라면 동(動)하는 관성 출현으로 이 해에는 발전이 따르게 된다. 고로 사사(巳巳)가 만나면 사중(巳中) 경금(庚金)이 동기(動起)하는 것이니 경금 투출자로 보는 것이다 그러므로 이 해에는 관성을 만나는데 출현한 경금(庚金)이 칠살이니 애인이 된다.

5 좌하배성(座下配星)이면 투출법(透出法) 으로 배우자를 선택한다

時	日	月	年	坤命
정재		식신	정재	六神
癸	**戊**	**庚**	**癸**	天干
丑	**辰**	**申**	**丑**	地支
겁재	비견	식신	겁재	六神
癸辛己	乙癸戊	戊壬庚	癸辛己	지장간
화개 백호 절로공망	천살 백호	지살	화개 백호	신살

이 사주는 계축(癸丑)이 화개(華蓋)인데 절로공망에 놓여 있으므로 스님 팔자가 될 수 있습니다.

화개(華蓋)가 공망(空亡)이면 스님이 되는 원리는 화개살(華蓋殺)은 세상의 화려함을 덮는다는 뜻이 있는데 그로 인해 화개(華蓋)는 세상의 미련을 버리고 떠나려는 속성이 강하게 작용하게 됩니다. 또한 화개가 창고가 되는 것이라 정리정돈을 잘하는 습성을 가지게 됩니다. 그런데 여자로 스님이 될 수밖에 없었던 이 팔자의 주인공은 옥봉 스님입니다.팔자에 무진(戊辰), 계축(癸丑) 백호살인데 백호가 중중(重重)하면 육친의 덕이 없는 까닭이고 무관(無官)팔자로 일주궁 백호이면 남편의 혈광사(血光死)를 의심해 봐야 합니다. 결국 시주의 계축백호 화개가 공망이므로 화개가 공망이면 늦은 나이에 출가할 수 있습니다. 그런데 옥봉스님은 한 번 결혼을 한 사람으로 을사생(乙巳生) 띠를 남편으로 만날 수 있었습니다.

이것은 좌하배성(座下配星)이면 투출법(透出法)의 원리에 따릅니다.

곧 일지(日支)의 지장간(地藏干)속의 배우자성이 숨어 있는 경우에는 천간(天干)에 투출(透出)한 배우자성(配星)의 띠를 배필(配匹)로 삼습니다. 무슨 말인가 하면 팔자에는 배우자의 별이 없고 지장간에 배우자가 숨어 있는 경우입니다. 이런 경우에는 천간에 투출한 배연(配緣)의 글자를 가지고 있는 사람을 배우자로 골라야 한다는 말입니다.

그러므로 이 명조는 일지(日支)의 진중(辰中) 을목(乙木)이 배우자 성(星)에 해당하는데 이 글자가 투출하는 상대를 배우자로 삼게 됩니다. 곧 남편은 을목(乙木) 출생자 였는데 을목(乙木)생은 나보다 8년 연상의 을사생(乙巳生)띠가 배치가 되므로 을사(乙巳)년생을 남편성으로 만나게 됩니다.

【근황】

일주 김진우(-州 金鎭宇)의 제자 옥봉 스님은 지난 2010년에 입적한 동학사 주지를 역임한 스님입니다. 옥봉 스님 역시 독립운동을 하던 선승이셨습니다. 김진우 선생으로부터 묵난과 묵죽을 배우신 분입니다. 옥봉스님은 과묵하고 중후하며 신심이 돈독한 화가 스님입니다.

당시 옥봉 스님은 불문에 출가하기 이전의 "20대 젊은 여성으로 독립자금과 비밀문서를 전달하는 과정에서 일본 경찰의 눈을 피할 수 있었지만 1933년 만주에 독립자금을 전하러 가다 남양에서 체포되어 옥고를 치르기도 했다"라고 말합니다. 스님은 "김진우 화백의 밀명을 받아 1932년 서대문 형무소에 수감된 안창호 선생의 옥바라지를 한 것은 물론 만해 한용운 스님과 벽초 홍명희, 몽양 여운형의 연락책을 맡기도 했다"라고 회고한 바 있습니다. 출가 전 남편은 을사생(乙巳生)이 있는데 6.25 때에 피랍되어 북으로 끌려가 사망하였습니다.

6 관살혼잡(官殺混雜)이면 불륜혹은 성폭행의
피해자가 될 수 있다

관살혼잡(官殺混雜)이 교차(交叉)한 사람은 본인의 의지(意志)와는 상관이 없이 불륜(不倫) 혹은 성폭행의 피해자가 될 수 있습니다. 이런 경우는 남녀 애정사(愛情事)의 변동으로 배다른 자식을 가질 수도 있는데 곧 관살혼잡(官殺混雜)이 되면 남녀 불문하고 애정의 꽃이 피기도 쉽고 종결하기도 쉬운 것입니다.

남자의 관살혼잡의 경우에는 깊은 애정사를 불러일으키려면 반드시 겁재(劫財)가 중중(重重)해야 합니다. 겁재(劫財)라는 것은 재성(財星)을 겁탈하는 겁탈자(劫奪者)로 표현을 많이 합니다. 재성은 곧 여자에 해당하는 육신이죠. 그래서 만약에 관살혼잡한 사주팔자가 재성겁탈이 함께 존재한다면 남자입장에서는 재물손재수이거나 아니면 여자를 성폭행하는 사건으로 나타나기도 하는 것입니다.

이에 반하여 여자의 관살혼잡은 자신의 확고한 태도를 남자에게 보여주기 매우 힘들다는 점입니다. 남자들이 요구하는 사항을 잘 거절하지를 못한다는 사실입니다. 그래서 남자가 만나자고 제의 하면 쉽게 거절을 못하는 성격이라 오해를 불러일으키기도 합니다. 한마디로 여자의 애매한 친절로 인해 남자들은 착각할 수밖에 없다는 점입니다 "그 여자는 나를 좋아하는게 분명해" 남자들로 하여금 쓸데없는 애정의 확신을 가지게 만듭니다. 이러한 팔자를 관살혼잡(官殺混雜)의 폐해(弊害)라고 말했던 것입니다.

【예시1】

時	日	月	年	세운	건명
편인		편관	정관	편재	六神
乙	丁	癸	壬	辛	天干
巳	巳	丑	辰	卯	地支
겁재	겁재	식신	상관	편인	六神

정화(丁火)일간에게는 계수(癸水)는 편관(編官)이 되고 임수(壬水)는 정관(正官)이 됩니다. 이것은 남자 팔자이므로 임계수(壬癸水)는 자녀성에 해당하겠죠. 그런데 관살(官殺)이 교차(交差)하면서 혼잡(混雜)으로 구성이 되어 있습니다. 또한 사화(巳火) 겁재(劫財)가 두개로 무겁습니다. 이것은 겁탈자의 모습을 하고 있으므로 정재 또는 편재가 세운에 등장하면 정계충(丁癸沖)으로 인해 겁탈할 수가 있습니다. 2011년 신묘(辛卯)년에 법원 서기관 승진 회식 후 20대 여성 부하 직원 집에 찾아가 성폭행하고 고소를 당했습니다.

【예시2】

時	日	月	年	곤명
인수		정관	편관	六神
甲	丁	壬	癸	天干
辰	卯	戌	酉	地支
상관	편인	상관	편재	六神

정화(丁火)일간 주인입장에서 보면 임수(壬水)는 정관(正官)이고 계수(癸水)는 칠살(七殺)입니다. 이런 구조를 관살혼잡(官殺混雜)이라합니다.

관살이 년간(年干)과 월간(月干)에 모여 합충으로 교차하고 있을 때 특히 일간을 어렵게 합니다.

그런데 일주의 정묘(丁卯)가 월주 임술(壬戌)과 정임합(丁壬合)이고 묘술합(卯戌合)입니다. 또 년주의 계유(癸酉)는 정반대이죠. 정계충(丁癸沖)과 묘유충(卯酉沖)이죠.

이런 구조는 일간이 과거에 만나는 애인이 있었음을 추측할 수 있습니다. 왜냐하면 일간이 항상 계유(癸酉)를 먼저 만나 연예를 하고는 결혼을 위해 새롭게 남편 임술(壬戌)을 만난다는 조건이 걸린 운명입니다. 결론은 월간의 정합(正合)이 우선이고 년간의 충거(衝去)는 떠나야 한다는 사실이죠. 그래서 이 명조는 계묘년(癸卯年) 가을에 결혼할 예정이었는데 임인년(壬寅年) 말에 헤어진 옛 남자와 도망을 갔습니다.

임인년(壬寅年) 말이 되면 인묘진(寅卯辰)방국(方局)이 결성이 됩니다. 그러면 정화(丁火)일간은 목다화식(木多火熄)에 빠질 수도 있는데 일간의 목다화식(木多火熄)에 걸린 사람들을 보면 대부분 공황장애(恐惶障礙)를 경험하더군요. 주변사람들이 보기에는 일간이 좀처럼 명쾌한 판단을 내리지 못하는 시기가 될 수 있는 것입니다.

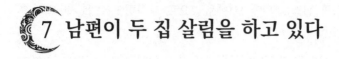
7 남편이 두 집 살림을 하고 있다

時	日	月	年	곤명
식신		정재	비견	六神
乙	癸	丙	癸	天干
卯	卯	辰	卯	地支
식신	식신	정관	식신	六神

이 여자 분은 식당을 오랫동안 해왔는데 남편이 두 집 살림을 하고 있습니다. 첩이 낳은 자식도 있습니다. 사주에 나타나 있습니까?

계묘(癸卯)가 비견 동주하는 사람 중에서 년주와 일주에 나란히 동궁(同宮)하면 남편을 두고 처첩(妻妾)의 관계를 의심해 볼 수 있습니다. 왜 그런가 하면 비견은 일단 분관(分官)의 작용을 합니다. 곧 내 정관을 둘로 쪼개는 겁니다. 그런데 일주(日柱)와 년주(年柱)에 똑같은 계묘(癸卯)의 동궁(同宮)의 상(像)은 분관(分官)이 거의 확실합니다. 왜냐하면 비견은 나의 자매로 경쟁자인데 묘목(卯木)은 식신(食神)으로 내 자식이니 년주의 저 자매는 내 남편의 자식을 가지고 있다는 것이죠.

그러므로 일간(日干)의 계수(癸水)와 년간(年干)의 계수(癸水)는 월지 진중(辰中)의 무토(戊土) 정관(正官)과 무계합(戊癸合)으로 서로 경쟁하듯 매달리게 됩니다. 그러나 실제로는 묘진(卯辰)해살(害殺)로 합을 방해하고 있는 것이므로 어느 한 곳에 소속이 될 수 없는 것이 남편의 입장인 것입니다.

8 상관부진(傷官不盡)된 충극 위에 정관이 위태롭다.

時	日	月	年	세운31	대운29	곤명
비견		상관	정관	정관	편관	六神
丙	丙	己	癸	癸	壬	天干
申	午	未	丑	未	戌	地支
편재	겁재	상관	상관	상관	식신	六神

【연해자평】에서 말하길 만약 "상관이 상진(傷盡)되지 않고 사주에 관성이 있는데 운에서 들어오는 관성을 보면 그 재화(災禍)는 말로 다 할 수 없다." 라고 밝히고 있습니다.

따라서 화토 진상관(眞傷官)에서는 상진(傷盡)을 시키는 것을 귀(貴)하게 여기는데 반대로 상관(傷官)이 축미충(丑未沖)이 되면 상관부진(傷官不盡)이 됩니다. 또한 상관 사주가 일점(一點) 정관을 보게 되면 상관부진(傷官不盡)이라 말하였습니다.

그러므로 이 명조는 미월(未月)에 태어난 병오(丙午)일주인데 오미합(午未合) 하고, 병병(丙丙)의 상(像)이므로 신강(身强)합니다. 그런데 기미(己未)상관격이 축미충(丑未沖)이 된 것이니 상관이 토동(土動)한 즉 왕한 상관이 계수(癸水) 정관(正官)을 극하는 사주입니다. 그래서 이 팔자는 상관부진(傷官不盡)된 팔자로서 일점(一點)정관이 위태로운 것입니다. 그런데 계미년(癸未年)에 정관이 재차 진입하는 것이니 그 재화(災禍)는 말로 다할 수가 없는 것입니다. 그렇다면 상관견관(傷官見官)이 작동할 것인데 어느 대운, 어느 년도에 해당하겠는가?

그것은 지지 축미충을 동(動)하게 만드는 시점이 되므로 대운에서 축미충(丑未沖)을 발동시키는 글자를 찾아야 합니다. 곧 임술(壬戌)대운이 가깝습니다. 축술미(丑戌未)삼형이 되면 삼형살이 발동하고 계미년(癸未年)에는 또 축미충(丑未沖)을 만납니다. 이것은 상관견관을 발생시킬 수 있는 원인이 됩니다. 그러므로 이 사주의 남편은 임술(壬戌)대운 계미(癸未)년 31세에 남편이 사고로 식물인간이 되었습니다.

【핵심정리】
상관자(傷官者)는 내가 생하는 십신을 말한다. 그래서 갑(甲)이 정(丁)을 보는 것이고 을(乙)이 병(丙)을 보는 부류를 말한다. 또한 갑(甲)이 신(辛)을 사용하면 정관이 된다. 그런데 정화(丁火)가 승왕(乘旺)하면 도적이 나의 기(氣)를 훔치고 신금(辛金)을 극하여 제하므로 갑(甲)의 귀(貴)가 되는 것을 방해 하는 것이다. 고로 상관(傷官)이라 한다.

상관격에서는 반드시 상진(傷盡)을 요구하고 작품(作品)이 되면 귀(貴)하게 본다. 보통 살(殺)을 빼는 방법에는 정해진 사주 용어가 있다.
겁살의 살을 제복하는 것은 화겁(化劫)이라 하고 칠살의 살을 제복하는 것은 제살(制殺), 화살(化殺)이라하며 상관의 살을 제복하는 것은 상진(傷盡)이라고 한다. 그러므로 상관의 살이 다 없어진 상관은 총명하여 수재(秀才)가 많고 기술(技術), 문인(文人), 학사(學事)등에 많다.

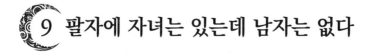

9 팔자에 자녀는 있는데 남자는 없다

時	日	月	年	곤명
비견		인수	편인	六神
癸	**癸**	**庚**	**辛**	天干
亥	**酉**	**寅**	**酉**	地支
겁재	편인	상관	편인	六神
戊甲壬	庚辛	戊丙甲	庚辛	지장간

이 명조에서는 팔자에 드러난 관성이 없습니다. 그러므로 무관성(無官星) 팔자라고 말할 수 있습니다. 그런데 나에게는 인중(寅中) 무토(戊土)와 해중(亥中) 무토(戊土)가 관성이므로 지장간에는 숨은 내 남자가 존재하는 것입니다. 이러한 구조를 암관(暗官)이라 말하는 것입니다. 또한 여자는 인목(寅木) 상관이 자녀인데 경인(庚寅)은 개두(蓋頭)이고 년주(年柱)는 신유(辛酉)금(金)이고 일지(日支)는 유금(酉金)이니 주변이 금(金)으로 둘러 쌓여 있는 것이 보입니다. 이것은 월지의 인목(寅木)상관(傷官)이 극충을 받는 구조이므로 자녀를 양육하기 어려운 환경임을 알 수가 있는 것입니다.

종합적으로 보면 내 아이는 분명히 출현(出現)하였지만 주변 환경이 성장하기 힘든 조건이고, 남편 되는 사람은 숨어 있다는 사실을 알 수 있습니다. 그러면 이것은 무엇을 뜻하는가요? 이것은 자녀만 있고 남편의 존재가 없다는 것이므로 곧 미혼모 혹은 아이를 낳은 뒤 남편과는 이별할 수 있다는 점을 추측할 수 있습니다.

그러므로 이 여자 분은 혼전(婚前) 관계로 임신하여 아이를 낳게 되었고, 출산 후에 도박 중독자에 유부남(有婦男)임이 밝혀지자 남자는 도망 쳤다고 합니다.

10 충(沖)으로 개문(開門)되어 올라오는 남자를 기다려야 한다

時	日	月	年	세운	곤명
				인수	六神
	庚			己	天干
未		未		丑	地支
인수		인수		인수	六神
丁乙己		丁乙己		癸辛己	

이 명조는 경금(庚金)일간이므로 금(金)을 극하는 화(火)가 관성이 되지만 화
(火)가 없으므로 무관(無官)사주입니다. 그런데 기축년(己丑年) 축미(丑未)충이
될 때 혼인하였습니다. 그러므로 이 여자 분은 인수운에 결혼을 한 셈이죠.
그런데 인성운은 말 그대로 문서(文書) 운입니다. 하지만 사람들이 인성운에
도 결혼할 수 있다고 믿는 이유는 이 문서를 결혼 혼인문서로 보기 때문입
니다. 문서 운에는 취업문서, 사직문서, 발령문서, 입학문서, 혼인문서 등이
있습니다. 특히 이 문서가 혼인문서에 해당하려면 곧 다른 주변을 둘러보
고 결혼 운이 될 만한 사건들을 읽어 내야 합니다.

그래서 이 문서가 혼인문서임을 파악할 수 있는 것입니다. 이 팔자는 여자
인데 경금(庚金)일간이므로 병정화(丙丁火)가 남편이 됩니다. 그런데 팔자에
는 무관(無官)이라 남자가 없는 구조로 되어 있습니다. 이런 경우는 미토(未
土)의 있는 정화(丁火)가 내 남편이 되는 것입니다. 세운에서 축토(丑土)가 등
장하면서 월지 미토(未土)와 축미충(丑未沖)을 해줘야 합니다. 그래서 미(未)
중 정화(丁火)를 인출(引出)을 할 수가 있는 것이죠. 그 결과 이 기축년(己丑年)
의 인수 기토(己土)는 혼인문서로 해석하는 것입니다.

11 토중목절(土重木折)에서 곡각살(曲脚殺)이 중첩이 되면 목(木)의 근본이 제거가 된다

時	日	月	年	세운	대운	곤명
식신		편관	편재	겁재	상관	六神
辛	己	乙	癸	戊	庚	天干
未	未	丑	丑	戌	午	地支
비견	비견	비견	비견	겁재	편인	六神
곡각살	곡각살	곡각살				

이 여자 분은 경오(庚午)운 무술년(戊戌年)에 이혼을 하였습니다.
이 명조에서 이혼하게 된 원인을 찾을 수 있겠습니까?

이 사주는 축토(丑土)에서 신금(辛金)이 투출하였으므로 식신격(食神格)을 구성
합니다 그런데 월간의 을목(乙木) 편관(編官)이 존재하면 식신대살(食神帶殺)의
구조이지만, 재생살(財生殺)하고 일지(日支)와 시지(時支)에 미토(未土) 2개는
관고(官庫)로 작용하므로 남편운이 불리한 것입니다. 더구나 축(丑)과 미(未)
는 곡각살(曲脚殺)이죠 乙,己,巳,丑를 곡각이라 말하는데 다토(多土)의 상(像)
에서 만난 을목(乙木)이 곡각살로 구성이 되면 을목(乙木)은 꺾이게 됩니다.
이것을 토중목절(土重木折)이라 합니다. 토중목절이라는 것은 "토(土)가 많아
서 목(木)이 꺾인다"는 용어입니다. 그러므로 토중목절의 상(像)에 곡각살(曲
脚殺)이 중첩(重疊)이 되면 을목(乙木)은 도륙(屠戮)질 당하게 됩니다. 그로 인
해 을목(乙木)에 해당하는 육친의 변동(變動)이 발생하였습니다.
경(庚)대운에는 을경합거(乙庚合去)라 관합(官合)에 해당하니 관살(官殺) 제거
라 보는데 마땅히 남편 문제가 대두되게 됩니다.

남편 변고(變故)이거나 관살에 해당되는 사건이 발생할 수 있습니다.

시기적으로는 무술년(戊戌年)에 가능성이 높습니다. 왜냐하면 무술년(戊戌年)에는 축술미(丑戌未) 삼형이 결성이 되는데 그렇게 되면 곡각이 형충을 만났으므로 흉기 하는데 관고(官庫)가 열리고 을목(乙木)의 입고(入庫) 가능성이 높다고 보면 됩니다.

【핵심정리】

乙, 己, 巳, 丑을 곡각의 글자라고 한다. 글자 자체가 구부러지거나 꺾여 있어서 곡각(曲脚)이라고 한다. 곡각살은 순수한 의미로 보면 뼈가 부러지고 굽고 수족을 다치거나 장애가 발생한다.

그래서 사주에 곡각살이 있으면 골절, 관절염, 류마티스, 허리디스크 등에 걸리기 쉽겠지만 여기에 국한(局限)하지 말고 넓은 의미로 해석해야 한다. 곧 곡각살(曲脚殺)이 어느 육친성에 몰려 있다면 해당되는 육친의 근심이 있을 수 있다. 삼형(三刑)과 연계 되면 몸에 꺾이는 부위인 관절, 뼈마디 수족 등에 문제가 발생하기도 하고 해당 육친이 꺾이는 작용을 해서 사망에 이르기도 한다.

천간	乙	己
지지	巳	丑

12 어려서 편재(偏財)는 부친이고, 성장해서는 처(妻)가 된다.

時	日	月	年	건명
인수		편재	인수	六神
丙	**己**	**癸**	**丙**	天干
寅	**酉**	**巳**	**戌**	地支
정관	식신	인수	겁재	六神
戊庚丙	辛	丁戊		지장간

이 명조는 부친이 첩실(妾室)을 얻어 이복형제를 두었고 성가(成家)해서는 처가 외간 남자와 사통(私通)하여 본처와는 이별하고, 재취(再娶)한 명조입니다. 이러한 사실을 육친법으로 확인이 가능하겠습니까?

이 남자 분은 처가 쪽 집안이 명문가의 여자였는데 이혼한 후에 다시 재취(再娶)하여 여자를 만났는데 역시 최상의 여자를 만났다고 합니다. 이것은 재성(財星)이 길성이기 때문입니다. 복음홍광(伏吟弘光)의 흉상(凶像)을 막아주는 계수(癸水)가 길신임에는 분명한 것입니다. 하늘에는 군주가 2명이 될 수 없는 것이니 태양이 두 개이면 태양 빛이 서로의 빛을 가리므로 오히려 세상은 혼란해지고 어두워지게 됩니다.

그러므로 병화(丙火) 하나를 잡아 주어야 마땅한 것이므로 월간(月干)의 계수(癸水)의 출현은 길신이 되는 것입니다. 그런데 이 사주는 월상 계수(癸水)가 편재이므로 편재는 부친이고 성가(成家)해서는 처가 됩니다.

년상의 병화(丙火)는 모친이고 계수(癸水)는 부친인데 계수(癸水)와 동주하는 사화는 부친의 숨겨진 여자이니 아버지의 첩실이 됩니다.

이것은 사중(巳中)에 무토(戊土) 겁재로서 무계(戊癸) 명암합하니 부친은 첩실에게 자식을 갖는다는 의미입니다. 부친이 첩(妾)을 두고 첩에게 자식까지 얻게 되자 부모가 일생동안 원수같이 살았다는데 그것은 부성(父星)과 모성(母星)인 계수(癸水)와 병화(丙火)가 사술(巳戌) 원진에 걸려 있기 때문입니다.

또한 성장해서는 계수(癸水)가 처(妻)가 되는데 사중 무토(戊土)와 암합하니 이것은 처가 겁재 외간 남자와 몰래 만나는 상(象)이 됩니다. 그러므로 41세 무(戊) 대운에 무계합거로 변하니 처가 외간 남자와 사통(私通)으로 이혼하고 재취(再娶)하였습니다.

13 재성이 병재(病財)가 되면 내 처가 파란만장(波瀾萬丈)하다

時	日	月	年	건명
겁재		편재	편재	六神
丙	**丁**	**辛**	**辛**	天干
午	**酉**	**丑**	**丑**	地支
비견	편재	식신	식신	六神

73	63	53	43	33	23	13	3	
癸	甲	乙	丙	丁	戊	己	庚	대운
巳	午	未	申	酉	戌	亥	子	

이 남자분의 사주는 중국의 명리학자인 위천리가 간명한 중국인 장(張)씨의 명조이다. 장씨는 24살이 되어 동창모임에서 한 여자를 만나 결혼하게 된다. 그런데 29세 경오년(庚午年)에 부인이 도박에 빠지게 되었고 침식을 폐하면서 도박을 하다가 1년이 되지 않아 사재(私財)를 모두 탕진하고 건물에서 뛰어내려 자살하였다.

이 명조는 축(丑)중에서 신금(辛金) 편재(偏財)가 양 투출하였고 일지궁(日支宮)에 유금(酉金) 편재(偏財)가 놓여 유축합(酉丑合)을 하는 까닭에 재국(財局)을 형성했습니다. 다만 신축(辛丑)은 자좌 입고지가 2개로 동주묘에 해당하므로 병재(病財)라 할 수 있습니다. 재성(財星)이 병재(病財)가 되면 내 처(妻)는 파란만장(波瀾萬丈)한 일생을 살다가므로 곡절(曲折)과 시련(試鍊)이 많게 됩니다. 이런 명조는 신약(身弱)하면 만사(萬事)가 불사(不事)이므로 이루는게 없게 됩니다.

따라서 반드시 시주에서 병오(丙午)를 얻는 것은 타당하다고 볼 수 있습니다. 그러나 재왕(財旺)한데 신강(身强)한 것은 겁탈자의 모습을 갖추는 상(像)이라 극부(尅父) 극처(尅妻)하는 팔자가 됩니다.

따라서 【적천수】에서 말하기를 부자가 되려면 **"재강신강 관성위재(財旺身强 官星衛財)"**라 하였는데 이것은 부자가 되려면 신강해서는 안되고 신강을 극제(尅制)해주는 관성의 보호가 있어야만 재강(財强)을 다스릴 수 있다고 본 것입니다.

고로 이 명조의 결함은 관성(官星) 부재(不在)이니 기해(己亥)대운 북방수운(北方水運)에는 일이 순조롭다고 볼 수 있겠으나 무술(戊戌)대운에 이르게 되면 축술형(丑戌刑)으로 병재(病財)가 동(動)하게 됩니다. 병재(病財)가 움직이면 겁재(劫財)가 재성을 겁탈하기 시작합니다.

경오년(庚午年) 29세에 축오(丑午)귀문(鬼門) 2개가 몰려드는데 자제(自制)하기 힘들겠고 그 다음 해에는 신미년(辛未年) 30세이므로 이것은 축술미(丑戌未)삼형의 발동이라 흉액은 피할 수 없어 그 해를 넘기진 못했을 것으로 추리합니다.

時	日	月	年	건명
겁재		겁재	겁재	六神
戊	**己**	**戊**	**戊**	天干
辰	**未**	**午**	**申**	地支
겁재	비견	편인	상관	六神
乙	丁	丙	戊	
癸	乙	己	壬	지장간
戊	己	丁	庚	

남편 사주가 무재(無財)팔자라 그런지 남편이 회사에서 3년 정도에 한 번씩 지방으로 발령이 나요. 그래서 주말부부로 지내는데 떨어져 지내는 동안에 남편의 생활이 궁금합니다. 혹시 다른 여자가 생기질 않을까 해서요. 내 팔자를 보고 남편의 동향을 파악할 수가 있을까요?

이 명조의 육친관계를 알아보도록 하겠습니다.
이 팔자에서 신중(申中) 임수(壬水)와 진중(辰中) 계수(癸水)라는 2개의 처성(妻星)이 존재합니다. 과연 이 둘 중에 누가 정부인(正夫人)이 되겠습니까. 이 명조에서 시지(時支) 진(辰)중의 계수(癸水)는 무토(戊土) 겁재와 무계(戊癸)암합이 됩니다. 이것은 무슨 의미냐 하면 남편 있는 여자라는 말이죠. 곧 유부녀(有夫女)이고 이런 구조는 남편이 만나더라도 친구 정도 생각하며 만날 수는 있는 동료관계라 보시면 됩니다. 이 팔자는 신(申)중의 임수(壬水)가 정재(正財)이므로 정부인이 됩니다.

이것을 어찌 아냐면 일지 미(未)중 을목(乙木)이 관살이므로 남자에게는 자녀가 되고 경금(庚金) 상관은 장모(丈母)에 해당합니다.

그 을목(乙木)하고 신(申)중 경금(庚金)이 을경(乙庚)암합하죠 무슨 의미인가요. 자녀와 조모 혹은 장모가 동거중이라는 뜻입니다. 경금(庚金)은 외할머니 혹은 장모가 되는데 임수(壬水)를 금생수(金生水)하죠. 이것은 임수(壬水)가 경금(庚金)의 딸이라는 말을 하고 있는 것이므로 외할머니가 되는 것입니다. 그러므로 임수(壬水) 정재(正財)가 아내가 되고 경금 상관은 임수(壬水)의 모친(母親)이 되는 겁니다. 다른 책에서는 식신을 장모(丈母)라고도 하고 상관은 조모(祖母)하고도 하여 차이가 있는데 직접적으로 아내를 생조하는 십신은 모친이 되므로 상관을 장모(丈母)라고 보면 큰 무리는 없습니다.

【핵심정리】
위의 사주는 군겁쟁재(群劫爭財)의 상(像)이 되기 때문에 극처(剋妻)하는 팔자로 보아서 부부운이 불리(不利)한 것이다. 따라서 처성(妻星)이 지장간에 숨어 있는 것은 오히려 처성 입장에서는 유리한 조건이라 보면 된다. 만약 부부가 같은 공간에서 생활한다면 군겁(群劫)은 반드시 일어나기 때문에 싸울 일이 많아진다.

아내 사주에서 고집이 세면 남편의 도발에 맞받아치는 경우가 많아서 부부해로가 어려운 것이다. 따라서 이러한 군겁쟁재가 된 팔자는 개운법으로 기러기 부부가 되는 것도 좋은 방법이다.

15 성공할 자식이 있다는 것을 어떻게 알 수 있나요?

時	日	月	年	건명
정관		상관	편재	六神
庚	**乙**	**丙**	**己**	天干
辰	**丑**	**子**	**亥**	地支
정재	편재	편인	정인	六神

이 분의 자녀분은 국내는 물론 세계적으로도 유명한 베스트셀러 작가입니다. 육친법에서 여자는 식상관이 자녀성에 해당이 되고 남자에게는 관성이 자녀성에 해당이 됩니다.

그런데 이 분은 일간(日干) 을목(乙木)이 시간(時干)의 경금(庚金)과 을경합(乙庚合)으로 득관(得官)의 상(像)을 가지고 있는 팔자이죠. 득관(得官)이라는 것은 정관이 나하고 합을 했다는 말이므로 나에게 명예롭다는 뜻으로 이해하시면 됩니다. 그런데 경금 자녀성이 시주에 놓인 것이므로 자식궁에 자녀성에 제대로 안착(安着)이 된 구조입니다.

또한 경진(庚辰)이므로 재생관(財生官)이 된 모습이죠, 이것은 재물을 벌어 명예를 얻는다고 보는 것입니다. 재생관(財生官)의 의미는 재성이 정관을 왕성하게 생조하는 구조가 되기 때문에 처의 도움으로 본인이 성공한다는 뜻이 있어서 처복(妻福)을 기대할 수 있습니다. 또한 명예를 얻거나 자식의 성공을 짐작할 수 있습니다.

16 식신대살을 훼방하는 오해(午亥)암합

時	日	月	年	세운43	대운34	곤명
편재		겁재	편관	편인	정재	六神
己	乙	甲	辛	癸	戊	天干
卯	亥	午	酉	卯	戌	地支
바견	인수	식신	편관	비견	정재	六神

이 여자 분은 무(戊)대운 초에 모친이 암에 걸리셨다가 다행히 치유되었습니다. 그러나 아들은 계속 병원치료 중이라고 합니다. 임인(壬寅)년에는 아버지가 갑자기 돌아가셨습니다. 어머니 건강도 안 좋다고 합니다. 무술대운에 이런 상황을 당하는 이유를 알 수 있겠습니까?

이 사주는 년주가 신유로 편관을 구성하였는데 무술(戊戌)대운을 만나게 되면 재생살(財生殺)운이라 흉운(凶運)이 분명하므로 그 피해(被害)가 나타날 것입니다. 특히 육친법에서 모친과 자녀의 병질환을 어디서 찾을 수 있을까요. 이 명조에서는 모친성은 해수(亥水)이고 자녀성은 오화(午火) 식신(食神)이 해당이 됩니다.

이게 오해암합(暗合)으로 서로 암극(暗剋)이 되어 있습니다. 곧 오중(午中)의 정화(丁火)와 해중(亥中)에 임수(壬水)가 정임합거(丁壬合去)가 된 것이므로 임수(壬水) 모친과 정화(丁火) 자식성이 합거(合去)가 된 것입니다. 합거(合去)라는 것은 묶인다는 뜻이므로 무력(無力)하다고 보면 됩니다. 이 명조는 오화가 식신이므로 칠살을 견제하여 제복하는 구조이므로 식신대살(食神帶殺)입니다.

그러므로 식신대살(食神帶殺)에서는 오화(午火) 식신(食神)이 칠살을 제살(制殺)을 하는 글자이므로 상당히 중요한 글자가 되는 것입니다. 그러나 그 옆에 붙은 해수(亥水)가 암합(暗合)하여 제살(制殺)하는 오화(午火) 식신(食神)을 방해하는 것입니다. 이러한 것을 재인불애(財印不碍)의 실패처럼 보았는데 인수와 식신의 두 상신이 상쟁하면 헛된 것이라 쓸 수가 없다고 말했던 것입니다.

그러므로 이 명조는 식신대살의 구조를 보이지만 인식합극이라 파격(破格)이라 보면 됩니다. 또한 파격시키는 두 글자가 오해(午亥)암합(暗合)이 된 자녀와 할머니이므로 일간의 파격 당하는 운명에 두 육친이 병중으로 나타나 일간을 괴롭히게 되는 이치입니다.

【핵심정리】

재성은 인수를 극하고 인수는 재성에 피상(被傷)을 당하는 것이므로 재인동림(財印同臨)은 원칙적으로 있을 수 없지만 간혹 재인불애가 있을 수가 있다. 재인불애(財印不碍)라는 것은 인수와 재가 동림하여 있어도 장애가 없을 때가 있다는 뜻이다. 그러나 만약 재인불애에 실패하게 되면 재성이 인수를 극하여 파국이 된다. 특히 재성과 인수가 합거하여 모두 쓸 수 없게 되는 흉한 구조를 재인장애(財印障礙)라 한다.

17 제왕절개(帝王切開)로 태어난 흔적을 어디서 알 수 있나요

時	日	月	年	건명
정재		편재	식신	六神
甲	**辛**	**乙**	**癸**	天干
午	**卯**	**卯**	**卯**	地支
편관	편재	편재	편재	六神

이 남자 분은 부모가 맞벌이를 하고 외가(外家)가 엄청난 부자입니다. 그런데 이분이 자연분만이 아닌 제왕절개(帝王切開)로 태어났다는 것을 사주로 확인할 수 있는 방법이 있겠습니까?

이 명조를 풀어보면 신(辛)일간이 묘월(卯月)에 태어나면 왕상휴수사(旺相休囚死)로 수(囚)가 되는 오행입니다. 인묘(寅卯)월의 봄은 왕목(旺木)이므로 이 계절에 태어난 금(金)은 약하여 물러지게 된다고 합니다. 그런데 그런 왕목(旺木)을 일간의 금(金)이 극하게 되면 오히려 일간이 갇히게 되므로 마치 감옥에 들어가 있듯이 수(囚)에 들어가는 것이 됩니다. 그리되면 신묘(辛卯)일주에서는 지지가 절각(截脚)이 되는 겁니다. 그것도 년지(年支)와 월지(月支) 일지(日支)가 모두 절각(截脚)이고 시지(時支)의 오화(午火)도 병지(病地)이니 일간은 수(囚)에 걸려 있다고 봐야죠. 더구나 이런 상태에서 을신충(乙辛沖)을 만나게 되면 음간(陰干)인 일간이 종(從)하지 못할 이유가 없다고 생각합니다. 그러므로 기명종재(棄命從財)라고 판단해 봅니다. 그러므로 이 사람은 재성에 종(從)하였은 즉 재기통문(財氣通門)한 사람이니 큰 부자로 나갈 수 있는 조건은 갖춘 사주입니다.

그런데 육친법을 살펴보면 계수(癸水) 식신(食神)은 외조부에 해당합니다. 곧 이사람의 재기통문은 년간의 계수(癸水)가 물을 뿌려주는 환경이므로 외조부가 지원하는 재산가임을 알 수가 있습니다. 이 명조가 종재(從財)가 되려면 일간이 스스로 목숨을 버리도록 해야 합니다. 그게 기명(棄命)입니다.

그래서 종재(從財)에서는 인수와 비겁이 철처하게 봉쇄가 되어야 좋은 겁니다. 따라서 오(午)중의 기토(己土) 인수가 살아 있으면 안 좋은 것이죠. 그래서 암합(暗合)을 보는 겁니다. 묘오(卯午)가 암중(暗中)으로 갑기(甲己)암합(暗合)이므로 나중이라도 기토(己土) 인수가 종재(從財)를 훼방하질 못하게 차단하는 작용을 하는 겁니다. 이런 면에서 인수의 작용이 종재(從財)를 훼방하지 못하는 구조이므로 이 명조에서는 오히려 인수가 길하게 바뀌어 있다고 보는 겁니다.

무슨 뜻인가 하면 만약 인수가 살아 있어서 투출되면 모친으로 인해 종재(從財)가 훼방을 받게 되는 것이라 모친과 사이가 불화될 수 있겠지만 암합(暗合)이 된 경우라 모친 불화의 염려가 없다는 점입니다.

18 부친 사망의 근거는 편재 동주고(同柱庫)이다

時	日	月	年	세운4	곤명
편재		편관	겁재	식신	六神
乙	辛	丁	庚	癸	天干
未	酉	亥	戌	丑	地支
편인	비견	상관	정인	편인	六神

이 명조는 을목(乙木)이 편재(偏在)이므로 부친에 해당이 됩니다. 그런데 을 신충(乙辛沖)이 되어 있고 을미(乙未)는 백호살이며 편재 동주고(同柱庫)에 해당합니다. 동주고(同柱庫)가 백호(白虎)이면 미토(未土)에 입고(入庫)되는 당사자가 백호의 혈광사를 당할 우려가 높습니다.

그래서 이런 유형은 극부(剋父)극재(剋財)한다는 팔자가 되는 것입니다. 고로 이 명조의 근심은 부친의 안위(安位)가 최우선인 것입니다. 계축년(癸丑年)에 축술미삼형 혹은 축미충이면 을목(乙木)이 입고(入庫)가 되는 것입니다. 편재 입고이므로 편재 육친인 부친의 사망, 감금, 입원 등이 발생할 것으로 보면 됩니다.

그러므로 부친이 4살 때 돌아가셨습니다. 다만 을미동주고가 시주라 부친의 횡액수는 늦게 찾아와야 하지만 계축년(癸丑年)의 축술미(丑戌未)삼형을 만나 횡액수를 유발한 것이므로 부친 횡액이 일찍 당겨져 찾아 온 것입니다.

19 조부(祖父)의 작첩(作妾)을 보는 방법

時	日	月	年	곤명
상관		상관	상관	六神
乙	壬	乙	乙	天干
巳	申	酉	亥	地支
편재	편인	정인	비견	六神
역마		도화		신살

사주 천간에 상관(傷官)이 즐비하게 등장이 된 구조입니다. 그런데 상관은
조모(祖母)에 해당이 되므로 이것은 조모(祖母)의 인연이 본인과 깊게 나타난
다는 증거가 됩니다. 왜냐하면 유중(酉中)의 경금(庚金)은 편인으로 조부(祖
父)에 해당이 됩니다. 곧 암중(暗中)의 조부가 천간의 상관(傷官) 을목(乙木)과
을경(乙庚)명암합(明暗合)하는 구조인 것입니다. 이것은 할머니와 할아버지
가 부부관계임을 증명하는 구조입니다.

그런데 년간과 월간에 상관 을목이 2개로 연달아 존재한다는 것은 조부가
처첩(妻妾)을 두었다는 정황을 알 수가 있게 됩니다. 왜냐하면 조부(祖父)가
되는 유금(酉金)은 도화살이 되는데 여러 명의 상관과 을경합(乙庚合)하는 상
(像)이므로 조부의 처첩 활동이 있었다고 보는 것입니다. 그러므로 일찍이
조부(祖父)는 두 명의 조모(祖母)를 두었다고 말을 하였습니다.

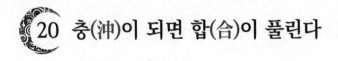

20 충(沖)이 되면 합(合)이 풀린다

時	日	月	年	세운34	대운32	곤명
정인		정인	정재	편관	정재	六神
甲	丁	甲	庚	癸	庚	天干
辰	卯	申	戌	未	辰	地支
상관	편인	정재	상관	식신	상관	六神
	戊壬庚	辛丁戊				지장간

32 경진대운(庚辰大運) 중 34세 계미년(癸未年)에서 갑오년(甲申年) 1월(月)에 남편과 사별하였습니다.

이 여자 분은 무관(無官)사주이므로 남편과 인연은 깊지 않다고 봐야 합니다. 그런데 신중(申中)의 임수(壬水)가 장간(藏干)의 남편으로 정임(丁壬)암합(暗合)합니다. 그래서 유정(有情)하여 결혼할 수 있었습니다.
그런데 술(戌)중의 정화(丁火) 비견(比肩)도 정임(丁壬)암합(暗合)하므로 빼앗길 염려가 있는 육친입니다. 계미년(癸未年)에 정계충(丁癸沖)이므로 충(沖)이 되면 합(合)이 풀려, 잡고 있던 손을 놓치게 됩니다.

고로 정임합(丁壬合)이 풀린 남편성은 암장(暗藏)으로 깊숙이 들어갑니다. 즉 지지는 술미형(戌未刑)이므로 술토(戌土)를 동(動)하게 하는데 역시 일간(日干)의 고(庫)이므로 고통이 오는 해입니다.
따라서 본인이 다쳐 병원에 입원하던지 아니면 다른 가족의 문제로 고통을 받게 됩니다.

최강의 포식자 論

刑沖會合

제4장

종합적인 질병론(疾病論)

1 십간, 십이지의 신체 배당

(1) 십간의 신체 배당

천간	甲	乙	丙	丁	戊	己	庚	辛	壬	癸
연해	간	쓸개	소장	심장	위	비장	대장	폐	방광	신장
자평	머리	목덜미	어깨	심장	옆구리	배	배꼽	넓적다리	정강이	발
삼명	쓸개	간	소장	심장	위	비장	대장	폐	방광	신장
통회	머리	정수리	어깨	심장	갈비	배	배꼽	넓적다리	정강이	발

(2) 십이지의 신체 배당

지지	연해자평	삼명통회
子	아랫 배	방광 요로 귀 음부
丑	복부	비장 복부 다리
寅	팔	쓸개 모발 맥 혈관 양손
卯	눈 손	간 손가락 옆구리
辰	등 가슴	피부 어깨 가슴 팔
巳	얼굴 치아	얼굴 목구멍 치아 항문 어깨
午	심장 배	눈 정신 머리
未	비장 가슴	위 횡경막 척추 팔 어깨
申	기침병	대장 폐 경락 팔
酉	간 등	정혈 피 소장 옆구리
戌	폐	명치 복사뼈 발 넓적다리
亥	간 머리	머리 콩팥 다리

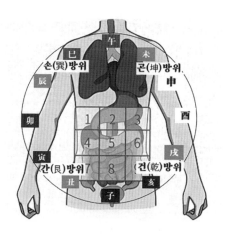

(3) 삼명통회에서 언급한 질환의 종류들

【명학지남(命學指南)】에 말하되 무릇 오행이 중화되고 유통되면 평생 병이 없을 것이라 말하였는데 곧 마땅히 억제할 것은 억제하고 마땅히 부축할 것을 돕는다면 건강할 것이고 사주에 기신이 있어도 제화(制化)가 된다면 좋고 희신이 손상을 입지 않고 운이 순조롭다면 이런 경우라면 평생 병이 없을 것이라 말하였습니다. 반대로 오행이 편고하지 않는데 억부는 적당하지 않고 사주에 충극이 많은데 상하가 통하지 않아 착란되고 운이 거역한다면, 질병을 앓을 팔자라고 언급하였습니다.

목화토금수(木火土金水)의 오행은 간, 심장, 지라, 폐, 콩팥의 오장을 대표하므로 어떤 오행이 손상을 입으면 그 오행이 대표하는 오장에 질환이 생기게 됩니다. 예컨대 토(土)는 지라와 위를 대표하는데 기신 목(木)이 토(土)를 극하면 지라와 위에 병이 생기게 됩니다. 금(金)은 대장과 폐를 대표하는데 기신 화(火)가 금(金)을 손상 입힌다면 대장과 폐에 병이 생길 수 있습니다.

또한, 수(水)는 방광과 콩팥을 대표하는데 기신 토(土)가 수(水)를 손상한다면 방광과 콩팥에 병이 발생합니다. 목(木)은 간과 쓸개를 대표하는데 기신 금(金)이 목(木)을 극한다면 간과 쓸개에 병이 생길 수 있습니다.

화(火)는 소장과 심장을 대표하는데 기신 수(水)가 화(火)를 손상하면 심장과 소장에 병이 생기게 됩니다. 그러나 반드시 위의 설명이 맞는 것은 아닙니다. 왜냐하면 부족할 때도 병이 생기지만 남아돌아도 병이 되기 때문입니다.

예컨대 토(土)가 태왕하면 목(木)이 토(土)를 극해야 좋은데 극할 역량이 없다고 한다면 토(土)가 남아 돌아서 토(土)가 대표하는 위와 지라에 병이 생기는 것입니다. 만약 습한 토(土)가 남아돈다면 겨울과 봄에 병이 생길 것이고 건조한 토(土)가 남아돈다면 여름과 가을에 병이 생길 것입니다.
토(土)가 부족하여 병이 생기는 경우에는 습토가 부족할 때는 여름과 가을에 생기고 조토가 부족할 때는 겨울과 봄에 생깁니다. 병(病)이 지지에 깊이 숨어 있는데 충극 제화가 되지 못하여 살아 있으면 아주 심각한 질병이 있고 기신이 천간에 있고 지지에 통근하지 못하여서 쉽게 제화할 수 있다면 그 병은 쉽게 치유할 수 있습니다.

또한 말하기를 사주에 기신이 중첩되어 있는데 충하거나 합하여 기신을 거듭 데리고 온다면 질병으로 고생하고 희신을 충거하여 기신이 무리를 이루는데 운에서 다시 기신이 도래한다면 사주에 기신을 제화하는 것이 없는 한 대흉하여 질병으로 사망할 우려가 있다고 하였습니다. 칠살이 강하여 양인에 의지하는 사주에서 양인이 충을 당하면 흉사(凶事)하고 도화가 칠살이나 양인과 동주하면서 충이 되고 이것을 해소하지 못한다면 간음하다가 죽을 수 있습니다.

역마가 충이 되는데 이 충을 해소하지 못한다면 길을 가다가 이역만리(異域萬里)에서 객사(客死)할 수 있습니다. 또 대운이나 유년에서 기신을 충할 때 기신이 더욱 격노하여 날뛰고 희용신이 모두 상해를 당하는 이유는 사주에 제화(制化)하는 것이 없기 때문입니다.

이렇게 되면 매우 흉하게 됩니다. 무릇 운에서 사주를 충극하면 가볍고 사주가 운을 충극하면 무거우며 운에서 기신이 와서 사주의 희신을 충하면 무겁고 운에서 희신이 와서 사주의 기신을 충하면 가볍게 됩니다. 그러나 사주의 기신이 격노하면 오히려 흉한 것은 왕신충발할 수 있기 때문입니다.

무릇 오행은 사절(死絶)의 십이운성을 만나면 질병이 생기는데 수(水)가 사절(死絶)되면 콩팥에 병이 생기고 화(火)가 사절되면 정신불안·놀람증·건망증·내장결색 등의 병이 생기고 목(木)이 사절되면 중풍·안질·현기증·근육경련·손톱발톱의 부스러짐 등이 생기고 금(金)이 사절되면 천식·해소·모피건조증·관절염·설사·변비 등이 생기고 토(土)가 사절되면 황달·식욕감퇴·사지무력·눕고 싶고 졸리는 것·잡념·귀울림·건망증·움직이기 싫음 등의 병이 생긴다고 합니다.

【촉신경(燭神經)】 이르되 시(時)가 일(日)을 극하면 감당하기 어려우니 결국은 질병으로 고생을 면치 못하는데 금목(金木)이 싸우면 뼈에 질병이 생기고 수(水)가 화(火)를 이기면 눈병 안질이고 금수가 사(死)하면 풍이 발생하고 토(土)가 많고 수(水)가 적으면 아랫배에 병이 들고 토(土)가 목(木)에 의해 극을 당하면 비위가 약하고 화(火)가 금(金)을 이기면 눈에 핏발이 서고 금(金)이 수(水)에 가라앉으면 수액(水厄)이고 수(水)가 적고 화(火)가 많으면 목이 마르고 화(火)가 많고 토(土)가 적으면 간질병고 수(水)가 가득하고 화(火)가 없으면 목숨을 연장하기 어렵고 금(金)이 절(絶)이면 사지(四肢)에 손상이 있을 수 있습니다. 또한 대장(大腸)의 병은 병정(丙丁)이 경금(庚金)을 손상한 까닭이라 말합니다.

또한 【금옥부(金玉賦)】에서 이르되 목(木)이 금(金)에 의해 극를 당하면 허리와 옆구리에 병(病)을 앓고 화(火)가 수(水)에 의해 극을 당하면 안질이 생기고 삼합한 화(火)가 경신금(庚辛金)을 극하면 얼굴의 손상과 피고름이 나오는 질병을 앓게 되고 금화(金火)가 서로 자극하면 심장과 폐의 병이 생기고 목(木)이 토(土)를 자극하면 비, 위가 상하고 지지가 수(水) 천간이 화(火)인데 수(水)운이 오면 복부와 심장에 자극을 받고 천간에 수(水)인데 화(火)가 강한 운이 오면 눈에 치명을 자극하고 화토(火土)가 조열한데 수기(水氣)가 부족하면 머리털에 손색을 입거나 눈이 어둡게 됩니다. 심장병은 말을 못하고 간장병은 눈이 보이지 않고 지라병은 음식을 먹지 못하고 폐병은 냄새를 맡지 못하고 신장병은 들리지 않는다고 하였습니다.

【계선편(繼善篇)】에 이르되 금(金)이 약한데 화(火)가 치열하면 혈질(血疾)을 앓고 토(土)가 허한데 목(木)이 왕하면 지라가 상하며 목(木)이 금(金)에게 자극을 받으면 근육 및 관절통이 생기며 눈이 어두운 것은 화(火)가 수(水)의 자극을 받기 때문이라고 설명합니다.

2 건강과 질병을 간단하게 진단하는 법

(1) 목허(木虛)

목(木)이 허(虛)하다고 말한다면 간과 담이 고장이 났다는 뜻입니다.

사주(四柱)를 열었는데 갑신(甲申), 을유(乙酉), 인신(寅申), 을신(乙辛), 인유(寅酉), 묘신(卯申), 묘유(卯酉)가 있다면 금극목(金克木)의 현상이 심하게 보이는 배합입니다. 이것은 바로 간, 담, 관절, 눈, 신경정신, 용종(茸腫) 등의 질병이 올 수 있습니다.

목(木)은 간, 담, 눈, 신경정신을 의미하므로 이것을 금(金)이 치는 형국이니 해당되는 부위에 질병이 온다는 것입니다.

(2) 화허(火虛)

심장과 소장을 뜻하는 화(火)가 허(虛)하다는 것은 그 부위에 병이 있다는 의미입니다. 사주를 열었는데 병신(丙申), 병자(丙子), 사신(巳申), 자오(子午), 사해(巳亥), 자사(子巳), 병술(丙戌), 정해(丁亥)가 있다면 화극금의 현상이 심하게 보이는 사주배합입니다. 이것은 심장, 소장, 혈압계통심장, 소장, 뇌졸증, 혈압, 홧병, 무병 등의 질환이 올 수가 있습니다. 화(火)는 심장, 소장을 말하는데 이것을 수(水)로 극하는 형세이니 해당이 되는 부위에 질병이 온다는 것입니다.

(3) 토허(土虛)

위장과 비장을 뜻하는 토(土)가 허(虛)하다고 말한다면 그 부위에 질병이 있다는 말이 됩니다. 사주를 열었는데 무인(戊寅), 기묘(己卯), 인미(寅未), 묘신(卯申), 인신(寅申)이 있다면 목극토의 현상이 심하게 보이는 사주배합구조입니다.

토(土)는 위장, 비장, 염증, 종양 등의 질병이 올 수 있는데 이것을 목(木)으로 극하니 해당이 되는 부위에 질병이 온다는 것입니다

(4) 금허(金虛)

대장과 폐를 의미하는 금(金)이 허(虛)하다고 말한다면 대장과 폐가 약하다는 뜻입니다. 사주를 열었는데 경오(庚午), 신사(辛巳), 사신(巳申)이 있다면 화극금현상이 심하게 보이는 사주배합입니다.

금(金)은 대장, 폐, 코를 의미하는데 이것을 화(火)가 극하니 해당이 되는 부위에 질병이 올 수 있습니다.

(5) 수허(水虛)

신장과 방광을 의미하는 수(水)가 허(虛)하다고 말한다면 신장계통을 의심해봐야 합니다. 사주를 열었는데 계축(癸丑), 계미(癸未), 임술(壬戌), 임신(壬申), 신해(辛亥), 자미(子未), 해미(亥未)가 있다면 신장, 방광, 성병, 냉대하, 생리통 등의 질병이 찾아 올 수 있습니다. 이것은 토극수의 현상이 심하게 보이는 사주배합이기 때문입니다.

수(水)는 신장과 방광을 의미하는데 이것을 토(土)로 극하니 이것에 해당이 되는 부위에 질병이 온다는 것입니다.

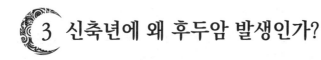

3 신축년에 왜 후두암 발생인가?

時	日	月	年	세운	대운58	건명
비견		편관	겁재	식신	식신	六神
己	己	乙	戊	辛	辛	天干
巳	丑	卯	戌	丑	酉	地支
정인	비견	편관	겁재	비견	식신	六神

이 남자 분은 신축년(辛丑年)에 후두암에 걸렸습니다. 을신충(乙辛沖)이면 목
(木)손상인데 왜 후두암 일까요?

이 명조에서 월주의 을묘(乙卯)는 칠살격(七殺格)입니다. 그러면 칠살(七殺)을
제복(制伏)하는 것을 원칙으로 삼아야 합니다. 칠살의 제화(制化) 여부에 따
라 격의 성패(成敗)가 결정이 나는 것입니다. 그런데 이 사주는 을묘(乙卯) 왕
목(旺木)을 제복(制伏)할 수 있는 금(金) 식신이 없으므로 사화(巳) 인수로 화
살(化殺)하는 방식을 선택하였습니다. 중요한 점은 제복하는 두 길신이 장애
가 되면 안 되는 점입니다.

그런데 이 사주에서 보면 일시지(日時支)가 사축(巳丑)이므로 만약 대운에서
유금(酉金)을 만나게 된다면 사유축(巳酉丑) 삼합(三合)이 결성이 될 수 있는
구조를 가진 것입니다. 곧 사화(巳火) 인수(印綬)가 제거가 되는 겁니다.

그 시기가 신축년이 속해 있는 유금(酉金)대운입니다.
유금(酉金)을 만나면 사유축(巳酉丑)으로 금기(金氣)가 강해집니다.

신축년(辛丑年)이면 다시 을신충거(乙辛沖去)가 발생합니다. 이것은 왕목(旺木)과 금국(金局)의 대립을 이루므로 금목(金木)상쟁하게 됩니다. 이와 같은 유형은 천지(天地)법도에 위배(違背)가 되는 것이니 신축년(辛丑年)에 질환 발생이 되는 것입니다.

그런데 왜 후두암 발생인가?
목(木)은 간담(肝膽)을 주관하고 사화(巳火)는 인후 기관지에 해당합니다. 만약 금극목으로 간담(肝膽)이 손상을 당하면 간담(肝膽)과 연결이 된 목 인후, 갑상선, 편도선, 근육, 눈, 옆구리 통증, 고관절, 손 등에 관련이 된 질환이 발병(發病)할 수 있습니다. 유금(酉金)대운에 묘유충(卯酉沖)과 신축년(辛丑年)에 을신충(乙辛沖)은 곧 을묘(乙卯)를 극충시키는 것이므로 곧 간과 갑상선 문제인데 사유축(巳酉丑)삼합으로 사화(巳火)가 변질이 되는 것입니다.

고로 제거가 된 사화(巳火)는 인후, 기관지의 손상으로 나타나게 됩니다. 때문에 공통적 신체는 목구멍인 인후(咽喉)에 해당되므로 후두암, 편도선염이 발생하게 되었다고 볼 수 있습니다.

4 정화(丁火)의 피상(彼傷)은 심장질환이다.

時	日	月	年	세운31	건명
정관		편재	상관	상관	六神
丁	庚	甲	癸	癸	天干
丑	午	子	酉	卯	地支
정인	정관	상관	겁재	정재	六神

73	63	53	43	33	23	13	2.6	
丙	丁	戊	己	庚	辛	壬	癸	대운
辰	巳	午	未	申	酉	戌	亥	

심장(心臟)은 인체에서는 정화(丁火)가 됩니다. 원국에서 자오충(子午沖)과 정계충(丁癸沖)이 된 구조입니다. 그런데 지지의 자오충(子午沖)은 오(午)중의 정화(丁火)가 자중(子中)의 계수(癸水)에 의해 손상(損傷)을 당하는 것이므로 정화(丁火)가 피상(彼傷)당할 수 있습니다. 특히 자오충(子午沖)하는데 축오(丑午)귀문에도 걸린 오화(午火)이므로 오화(午火)의 손상이 유력해 보이는 것입니다.

사망한 해는 계묘년(癸卯年) 31세이므로 유금(酉金)대운에 속해 있는데 자유파살(子酉破殺)을 증가시키면서 금생수(金生水)로 자수(子水)를 왕성하게 만들고 있는 시기입니다. 그런데 계묘년(癸卯年)이 되면서 묘유충(卯酉沖)을 하고 있는 상황이죠. 묘유충(卯酉沖)이 되면 원국의 자오충(子午沖)이 격발(擊發)이 됩니다. 곧 원국의 정(靜)이 동(動)으로 진행이 된다는 사실입니다. 이것이 계묘년(癸卯年)에 다시 천간에는 정계충(丁癸沖)이 일어나는데 지지에는 묘유충(卯酉沖)이 되므로 원국의 자오충(子午沖)이 심하게 격돌하게 됩니다.

이것은 정화(丁火)와 오화(午火)의 피상(彼傷)이 확실해진다고 보는 것입니다. 오화(午火)가 피상(彼傷)을 당하면 오화(午火)에 뿌리를 내린 정화(丁火)도 정계충으로 피상(彼傷)당하게 됩니다. 그래서 이 사람은 31세 계묘년(癸卯年)에 심장비대증이 원인이 되어 사망하였습니다.

【핵심정리】

정화(丁火)는 인체에서 눈동자, 심장에 해당한다. 그래서 정화(丁火)가 흉신이면 눈병, 심장병, 소장, 혈압에 문제가 있다. 반면에 병화(丙火)는 눈(目), 시력, 혀(舌), 심장 뇌, 소장, 안과, 어깨, 정신(精神), 이마, 대뇌(大腦), 신경에 해당된다. 병정화(丙丁火)가 비슷한 부위(部位)를 언급하였지만 보통 병화(丙火)는 빛으로 일광(日光)의 성질을 가지고 있으나 정화(丁火)는 등촉(燈燭)으로 열(熱)에 가깝다.

따라서 병화는 안광(眼光)과 관련된 조직에 초점을 두고 분석하고 정화는 온기(溫氣)에 초점을 맞춘다. 그러므로 정화가 병들면 온기를 전달하는 체계(體系)가 망가지는데 혈관쪽에 문제가 크다. 혈관은 심장이 관장하므로 심장 자체의 질병으로 보면 된다. 다만, 병화라면 눈, 시력, 색맹, 야맹, 사시, 약시 등의 시신경 전달 체계를 관장하므로 뇌정신질환, 건망증 등에도 초첨을 두고 분석해야 한다.

5 오(午)중 정화(丁火)가 피상(彼傷)당하면 심장 질환이다.

時	日	月	年	세운40	대운32	건명
정인		정재	편관	정관	겁재	六神
壬	乙	戊	辛	庚	甲	天干
午	丑	戌	酉	子	午	地支
식신	편재	정재	편관	편인	식신	六神
절로 공망 단교 관살	화개	반안	장성			신살

대기업 근무하는데 년봉도 많다고 합니다. 올해 승진문제로 찾아 왔다는데 평소 비만에 콜레스테롤이 많았다고 하면서 경자년(庚子年)에는 심장 스탠스 시술을 받았다고 합니다.

이 사주는 무술(戊戌)정재인데 신유(辛酉)가 칠살(七殺)이므로 재왕생살(財旺生殺)의 구조를 가진 명조가 됩니다. 그러므로 오화(午火) 식신(食神)으로 칠살을 제복(制伏)해야 합니다.

그런데 이 명조에서는 오중(午中) 정화(丁火)가 심장입니다. 또한 오화궁(午火宮)에는 절로공망과 단교관살 그리고 축오(丑午)귀문등의 흉살이 몰려 잠복(潛伏)이 되어 있습니다. 이것은 재생살(財生殺)이 시작이 되면 축오(丑午)귀문이 발생한다는 점입니다.

경자년(庚子年)에 자오충(子午沖)하면 오중(午中) 정화(丁火)가 피상(彼傷)을 당하면서 시주에 잠복(潛伏)이 된 흉살(凶殺)이 충기(衝起)하게 되는 것입니다. 원래 경자년(庚子年)은 을경합(乙庚合)으로 정관을 얻는 시기라 승진 기회가 됩니다. 그런데 지지가 자오충(子午沖)으로 오중(午中) 정화(丁火) 제거되니까 식신도 약화(弱化)가 되므로 칠살 제복에 실패하게 됩니다. 그러므로 재생살(財生殺)이 통제가 안 되면 자오충(子午沖)으로 오중(午中)의 정화(丁火)를 공격하므로 각종 우환, 질병, 사건들이 발생하게 될 것입니다. 그래서 심장질환이 발생하고 그로 인해 관록으로 들어오려던 정관(正官) 경금(庚金)은 심장스텐스로 바뀌어 을목(乙木)에 박힌 것 같습니다.

【핵심정리】

사주 원국에서 을신충(乙辛沖)으로 재왕생살(財旺生殺)이 되면 화초전지(花草剪枝)의 상(像)을 의심해 볼 수 있다. 이것은 날카로운 가위로 화초(花草)를 자르는 모양이다. 상황이 위태로와 불안하므로 편두통, 정신질환을 호소할 수 있다. 평소 비만과 콜레스톨의 과다(過多) 문제는 이러한 증거가 된다. 그런데 외부에서 다시 경금(庚金)을 만나게 되면 금파화초(金破花草)의 상(像)이 중첩(重疊)이 되는 것인데 절벽에 위태롭게 매달린 화초의 물상이다. 이것이 암벽에 위태롭게 핀 생명이니 심장 스텐스의 물상이다. 경자년(庚子年)에 을경합(乙庚合)으로 득관(得官)의 상(像)이 못되고 병환으로 심장에 스텐스를 박게 되었다.

6 오화(午火)가 임계해자(壬癸亥子)를 만나면 발열병으로 고생할 수 있다.

時	日	月	年	세운29	대운28	건명
정인		정재	편인	편관	편인	六神
癸	甲	己	壬	庚	壬	天干
酉	午	酉	申	子	子	地支
정관	상관	정관	편관	정인	정인	六神

이 남자 분은 아토피를 동반한 성인 여드름으로 고생하고 있습니다. 얼굴에 화농성 여드름이 엄청 많이 올라오고 피부가 말랑말랑하고 부드럽지 않고 딱딱하게 변합니다. 초등학교시절에 아토피가 심했다가 잠잠해졌는데 다시 갑오년(甲午年) 23세부터 엄청 심해지기 시작하여 지금까지 고생하고 있습니다.

피부질환은 보통 토금(土金)의 질환이라 볼 수 있습니다. 그러나 피부 염증성 질환이 되면 화토(火土) 질환에 속하여 토(土)는 피부에 속하고 화(火)는 염증성 질환입니다. 이 둘이 만나 건조해지면 건성 피부질환 등으로 나타나고 이때 수(水)를 만나서 수극화(水克火)까지 돼버리면 화농성 피고름으로 굳어지게 됩니다.

이 명조는 지지에 신유금(申酉金) 투성이므로 냉(冷)하다고 봐야 하는데 오화(午火)로 따뜻하게 다스려주는 것이 좋을 듯합니다. 그러나 천간의 임계수(壬癸水)가 수극화(水克火)로 방해하는 구조라 오히려 오화(午火)가 스트레스를 받고 있는 모습입니다.

그러는 와중에 임자(壬子)대운 경자년(庚子年)이면 지속적으로 자오충(子午沖)을 만들어 내고 있습니다. 당연히 오화(午火)가 피상(彼傷)당하는 것입니다. 오화(火)가 유금(酉金)을 극하는 중에 임계수(壬癸水)가 훼방하고 임자(壬子)대운과 경자년에 자오충(子午沖)을 만나면 내부 장기가 더욱 차가워지는데 숙뜸으로 부족한 화기(火氣)를 내부에 들여 보내 장기를 따뜻하게 해주면 좋아질 것 같습니다.

【삼명통회】에서 말하길 "병정(丙丁)과 사오(巳午)가 임계(壬癸)해자(亥子)의 물을 많이 만나게 되면 밖으로는 주로 조열(潮熱)하여 몸에 열이 생겨나 발광(發狂)을 한다"라고 말하는데 이 명조는 화극금(火克金)으로 진행하는데 임계수(壬癸水)의 극을 받은 화(火)가 다시 임자(壬子)대운과 경자년(庚子年)을 만나 수극화(水克火)로 오화(午火)를 극충하는 것이 발병 요인 같습니다.

이 명조는 몸에 열이 많아 한 겨울에도 더위를 탄다고 말하는데 이것은 염증으로 인한 허열일 가능성이 높은 것입니다. 따라서 오화(午火)를 보충하는 것이 필요 합니다.

7 대장이 간담을 쳐서 소화액 배출을 힘들게 하면 변비가 올 수 있다.

時	日	月	年	건명
인수		편재	정재	六神
己	**庚**	**甲**	**乙**	天干
卯	**申**	**申**	**未**	地支
정재	비견	비견	인수	六神

이 명조는 월지(月支)과 일지(日支)의 신금(申金)에서 투출한 경금(庚金)이 태왕(太旺)한 일주입니다. 그런데 갑경충(甲庚沖)을 하여 재성(財星)을 극충(剋沖)하는 것이 단점인데, 왜냐하면 재성노출(財星路出)이라는 약점과 을미(乙未)동주고(同柱庫)로 미토(未土)라는 재성 입고처를 가지고 있기 때문입니다.

이것은 이 팔자가 극부극처(剋父剋妻)함을 알 수 있겠고 또한 미토(未土)는 위장에 속한 물건인데 곤괘(坤卦)에 위치하여 배를 관통하므로 미토(未土)가 입고처가 되는 것은 반드시 위장 질환 혹은 배앓이와 관련된 고통이 있을 수 있습니다.

그런데 그 원인이 경금(庚金) 태왕(太旺)으로 목(木)을 극충하는 것이므로 대장(大腸)에서 병(病)의 원인이 시작 된 것으로 보는 것입니다. 변비는 다양한 원인이 있겠지만 유력한 원인이 대장(大腸)의 연동 운동이 저하(低下)되어 원활한 배변 운동을 하지 못하는 질환에서 발생한다고 합니다.

그러므로 오행중에서 금(金)에 해당하는 신체 부위는 폐. 대장. 피부. 호흡기. 뼈 등에 속하고 특히 경금(庚金)은 대장에 해당합니다. 또한 미토(未土)는 위장이고 곤(坤)방향이죠.

갑경충(甲庚沖)의 의미는 대장 속에 갑을목(甲乙木)이라는 알갱이들이 미토(未土)라는 위장 주변 곤괘(坤卦)에 빠져 배출이 못되는 것으로 이해할 수 있습니다. 그래서 갑을목(甲乙木)은 간(肝),담(膽)에 속하는데 경금(庚金)이 간(肝),담(膽)을 파손하여 입고시키면 간,담은 소화액 분비를 관장하기 때문에 충분한 소화액 배출이 힘들어 질 것이니 경금(庚金)과 갑목(甲木)의 힘겨루기는 변비로 나타난다고 볼 수 있습니다. 또한 이것은 육친론에 의하면 극처(剋妻)이므로 부부 별거 혹은 이혼으로도 나타나게 됩니다.

【근황】
이 사람은 대장(大腸)의 용종(茸腫)도 없는데 변비 때문에 고생하고 있으며 10여 가지 약 처방을 받아 복용을 하여도 소용이 없다고 합니다. 일주일 한번 또는 두 번 밖엔 화장실에 못 간다는군요. 부잣집의 막내아들로 출생하여 대학을 졸업한 후에 일본에서 직업인으로 생활을 많이 하였습니다. 무인(戊寅) 대운에 사업 하다가 돈을 많이 잃었고 그로 인해 처와 멀어지기 시작하여 현재 별거중이라 합니다.

8 갑인목(甲寅木)이 미토(未土)를 만나 곤괘 (坤卦)에 들어가다.

時	日	月	年	세운35	대운33	곤명
겁재		편인	정인	상관	식신	六神
癸	壬	庚	辛	乙	甲	天干
卯	申	寅	酉	未	午	地支
상관	편인	식신	정인	정관	정재	六神

이 여자 분은 갑오(甲午)대운 을미(乙未)년 35세에 위암(胃癌)으로 인해 사망했습니다. 이 사람의 사망 원인이 팔자에 나타나 있습니까?

팔괘	상	자연	성정	육친	방위	신체
간(艮)	☶	산(山)	그침	소남	동북	손
곤(坤)	☷	땅(地)	순함	모친	남서	배

팔괘(八卦)에서 간괘(艮卦)의 위치는 동북(東北)이고 그 형태는 산(山)에 해당하고 뜻은 그침이니 막내아들이 되며 신체에서는 손(手)에 해당합니다. 곤괘(坤卦)의 위치는 남서(南西)이고 그 형태는 땅(土)이며 뜻은 순종(順從)이니 어머니가 되는데 인체에서는 위(胃), 비장(脾臟)에 속하여 간곤(艮坤)을 형성합니다.

그러므로 간(艮)방향 아래에 놓인 갑인목(甲寅木)은 간담(肝膽)을 관장하고 곤(坤)방향 아래에 놓인 미토(未土)는 위장에 해당합니다.

따라서 갑을목(甲乙木)이 미토(未土)를 보면 입고(入庫)하는 것이 마치 막내 아들이 어머니 품에 안기는 것과 같은 것이므로 이를 입고처(入庫處)라 하는 것입니다. 그러므로 이 명조는 월령의 인목(寅木)이 인신충(寅申沖)과 인유(寅酉)원진(元嗔)의 장애가 있고 천간의 경인(庚寅)은 개두(蓋頭)로 작용합니다. 그래서 인목(寅木)의 환경은 사방이 금(金)으로 둘러싸인 곳으로 성장하기 힘들다는 점입니다.

즉 이 사람은 평소에도 인목(寅木)의 질환으로 고생할 수 있습니다. 그런데 갑을목(甲乙木)은 오장육부(五臟六腑)에서는 간(肝), 담(膽)에 해당하고 질환으로는 위산과다, 십이지장궤양, 신경계에서는 시력과 중풍으로 나타납니다. 즉 신경과민으로 소화성 장애가 발생할 수 있습니다. 33세 계사년(癸巳年)은 인사신(寅巳申) 삼형살의 발동하므로 천간의 갑경충(甲庚沖)과 인사신(寅巳申)삼형으로 천충지격(天沖地擊)하는 흉운을 만난 것입니다. 운수 실패하거나 각종 질환으로 고생할 수 있습니다.

질환이 나타난다면 당연히 갑목(甲木) 질환이므로 신경계 혹은 소화기장애인데 나이 젊은 사람이므로 중풍, 신경계보다는 위장 장애가 나타날 수 있습니다. 을미년(乙未年)에 사망한 이유는 미토(未土)는 곤괘(坤卦)로 위장을 뜻하므로 갑인목(甲寅木)의 묘고(墓庫)가 되는 것인데 스스로 궁색한 목(木)이 그 해에 입고하는 시절이기 때문입니다.

이것은 간괘(艮卦)에 해당하는 막내아들이 곤괘(坤卦)인 모친에 안겨드는 형세(形勢)이니 간담(肝膽)이 미토(未土)에 입고(入庫)되어 없어지는 해(歲)가 됩니다. 곧 월령 인목(寅木)의 입고(入庫)는 용신파괴로 이어지므로 사망에 준할 수 있는 것입니다.

9 인신충거로 인목(寅木)이 미토(未土)에 들어 가니 유방암질환이다.

時	日	月	年	세운42	대운39	곤명
편인	정재	정관	편관	겁재		六神
癸	乙	戊	庚	辛	甲	天干
未	亥	寅	申	丑	戌	地支
편재	정인	겁재	정관	편재	정재	六神
			역마	겁살공망		신살

이 여자 분은 병자운(丙子運)에 결혼하여 고교 1년생과 초교 4년생을 두었는데 이혼하면서 본인이 모두 양육하고 있는 간호사입니다. 신축년(辛丑年)에 유방암이 발병하였는데 현재 항암치료를 몇 차례 받았고 초기 진단이라 많이 호전(好轉)이 되었습니다. 그런데 유방암은 어느 오행의 부족으로 발생할 수 있겠습니까?

이 명조가 이혼한 것으로 보아 인신충(寅申沖)에 의해 월지(月支)가 손상당하고 있다고 봐야합니다. 이것은 인신충(寅申沖)으로 파손이 된 인목(寅木)이 가정궁에 속하는데 시지(時支)의 인미(寅未)귀문(鬼門)과 연결이 된 것으로 봐서는 미토(未土)가 목고(木庫)로 움직일 수가 있습니다. 그 시기는 갑술(甲戌)대운인데 갑경충(甲庚沖)이고 지지에서는 축술미(丑戌未)삼형에 이르는 시기가 될 것입니다.

곧 신축년(辛丑年)에 축미충(丑未沖)이 되면 미토(未土)가 개고(開庫)되고 파손된 인목(寅木)의 목기(木氣)가 고지(庫地)에 빨려들어갈 수 있으므로 인목(寅木)의 손상이 크게 나타날 수 있습니다.

목(木) 기운이 부족하면, 머리, 간담, 쓸개, 편두통, 디스크, 갑상선, 유방암에 조심해야 합니다. 특히 갑목은 종양, 신경계, 중풍질환을 지배하므로 금(金)이 목(木)을 심하게 극충(剋沖)하게 되면 인목(寅木)이 파손되고 귀문(鬼門)에 걸린 미토(未土)에 입고될 수 있습니다.

그러므로 방위로 살펴보면 인목(寅木)은 오른 팔에 속하고 미토(未土)는 왼쪽 어깨에 해당하는데 간인(艮寅)이 곤미(坤未)를 향하므로 명치를 지나 왼쪽 가슴인데 인목(寅木)은 용종을 일으키는 질환이니 유방암, 선종(腺腫)입니다.

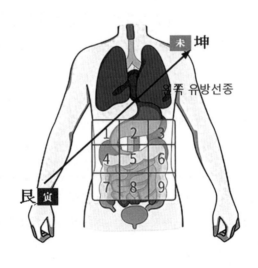

10 용신 개두(蓋頭)의 상(像)은 질환, 우환, 근심이 따른다.

時	日	月	年	세운17	대운21	건명
식신		식신	식신	편인	비견	六神
辛	己	辛	辛	丁	己	天干
未	巳	卯	巳	酉	丑	地支
비견	정인	편관	정인	식신	비견	六神
丁乙己	戊庚丙	甲乙	戊庚丙			지장간

이 남자 분은 2017년 정유년(丁酉年)에 뇌종양으로 수술을 하였습니다. 이 명조에서 뇌종양 수술에 관련된 상황을 읽을 수 있겠습니까?

이 팔자는 뇌종양 수술의 진단을 용신인 묘목(卯木)의 손상에서 찾을 수 있습니다. 나무는 신경(神經)으로 이를 다치면 근육에 손상을 당하게 됩니다. 곧 묘목(卯木)이 천간에 3개의 신금(辛金)을 머리에 지고 있는 모습이므로 신묘(辛卯)는 개두(蓋頭)의 상(像)이 됩니다.

개두(蓋頭)라는 것은 죄인(罪人)의 머리에 통나무 덮개를 씌우는 것처럼 움직이지 못하도록 행동에 제약(制約)을 가하는 형벌입니다. 따라서 용신(用神) 묘목이 개두(蓋頭)가 되면 목(木)의 근심이 깊어지므로 목(木)과 관련한 질환, 병고 혹은 묘목(卯木)이 편관(編官)에 해당되므로 관록(官祿)에 결함이 있을 수 있게 됩니다.

그러므로 갑을목(甲乙木)은 간, 담, 머리, 신경계, 시력, 중풍 등에 해당하므로 묘목(卯木)의 손상은 이와 관련된 신체에서 여러 질환을 유발할 수 있습니다.

왜냐하면 천간의 신금(辛金)은 묘중(卯中)의 을목(乙木)을 을신(乙辛)명암충(明暗沖)을 하면서 사중(巳中)의 경금(庚金)도 묘중(卯中)의 갑목(甲木)과 갑경(甲庚) 암충(暗沖)을 하고 있는 상태이기 때문에 묘목(卯木)의 원기가 손상당해 있을 가능성이 높은 것입니다.

곧 용신(用神)이 개두(蓋頭)의 상(像)이라는 의미는 용신이 병약(病弱)한 것을 말하므로 마땅히 용신을 구제(救濟)하는 방편을 얻는 것이 최선이 됩니다. 이것은 북방수운(北方水運)으로 가면 금극목(金克木)을 수(水)가 중재(仲裁)하게 되는데 이것은 통관용신(通官用神)으로 작용하여 구응(救應)이 될 수 있습니다. 그런데 기축(己丑)대운 정유년(丁酉年)에는 오히려 사유축(巳酉丑)삼합국을 결성하여 그 목(木)의 근본을 쳐서 병들게 하니 뇌종양에 걸리게 되었습니다.

11 축술미(丑戌未)삼형으로 폐(肺)질환에 걸려 중환자실에 입원하다.

時	日	月	年	세운64	대운56	곤명
비견		식신	편인	상관	편인	六神
丁	丁	己	乙	戊	乙	天干
未	丑	卯	未	戌	酉	地支
식신	식신	편인	식신	상관	편재	六神

이 여자 분은 무술년(戊戌年)에 폐가 안 좋아 중환자실에서 투병을 하다 회복이 되었습니다. 이 사주에서 폐질환을 찾을 수 있겠습니까?

이 명조는 묘미(卯未)합하고 을목(乙木)이 투출하므로 인수국(印綬局)을 이루었습니다. 목국(木局)이 강한데 또 축미충(丑未沖)이 되어 있습니다. 축(丑)중의 신금(辛金)이 재성(財星)에 해당하는데 축미충(丑未沖)이 되면 축(丑)중의 신금(辛金)이 충출(沖出)할 수 있어서 을신충(乙辛沖)으로 신금(辛金)이 왕목(旺木)에 의해 피상(彼傷)을 당할 수 있습니다. 신금(辛金)이 역극(逆剋)을 당하는 것입니다. 그러므로 이 여자 분은 질환이 발생한다면 신금(辛金)의 피상(彼傷)으로 인한 폐(肺)관련 질환을 우선적으로 호소하게 됩니다.

그래서 신금(辛金)은 폐, 피부, 입 등에 해당하므로 그와 관련이 된 질환이 발생합니다. 따라서 무술년(戊戌年)에 폐가 안 좋아 병원에 입원하게 되었습니다. 왜냐하면 무술년(戊戌年)은 축술미(丑戌未) 삼형이 거세게 발생하므로 신금(辛金)이 충출하니 금(金)과 목(木)의 충돌은 불가피한 것입니다.

축술미(丑戌未) 삼형(三刑)에 걸리게 되면 축(丑)중의 신금(辛金)이 을신충(乙辛沖)으로 피상(彼傷)당하는 것으로 보입니다.

時	日	月	年	세운43	대운36	건명
정인		정인	비견	식신	상관	六神
辛	壬	辛	壬	甲	乙	天干
亥	子	亥	子	午	卯	地支
비견	겁재	비견	겁재	정재	상관	六神

이 남자 분은 부유한 집안에서 태어났으나 결혼한 후 41세 계사년(癸巳年) 병(病)을 얻어 이듬해 갑오년(甲午年)에 사망하였습니다. 병명(病名)은 폐 섬 유화인데 폐가 석회처럼 굳어지는 병이라 합니다. 폐와 관련이 된 질환이 생겨나는 이유를 알 수 있겠습니까?

이 명조는 해월(亥月)의 임수(壬水)일간이 지지가 모두 해자수(亥子水)이고 비견 임수가 투출한 윤하격(潤河格)으로 결점이 있습니다.

곧【사주첩경】에서 말했던 금침수저(金沈水底)된 팔자이고 고서(古書)에 나오 는 "수다금침(水多金沈)"에 해당이 됩니다.

"수다금침(水多金沈)"이란? "물이 많으면 쇠가 가라앉는다는 뜻으로 이 명조 에서는 신금(辛金)이 침수가 된다는 겁니다. 신금(辛金)이 침수(沈水)가 되면 신금(辛金) 관련에 질환이 발생할 수가 있습니다. 신금(辛金)은 폐와 피부를 관장합니다. 을묘(乙卯)대운(大運)에 을신충거(乙辛沖去)와 신(辛)은 묘목(卯木) 이 절지(絶地)이죠. 물에 빠져 허우적거리는 신금(辛金)이 묘목 절지(絶地)를 만난 것입니다. 원국에서 신금에 대한 우려가 이미 확실한 점이므로 만약, 질환이 아니라면 인수에 해당하므로 모친의 사건으로 비화가 될 수도 있습 니다.

13 유유(酉酉)형살은 숙살지기(肅殺之氣)이니 갑목(甲木)은 종양 신경계 중풍 등을 관장한다

時	日	月	年	세운46 대운43		건명
정재		정인	정재	비견	편재	六神
己	甲	癸	己	甲	戊	天干
巳	午	酉	酉	午	辰	地支
식신	상관	정관	정관	상관	편재	六神

이 명조는 유월(酉月)의 금왕(金旺)절에 갑일(甲日)간이 태어난 사주입니다. 갑(甲)에게는 유금(酉金)은 태지(胎地)이고 유유(酉酉)는 형살이며 갑오(甲午)는 사지(死地)에 해당이 됩니다. 갑일(甲日)간이 이런 환경에서 의지할 수 있는 곳은 계수(癸水)의 생조 뿐이니 곧 관인상생(官引相生)하여 목숨을 부지할 수가 있는 것입니다. 만약에 계수(癸水)가 사라지면 어찌 되겠습니까?

곧 관살이 나를 그대로 치고 들어오는데 유유(酉酉)형살의 금기(金氣)는 숙살지기(肅殺之氣)로 변해 목(木)은 위태롭게 될 것입니다. 그러므로 무진(戊辰)대운에 무계합(戊癸合)이 되면 계수(癸水)는 사라지게 됩니다. 무진(戊辰)대운 무대운에 무계합거(戊癸合去)당하는 시기인 것입니다. 그런데 유금(酉金) 중관으로부터 피상(彼傷)을 당하는 갑목(甲木)은 종양, 신경계, 중풍 등의 질환을 가지고 있습니다. 곧 금(金)이 목(木)을 극하면 신경계와 중풍을 일으키는 뇌질환이 올 수 있다고 추측이 됩니다.

이 남자 분은 뇌종양으로 무진(戊辰)대운 기간 중 계사년(癸巳年) 45세에 2차례의 뇌수술을 받았고, 갑오(甲午)년 46세에 3번째 뇌수술을 받았습니다. 그 결과 말을 어눌하게나마 할 수 있게 되었습니다.

14 태왕한 수(水)를 설기하는 인목의 파손(破損)은 혈관출혈이다.

時	日	月	年	세운57	대운47	건명
편재	비견	식신		편인	정재	六神
壬	戊	戊	庚	丙	癸	天干
戌	寅	子	子	申	巳	地支
비견	편관	정재	정재	식신	편인	六神

계사운(癸巳運) 57세 2016년 병신년 8월 15일 기사일(己巳日)에 병원에 입원해서 치료 중이었는데 9월 3일 새벽에 혈관이 터져서 사망 하였습니다. 운에서 알 수 있겠습니까? (丙申年 丙申月 戊子日 사망).

이 명조는 월령이 자수(子水) 정재(正財)이므로 재격(財格)에 해당합니다. 재성이 태왕(太旺)하여 이 사주의 식신생재(食神生財)는 오히려 나에게는 재물과 건강을 해치는 상(象)이 됩니다. 곧 이 사람의 자수(子水)가 동합(同合)으로 임수(壬水)가 투출하여 수(水)가 왕한 상태인데 다시 금생수(金生水)하여 수(水)가 태왕(太旺)하다 할 만합니다. 이런 큰 물결을 오로지 인목(寅木)의 작은 혈관이 흡수하는 상(像)이므로 평소에도 혈관질환이 의심이 되는 체질입니다.

계사(癸巳)대운에 인사형(寅巳刑)하면 인목(寅木)이 형(刑)을 당하는 것입니다. 곧 수생목(水生木)의 흐름이 장애를 받고, 병신년(丙申年)에 또 인신충(寅申沖)하면 인목(寅木)이 파열되거나 혹은 제거가 되겠죠. 수생목(水生木)하는 흐름의 구도가 깨지면서 태왕(太旺)한 물이 인목(寅木)을 뚫고 나오는 것입니다. 곧 혈관(血管)출혈(出血)의 상(像)입니다. 사망 당시가 병신년(丙申年), 병신월(丙申月)이므로 인신충(寅申沖)으로 인한 인목(寅木)의 손상(損傷)을 추리할 수 있는 대목입니다.

15 술토(戌土)가 오는 해에만 유독 피부 증세가 악화가 되는 것인가요?

時	日	月	年	곤명
비견		비견	비견	六神
甲	**甲**	**甲**	**甲**	天干
子	**辰**	**戌**	**寅**	地支
인수	편재	편재	비견	六神
乙癸戊	辛丁戊			지장간

피부병으로 20년 동안 고생했습니다. 건강검진을 해마다 받는데 위장과 비장은 문제가 없다고 합니다. 면역 검사에서도 일반인보다 오히려 좋게 나왔습니다. 땀이 안 나는 것도 피부병의 원인 같아요. 갑술년(甲戌年)에 알레르기 피부염이 발병하였고 병술년(丙戌年)에 임신 중에 피부 가려움증으로 고생하였습니다. 또 무술년(戊戌年)에 피부가려움증으로 고생하였습니다. 술토(戌土) 년에만 왜 유독 피부 증세가 악화가 되는 것인가요?

이 명조는 진(辰)중의 을목(乙木)과 술(戌)중의 신금(辛金)이 을신(乙辛) 암충(暗沖)이 된 구조입니다. 특별히 이 암충(暗沖)이 문제가 되는 것은 천간이 모두 갑목(甲木)으로 구성이 되어 다비견(多比肩)을 형성하기 때문입니다. 왕목(旺木)을 만난 신금(辛金)은 지장간 내부에서도 암충(暗沖)으로 역극(逆剋)을 당하고 있기 때문입니다. 이것은 실제로 진술충(辰戌沖)이 발생하게 되면 술(戌)중의 신금(辛金)이 충출(沖出)하게 됩니다.

목(木)이 왕(旺)한 팔자에서 신금(辛金)을 만나면 신금(辛金)이 물러지게 되어 신금(辛金)이 이지러지는 이런 현상을 가리켜 **"목견금결(木堅金缺)"**이라 말하였습니다.

그런데 금(金)은 폐(肺) 대장(大腸) 피부(皮膚) 호흡기(呼吸器) 뼈(骨)에 해당하고 진토(辰土)도 피부에 해당합니다. 따라서 진술충(辰戌沖)이 동(動)하게 되면 술중의 신금(辛金)이 왕목에 부딪히면서 진토 또한 왕목에 무토 본기가 극을 받게 되므로 피부와 위장질환도 발생할 수 있습니다. 이것은 진토(辰土)가 피부병과 관련이 된 글자인데 신금(辛金)도 피상을 당했기 때문입니다. 고로 진술충(辰戌沖)하는 시기에 이지러진 신금(辛金)이 출현하게 되는 것이니 이때에 피부질환이 심해지는 이치가 됩니다.

【핵심정리】

오행이 태과(太過)하게 되면 음양오행의 조화에 본래의 작용과는 달리 도리어 역작용(逆作用)이 발생하게 된다. 그리하여 고전에서 말하기를 **"금능극목 목견금결(金能剋木 木堅金缺)"**이라 하였는데 이것은 금(金)은 능히 목(木)을 극하지만 목(木)이 견고하면 금(金)이 오히려 이지러진다는 뜻이 된다.

이지러지다는 말은 한쪽 귀퉁이가 떨어져 없어진다는 뜻이니 상품의 결손(缺損)이 커서 구색(具色)을 갖추기 어렵다는 말이다.

16 진토(辰土)가 흉하면 피부질환이 발생한다

時	日	月	年	대운	건명
식신		식신	겁재	편인	六神
甲	**壬**	**甲**	**癸**	**庚**	天干
辰	**辰**	**子**	**卯**	**申**	地支
편관	편관	겁재	상관	편인	六神

8년 동안 월 200만원을 받고 근무 중인 아파트 시설물 관리소장 입니다. 몸에는 종아리, 허리 등에서 건선 피부병으로 인해 비늘이 떨어집니다. 저녁에는 심한 가렴 증으로 잠을 못 잡니다. 한의(韓醫)와 양의(洋醫) 백방 다녀도 차도가 없어 지금은 포기 상태입니다. 경신(庚辛)대운 20년 동안에는 사찰에서 허드렛일하며 살았습니다. 기미(己未)대운에 들어와서 자식이 둘 있는 상처한 여성을 만나게 됩니다. 둘 사이에서 딸아이를 낳게 되었는데 신축년(辛丑年) 현재 15세 중2학년 입니다.

이 명조는 자수(子水)가 양인(陽刃)이죠. 그런데 양인(陽刃)은 칠살(七殺)로 다스려야 정법(正法)이므로 일지 진토(辰土) 편관이 존재하는 것은 반가운 일입니다. 그러나 진자합수(辰子合水)하는 관계로 오히려 양인(陽刃)을 크게 일으키고 있습니다. 더구나 자묘형(子卯刑)을 하므로 양인(陽刃)을 형충(刑沖)하는 것은 매우 불리한 조건이라 할 수 있습니다. 또한 계수(癸水) 겁재(劫財)도 투출하여, 이 남자 분은 양인(陽刃)이 중중(重重)한 팔자입니다.

고서(古書)에서 말하기를 **"두려운 것은 양인이 중첩(重疊)되어 오는 것인데 그렇게 되면 관살(官殺)이 작용하여 양인을 제(制)하게 되면 좋을 듯하나 도리어 왕(旺)한 비겁을 건드려 양인을 노(怒)하게 하는 까닭이다"**라 하였는데 이 말인 즉 왕한 양인을 건드리면 왕신충발로 양인(陽刃)의 화액(禍厄)을 가져오게 한다는 말입니다.

그런데 진토(辰土)는 육체에서는 피부에 해당합니다. 진진형(辰辰刑)으로 양인(陽刃)을 가중(加重)시키는 흉한 글자가 진토(辰土)이므로 피부질환을 일으키는 것입니다. 만약 진술충(辰戌沖)이 되면 피부병은 더 강렬해 질 것입니다. 신왕한 양인 팔자로 피부질환을 호소하는 이유는 진진형(辰辰刑)의 흉상이 있기 때문입니다.

그러하니 경신(庚申)대운에서는 신자진(申子辰) 삼합 수국(水局)을 이루며 갑경충거(甲庚沖去)하니 편인도식을 만들어 부목(浮木)의 상(像)을 가지게 되는데 다행이 사찰에 거주하여 그 액(厄)은 면한 것이 아닌가 생각합니다. 이 시기는 뭘 해도 성취가 없는 시절이 분명합니다. 기미(己未)대운은 관살운이므로 양인을 제할 수 있게 되어 그나마 가정을 이루는데 성공하였습니다.

17 재성(財星)제거로 도식(倒食)명조의 폐해(弊害)가 나타난다.

時	日	月	年	세운44	건명
정인		편인	식신	정관	六神
戊	辛	己	癸	丙	天干
戌	巳	未	卯	戌	地支
정인	정관	편인	편재	정인	六神

80	70	60	50	40	30	20	10	
辛	壬	癸	甲	乙	丙	丁	戊	대운
亥	子	丑	寅	卯	辰	巳	午	

이 남자 분은 병술년(丙戌年)에 방광암(膀胱癌)진단을 받았습니다. 의문이 드는 대목은 계수(癸水)가 태왕한 토(土)의 의해 극을 받는 사주이다 보니 계수(癸水) 관련 질환이 올 수는 있다고 생각합니다. 그런데 무오(戊午)대운에 무계합(戊癸合)하고 사오미(巳午未)방국을 이루는데도 무사하였고, 정사(丁巳)대운에는 정계충(丁癸沖)하고 사술(巳戌)원진살(元嗔殺)이 동(動)하는데도 잘 넘어 갔습니다. 또한 병진운(丙辰運)에는 진술충(辰戌沖)으로 토동(土動)이 발생하여 계수(癸水)를 극할 수 있었는데 무사했다는 점입니다. 그런데 왜 하필을목(乙木)대운에 와서 방광암진단을 받아야 하는지 궁금합니다.

이 명조는 토(土)가 태왕(太旺)한 것인데 무근한 계수(癸水)가 있는 팔자입니다. 이것은 편인(偏印)이 식신(食神)을 극하는 구조라 하여 도식명조로 볼 수 있습니다.

도식(徒食)은 편인의 극을 일컫는 말이며 식신(食神)이 꺼려하는 것이 도식(倒食)입니다. 일명 탄염살(焰殺)이라고 합니다. 도식(倒食)에 걸리게 되면 재성(財星)을 생할 수 없으므로 궁핍(窮乏)하게 되고 혹은 식신과 관련이 된 육친의 문제 혹은 질병이 발생할 수 있습니다. 명조에서 도식이 있으면 박복하고 목숨도 짧다고 하였으나 만약, 도식을 제(制)하거나 합(合)할 수 있다면 오히려 좋아 질수 있습니다. 왜냐하면 재성으로 편인을 극제하거나 합제(合制)하게 되면 편인(偏印)이 식신(食神)을 해하지 못하게 되어 구제 받을 수 있기 때문입니다. 따라서 도식명조가 되면 편인을 극제(尅制)하여 주는 재성(財星)이 있어야 구응(救應)이 됩니다. 그러므로 묘목(卯木) 편재(偏財)를 상신으로 격국을 잡는데 묘미합(卯未合)으로 구응(救應)이 되면 인수용재(印綬用財)라 하여 격을 세울 수 있습니다. 고로 인수가 중(重)한 즉 재성으로 인수를 파(破)해줘야 유리해집니다.

방관암 진단을 받았던 병술년(丙戌年)에는 년지의 묘(卯)와 술(戌)이 묘술합(卯戌合)하므로 묘미합(卯未合)이 해체가 되는데 이런 경우에 구응이 되는 묘목이 풀려서 태왕(太旺)한 토(土)가 살아납니다. 곧 도식(倒食)의 폐해(弊害)를 당하게 됩니다. 고로 병술년(丙戌年)은 을신충(乙辛沖)과 묘술합(卯戌合)으로 태왕한 토를 살리게 되니 식신(食神) 계수(癸水)가 심한 극을 받은 결과인데 계수(癸水)는 인체 중에서는 요도(尿道), 방광(膀胱), 신장(腎臟) 귀에 해당합니다.

이 명조는 이미 왕토(旺土)와 목기(木氣)에 의해 수(水)가 메말라 있어서 어릴 때부터 방광 쪽에 문제를 가지고 있었던 것으로 보입니다. 다만 어릴 때에는 육친상의 변고로 나타나는 것이 많습니다. 그래서 초년 무오(戊午)대운에서 일어난 무계합(戊癸合)은 식상에 해당이 되므로 할머니의 변고(變故)로 해석하는 것이 타당하다고 볼 수 있습니다. 따라서 이 분의 결함은 식신도식 문제가 큰 것이므로 조상궁의 식신 할머니가 일찍 돌아가셨습니다.

18 태(兌)는 서쪽이고 유금(酉金)이니 입에 해당한다.

時	日	月	年	건명
정재		편인	정재	六神
庚	**丁**	**乙**	**庚**	天干
戌	**丑**	**酉**	**申**	地支
상관	식신	편재	정재	六神

이 남자 분은 평생을 폐인(廢人)으로 살아 온 말 못하는 벙어리입니다. 어떤 점을 보고 벙어리라고 단정할 수 있나요?

이 명조는 기명종재(棄命從財)에 실패했다고 판단합니다. 신유술방국(方局)은 한자리에 모여야 하는데 축술형(丑戌刑)으로 신유술(申酉戌) 방국 결성에 실패한 것으로 봅니다. 또한 정화(丁火)가 정축(丁丑)백호자리인데 술토(戌土)가 일간의 고지(庫地)에 해당합니다.

만약 축술형(丑戌刑)이 되면 일간(日干)의 고(庫)를 가진 연유로 방국(方局) 실패의 책임을 지고 인생을 회피할 수 있습니다. 정축(丁丑)일주에서만 비인(飛刃), 백호(白虎), 곡각(曲脚), 음양차착살(陰陽差着殺)이 집중됩니다. 극도로 신약한 일간이 일간의 고지(庫地)를 가진 팔자는 위태로운 것입니다.

패격(敗格)에서는 악살(惡殺)이 일주(日柱)에 모이는 것을 대흉(大凶)으로 보는 겁니다. 만약 입고(入庫)되면 구금, 감금, 구속, 입원, 사망이니 살아 있으면 장애(障礙)요 원래 요절(夭折)명입니다. 한 끝 자락이니 아까운 명조입니다.

기정사실을 보고 확인할 수 있는 대목은 방국은 반합이 없으며 또한 한자리에 모여 결집해야 방국 결성에 성공한다는 사실을 알 수 있게 해줍니다. 삼합 구성하고는 좀 다른 물건입니다. 그러므로 특히 신유축(申酉丑)이 공망(空亡)이니 재성의 언덕이 모두 공망인지라 패격(敗格)에서 느끼는 재물 공망은 더 큰 법이죠. 마치 황금산에 앉아 굶어 죽을 수 있다는 명조와 비슷합니다.

팔괘(八卦)에서 태(兌)는 서쪽을 가리키는데 유금(酉金)에 해당하니 신체로는 입에 해당하는 것입니다. 재성 금(金)은 패격(敗格)으로 공망 중중(重重)하니 벙어리 장애로 나타난 것 같습니다.

【핵심정리】
건괘(乾卦)는 주로 머리, 가슴, 뼈, 대장이고 곤괘(坤卦)는 복부, 소화 기관, 위장, 비장에 해당된다. 진괘(震卦)는 발, 다리, 담낭이고 손괘(巽卦)는 넓적다리, 머리, 간에 해당한다.

감괘(坎卦)는 귀, 신장(콩팥), 비뇨기 계통이며 리괘(離卦)는 눈, 심장, 혈액, 인후에 해당한다. 간괘(艮卦)는 손가락, 비장, 왼쪽 발, 코이고 태괘(兌卦)는 입, 혀, 치아, 폐에 해당한다.

19 손괘(巽卦)의 소멸(消滅)은 다리 손상이다

時	日	月	年	세운29	대운25	건명
편재	비견	겁재	편인	정관		六神
丙	壬	壬	癸	辛	己	天干
午	寅	戌	卯	未	未	地支
정재	식신	편관	상관	정관	정관	六神

이 명조는 지지가 인오술(寅午戌)삼합인데 천간에는 임임계수(壬壬癸水)가 있으므로 수화상쟁(水火相爭)의 구조로 대치중입니다. 여기 병임충(丙壬沖)을 수화기제(水火既濟)로 안보고 수화상쟁(水火相爭)으로 보는 이유는 수화기제(水火既濟)는 귀격(貴格)이고 수화상쟁(水火相爭)은 흉격이기 때문입니다.

따라서 이 사람은 기미운(己未運) 29세 신미년(辛未年)에 대형사고로 다리 하나를 절단합니다. 무오운(戊午運)에 결혼 했으나 자식은 얻지 못하고 정부에서 주는 장애인 1순위 특혜로 구두 수선 열쇠등 거리 노점 점포를 운영하다가 정사운(丁巳運)에 당뇨로 고생하다가 병진운(丙辰運) 신축년(辛丑年)에 사망하였습니다. 그런데 이 팔자에서 다리를 다친 사건을 읽을 수 있는 근거는 무엇일까요?

수화상쟁에서는 두 세력의 싸움을 말려줄 중재자가 필요한 겁니다. 수(水)는 목(木)을 생하고 목(木)은 화(火)를 생하니 목(木)이 통관신이 되면 수화(水火)가 안정이 될 것입니다. 따라서 이 팔자는 목(木)이 중요한 글자가 됩니다.

사고가 발생한 신미년(辛未年)은 기미운(己未運)에서 미토(未土)대운의 시작점이 됩니다. 곧 미토(未土) 2개가 중복(重複)이 되는 시기이죠. 고장지의 중복은 미토(未土)를 동(動)하게 할 것이고 미토(未土)는 목고(木庫)에 해당하니 목(木)이 입고되면 통관신(通關神)이 망가지게 되는 것입니다. 통관이 안 되는 수화상쟁(水火相爭)은 바로 전쟁으로 돌입하게 됩니다.

그런데 묘목(木)은 8괘에서 보면 손괘(巽卦)에 해당하는데 손괘(巽卦)는 간 혹은 넓적다리를 상징합니다. 그러므로 손괘(巽卦)의 소멸(消滅)은 다리 장애로 나타나게 될 것입니다. 그래서 신미년(辛未年)에 다리 절단으로 흉한 사건이 발생하게 되었습니다.

【핵심정리】

한의학에서 말하는 심신상교(心腎相交)는 오장육부에서 심장과 신장이 기능적으로 서로 교류한다는 의미이다. 심장(心臟)과 신장(腎臟)이 서로 교류한다는 것은 주역에서 말하는 수화기제(水火旣濟)의 상태를 말한다. 즉 물의 기운과 불의 기운이 서로 잘 소통하고 있는 것으로 인체 생리면에서 보면, 생리적인 소통이 잘 이루어지고 있다는 것이다.

한편 괘(卦)를 살펴보면 상괘(上卦)는 물기운을 뜻하는 감괘(坎卦)이고 하괘(下卦)는 불기운을 뜻하는 이괘(離卦)이다. 불 위에 물이 있어서 불기운으로 물기운을 잘 데우고 조절해서 물 기운이 잘 작동할 수 있는 상태이다. 즉 생리적인 기능이 잘 되고 있는 건강한 상태를 말한다. 이와 반대가 수화상쟁(水火相爭)이고 다른 말로는 화수미제(火水未濟)라고 한다.

20 양명우금(陽明遇金)이 되면 침울하여져서 번민이 많다

時	日	月	年	곤명
편재		식신	정재	六神
戊	甲	丙	己	天干
辰	申	子	亥	地支
편재	편관	정인	편인	六神

이 여자 분은 신축년(辛丑年) 63세로 결혼을 아직 못했다고 합니다. 신축년
(辛丑年) 계사(癸巳)월에는 모친이 별세 하였는데 현재 우울증이 심하게 앓고
있다고 합니다. 우울증을 일으키는 오행은 어느 것인가요?

이 명조는 갑목(甲木) 일간이 병화(丙火)를 보면 활짝 피게 됩니다. 이른바 탈
태요화(脫胎要火)입니다. 그리고 병화(丙火)가 기토(己土)를 만나면 온화한 정
원(庭園)이 되는데 대지보조(大地普照)입니다. 그래서 이 사주는 천간에 진신
(眞神)들이 가득 배열이 되어 있습니다. 그 꿈과 뜻이 높을 수 밖에 없는데
지지가 수국(水局)으로 방해합니다. 지지에 신자진의 세 가지 물건이 있다면
천간이 그것을 용납하여 주지 않으면 안 되는 것입니다.

이것을 말하여 지전삼물(地全三物)이면 천복지재(天覆地載)가 되어야 한다고
말했던 이유입니다. 그러므로 사주라는 것은 그 기운의 질서를 따르고 간
지가 서로 배반함이 없어야 묘(妙)함이 있다고 할 것입니다.

그러나 이 사주는 서로 등을 돌려 배척하니 성과를 이루기 어려운 운명입니다. 그 높은 뜻을 펼치려고 하는데 지지는 등을 돌린 팔자인 것입니다. 꿈을 이루지 못하면 좌절하고 우울증도 찾아오는 것입니다.

【적천수】에서 말하길 **"陽明遇金鬱而多煩(양명우금울이다번)"**이라 하였는데 이것은 밝은 빛이 금(金)을 만나게 되면 침울하여져서 번민이 많다는 이야기입니다.

병화(丙火)는 발산(發散)하려 하는데 금수(金水)는 수렴(收斂)하고자 하는 성질이 있습니다. 서로 서로 따로 움직이는 겁니다. 지지가 일체 나를 안도와주는 겁니다. 그렇게 되면 기운이 막히어 정체가 되는 것이므로 운기(運氣)가 발복(發福)이 되지 못하는 까닭에 인생이 매사 침울(沈鬱)하게 되어 답답해지는 것입니다.

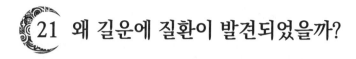
21 왜 길운에 질환이 발견되었을까?

時	日	月	年	세운36	대운34	건명
상관		정재	정재	겁재	인수	六神
庚	己	壬	壬	戊	丙	天干
午	酉	子	辰	辰	辰	地支
편인	식신	편재	겁재	겁재	겁재	六神

이 남자 분은 36세 무진(戊辰)년 위암이 발견되어 37세 기사(己巳)년에 위암
수술을 하였고, 42세 갑술(甲戌)년에 재혼하였습니다. 삼동(三冬)의 기토(己
土)는 병화(丙火)가 조후가 되는 길운인데 왜 병진(丙辰)대운에 병이 발견이
되었는가요?

이 명조에서 자월(子月)의 기토(己土)는 병화(丙火)를 보지 못하면 생의(生意)
가 없으므로 비록 시지(時支)의 오화(午火)가 존재하지만 정화(丁火)로는 충분
하지 않겠죠. 더구나 자오충(子午沖)이므로 오화(午火)가 일간을 돕기에도 무
리입니다. 따라서 이 사람의 기토(己土)는 생의(生意)가 부족하다고 판단이
됩니다.

그러므로 기토(己土)와 관련이 된 위암(胃癌), 비장(脾臟)의 질환을 잠재된 흉
운(凶運)처럼 가지고 있을 수 있습니다. 초년의 동방목운(東方木運)에는 목생
화(木生火)로 조후를 살리므로 그럭저럭 지내오다가 병진(丙辰)대운에 위암
이 발견이 된 이유는 길신운을 만났기 때문입니다.

곧 길신이 등장하여 좋아지려는데 두 임수(壬水)가 병화(丙火)를 쌍충(雙忠)하므로 흉액이 밝게 드러나는 겁니다.

이런 시기는 길운이라 치료 효과를 볼 수 있습니다.【적천수】에서 말하길 병이 깊은 곳에 잠복하여 굳어져 오행(五行)을 서로 극하게 되면 그 병(病)이 흉(凶)하다고 하였는데 이것은 기신운이 도래하면 오장에 숨어 있는 기신이 그 모습을 드러내고 그 흉의(凶意)가 커서 살지 못하는 것입니다. 만약 길운이 도래하면 오장(五臟)에 숨어 있는 병의(病疑)가 모습을 드러내니 치료하면 살 수가 있다는 말인 것입니다.

고로 이 남자 분은 추운 자월(子月)의 냉기(冷氣)가 여린 기토(己土)속에 들어가 오행이 굳은 것이니 기토(己土)에 병이 이미 숨어 있다고 봐야 할 것입니다. 곧 얼어붙은 위장이 되는 것입니다. 고로 길신운에 왜 질환이 발병한 것이라 의문을 가질 수도 있겠지만 반대로 이미 깊이 숨어 있는 잠재된 기토(己土) 질환이 존재했다고 보는 견해가 올바르며 길운(吉運)에 발견이 되어 치료받을 수 있었다고 판단합니다. 만약 죽을 사람이라면 흉운을 만나 치료 받는 중에 절명(絶命)하게 될 수도 있기 때문입니다.

최강의 포식자 論

刑沖會合

제5장

신통방통 물형론(物形論)

1 갑(甲)의 속상(屬像)

(1) 갑(甲)의 속상(屬像)

갑(甲)의 글자 어원은 갑주(甲胄), 갑옷, 투구에서 발원한 글자입니다. 곧 방패와 창을 들고 무장한 병사를 본 뜬 글자이기도 합니다. 또한 밭 한 가운데에 뿌린 씨앗이 처음으로 땅 밑을 뚫고 올라오는 모습을 본 뜬 글자입니다. 갑(甲)은 양기(陽氣)가 막 싹이 돋아 움직이는 형상으로 나무가 머리에 껍질을 둘러싼 채 무언가를 이고 있는 것이 갑(甲)의 형상(形像)입니다. 그래서 갑의 형상은 사람의 머리 모양과 같게 보는 것입니다. 그래서 처음, 시작, 창조, 창안, 기획, 구성, 솟구침, 오르다, 기상, 놀라다, 권위 등이 됩니다. 또 거북의 등딱지를 본 뜬 글자이기도 합니다.

【삼명통회(三命通會)】에서는 갑(甲)을 우레, 번개, 천둥을 상징을 합니다. 갑(甲)은 진(震)으로 "벼락 진, 천둥, 떨다, 놀라다, 두려워하다, 성내다, 권위를 떨치다"의 의미를 가지고 있습니다.

갑(甲)은 천간의 시작으로 인체로는 머리가 되며 절기(節氣)로는 봄에 해당합니다. 만물의 첫 우두머리가 되므로 언제나 시작, 처음을 좋아하고 구속, 간섭을 싫어합니다. 갑(甲)은 새로운 씨앗의 시작을 의미하여 무(無)에서 유(有)를 창조하므로 창작, 기획이라고 보는 것입니다. 한 방향으로 밀고 올라간다고 하여 그래서 고집이라고 보기도 합니다. 또한 그런한 면에서 목으로써 어질 인(仁)의 성질이 있으므로 교육자가 되는 것입니다. 갑(甲)이 편향이 되면 무모함, 과욕, 서두름, 배려감과 이해심부족으로 나타나고 식상이 없으면 답답합니다.

경(庚)이 있으면 주위를 배려할 수 있습니다. 육합(六合)이 되면 상기 보편적인 특성이 변하게 됩니다.

숫자로는 3 이고 위치는 동방(東方)이고 색깔은 푸른색입니다. 인체로는 간, 담, 인후염, 모발, 손, 발, 눈, 허리, 얼굴, 머리, 두뇌, 신경계, 신경통, 말초신경계, 편두통, 정신적질환, 시력, 중풍, 불면증, 위산과다. 십이지장궤양, 색맹, 약시, 근시, 난시등에 해당합니다.

(2) 물상 비유

갑목(甲木)의 물상은 소나무, 산림, 조경, 원예, 통나무, 목재, 천둥, 우레, 바람, 씨앗, 곡물류 등에 해당됩니다. 갑목(甲木)은 소나무처럼 위로 쭉쭉 올라가는 성향이 있습니다.

그래서【적천수】에서는 **"갑목참천(甲木參天)"**이라고 말을 하였습니다. 무언가를 일으켜 세우는 모습입니다. 그러므로 "솟구치다, 세우다, 기상, 놀라다, 권위"등을 중심으로 물상을 확대해 나가면 됩니다. 곧 교육, 설계, 기획, 소나무, 가로수, 기둥, 건축물, 아파트, 고층빌딩, 교회, 철탑, 탑돌, 기둥 등이 됩니다. 목을 일으킨 후에는 살리는 행위가 뒤따르게 됩니다. 그래서 의료, 활인, 봉사, 교육, 재활, 재생등이 됩니다. 갑목(甲木)의 성분은 시작과 개척, 기획, 성장, 수직, 운동성입니다. 이것을 중심으로 물상을 확대해 나갑니다. 그러므로 놀라다, 성내다, 권위, 보스, 기질, 창의, 창안, 기획, 개척, 진취, 미래지향, 청년, 책임자, 우두머리, 지휘자, 지휘봉이 됩니다. 성질이 곧고 강하다하여 위로 오르려는 진취성이 있습니다. 그래서 곡직(曲直)이 되는 것입니다.

(3) 목(木)의 구성으로 본 직업 분류

나무는 책의 원료가 됩니다. 그래서 출판, 제조, 홍보, 광고 등을 말합니다. 나무는 섬유의 원료가 됩니다. 그래서 섬유, 포목, 의류 제조 등이 됩니다. 무언가 세우고 꾸미는 행위입니다.

그래서 건축, 이, 미용, 인테리어 디자인 등이 됩니다. 갑목(甲木)을 가공하면 건축용 목재, 가구, 지물포, 종이, 섬유, 패션이 됩니다. 갑목(甲木)의 성장하는 생기, 발랄을 중심으로 물상을 확대해 나갑니다. 그래서 어린이, 교육 문교부, 체신, 통신, 우편, 인터넷, 출판, 언론, 방송, 문학, 예술등이 됩니다. 갑목(甲木)을 불태워 사용하면 목화통명으로 활인지명이 됩니다. 그래서 산소, 보건, 의료, 의학, 교육자, 총무, 기술자, 종교인, 철학자 등에 해당합니다.

(4) 물상으로 보는 사주학 간명 사례

時	日	月	年	곤명
정재		정재	정인	六神
甲	**辛**	**甲**	**戊**	天干
午	**未**	**子**	**午**	地支
편관	편인	식신	편관	六神

이 여자 분은 직업이 학교의 간호사 입니다. 이 명조는 월령(月令)이 자수(子水)이고 식신(食神)이므로 식신생재(食神生財) 사주입니다.

그래서 용신(用神)은 식신(食神)이고 상신(相神)은 재성(財星)이 됩니다.

그러므로 자수(子水)와 갑목(甲木)에 주목을 합니다. 그런데 이 명조는 자오충(子午沖)을 합니다. 그런 즉, 자오충(子午沖)이 근무환경이 됩니다. 이것을 용신(用神)의 확장(擴張)이라고 말합니다. 그러므로 용신 자수(子水)를 분석해 봅니다. 자(子) 글자는 갑골문에서는 쥐의 발바닥을 그렸습니다. 쥐의 왕성한 번식성으로 인해 "불어나다, 계속하다"라는 의미가 함축이 되어 있습니다.

자수(子水)에서 쥐는 다산(多産)이라 생명 확장과 관련된 성질이 있습니다. 훗날에는 갓난아이를 포대로 감싸고 있는 모습을 보고 자수를 아이라고 생각하였습니다. 따라서 자수(子水)는 다산이고 생명력인데 식신(食神)이므로 어린 아이들이 됩니다. 즉 이 분의 용신은 아이들과 관련이 많다고 보면 됩니다. 그런데 자오충(子午沖)이므로 칠살을 제살(制殺)하는 구조라 자기가 몸담고 있는 조직에서 아이들을 상대로 하는 직업환경이 나오게 됩니다.

또한 보직을 파악하고자 한다면 상신의 구조를 분석해야 합니다. 상신은 갑목(甲木)이지만 갑신(甲辛)의 구조와 연계(連繫)가 됩니다. 이것을 상신(相神)의 확장(擴張)이라고 말합니다.

갑신(甲辛)의 상(像)은 목곤쇄와(木棍碎瓦)의 상(像)이 됩니다. 바로 나의 보직이 됩니다. 목곤쇄와(木棍碎瓦)라는 것은 "몽둥이로 기와장을 부수는 일"입니다. 결국 목(木)은 흠집이 나고 여린 신금(辛金)도 스스로 다친다는 말이 됩니다. 흉은 지닌 속성이 있으므로 이런 사람은 칼을 사용하는 직업이 좋습니다. 그런 즉, 도예가, 조각칼 등과 관련이 된 사람들이 많습니다.

이것을 조각집도(彫刻執刀)의 상(像)이라고도 합니다. 즉 조각칼 혹은 수술칼을 들어야 목곤쇄와(木棍碎瓦)의 흉한 일들을 액땜할 수가 있게 됩니다. 그래서 이러한 명조는 칼 같은 종류를 사용하는 전문직 종사자에게서 많이 발견이 됩니다.

특별히 교사가 되는 이유는 갑목(甲木)에 기인한다고 볼만 합니다. 왜냐하면 갑목(甲木)은 솟구치는 물상으로 인해 성장 발육을 표현하기 때문입니다. 그래서 어린이, 교육, 통신, 우편, 인터넷, 출판, 언론, 방송, 문학, 예술 등이 됩니다. 곧 자수(子水)는 다산의 상징이며 번식을 의미하는데 이 자수(子水)가 식신(食神)이므로 여자에게는 자수는 어린 아이들이 됩니다. 그런데 갑목(甲木)이 투출하였으므로 즉, 교육자, 학교 행정직 근무자가 되는 것입니다.

2 을(乙)의 속상(屬像)

(1) 을(乙)의 속상(屬像)

을목(乙木)은 초목(草木)의 싹이 땅 위로 나오려다가 한기(寒氣)를 느끼고 주
춤하고 있는 모양을 나타내는 상형(象形)글자입니다. 또는 목과 가슴 사이가
굽은 새 모습을 본떠 만들었습니다. 그래서 새 을(乙)의 모습입니다. 이것은
새와 제비의 상(像)인데 이것은 "굽어지다" 라는 속뜻이 있습니다. 또한 "어
장위지을(魚腸 謂之乙)" 이라고 하였는데 을(乙)은 물고기의 창자라고도 말하
였습니다. 갑목(甲木)은 상향성(上向性), 직진성(直進性)으로 위로 솟아 오르는
힘이 있습니다. 그러나 을목(乙木)은 나선형, 휘어짐으로 옆으로 퍼지는 굴
곡성이 나타납니다. 그래서 을(乙)은 손(巽)방위에 해당합니다. 손괘(巽卦)라
고 하며 바람을 상징하는데 "동남쪽, 유순하다, 공손하다" 라는 이미를 가
지고 있습니다.

갑목(甲木)은 부러졌으면 부러졌지 휘지는 않으나 을목(乙木)은 휘어지니 굽
힐 줄 압니다. 그래서 갑목(甲木)은 고지식하여 갑갑하나 을목(乙木)은 유연
합니다. 을목(乙木)은 굴신(屈身)의 특성이 있어 삐딱하며 말이 많은 편이고
변덕이 있습니다. 화무십일홍(花無十日紅)처럼 사랑이 잘 변하기도 합니다.
을목(乙木)은 주변 환경에 따라 쉽게 변화하는 능력을 가졌기 때문입니다.
그래서 "오음종세무정의(五陰從勢無情義)"라고 합니다. 이것은 주변 세력이
변하면 의리(義理)와 정(情)에 미련을 두지 않고 떠날 수 있습니다. 그래서 을
목(乙木)은 처세에 능숙합니다. 그래서 처세술. 책략가, 참모가에 많습니다.
갑목(甲木)은 생육(生育)을 위해선 넓은 땅이 필요하나 을목(乙木)은 작은 공
간이라도 대처가 가능하여 발육(發育)할 수 있습니다.

그래서 갑목(甲木)은 기토(己土)를 만나면 양토육목(壤土育木)으로 작은 과실수를 거둘 수 있습니다. 을목(乙木)은 기토(己土)를 만나면 양토배화(壤土培花)로 그 능력을 북돋우므로 잘 배양될 수가 있습니다. 그러나 갑목은 기토가 정원토이므로 작고 협소하여 대림목(大林木)으로 성장하지 못하므로 동량지목(棟梁之木)은 되지 못합니다. 그러나 을목(乙木)은 작고 협소한 땅에서도 잘 자라는 화초로 대우를 받을 수 있으니 환경 적응력, 유연한 대처능력, 화합력, 끈질긴 생명력이 있습니다.

을목(乙木)은 둘째라는 의미가 있는데 이것은 갑목(甲木)이 첫째가 되어 앞길을 닦아놓으면 그 길로 을목(乙木)이 잽싸게 올라타는 모습입니다. 이것을 등라계갑(藤蘿系甲)이라 하였습니다. 갑목(甲木)이 선행(先行)했던 경험 있는 길을 그대로 따라갑니다. 그래서 호가호위(狐假虎威)하여 남의 권세로 자기의 위세를 과시합니다. 이것이 을목(乙木)이 인목(寅木) 호랑이 등 위에 올라타고 달리는 것이니 등라계갑(藤蘿系甲)의 상(像)이라 말하였습니다.

을목(乙木)은 병화(丙火)를 만나 꽃을 피우는 것이 소명(召命)입니다. 이것이 염양려화(艶陽麗花)의 상입니다. 생목(生木)이 병화(丙火)를 보면 꽃을 피우고 사목(死木)이 병화(丙火)를 만나면 건초, 약초가 됩니다. 습목(濕木)이던 메마른 고초(枯草)이던 을목(乙木)은 병화를 봐야 길하게 됩니다. 그래서 인묘진(寅卯辰)월의 을목(乙木)은 개나리과로 습목(濕木)이 많습니다.

그래서 잎보다 꽃이 먼저 피는 성급한 성질이 많습니다. 사오미(巳午未)월의 을목(乙木)은 염양려화(艶陽麗花)로 장미꽃처럼 화려한 꽃이 많아 인기가 많습니다. 신유술(申酉戌)월의 을목(乙木)은 오동나무과이니 마른 고초(枯草)목이 많아 국화처럼 절개(節槪)가 있습니다. 해자축(亥子丑)월의 을목(乙木)은 눈 속에 피어 난 인동초(忍冬草)이니 강인한 생명력으로 인내심(忍耐心)이 남다르다고 합니다.

을(乙)은 "가늘고 길다"에 의미를 가지고 있습니다. 그래서 넝쿨, 긴 끈, 긴 선으로 굴곡이라서 엉킬 수가 있습니다. 너무 무성하면 조절이 안 되므로 엉키게 됩니다. 을(乙)의 생목(生木)은 바람, 새가 되고 을(乙)의 사목(死木)에선 긴 전선이나 선로가 됩니다. 곧 생목(生木)이 되면 갑(甲)은 우레, 전기요. 을(乙)은 바람, 새가 됩니다. 사목(死木)이면 갑(甲)은 딱딱한 나무요. 을(乙)은 긴 전선이나 선로(線路)가 됩니다. 신체에서 을목(乙木)은 작은 혈관(血管)과 신경(神經)에 해당합니다. 곧 갑(甲)이라는 양목(陽木)의 대동맥에서 가늘게 수액(樹液)이 다니는 길이 을(乙)이 됩니다. 사목(死木)이면 을(乙)은 긴 파이프와 같습니다. 공망이면 더욱 그러합니다.

(2) 을(乙)의 물상

- 을목(乙木)은 손가락이면 갑목(甲木)이 팔입니다. 그래서 글쓰기에 능하므로 문학적 재능이 있습니다. 손가락으로 다루는 재능이 뛰어납니다. 그래서 수공예, 악기연주, 수예, 바느질이 탁월합니다.
- 을축(乙丑)이 공망이면 "현악기 연주, 바이올린 연주"에 자질이 있습니다. 을유(乙酉)이면 건반악기인 피아노이고 을묘(乙卯)는 손가락에 집착을 합니. 곧 손으로 하는 수공예, 악기 연주, 손으로 하는 암기, 수학을 잘합니다.
- 을목(乙木)이 여름철의 생목(生木)이면 염양려화(艶陽麗花)가 되어 화초(花草), 초목(草木), 과일나무, 넝쿨나무, 곡식, 채소, 잔디, 싹, 어린나무입니다. 을목(乙木)이 사목(死木)이 되면 조화(造花), 섬유, 종이, 책, 수공예, 한약재가 됩니다. 특히 겨울철의 을(乙)과 병(丙)은 고초인등이 되어 태양 빛에 바짝 말린 건초, 한약 재료가 됩니다. 이러한 상(像)으로 술해(戌亥)천문이 있으면 종교, 의사, 활인업 종사자가 될 수 있습니다.

- 을(乙)은 바람이고 새입니다. 철새의 물상이니 전달능력이 뛰어납니다. 을
경합(乙庚合)을 풍월지합(風月之合)이라 말하는데 곧 달(庚)과 바람(乙)이 만나
만들어진 멋들어진 풍경을 말합니다. 그래서 예술성, 예능적 재능, 표현력
이 남다르다고 합니다.

- 을목(乙木)은 임수(水)가 왕하면 부초(浮草)가 될 수 있습니다. 그러나 적당
하면 "연목에 핀 연꽃"이라 자태(姿態)가 아름답습니다. 그래서 을(乙)과 임
(壬)은 출수부용(出水芙蓉)으로 보기도 합니다. 물 위로 나온 연꽃이라 모양
이 갖추어지면 귀한 신분이 됩니다.

- 봄철에 을목(乙木)은 습을상정(習乙傷丁)하여 나쁘고 가을, 겨울철의 을목
(乙木)은 메마르므로 고초(枯草)한 목(木)이 많습니다. 그래서 가을, 겨울철
에 을목(乙木)을 부득히 사용하려면 비록 정화(丁火)의 불씨를 이루더라도
화(火)의 불길이 장구(長久)하지 못하니 복록(福祿)이 길지 못하다고 합니다.
이것을 고초인등(枯草引燈)이라 하였습니다.

- 그러므로 을목(乙木)은 반드시 병화(丙火)를 함께 보아야 길하다고 하였습
니다. 새는 철새이므로 소식을 전달하기도 합니다. 또한 새가 날아가면 꽃
이 떨어지므로 이별을 의미합니다. 새는 이 쪽 저 쪽을 자유롭게 날아가니
바람이 되고 바람과 달이 만나면 풍월지합(風月之合)으로 그 미색(美色)이
아릅답다고 합니다.

- 그래서 을목(乙木)은 생목(生木)이 되면 화초, 풀, 넝쿨나무, 바람, 혈관이고
을목(乙木)이 사목(死木)이 되면 섬유, 의류, 종이, 수공예품, 목가공 제품,
간판 음식점 상호이며 을목(乙木)의 상징성은 예술, 이별, 솔직, 화끈, 기획,
문화, 유행 창조, 예체능, 보석 디자이너 등이 됩니다.

(3) 출수부용(出水芙蓉)의 상(像)에서 매금(埋金)의 삶을 살다간 덕혜옹주

時	日	月	年	곤명
정인		편재	상관	六神
戊	**辛**	**乙**	**壬**	天干
戌	**丑**	**巳**	**子**	地支
정인	편인	정관	식신	六神

이 명조는 임자(壬子)라는 호수에 놓인 을목(乙木)이 사월(巳月)에 핀 연꽃이니 을사(乙巳)월주는 출수부용(出水芙蓉)의 상(像)이라 고귀한 신분임을 나타냅니다. 그래서 격국이 아름다울 적에는 남자는 천하를 주름잡고 여자는 "왕후의 귀함을 얻는다"하였습니다. 그러므로 을목(乙木)편재는 아버지에 해당하는데 고귀한 신분은 고종(高宗, 1852~1919)황제일 것이고 어린 시절은 "출수부용(出水芙蓉)"의 삶을 증명하듯 부친의 사랑을 받으며 존귀(尊貴)하게 자라게 됩니다. 그러나 을신충(乙辛沖)이라 아버지와 이별하는 슬픔이 있는데 이것은 "승도구류(僧道九流)"하는 부목(浮木)의 상(像)을 가진 까닭에 고향을 떠나 이국만리에서 지내게 됩니다. 더구나 이 명조는 진사(辰巳)가 공망이니 정관(正官)사화가 공망인지라 사화(巳火)공망에 앉은 을목(乙木) 아버지가 위태롭습니다. 이 공망이 실현이 되려면 말년 사주가 흉해야 합니다. 곧 신축(辛丑)일주는 동주고(同柱庫)로 무토(戊土)가 투출하였는데 축술형(丑戌刑)이므로 매금(埋金)사주가 되는 것입니다. 그래야 출수부용(出水芙蓉)에서 승도구류(僧道九流)로 떨어질 수가 있겠습니다. 곧 덕혜옹주의 사주에서 조선 고종의 마지막 모습이 그대로 담겨져 있다고 보면 됩니다.

그러므로 덕혜옹주는 사망할 때까지 평생 정신질환에 시달렸습니다.

3 병(丙)의 속상(屬像)

(1) 병(丙)의 속상(屬像)

병화(丙火)는 그 본래의 상(像)이 탁자 모양으로 제사(祭祀)에 희생물을 얹는 큰 제사상을 본뜬 글자라고 합니다. 또는 뜨거운 향로, 가마솥을 엎어놓은 형상이라 "뜨겁다" 는 의미를 가지고 있습니다. 또 중국의 오래 된 자서(字書)인 이아(爾雅)에서는 "어미위지병(魚尾謂之丙)"이라하여 "물고기 꼬리는 병(丙)이다" 라 기술하였습니다.

병화(丙火)는 하늘에 있으면 태양이고 사람에게는 정신(精神)에 해당하며 땅에 있으면 발전소입니다. 병화(丙火)는 순양(純陽)에 속하며 태양의 정기로 만물을 생육합니다. 이괘(離卦)에 속하며 "떼어놓다, 가르다, 끊다, 나누다, 헤어지다"라는 의미를 가진다. 또 병화(丙火)는 밝게 빛나는 태양이니 온 천하를 골고루 비침이 차별이 없습니다. 만천하에 드러나기 때문에 불의(不義)와 타협하지 않습니다.

그러므로 공명정대하고 강건한 기질이 있습니다. 병화(丙火)는 빛이 천리를 비취고 뜨거움은 우주에 두루 미치는데 그래서 확산, 팽창, 발전, 화려, 솔직담백, 조급함, 눈, 시력, 에너지의 뜻이 있습니다. 병화(丙火)가 흉(凶)이 되면 허세, 과장, 허풍, 산만, 주변 정리가 미흡하다는 소리를 듣습니다. 그래서 여자는 대인관계가 원만하지만 반대로 집안 살림은 신경을 안 쓰므로 산만하며 또 남편을 우습게 보기도 합니다.

병화(丙火)의 목적은 한기(寒氣)와 동토(凍土)를 해결하고 목(木)을 생육(生育)하며 어둠을 밝혀 토양(土壤)을 활성화 시켜주는데 있습니다. 차가운 금(金)은 제련하여 기물(器物)이 되도록 가공해주고 물을 보면 수화기제(水火旣濟)하려는 본성이 있어 차가운 물을 따뜻하게 데워줍니다.

병화(丙火)가 봄여름에 태어나면 목(木)을 키우느라고 할 일이 많습니다. 그래서 활인지명(活人之命)이 많습니다. 봄여름에는 목화(木火)가 상응(相應)하여 빛을 발하므로 자연히 정신력이 뛰어나게 됩니다.

그래서 봄,여름에 태어난 병화(丙火)는 과단성이 넘쳐 오히려 조급한 편이될 수도 있습니다. 병화(丙火)가 가을에 태어나면 문창성(文昌星)이니 사색(思索)의 계절이니 이상주의자가 됩니다. 겨울에 태어난 병화(丙火)는 때를 기다릴 줄 압니다. 동토(凍土)를 녹여주므로 인기가 많습니다. 그래서 고지식하나 선량하다고 합니다. 가을, 겨울생은 소심해서 지나치게 예법만 중요하게 생각할 수도 있습니다.

병화(丙火)는 세상에 나오면 어김없이 홍수(洪水)속의 부목(浮木)을 살리므로 천하 만물을 구제할 수 있습니다. 그러므로 임수(壬水)가 병임충(丙壬沖)으로 극한다고 해서 태양을 막을 수가 없는 것입니다.

그래서 병화(丙火)는 임수(壬水)로 끄지 못하고 계수(癸水)로 막아야 합니다. 계수(癸水)는 구름, 비로 빛을 가리므로 흑운차일(黑雲遮日)이 되기 때문입니다. 병화(丙火)는 사납고 맹렬하여 서리와 눈을 업신여긴다고 합니다. 경금(庚金)을 단련할 수 있으나 신금(辛金)을 보면 합하여 본성을 잃게 됩니다. 병화가 여름에 태어나고 인오술(寅午戌) 화국을 이루는데 만약 갑목(甲木)이 투출하면 목(木)은 자연히 분멸(焚滅)하게 됩니다.

(2) 병화의 물상

광선(光線), 태양(太陽), 하늘, 불, 열기, 광채(光彩), 빛, 화산, 엔진 자동차 전기, 전자, 전파, 소리, 광선, 전열기구, 전기, 전자파, 자외선(紫外線), 적외선(赤外線), 원자력(原子力), 방사선(放射線), 시력, 스크린(screen), 조명(照明) 화학, 광선, 철금속 물질을 녹이는 불, 열 에너지, 핵 에너지, 화약, 화력발전, 용광로, 전쟁, 무기, 큰 꽃 등이 됩니다. 방위는 남방(南)이고 계절은 여름(夏)이며 맛은 쓴 맛이고 색깔(色)은 적색(赤)이며 숫자는 2, 7에 해당합니다.

병화(丙火)는 확산 팽창하는 물질이므로 그 성정을 지닌 직업을 가지게 됩니다 고로 인터넷 방송인, 예술인, 예체능, 크리에이터, 문화사업, 조명업(照明), 항공업(港空) 승무원, 여행 가이드, 전기, 전자, 가전제품, 화공업, 화학공장, 가스, 엔진, 전자파, 광선, IT계열, 과학, 기술, 원자력발전소(原電)등이 됩니다.

(3) 고초인등(枯草引燈)의 상(像)을 가진 병화상관은 생명기술과 관련이 있다

時	日	月	年	곤명
비견		정관	상관	六神
乙	**乙**	**庚**	**丙**	天干
酉	**未**	**寅**	**子**	地支
편관	편재	겁재	편인	六神

이 여자 분은 직업이 약사(藥師)라는 것은 어디를 보고 알 수 있나요?

이 명조는 월령의 인중(寅中)에서 병화(丙火)가 투출한 것이므로 상관격(傷官格)입니다. 용신이 상관(傷官)이 되는 사람은 보통 기술을 다루게 되는 경우가 많습니다. 그런데 년주의 병자(丙子)는 상관이 편인 문서에 앉아 있는 거친 물상이 됩니다. 이것은 곧 문서를 가지고 활용하는 기술자라는 의미가 됩니다.

그런데 병자(丙子)는 납음으로는 간하수(澗下水)이니 약수물이죠. 또한 병화(丙火)가 을목(乙木)을 만나면 고초인등(枯草引燈)의 상이 되는데 바짝 말리게 되면 약초(藥草)의 모습이 됩니다.

사주에서 특정한 글자의 반복은 주의 깊게 살펴봐야 합니다. 을을(乙乙)이 중복이 된 글자는 특별한 상징을 나타냅니다. 강조, 약초 재배, 대량생산 등을 말하는 겁니다. 그러므로 이 사람의 병화 상관은 생명과 관련이 된 것이 분명합니다.

(4) 을축(乙丑)이 병화(丙火)와 만나면 조명장치가 되어 무대 생활 경험할 수 있다

時	日	月	年	곤명
편관		상관	정관	六神
辛	**乙**	**丙**	**庚**	天干
巳	**丑**	**戌**	**辰**	地支
상관	편재	정재	정재	六神
		공망		

이 여학생은 부산 ○○대 영화과, 극작과 학생입니다. 극작가를 희망한다는 것을 어디에서 찾을 수 있나요?

이 여자 분의 용신은 술(戌)중의 병화(丁화 ?) 투간자이므로 상관격을 구성합니다. 고로 이 명조는 상관격(傷官格)이죠. 따라서 상관 병화(丙火)의 상의(象意)를 분석해 들어갑니다. 그러면 상관(傷官)은 대략적으로 기술(技術)이 아니면 강사, 언변(言辯) 쪽입니다. 과거에는 광대 같은 딴따라 직업이나 대장장이에 상관이 많았습니다. 왜냐하면 언변(言辯)은 과거 점잖은 양반들이 할 일이 아니라 천한 광대들이나 하는 행위로 많이 인식되었기 때문이죠.
그러나 현대에서는 그러한 행위가 종합 예술인으로 나타나기 때문에 예능인으로 분석해도 됩니다. 일단은 용신(用神)이 상관이니까 기술과 예술인 중에 어느 것이 내 직업환경에 가까운가를 분석해야합니다. 그런데 을목(乙木)일간이 월령의 술토(戌土)는 12운성으로 묘지(墓地)에 해당합니다.

곧 죽은 목(木)이니 사목(死木)이 됩니다. 그런데 병화(丙火)에 바짝 붙어 있는 을목(乙木)이라 휘어진 속이 빈 통목이 됩니다.

이런 통목은 악기 재료로 많이 사용이 되는데 거문고, 현악기, 바이올린 등을 만들 수 있습니다. 공망(空亡)이 된 술토(戌土)가 축술형(丑戌刑)을 하면 거문고에 붙은 축토 쇠줄을 울리는 소리가 날 수 있습니다. 그래서 을축(乙丑)은 거문고, 바이올린의 상(像)이죠. 축(丑)이 쇠줄이고 축술형(丑戌刑)으로 "동(動)"하는데 공망이라 연결이 된 쇠줄이 함께 빈 통속에서 진동하는 겁니다.

그래서 현악기로 보시면 됩니다. 이런 경우는 고전음악에 심취할 가능성이 높겠죠. 잘 휘어져 을목(乙木)의 특징이라 바짝 마른 을목(乙木)을 불에 그슬려 바이올린처럼 휘어진 상태로 틀을 잡아 쇠줄을 달게 되면 그게 을축(乙丑)이 됩니다. 그러한 현악기를 들고 무대에 올라서야 합니다.

어디서 무대를 찾아야 할까요? 병화(丙火)가 신금(辛金)과 합(合)합니다. 완전합이 아니라 이격(離隔)된 합이죠. 이건 조명들이라 보시면 됩니다. 이 병화(丙火)의 조명(照明)이 신금(辛金)의 철판을 통해 빛이 반사가 되는 겁니다. 이건 조명무대 장치라고 보면 됩니다. 을축이 공망과 연계가 되고 천간에 조명장치인 병신합(丙辛合)이 보이면 무대에 서는 사람으로 추리해 볼만 합니다.

4 정(丁)의 속상(屬像)

(1) 정(丁)의 속상(屬像)

정(丁) 글자는 삼국시대부터 조선 시대까지 각종의 조세와 국역을 부담하던 양인(良人) 남자의 통칭 이였습니다. 일명 정남(丁男)이라고도 했으며, 정인 (丁人), 정구(丁口), 정부(丁夫), 인정(人丁) 등으로도 표기되었습니다. 또 정(丁)의 어원은 "못 정(釘)"에서 비롯되는데 "못 대가리"의 끝 모서리가 휘어진 모습입니다.

망치로 정(釘)을 치는 모습이므로 절정에 치달은 양기(陽氣)가 힘을 받은 모습으로 힘의 함축이 이루어진 도구인지라 양기 발산의 정점(頂點)으로 보았습니다. 그래서 정(釘)에 쇠망치를 내리쳐 끝이 휘어진 모습이 정(丁)입니다. 바위를 쪼개는 도구로 사용할 정도로 양기(陽氣)가 넘쳐 나므로 청년의 상징이 되어 장정(壯丁)이라 말을 하기도 합니다. 나이가 젊고 혈기가 왕성한 남자를 장정(壯丁)이라 하였는데 이것은 사람이 장성(長成)하여 어깨가 쩍 벌어진 형상이 됩니다.

만물에 비유하면 나무가 성장(甲)하여 꽃잎(乙)이 나고 꽃이 다 펼쳐진(丁) 상태가 정화(丁火)입니다. 그러므로 여름이 무르익은 상태, 혈기왕성, 치열한 변화, 정밀한 것, 세밀한 것을 기준으로 물상을 확대해 나가면 됩니다. 만약 정화(丁火)가 장생(長生), 건록(建祿)지로 응축(凝縮)이 된다면 장작불, 촛불, 용광로, 화력발전소, 정화(丁火)의 열성이 쇠지(衰地), 병지(病地)로 쇠퇴해지면 전화, 방송, 통신이 됩니다. 정화(丁火)의 열성이 정신문명으로 승화(昇華)가 되면 방송, 통신, 음악, 예술, 종교, 철학이 됩니다.

(2) 정화(丁火)의 성정(性情)

정화(丁火)는 이괘(離卦)에 속하며 음화(陰火)로 하늘에 비유하면 별이고 땅에 비유하면 촛불이 됩니다. 어두운 만물을 밝히는 성질이 있어서 꽃잎을 개화(開花)하여 무르익게 하듯이 몽매(蒙昧)한 주변 사람들을 개화(開化)를 시킵니다. 그래서 개척자, 발명가, 선구자, 철학, 종교, 학자등에 많이 나타납니다. 정화(丁火)는 내음외양(內陰外陽)의 불이고 화고유중(化故柔中_부드러운 가운데 화함)의 성질이 있어 뭉글뭉글하게 타오르는 불이 됩니다. 그래서 맹렬하게 타오르는 병화(丙火)와는 성질이 전혀 다릅니다. 병화(丙火)는 외형적으로 정열적, 직선적으로 발산(發散)하므로 일을 처리할 적에도 일체 망설임이 없고 속전속결(速戰速決)할 수 있습니다. 그래서 직업적으로 결단력이 필요한 사업가, 정치가. 수단가, 예술가에 좋습니다.

그러나 정화(丁火)는 신중하여 선택의 고민이 많습니다. 그래서 모든 만상(萬狀)이 약한 듯 보이지만 실상 내면(內面)은 은근히 강하여 실제 일에 몰입하게 되면 핵융합처럼 폭발적인 면을 지니게 됩니다. 그러므로 개척자, 발명가, 학자, 종교인, 선생의 직업이 좋습니다. 또한 병화(丙火)는 빛으로 일광(日光)의 성질을 가지고 있으나 정화(丁火)는 등촉(燈燭)으로 열(熱)에 가까워 소융(昭融)한다고 보는데 소융(昭融)이란 원자의 핵폭발로 주변을 녹여 밝히는 것처럼 스스로 녹여서 화합(和合) 시키는 일이 주목적이 됩니다. 그래서 정화(丁火)는 언변에 상당한 설득력을 지닌다고 합니다. 그래서 주변 사람들이 따르게 되는데 이로 인해 종교인, 철학자, 큰스승이 됩니다.
정(丁)의 성정(性情)은 임수(壬水)를 만나 만물(萬物)의 물성(物性)을 변화시켜 생명력을 부여하는 데 주목적이 있습니다. 임(壬)은 "아이 밸 임(妊)"에서 유래가 된 것처럼 정화(丁火) 열성(熱性)과 임수(壬水)인 종자(種子)의 기운이 조화(造化)되어 생명력을 창조하는 것으로 정임합화(丁壬合化) 목(木)이 되는 것입니다.

그러나 정(丁)과 임(壬)이 과(過)해지면 음란지합(淫亂之合)으로 부작용이 따르게 됩니다.

정(丁)의 동물배속(配屬)은 노루, 부엉이 올빼미입니다. 노루는 성정이 온순하고 겁이 많아 정(丁)으로 배속이 됩니다. 반면에 양기(陽氣) 덩어리인 사슴과 뱀은 병화(丙火)가 됩니다. 사향노루의 향이 정력(精力)에 좋은 이유는 정임합(丁壬合)으로 음란지합(淫亂之合)이 되는 까닭입니다. 또한 정화(丁火)는 부엉이인데 부엉이는 주로 야행성(夜行性)이므로 밤에 태어난 정화(丁火)일간은 부엉이, 올빼미 습관이라 은근히 매서운 사람들이 많다고 합니다.

(3) 정화(丁火)의 쓰임

병화(丙火)는 대낮에 태어나야 그 쓸모를 다하듯 정화(丁火) 일간은 한 밤중에 태어나야 그 용도가 뚜렷합니다. 이것은 정화가 등촉(燈燭)으로 주변을 밝혀 어두운 장막(帳幕)을 여는 것이므로 우매(愚昧)한 정신(情神)을 일깨우게도 하는 것이라서 대문명(大文明)의 상(象)으로도 보았습니다. 그러므로 정신적 지도자에게 많이 나타나는데 이것을 명리에서는 목화통명(木火通明)의 상(像)이라 말합니다.

한마디로 어두운 방에서 등촉(燈燭)을 피우게 되면 점점 밝아지면서 주변을 식별(識別)할 수가 있게 되는 모양이 마치 주변을 화합하여 녹이는 문명지상(文明之象)과 같다고 하여 소융(昭融)이라고 말하는 것입니다. 그래서 정화(丁火)는 등촉(燈燭)으로 천천히 밝혀 길을 인도하는 성질을 기준으로 물상을 확대해 나가면 됩니다. 어두운 것을 밝히는 일, 종교인, 철학자, 개척자, 새로운 생명 창조, 발명가, 연구개발, 전문가로서 역량, 한 분야, 자타가 공인하는 전문가로 가는 별입니다.

정화(丁火)는 집중이 요구되는 일이 좋습니다. 그래서 연구 개발직, 창작, 문학, 종교, 무속, 철학, 역학이 됩니다. 정화(丁火)의 목적은 경금(庚金)을 녹여 그릇을 만들고 어둠을 밝히고 한기(寒氣)를 녹이고 목(木)을 키우는 것이 소명(召命)입니다. 그래서 용광로, 대장간, 난로, 장작불, 촛불, 등불, 등대, 전열기구입니다. 정화(丁火)의 성질은 빛 가운데 열성(熱性)으로 부드러운 가운데 화합(和合)하는 성질이 있습니다.

그래서 전화, 방송, 통신, 열화우라늄, 예술, 음악, 소리, 오락, 컴퓨터, 전자제품, 전기, 전열기구가 됩니다. 사주에 형살(刑殺)이 있으면 어둠을 밝히는 합법적인 일을 합니다. 숨은 진실을 밝히는 수사관, 법무관, 사법, 회계이고 장생(長生)과 합(合)이 있으면 특수 기술 자격증입니다.

인체로는 눈동자, 심장에 해당하고 정화(丁火)가 흉신이면 눈병, 심장병, 소장, 혈압에 문제가 있을 수 있습니다. 기타 정화(丁火) 물상으로는 달, 인공불, 화롯불, 모닥불, 성냥, 라이타, 화학, 화공, 지열, 혁신의 인자, 예감, 호소력, 정의 산물, 자비, 희생, 봉사, 감성, 눈물, 상처, 질투, 나만의 비밀, 군중 속의 고독, 변화가, 정신, 문명, 판단력, 상상력이 됩니다.

(4) 21세기형 억만장자 테슬라CEO 일론 머스크

時	日	月	年	건명
상관		비견	정관	六神
丁	甲	甲	辛	天干
卯	申	午	亥	地支
겁재	편관	상관	편인	六神

일론 머스크는의 명조는 오화(午火)에서 정화(丁火)가 투출한 상관격(傷官格)
입니다. 그런 즉 용신(用神)이 상관(傷官)입니다. 상관은 기술자들에게 많은
데 특히 정화(丁火)의 성질은 빛 가운데 열성(熱性)으로 전화, 방송, 통신, 열
화우라늄, 예술, 음악, 소리, 오락, 컴퓨터, 전자제품, 전기, 전열기구가 됩
니다. 빛, 열, 광선이라 전기계통의 기술자인 겁니다. 정화(丁火)가 진신(眞
神) 갑목(甲木)의 생을 받으니 정화의 불이 장구(長久)한 것이 귀한 것입니다.

이것은 열이 강렬하여 전파로 움직이므로 곧 엔지니어링, 소프트 관련 업
종입니다. 만약 인문 예체능이라면 연예계통, 언론계통입니다. 그래서 머스
크는 기술개발에도 천재이지만 대중 언변에 천재라고도 말합니다.

테슬러CEO이므로 대표적인 차와 관련된 물상이 나와야하겠죠. 일지 신금
(申金)입니다. 신금(申金)은 번개 불이 내리치는 모양을 형상화한 글자죠.
그래서 금속이 역마의 상을 가진 것이라 뻗치다, 이동, 상통하달의 뜻을 가
진 운수업, 유통, 항공, 차량, 통신 관련이 된 업종에 많습니다. 그러므로 상
관적 기술이 전자, 전기의 첨단기술이 집약된 운수업으로 집중해서 나타나
는 겁니다. 이것이 상관대살(傷官帶殺)입니다.

(5) 정화(丁火)의 성질은 빛 가운데 열성(熱性)이니 전기, 전열기구가 된다.

時	日	月	年	건명
편관		편인	겁재	六神
丁	**辛**	**己**	**庚**	天干
酉	**酉**	**丑**	**寅**	地支
비견	비견	편인	정재	六神

이 남자 분은 요리사 자격증을 따서 선원이 됐는데 계사(癸巳)대운 을축(乙丑)년에 원인불명의 요통 악화로 인해 사망하였습니다. 이 사람이 사망이유와 요리사가 된 이유를 사주에서 알 수 있겠습니까?

이 명조는 인수용살(印綬用殺)의 사주인데 엄동의 축월(丑月)에서 "신중인왕(身重印旺)"한데 쓸 만한 글자는 조후가 되는 정화(丁火) 칠살 뿐입니다. 중(重)한 금(金)을 다루는 정화(丁火) 불의 물상을 따르자면 요리사가 되는 것이 적합한 것입니다. 병화(丙火)와 정화(丁火)가 다른 것이니 병화(丙火)였다면 빛이니 전기, 전자계통이라고 보아야 할 것이며 정화(丁火)는 열이니 뜨거운 불 또는 전열기, 용광로이므로 곧 정화(丁火) 물상을 따라가는데 화로(火爐)를 다루는 직업이니 요리사가 적합합니다. 그런데 정화(丁火)가 용광로, 화로(火爐)의 상(像)이라면 용접사, 금형제조, 요리사 등으로 나눠 생각할 수 있는데 왜 요리사가 되었을까?

축월(丑月)의 정화(丁火)는 갑목(甲木) 진신이 돕지를 못하면 그 화세(火勢)가 약하니 왕금(旺金)을 녹이기 역부족한 것입니다.

그러므로 정화(丁火)가 금(金)을 녹일만한 화력의 소지자가 아니고 다만 그 릇을 뜨겁게 하여 음식을 만들 수 있는 화력이라고 보는 것입니다. 그래서 유유(酉酉) 금형 위에 놓인 정화(丁火)는 주방의 화로가 되는 셈입니다. 그런 데 신중인왕(身重印旺)이 어쩔 수 없이 칠살(七殺)을 쓰면 고독하거나 빈곤하 다고 하였습니다. 더구나 인목(寅木) 재성이 개두(蓋頭)이니 재성(財星) 빈곤 은 확실하였습니다. 이럴 경우에는 몸을 사용한 노동력으로 사는 삶이라 자격증이 없으면 거의 중노동에 시달려야 합니다. 다행히 인수격이라 요리 자격증을 취득할 수 있었습니다.

그러다가 돈을 벌기 위해 선원이 되었는데 이것으로 운명이 바뀌 버리게 됩니다. 무슨 말인가 하면 정화를 상신으로 쓰는 사람이라면 당연히 병정 화(丙丁火)의 직업을 선택해서 화력을 높여야 하는데 선원이 되면 바다로 뛰 어든 것이니 물이 불을 끌 수 있게 됩니다.

결국 이 사람은 계사(癸巳)대운에 정계(丁癸)충거로 상신(相神)을 제거하니 유 유(酉酉)형살이 일어나고 지지로는 사유축(巳酉丑)금국을 이루었습니다. 금 (金)의 살기가 천방지축(天方地軸)이 되는 시기입니다.

그러하니 인목(寅木)재성이 금의 살기에 살아남을 리 없습니다. 재성은 수명 을 관장하는 십신이기도 하니 사망한 을축년(乙丑年) 기축(己丑)월에 축토(丑 土)는 월지 축토와 함께 축축축(丑丑丑)이 3개가 되어 일간 신금(辛金)의 입고 지로 작동하게 됩니다.

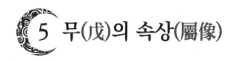

5 무(戊)의 속상(屬像)

(1) 무(戊)의 속상(屬像)

무토(戊土)의 기원은 茂(우거지다, 무성하다 무)에서 따왔으니 무성하게 자란다는 뜻을 가지고 있습니다. 그래서 만물이 무성하게 자라 드넓게 펼쳐진 모습입니다. 병정(丙丁)의 운동이 끝자락에 도달한 상태에 있으므로 무토(戊土)는 "머무르다, 그치다"라는 의미가 있습니다.

그래서 계절을 연결해주는 기운으로 포용과 중용의 의미가 있게 됩니다. 따라서 직업적으로 중개업, 부동산, 종교, 교육, 상담업, 은행, 영업, 결혼중개, 동호회, 네트워크 등을 연상시키게 됩니다.

무(戊)는 간괘(艮卦)에 속하며 산(山)을 상징하여 머물러 나아가지 않는 상(象)이라서 "그치다, 머무르다, 견고하다"라는 의미를 가지게 됩니다. 때로는 머무름이 지나치게 되면 거스르고 어긋나게 되는데 그래서 자기의 속성을 잘 숨기지 못하고 드러내게 됩니다.

또 간괘는 가족으로는 젊은 남자이고 방위(方位)로는 동북(東北)에 해당합니다. 또 무(戊)는 부수가 창과(戈)에 속합니다. 곧 병장기인 도끼, 부월(斧鉞)과 같은 의식용, 형벌, 도끼 등을 상징하는데 그로 인해 "무릅쓰다"라는 뜻을 내포합니다. 그래서 모험심이 있고 적극적인 행동가로 의지가 강할 수 있습니다.

또, 만물을 도끼로 베어 거둬들이는 글자라는 의미를 가지기도 합니다.

그래서 실천력, 표현력, 참모, 비밀, 종교 지도자의 성정이 있습니다. 무(戊)는 "무성하다, 무르익다"라는 의미를 가지므로 더 나아가 "나이들다, 보수적이다"라는 속성을 가집니다. 그래서 무계합(戊癸合)을 보통 무정지합(無情之合)이라하며 "정(情)이 없이 합(合)하는 모습"을 의미하며, 그래서 노인과 젊은 소녀의 결합을 의미합니다.

(2) 무토(戊土)의 성정(性情)

무토(戊土)는 하늘에서는 노을이라 합니다. 노을은 태양에 의지하고 태양이 다하면 노을도 사라지게 됩니다. 그러므로 무토(戊土)는 태양의 남은 기운이므로 무토(戊土)는 반드시 병화(丙火)를 보아야 참되다고 말을 하는 것입니다. 무토(戊土)는 지상에서는 "큰산, 끝없이 넓고 척박한 언덕, 쓸모없는 황무지와 황야"를 의미합니다. 풀이 많이 자라지 않은 사막의 이미지를 떠올리는 것도 좋습니다.

무토(戊土)는 이러한 척박하고 드넓은 땅을 관장해야 하는 기질로 인해 무토(戊土)는 기본적으로 배포와 스케일이 크게 됩니다. 그래서 대인관계의 범위와 생각의 폭 자체가 넓습니다. 또한 넓은 땅이 모두 내 땅이기 때문에 가진 게 없어도 자만심과 자기 과시가 있으니 허세, 허풍을 동반할 수 있습니다. 무토(戊土)는 넓은 땅이며 토(土) 특유의 포용력을 가지고 있어 만인을 아우를 수 있습니다. 무토(戊土)는 누구에게나 친절하고 열린 사람이 될 수 있습니다. 또한 무토(戊土)는 황야에서 살아 남아야하기 때문에 생존능력이 굉장히 강하다고 합니다.

(3) 무토(戊土)의 물상

물상적으로는 무토(戊土)는 큰산. 높은산. 언덕. 댐. 제방에 해당합니다. 댐의 역할은 방비, 바람을 막아주는 것이므로 제방작업. 설비, 창고업, 보관업, 화물업, 물류업, 바람막이. 제방, 화덕, 성곽에 해당합니다. 또 무토(戊土)는 넓은 흙이므로 지구, 대지, 부동산, 토석, 토목, 가옥 건축, 농업, 온천, 화산, 용암이 될 수 있습니다. 무토(戊土)는 계절을 연결해 주는 기운이므로 정치력, 무력, 중계, 권력, 야망, 중계상이 됩니다.

무토가 돈과 관련이 되면 증권, 금융, 은행, 빌딩이 됩니다. 무(戊)는 동물을 배속하게 되면 승냥이, 늑대, 이리, 표범에 해당합니다.

(4) 상관이 무토(戊土)가 되면 부동산, 토목 쪽의 성공이 빠르다

時	日	月	年	곤명
상관		정재	정관	六神
戊	丁	庚	壬	天干
申	丑	戌	戌	地支
정재	식신	상관	상관	六神

이 명조는 월지 술토(戌土)에서 무토(戊土)가 투출한 것이므로 상관격을 형성합니다. 월간의 경금(庚金)은 정재이므로 상관생재격(傷官生財格)이죠 장사하는 사람에 많죠. 그런데 상관(傷官)이 무토(戊土)가 되면 무토(戊土)의 물상으로 직업(職業)물상이 드러나게 됩니다.

그러므로 무토(戊土)는 하늘에서는 노을이고 지상에서는 큰 산, 높은 산, 언덕, 댐, 제방이 됩니다. 댐의 역할로 특성이 발휘 되면 제방작업, 설비업, 창고업, 보관업, 화물업 이고, 흙의 성분으로 발휘가 되면 대지, 부동산, 토목, 가옥, 건축, 농업 등이 됩니다. 만약 무토(戊土)가 계절을 연결해주는 기운으로 작용하면 중개, 무역상이고 무토가 재성이면 증권계, 금융업 쪽이 됩니다. 그런데 무토(戊土)가 경금(庚金)을 생하는 물상이므로 산속에서 금광을 찾는 일 혹은 도자기공도 가능합니다.

그러나 상관생재(傷官生財)구조이므로 기능공(技能工)보다는 장사, 무역에 근접하니 부동산으로 볼 수 있겠습니다. 그러므로 이 사람의 직업은 부동산중개사입니다.

6 기(己)의 속상(屬像)

(1) 기(己)의 속상(屬像)

기(己)는 "몸 기(己)"의 뜻으로 "자기(自己)"를 나타내는데 글자 형상인데 "사람이 무릎을 꿇고 앉아 있는 모양"입니다. "남에게 몸을 굽히는 것"이라는 해석으로 자기 자신을 굽혀 "다스리다"라는 의미를 가지고 있습니다. 기(己)는 하늘에서는 구름 형상이 되는데 구름은 변신, 변화가 자유로우므로 유행(流行)에 민감하나 변화가 많으면 변덕쟁이가 될 수가 있습니다.

기(己)는 곤괘(坤卦)에 속하며 땅에서는 전원, 논밭이 되는데 기토(己土)는 기름진 땅, 옥토(沃土)이고 구획정리(區劃整理)가 잘 된 땅을 상징합니다. 작은 땅에는 작은 을목(乙木)이 심어져야 좋습니다.

그래서 화단, 정원, 논밭에 곡식을 심고 생장시키므로 배양(培養)의 속성이 강하게 나타납니다. 또한, 기토(己土)는 불평불만이 있어도 내색(內色)이 없이 조용히 보호, 양생하려는 숨은 뜻이 있습니다. 그러므로 기토는 나무, 풀, 곡식이 자라기 좋은 땅이 됩니다.

(2) 기토의 성정

기토(己土)는 음습(淫習)하여 그 성정이 유순(柔順)하여 화목하니 보호하려는 보호 본능이 많아 조용히 배양하려고 합니다. 그래서 알면서도 말을 안 한다고 합니다. 안 그런 척 한다. 동작이 느리고 자기 의견을 잘 드러내지 않습니다. 이로 인해 엉큼하다고 오해 받을 수도 있습니다.

계절(季節)로 보면 음(陰)의 시작으로 만물이 성장을 멈추고 음(陰)의 운동이 시작이 되는 모습이니 수렴, 억제, 축적, 축장(蓄藏), 배양(培養)등의 성격을 가지게 됩니다.

또 인생(人生)에 비유하자면 장년기에 접어든 모습이므로 마무리, 저장, 포용, 조절, 정리, 결산 능력이 뛰어날 수 있습니다. 무토(戊土)가 확산 중에 수렴(收斂)이라면 기토(己土)는 수렴 중에 축장(蓄藏)이니 은근한 배양(培養)의 힘을 지니게 됩니다. 그래서 말이 없이 보호, 배양하려는 특징을 많이 가지게 됩니다.

그러므로 머뭇거림, 중재, 배양의 뜻이 있습니다. 그 성정(性情)으로는 순박하고 부드러우며 조용한 가운데 자기주장을 잘 드러내지 않으므로 중도(中道)를 지키려 하나 그로 인해 우유부단하다는 소리를 들을 수 있습니다. 수렴하려는 성질이 있으므로 포용력을 지니고 주변에는 적이 적습니다.

(3) 기토(己土)의 물상

무토(戊土)가 야산(野山)이라면 기토(己土)는 잘 정리된 구획(區劃) 토지입니다. 그래서 무토(戊土)와 기토(己土)가 만나면 잘 구획이 된 토지 옆으로 야산이 펼쳐진 산 중턱의 환경이 펼쳐지게 됩니다.

그래서 큰 나무와 작은 화초들을 모두 수용할 수가 있게 됩니다. 그러므로 무기(戊己)토 일간은 수용 능력이 뛰어나 정치적 활동에서 영향력이 커지게 됩니다. 기토(己土)는 땅에서는 문전옥답, 과수원, 집의 정원이므로 사람이 반드시 개입(介入)하여 다스려야 좋습니다. 이로 인해 중립, 중재, 조정의 역할을 가지게 되는데 땅을 중재(仲裁)해야 하므로 부동산업, 공인중개사가 적합합니다.

또한 갑목(甲木)과 을목(乙木)이 심어지게 되면 목(木)을 키우고 성장시키므로 교육업, 상담업도 좋습니다. 그리고 기토(己土)가 모여 쌓이면 모래, 자갈밭이 되는데 콘크리트 섞인 시멘트, 골재업이 됩니다. 기토(己土)는 구불구불한 형상을 띄는데 이것은 오솔길의 형상이 되고 잘 가꾸어 놓으면 구획정리가 잘 된 도로가 됩니다.

인체에서는 위장과 비장이 되고 입술, 침샘이며, 맛은 단맛을 느낍니다. 방위로는 중앙을 의미합니다. 그러므로 기토는 형상으로는 정원, 화원, 구름 땅이고 성정으로는 소심, 풍류, 변덕, 배양이고 특성으로는 중화, 중개, 비밀이며 업무적으로는 외교, 상담직, 물류, 유통이고 행태적으로는 부동산, 문방구, 서류, 대서소, 인쇄소이며 흙을 이용한 생산물로는 공예, 도자기 등이 됩니다.

(4) 기토(己土)는 수렴, 배양(培養)의 성격으로 인재 양성에 뜻이 많다

時	日	月	年	건명
편인		편재	편관	六神
辛	癸	丁	己	天干
酉	巳	丑	亥	地支
편인	정재	편관	겁재	六神

이 남자 분은 스님인데 축(丑)월에서 투출한 기토(己土)는 편관(編官)입니다. 용신이 기토(己土)가 되면 기토(己土)는 기름진 땅, 옥토(沃土)이고 구획정리(區劃整理)가 잘 된 땅을 상징합니다.

기토(己土)에게는 수렴, 억제, 축적, 축장(蓄藏), 배양(培養)등의 성격을 가지게 됩니다. 목(木)을 키우고 성장시키므로 교육같은 인재 양성에 뜻을 두게 됩니다. 또한 중립, 중재, 조정의 역할을 가지게 되는데 땅을 중재(仲裁)하면 부동산업, 공인중개사가 되고 인재(人材)를 중재하면 교육가, 수련원, 종교학원 등이 됩니다.

그런데 기토(己土) 용신(用神)이 편관이면 이런 물상은 부동산보다는 건축물로 봅니다. 곧 수련원, 종교재단 등입니다. 특히 사유축(巳酉丑)삼합국이니 축토(丑土)가 화살위인(化殺偏印)으로 변할 수 있는데 곧 편인의 화개살이 되는 것입니다. 편인이 화개(華蓋)가 되면 학자 종교인으로써 성공할 수 있습니다. 더구나 삼합국이 인수이니 공부하러 사람들이 모이는데 법인, 재단, 종교학원이 됩니다.
그러므로 이 분은 스님으로 은평구에 소재한 대형사찰의 부주지입니다.

7 경(庚)의 속상(屬像)

(1) 경(庚)의 속상(屬像)

경(庚)은 본래 "탈곡기"를 본 따 만든 상형(象形)글자였으나 가차(假借)의 과정을 거쳐 현재의 천간의 일곱째 글자를 말하고 오행에서는 금(金)의 의미를 갖게 되었습니다. 그래서 탈곡기에서 떨어지는 곡식의 낟알을 그린 글자라고 전해집니다.

하늘에서는 별 경(庚)이라 하여 별이나 달에 비유하였습니다. 또한 경금(庚金)은 "바꾼다" 또는 "고친다" 하였는데 고칠 경(更)에서 파생이 된 글자라고도 합니다. 그리고 사찰의 종(鍾)을 메달아 놓은 모습과 같다하여 유금(酉金)의 물상을 "종(鍾)"이라고도 하였습니다.

경(庚)은 여름을 지나 물러진 열매가 수분을 흡수하여 가을에 완연히 익어 단단해지는 모습을 말하는데 견고하게 수렴하여 열매를 맺는 것이니 모습을 단단히 고치는 것입니다. 곧 개선하다, 새로워 지다의 이미지가 강하고 무언가를 보면 고치려는 마음이 생겨나게 됩니다.

그래서 경(庚)글자는 "개선하다, 고치다, 바꾸다"라는 혁신의 뜻이 강하다고 합니다. 또 개혁할 때에는 불의와 협력하지 않으므로 단도직입(單刀直入)으로 거절을 합니다. 그래서 단단한 추진력이 있고 견고하여 무너지지 않는 결단력이 있습니다.

그러므로 결단력, 판단력, 추진력, 의리 등의 의미가 있습니다. 따라서 경금(庚金)은 책임감 있게 마무리를 잘하므로 사법공무원, 경찰, 군인 분야의 직업이 잘 어울릴 수 있습니다.

(2) 경금의 물상적 직업

경(庚)은 춘하추동(春夏秋冬)에서 가을을 의미하며 추살(椎殺)의 기운을 가지게 됩니다. 만물의 성장을 죽이고 열매와 결실을 보이기 위함입니다. 경금(庚金)은 이러한 강한 숙살지기(肅殺之氣)인 살성(殺性)으로 인해 잘못 다르면 흉폭 할 수가 있습니다. 그래서 경금(庚金)은 엄숙, 슬픔, 경계, 살생의 이미지가 강합니다.

벼는 익을수록 고개를 숙인다고 하였듯이 모든 만물이 이 시기에 겸손을 배우게 됩니다. 그래서 경금(庚金)의 덕목은 겸손. 절약, 의리(義理)입니다. 그런데 경(庚)의 투쟁심과 고집 그리고 흉폭한 성정(性情)을 누르지 못해 추살의 기운이 강해지면 폭력적 살인마가 되고 살성이 제화(制化)가 되면 경찰 노릇을 한다고 합니다. 그러므로 직업적으로는 흉(凶)을 대체할 수 있는 권력기관, 군검경이나 사법기관이 좋습니다.

경금(庚金)은 완금장철(頑金丈鐵)의 다듬어지지 않은 무쇠를 의미하므로 그런 금속을 만지는 업종도 괜찮습니다. 그래서 조선업. 제철소, 고철을 녹여 만든 철광소, 대장간, 금속제작, 기계관련 직종이 맞습니다. 또 경(庚)은 금융을 상징하므로 금융적으로는 덜 다듬어진 개인금융, 사채, 전당포가 좋습니다.

칼을 다루는 직업으로는 도축업자, 외과 의사, 조각가가 있습니다. 경금(庚金)은 사정을 봐주지 않으니 채권추심업도 잘합니다. 경금(庚金)은 금융업이 발달한 곳이나 권력기관이 밀집한 여의도같은 지역을 생각해 보면 됩니다. 경금(庚金)은 기물(器物)이 되는 것을 희망하고 신금(辛金)은 빛나는 것을 좋아합니다. 그래서 경금(庚金)은 무쇠 덩어리를 녹여서 기물을 만들어줄 정화(丁火)를 필요로 하고 신금(辛金)은 이미 보석이므로 열을 가해 녹이면 흉해지고 반사하여 빛나게 해줄 수 있는 병화를 선호합니다.

다만 공통적으로 경금과 신금은 모두 매금을 두려워합니다.

경금(庚金)은 투박하여 사람이 손으로 만지기도 힘들고 쓰임새도 한정이 되는데 반드시 불의 제련이 필요합니다. 불로 제련된 경금(庚金)은 다양해지는데 경금(庚金)이 불을 보면 화련진금(火鍊眞金)으로 쓰임새가 다양해지고 금(金)이 물을 보면 금수쌍청을 이루어 총명하고 지혜롭다고 합니다.

결론적으로 경(庚)은 낡은 것을 바꾸는 것입니다. 경(庚)은 변경, 변화, 개혁의 의미가 있습니다. 경금은 형태로는 무쇠, 도끼, 기계, 철강업이고 경금(庚金)의 성정으로는 억압, 통제, 무력, 보안, 단순, 행동, 종교, 혁명, 권세입니다.

경금(庚金)이 직업적으로는 군인, 경찰, 조폭, 은행, 광업입니다. 인체에서는 대장, 배꼽, 맹장, 항문, 뼈와 치아, 목구멍, 성대, 허벅지이고 동물로는 유금(酉金)에 속하니 매, 까마귀, 꿩, 입니다.

(3) 경오(庚午)는 화창(和暢)하여 금융업 진학이 적성에 맞습니다.

時	日	月	年	건명
편관		편관	비견	六神
庚	**甲**	**庚**	**甲**	天干
午	**申**	**午**	**申**	地支
상관	편관	상관	편관	六神

이 남자 고등학생은 평범한 아버지(은행지점장)와 어머니(가정주부) 남동생 있습니다. 조부(학교행정공무원퇴직) 조모(가정주부) 모두 생존하고, 현재 고3 수험생으로 문과이며 서울 특목고에 다니고 있으며, 성적은 상위 클래스 입니다. 경영계열로 진학했다고 합니다.

이 명조의 용신은 오화(午火)이고 상신은 경금(庚金)입니다. 그래서 상관대살(傷官帶殺)에 해당하는 명조인데 경오(庚午)는 동주욕(同柱欲)으로 완금장철(頑金丈鐵)을 불로 샤워하는 물상입니다.

쇠금을 녹여 만든 물건이지만 동주욕(同柱欲)이라 투박하지 않고 무척 화려하고 신선하다고 봐야 합니다. 곧 동주욕(同柱欲)이라 반들반들하고 광채가 나는 물건을 다루게 되는 직업물상입니다. 곧 이것은 동전의 물상입니다. 왜냐하면 오화(午火)의 상의(象意)는 화려하고 번화가, 시내 중심가입니다. 용신(用神)이 시내 중심가에 위치하고 있는데 경금(庚金)은 그런 중심가에 놓인 쇠금이죠. 그러므로 이 경금(庚金)은 고철을 녹이는 제조업은 아니라는 말씀입니다.

시내 중심가, 번화가인 여의도에 몰려 있는 경금(庚金)은 무엇일까요?

그래서 이 물상은 땡전이고 동전 물상이니 금전을 다루는 기관으로 은행, 증권업, 경영계, 금융업 쪽이 나타나게 됩니다.

만약 지지에 형살(刑殺)이 존재하면 음적(陰的)이라 검경, 법조계도 생각해 볼 수 있지만 신금(申金)과 오화(午火)가 화창한 겁니다. 사람 많은 곳에서 살아가야 하는 사람이라 금융 쪽이 맞을 듯합니다.

【핵심정리】

경자(庚子)는 쥐가 절벽에 붙어 있는 모양이다. 쥐는 원래 곡창에 있어야 태평하다. 그런데 동굴. 절벽에 있으니 수심 걱정이 있다. 경인(庚寅)은 새벽별이니 활발하다. 금이 목을 짓누르는 것이니 칼 맞은 호랑이라서 벼락, 전기, 가스, 화재의 위험에 노출이 되어있다. 경진(庚辰)은 늙은 용으로 속전속결, 공명심이 강하고 눈치, 운의 굴곡이 있다. 괴강이라서 이성의 난으로 성패(成敗)가 다단하다. 경오(庚午)는 개방적 외향적으로 순수와 고귀함이 있다. 달밤에 횃불이다. 공명심, 엉뚱함, 여행과 주색을 즐긴다.

이것은 동주욕(同主浴)이기 때문이다. 경신(庚申)은 흰 원숭이로 충돌, 변혁, 정리가 강하다. 반항적, 혁명적이다. 적극적, 사생결단을 한다. 운동신경이 발달이 되어 있다. 경술(庚戌)은 가을의 별이다. 노을지는 빛이니 직감력, 관찰력, 육감이 발달이 되었다. 철광석산(鐵鑛石山)이라 타협이 잘 안되므로 동업은 불길하고 기계, 금속, IT 등의 개인 특기를 살려야 한다.

8 신(辛)의 속상(屬像)

(1) 신(辛)의 속상(屬像)

신(辛) 글자가 만들어진 최초 배경에는 자연의 숙살지기(肅殺之氣)에서 유래 (由來)하는 것이 많습니다. 곧 갑골문에 나타나는 글자의 모양은 가을에 익은 벼 이삭의 모습입니다. 늦가을에는 결실을 이룬 과일이 단단한 무게감으로 지상으로 떨어지게 됩니다. 그래서 신금(辛金)은 모체(母體)에서의 분리, 단절을 의미한다고 합니다.

곧 이별, 분가(分家), 단절, 분리, 독립을 이루기 위해서는 철저한 프로페셔널(professional)이 되어야 하는 물건이기도 합니다. 또한 분리할 적에는 베이고 떨어지는 아픔을 가지게 됩니다. 그래서 익은 열매를 칼로 잘라 거두어들이는데 그 날카로운 칼날에 베어 시린 아픔과 고생, 이러한 과정들이 매운 신(辛)의 뜻, 글자로 등장하였습니다. 그래서 떨어지다, 끊어낸다, 베어지다, 고통, 신음, 종교, 철학, 신기가 함축이 되어 있습니다.

또 자연으로는 신(辛)은 하늘에서는 서리(霜)에 해당합니다. 차갑고 깔끔하고 청렴, 결백한 모습입니다. 순수한 결정체이며 차가움, 순백, 순결에 해당합니다. 그러므로 신(辛)이 땅으로 내려오면 차갑고 아름다운 순백의 보석이 됩니다.

이것이 사람의 성정으로 이어진다면 예리한 판단력, 냉철함, 청렴함 등이고 추운 겨울을 대비해야 하므로 가을에 모든 것이 만들어지는데 일련의 야무진 과정을 거치는 모습이 등장하게 됩니다.

고로 숙살(肅殺)의 고통을 견디어 낸 매운 맛이고 인생에 비유하면 장년기에 해당합니다. 그래서 수확, 매듭, 보장, 노련, 분리의 뜻이 있습니다. 그러나 이러한 뜻이 최초의 한자가 되는 갑골문과 금문(金文)으로 들어가면서 형벌(刑罰)에 더 가까워졌습니다.

신(辛) 글자는 현대에는 매울 신(辛)으로 많이 알려져 있지만 원래 뜻은 "고생하다, 괴롭다"라는 뜻으로 쓰였습니다. 신(辛)은 금문(金文)에서는 고대(古代)의 육형(肉刑)을 시행할 때 쓰던 형벌의 칼을 그렸습니다.

위쪽은 넓적한 칼날, 아래쪽은 손잡이 모양입니다. 따라서 신(辛)은 죄인에게 묵형(墨刑)이라는 형벌을 집행하고 노예들에게 노예표시를 새겨 넣던 도구로 고통의 상징이 되었습니다. 그래서 신(辛) 글자는 침, 형벌, 슬프다, 괴롭다, 고통스럽다, 맵다는 뜻으로 파생(派生)이 되었는데 그만큼 고통과 슬픔, 아픔, 성숙, 숙살이라는 의미가 함축(含蓄)이 된 글자라고 보면 됩니다. 그래서 그런지 신(辛) 글자가 들어간 한자(漢字)는 유독 죄와 형벌을 의미하는 글자가 많고 고통을 의미하는 함축된 뜻이 많이 있습니다. 피할 피(避), 변론(辯論), 변별력(辨別力), 변호사(辯護士), 새로울 신(新), 두려워할 집(慹), 갚을 보(報), 잡을 집(執)등이 있습니다.

(2) 신(辛)의 물상

신(辛)은 종교성이 강하여 사찰의 종(鍾)으로 비유되기도 합니다. 그래서 신(辛)은 서쪽, 서방 길, 서방정토(西方淨土)가 됩니다. 신(辛)은 태괘(兌卦)에 속하며 입, 빛날 태(兌), 지름길, 기름지다, 서방, 기뻐하다, 바꾸다 의미를 가지고 있습니다.

신(辛)은 솔개와 꿩에 해당합니다. 꿩은 보석처럼 화려하고 뽐내기를 좋아하니 우아하고 세련미가 있으며 멋을 부릴 줄 아는 동물입니다. 꿩과 보석은 장식과 화려함을 좋아하지만 공통적으로 냉랭한 차가움이 있어서 예리하고 날카롭습니다. 그래서 신금은 현침살이니 신묘(辛卯) 글자를 가진 사람은 손끝이 예리하여 침술, 안마, 조각, 수공예 등을 잘한다고 합니다. 신(辛)은 매울 신(辛)으로 입을 상징하므로 언변이 날카롭고 매섭다고 합니다. 그래서 언론계 정치계에서 칼럼리스트로 활약하면 좋습니다.
신금(辛金)의 성정(性情)이 예민하고 냉소적이고 경금(庚金)의 맛이 설익었기 때문에 맛은 떫고, 신금(辛金)은 익어서 맛이 맵습니다. 인체에 해당하는 곳은 폐, 대장. 피부병. 코. 설사. 맹장이고 색깔은 흰색입니다.

인생에 비유하자면 장년기로 수확, 매듭, 조정, 분리, 수거, 보관, 내세, 서방정토이고 성정으로는 순수함, 예리함, 섬세함, 냉혹함, 깔끔함, 세련미, 귀족적 풍모를 지닙니다.

물상으로는 서리, 보석, 비수, 수술용 칼, 반도체, 비철금속, 경공업, 경장비, 옅은 구름, 액세서리, 씨앗, 섬세, 신비, 단단하고 야무짐, 샤프함, 냉정, 귀금속, 보석, 장신구, 도금, 용접, 거울, 칼, 시계, 바늘, 귀금속, 정밀기계, 장신구, 세공품, 현미경, 냉정, 보석세공, 엔지니어링, 금융업, 통신업 등이 됩니다.

(3) 겁재(劫財)에 앉은 신금(辛金)은 살상용(殺傷用)이다

時	日	月	年	곤명
정재		상관	겁재	六神
癸	**戊**	**辛**	**己**	天干
亥	**寅**	**未**	**巳**	地支
편재	편관	겁재	편인	六神

이 여자 분은 부산 남포동에서 귀금속과 관련이 된 보석가공 판매업을 하고 있습니다. 이 명조는 미월(未月)의 기토(己土)가 투출하였으니 월겁격(月劫格)이지만 재관(財官)이 분명하므로 상관대살(傷官帶殺)의 구조를 눈 여겨봐야 합니다.

상관대살(傷官帶殺)에서는 신금(辛金)의 칼로 인목(寅木)을 조각하는 상(像)이 나타날 수 있습니다. 왜냐하면 겁재에 앉은 상관(傷官)은 살상(殺傷)용입니다. 보석업종으로 갔다는 말은 곧 신금(辛金)을 상관으로 사용했다는 의미입니다. 신미(辛未)의 상(像)은 모두 현침살(懸針殺)이죠. 현침(懸針)이 간지(干支)로 이루어지면 아주 강력한 작용을 합니다.

신금(辛金)은 아주 뾰쪽한 도구인 것입니다. 주사바늘, 침술, 송곳 등이 연상이 되어야 합니다. 특히 신금(辛金)이 단도(短刀)의 물상이고 또한 상관이라 인목(寅木)을 가공하는 방식을 선택할 수 있습니다.
그러므로 이 여자 분은 신금(辛金)이라는 칼을 든 사람이니 미용, 의료, 세공 분야로 가는 길이 맞습니다.

9 임수(壬水)의 속상(屬像)

(1) 임수(壬水)의 속상(屬像)

임(壬)의 본의(本意)에 대해서는 많은 설(說)이 있습니다. 갑골문 학자들은 임(壬)을 양날이 서린 도끼, 또는 돌침 등으로 파악을 합니다. 금문(金文)에 이르러 장인 공(工)으로 두들겨진 것으로 보아 임(壬)은 과거에 도구의 일종이라고 보는 것이 좋습니다.

그래서 갑골문(甲骨文)에서 발견이 된 최초 임(壬)의 형상은 상하(上下) 길이가 매우 긴 막대 모양입니다. 곧 길이를 측정하는 도구(道具)의 형태인 것 같습니다. 이것으로 호수의 넓이를 측정하기도 하고 바다의 깊이를 재기도 한 것으로 이해가 됩니다. 이러한 측량에 사용되던 도구가 금문(金文)에서 장인 공(工)으로 확립이 된 것입니다. 그래서 임(壬)의 본의는 도구를 이용하여 일을 잘 처리하는 것으로 현대에 이르러 기술자, 산업기능사에게 맡겨 가공시키는 작업을 말하게 됩니다. 곧 맡길 임(任)자로 사용되기도 한다.
또한 장인 공(工)의 중간에 실을 감는 실패에서 따온 글자라고도 합니다. 따라서 실패의 중간에 1획은 실을 감아 붙여 점점 불어나는 모양으로 점점 불어나니 "커가다, 배가 불러오다" 여기에 계집 녀(女)가 붙으면 아이밸 임(妊)자가 됩니다.

이러한 뜻글자가 가차(假借)되어 훗날 "북방 임(壬), 성대하다, 클 임(壬)" 글자로 사용되었습니다. 그러다가 다른 부수가 추가하면서 유의미한 여러 뜻글자로 변하는데 인(人)자가 추가되어 "맡길 임(任)"자가 되고 계집 녀(女)가 추가되어 "아이 밸 임(妊)"자 또는 "음탕할 음(婬)"으로 활용이 되었습니다.

(2) 임수의 태생

임(壬)은 만물(萬物)을 잉태(孕胎)하여 품고 있으니 임(妊, 姙, 任)이고 임(壬)은 맡긴다(任), 임신(姙娠)한다는 뜻이 있게 됩니다.

이때에는 양기(陽氣)가 엉기어 대지(大地)가 얼어붙어 전혀 생기(生氣)가 없는 듯하나 내면(內面)으로는 양기(陽氣)가 시생(始生)하여 계절로는 십일월(子月)이 됩니다. 이리하여 봄에 겉으로 드러날 양기(陽氣)가 잉태(孕胎)되는 것입니다.

즉, 임(壬)은 양생(陽生)의 자리이며 만물(萬物)을 잉태(孕胎)하여 품어가고 있음이 임(壬)과 자(子)가 같은 뜻이 되는 것입니다. 고로 임(壬)은 회임(懷妊)하는 것이니 음양(陰陽)의 상교(相交)를 뜻하는바 음(陰)이 극(極)하여 양(陽)이 시생(始生)하는 동지절(冬至節)의 작용(作用)이 있는 것입니다. 임계(壬癸)는 그 자리가 수행(水行)으로써 동절(冬節)의 령(令)을 받고 있습니다.

(3) 임수의 성질

임(壬)은 호수처럼 깨끗하고 바다처럼 마음이 넓어 모든 것을 받아들이므로 사람들과 잘 어울린다고 합니다. 이로 인해 매우 개방적이고 적극적인 성격으로 인해 때론 음탕하고 색욕(色慾)이 강하여 가정문제가 발생할 수도 있습니다. 그래서 임(壬)은 계집녀가 추가되면 곧바로 "아이 밸 임(妊)"으로 잉태(孕胎)를 말하기도 하였던 것입니다.

곧 정임합목(丁壬合木)은 새로운 생명의 탄생을 말하는 것입니다. 차가운 물과 뜨거운 불이 만나 목(木)의 씨앗을 태생시키므로 잉태라 합니다. 임수(壬水)의 기본 성질은 지혜롭다는 것입니다. 어진 사람은 산(山)을 좋아하고 지혜로운 사람은 바다를 좋아합니다.

물은 위에서 아래로 흐르고 막히면 돌아가거나 스며들고 항상 수평을 유지하려 하므로 지혜롭다고 말하는 것입니다. 물은 형체가 없으나 담는 그릇에 의해 형태가 변하니 유동성(流動性)이 많고 변화무쌍한 물질이 됩니다. 임수(壬水)는 늘 흐르는 적수(滴水)이므로 역마성도 있어서 정가(定家)의 안정을 얻기 어려우니 유통업, 무역업, 선박, 해운업 종사자가 되어야 역마로 인한 주택 불안정으로부터 벗어날 수가 있습니다.

임수(壬水)는 도도히 흐르는 적수(滴水)로 표현하므로 늠름한 기백(氣魄)이 있습니다. 물결의 유동성처럼 물체(物體)에 막힘이 없으니 사물(事物)을 판단하는 지혜가 남다르다고 보면 됩니다. 반면 물의 특성상 나아가는 성질은 있으나 물러서기 어려우므로 잘못을 쉽게 인정하지 않으려 합니다. 임수(壬水)의 성질은 차고 맑으니 이슬이라 하고 그 이슬이 모여 흐르니 적수(滴水)라 합니다.

임수(壬水)의 깊은 물결 속은 알 수가 없으니 자신의 내면을 겉으로 잘 드러내지 않는다고 합니다. 그래서 십간 중에서 가장 음흉하다고 말하기도 합니다. 그래서 임(壬)이 도(道)가 지나치면 음란(淫亂)이 되고 임신(妊娠)이 됩니다. 물상(物像)으로 보면 하늘에서는 이슬이고 땅에서는 바다, 강, 호수이고 계절(季節)로는 밤, 겨울이며 생노병사(生老病死)로 보면 휴식, 죽음에 해당합니다.

(4) 임수의 물상

업종(業種)으로 보면 물을 관리하는 양식장, 해운업, 수산업, 어장, 수협, 어항, 수족관, 욕실, 생수 판매, 목욕, 온천, 수영장이고 물 위를 다니는 해운업, 조선업, 선원, 무역, 외교, 여행이며 물과 연관이 되는 주류업, 유통업, 음료업, 유흥업, 숙박업, 음란, 주점이고 물은 흐르다가 모여 재활용이 되는 것이니 소방서, 세탁업, 창고업, 저축은행업, 연구소, 기획력이 됩니다.

성정(性情)으로 보면 대양(大洋)은 잠잠하고 차고 맑으니 보관, 침착, 냉정, 고독, 멈춤, 과묵성이며 물속 깊이는 모르니 비밀, 조용, 수축, 은둔, 음흉, 음란이며 물결은 지속적으로 흔들리므로 융통성, 유동성, 사교성, 노련함, 지혜, 변화, 변덕, 포용, 공상, 순발력, 재치입니다. 물은 생명의 근원이므로 정지, 지하, 자궁, 죽음, 수면, 종자, 저장, 씨앗이고 물의 지혜와 유동성, 지속성, 깊이를 모르는 심해성 등으로 학문, 연구원, 정보, 철학가, 활인업이 됩니다.

임(壬)은 만물의 근원이며 생명으로 모든 것이 물에서 시작한다는 뜻이 있습니다. 그래서 창조, 상표, 특허권이 됩니다. 인체(人體)로 보면 수분(水分)이 모이는 장소로 신장, 방광, 생식기, 귀, 정강이, 맛은 짠맛이고 색은 검은색입니다.

숫자로는 1(壬)과 6(癸)이고 질환으로는 자궁질환 생식기병, 비뇨기계통, 유방 질환 등에 해당합니다. 임수(壬水)는 감괘(坎卦)에 속하며 "구덩이, 험하다, 험난하다"라는 뜻으로 어려움을 돌파할 수 있는 지혜가 필요함을 말할 수 있습니다. 동물로 보면 제비에 속합니다.

(5) 재격(財格)이 임수이면 인문학으로는 해양, 국제학을 전공 한다

時	日	月	年	곤명
비견		정재	정재	六神
己	己	壬	壬	天干
巳	卯	子	申	地支
인수	편관	편재	상관	六神

동일 명조의 여자인데 한 사람은 미국 주립대학교를 유학하여 서울대 대학원 국제관계를 전공하고 있으며, 다른 한 사람은 현재 웹디자이너입니다. 동일 사주가 다른 직업을 얻는 까닭을 알 수가 있겠습니까?

【궁통보감】에 의하면 "삼동(三冬)의 기토(己土)는 병화(丙火)가 없으면 생의(生意)가 나타나지 않으므로 병화(丙火)의 조후(調候)가 시급하다. 병화(丙火)가 인사(寅巳)에 암장(暗藏)되면 유용(有用)해진다."라고 밝히고 있습니다.

따라서 자월(子月)이니 묘목(卯木)이 동목(冬木)의 염려가 있으므로 조후신인 사화(巳火)의 존재가 부각이 되는 겁니다. 그러므로 이 사주는 재격(財格)으로 용신(用神)은 임수(壬水)이고 상신(相神)은 사화(巳火)가 됩니다.

용신(用神)이 임수(壬水)이고 십신(十神)이 재격(財格)이 되면 만약, 인문학(人文學) 전공자라면 전공을 경영학(經營學), 경제학(經濟學), 무역학(貿易學), 해양국제학(國際學) 방향으로 많이 하게 됩니다.
왜냐하면 재격(財格)은 돈에 관심이 많은 연고로 재물학(財物學)에 치중하게 될 것인데 임수(壬水)는 흐르는 적수(滴水)이므로 해양학, 국제학이 됩니다.

또한, 임(壬)의 본의(本意)는 측량하는 도구이며 실을 감는 실패, 장인 공(工), 맡길 임(任)으로 기능공을 말할 수 있습니다. 고로 이과(理科)전공자라면 측량학과, 웹디자인학과 등의 상업기능사가 유리하여 이 계통으로 진출했다면 자신에게 맡는 길을 찾아 갔다고 생각합니다.

일지(日支)의 묘목(卯木)은 암(暗)중에 갑목(甲木)으로 암관(暗官)을 쓰는 것이므로 관록은 있게 됩니다. 이러한 것을 자화간합(自化干合)이라 말하죠. 그러므로 이 명조는 재격패인(財格佩印) 혹은 재대칠살(財帶七殺) 두 가지 겸격으로 볼 수도 있겠습니다.

용신이 재격(財格)이면 돈버는 것이 주목적인 것이므로 돈을 벌기 위한 수단으로 인수 또는 칠살을 사용하는 겁니다. 그러나 역시 조후가 중요하여 조후에 의지하였던바 공통적으로 인수 문서를 보직으로 나타나게 됩니다. 다만 주립대 유학자는 인수(印綬)에 치중하였고 웹디자이너는 칠살(七殺)에 근접했다고 판단합니다.

자기 자신이 어떤 상신(相神)을 보직(補職)으로 할 것인가에 따라 운명의 판도가 달라진다고 봐야 하겠지만 결국에는 사묘(巳卯)라는 상신(相神)의 합작물(合作物)에 의해 만들어진 보직을 갖게 되는 것입니다.

10 계(癸)의 속상(屬像)

(1) 계(癸)의 속상(屬像)

계(癸)글자는 "헤아리다" 라는 뜻을 가진 글자입니다. 헤아리고 분별한다는 뜻에서 "헤알릴 규(揆)"에서 따왔다고 합니다. 계(癸)글자를 파쇄(破碎)하여 보면 "癶"글자와 "矢" 글자가 결합한 모습인데 이것은 "등질 발(癶)"과 "화살 시(矢)" 의 형상입니다.

"등질 발(癶)"이라는 의미는 중세 시대에 결투할 적에 서로 등을 맞대고 반대 방향으로 걸음을 걸어가다가 하나, 둘, 셋, 10걸음에 이르면 뒤돌아 서로에게 총 시위를 당겼습니다. 또 화살은 직선(直線)이라 발걸음을 옮겨서 길이를 잰다. 라는 의미가 있습니다.

그러나 갑골문에 나온 최초의 계(癸)글자를 보면 단순히 "X" 글자만이 그려져 있었습니다. 이것은 화살을 서로 엇갈려 놓은 모습을 그린 것입니다. 따라서 이것은 화살의 길이로 무언가를 측량한다는 뜻이었습니다.

해서(楷書)에서는 여기에 "발로 걷다"는 의미를 지닌 등질 발(癶) 글자가 더해지게 되었는데 이것은 화살대를 들고 발 걸음걸이로 길이를 측량한다는 의미를 더하기 위해서였습니다. 따라서 여기서 계수의 의미로 "헤아리다"가 나오는 이유입니다. 하지만 지금의 계(癸)글자는 이러한 유래와는 관계없이 천간(天干)의 10번째를 뜻하거나 '겨울'이나 '북방'이라는 뜻으로 가차(假借)되어 사용하고 있습니다.

(2) 계(癸)의 물상

계수(癸水)는 하늘에서는 비가 되고 땅에서는 샘물, 흐르는 물이 됩니다. 움푹 패인 구덩이에 물을 상징하는 감괘(坎卦)에 속하며 "빙글 빙글 돌린다."는 의미로 계(癸)는 우로수(雨露水)인 것입니다. 봄비, 이슬비, 눈물, 진액, 옹달샘, 약수터 물, 시냇물과 같습니다.

갑을(甲乙)은 생명이고 병정(丙丁)은 자라남이고 무기(戊己)는 중앙이고 경(庚)은 숙성이고 신(辛)은 결실이다. 임(壬)은 수렴이고 계(癸)는 축장이다. 그러므로 갑(甲)으로 시작되어 계(癸)로 끝마치니 모든 과정을 거쳐 축적된 경험과 기술을 가지고 있습니다. 어느 곳에 이르더라도 궁색하지 않으며 그릇의 형태에 따라 스스로 변형할 줄 알므로 환경에 따라 쉽게 적응하는 능력이 뛰어나다고 할 수 있습니다.

(3) 계(癸)가 다른 글자를 만나 성질을 이룬다

계수(癸水)가 갑을(甲乙)목을 보면 기르는 공(功)이 있고 무토(戊土)를 보면 정(情)을 쉽게 주므로 인정받기 어렵습니다. 병화(丙火)를 보면 기화(氣化)되어 사라지므로 능력을 발휘하기 어렵고 임수(壬水)를 보면 큰 물줄기에 합류하려 하므로 그 본성을 잃기 쉽습니다.

그래서 계갑(癸甲)은 양류감로(楊柳甘露)가 되어 갑목을 키워 자신을 드러내고 무계합(戊癸合)은 무정지합(無情之合)으로 정(情)이 없이 만난 관계라 말하며 임계수(壬癸水)는 충천분지(沖天奔地)가 되어 홍수재해가 염려되고 병계(丙癸)는 흑운차일(黑雲遮日)로 사물이 어두워질 수 있습니다.

(4) 계수의 확대 물상

계(癸)에는 임(壬)에서 잉태한 새 생명이 계(癸)에서 남녀 암수로 분별(分別)한다는 뜻이 있습니다. 그래서 "헤아리고 분별한다." 는 뜻이 있게 됩니다. 그러므로 분명함, 판결, 사법 헤아림을 기준으로 물상을 확대해 나가면 됩니다.

계(癸)는 초겨울이므로 만물이 수렴하고 저장하는 시기입니다. 경(經)에 이르기를 계(癸)는 만물(萬物)을 규탁(揆度)함으로써 양(陽)이 생왕(生旺)되는 봄을 맞이할 힘을 얻는 것이다라고 하였습니다. 그래서 늦겨울로 음(陰)의 극단에서 갈라져 양이 태동하는 모습인 것입니다. 곧 만물을 자양하는 근본이 됩니다. 그러한 수축, 보관, 수면, 저장, 생명, 자양, 종자, 씨앗을 중심으로 물상을 확대해 나가면 됩니다.

인생에 비유하자면 노년기를 말하며 휴식과 인생을 마무리하는 시절이니 고독, 지혜, 정지, 은둔를 기준으로 물상을 확대해 나가면 됩니다.
물처럼 자유자재로 변신하고 적응할 수 있는 능력이 있어서 지모(智謀)가 뛰어나고 항상 변화에 민감합니다. 대응능력이 뛰어나므로 자칫하면 줏대가 없이 보일 수 있습니다. 그래서 참모나 보좌역할이 잘 어울릴 수 있습니다. 그러므로 두뇌 명석, 재치, 자만심, 대응 능력 우수 등을 기준으로 물상을 확대해 나가면 됩니다.

기타 관련된 물상으로는 생수, 정자, 생식기, 석간수, 경찰, 오락, 수도, 지혜, 어둠, 저울, 정보, 인체로는 귀, 방광, 죽음, 어둠, 눈물, 동물로는 박쥐에 속합니다. 유통, 판결 ,결벽증, 냉정, 여행, 얼음, 세탁, 술, 주류, 해운, 수산, 외교, 세탁, 요리, 유통, 마트, 서비스, 음료, 여행, 백화점, 시장, 야간, 음지, 분별, 판결, 결정, 비밀이 됩니다.

(5) 용신인 계수(癸水)의 물상으로 직업을 구한다.

時	日	月	年	곤명
식신		정인	편재	六神
辛	**己**	**丙**	**癸**	天干
未	**卯**	**辰**	**丑**	地支
비견	편관	겁재	비견	六神

77 67 57 47 37 27 17 7

甲	癸	壬	辛	庚	己	戊	丁	대운
子	亥	戌	酉	申	未	午	巳	

미용실 원장입니다. 32살에 결혼해서 33살에 이혼했어요. 지금까지 헤어 숍으로 먹고 살았거든요. 그런데 요즘 너무 장사가 안 되어서요. 그래서 직장인 상대로 작은 비즈니스 바(술집)을 차리려는데 잘 될까요?

이 명조는 진(辰)중에서 계수(癸水)가 투출한 것입니다. 그러면 계수(癸水)는 십신으로는 편재(偏財)이니 재격(財格)에 해당하는 것입니다. 돈을 버는데 관심이 무척 많은 사람입니다. 그런데 재성(財星)이 계수(癸水)이므로 돈을 벌려고 한다면 물과 관련된 일을 하는 것이 좋습니다. 미용실은 맞지 않습니다.

왜냐하면 상관생재(傷官生財)는 기술 장사가 좋고 식신생재(食神生財)는 서비스 장사가 좋습니다. 고로 이 여자 분은 상관격이 아니므로 기술직은 바람직스럽지 않으며, 식신이므로 서비스직이 좋습니다. 그런데 이 명조는 용신이 식신은 아니고 재성이 용신이라는 점이 중요합니다.
곧 재용식인(財用食印)이 되는 경우입니다. 용신이 어느 것인가를 판단하는 작업은 이 사람의 직업을 결정하는데 무척 중요한 판단 자료가 됩니다.

따라서 재성이 용신이라 함은 재물이 중대 목적이고 식신은 그 방식을 결정하는 것이니 보직이 되겠죠.

곧 기술직이 아니라 서비스직을 암시하고 계수(癸水)의 물상은 생수, 석간수, 음료, 술, 주류, 유통이고 시간대로는 야간 장사이며 특성은 비밀, 오락이고 계수(癸水)는 박쥐, 쥐과 동물이니 번식력이므로 정자, 생식기, 모텔 운영입니다 고로 술집 경영이 맞습니다. 앞으로 서방금운(西方金運)으로 진행하므로 계수(癸水)가 힘을 얻은 즉 계수(癸水)의 직업으로 들어가야 합니다.

11 신유(辛酉)의 상(像)은 술병을 다루는 사람
이다

時	日	月	年	곤명
상관		정재	상관	六神
辛	**戊**	**癸**	**辛**	天干
酉	**戌**	**巳**	**丑**	地支
상관	비견	편인	겁재	六神
庚辛	乙癸戊	戊庚丙	癸辛己	지장간

물상법에서 용신과 상신을 찾는 이유는 뭘까요? 이 명조는 월령사(巳)중에
서 신금(辛金)이 투출하였으므로 상관격(傷官格)이 됩니다. 그러므로 이것을
사(巳)중에서 투신화상(透辛化傷)이라 할 수 있으니 사화(巳火) 용신이 투출한
신금(辛金)의 상관격으로 변한 것을 말하는 것입니다. 따라서 용신(用神)은
신금(辛金)이 되고 계수(癸水) 정재(正財)를 생하므로 상관생재격(傷官生財格)을
이루게 됩니다.

그런데 계수(癸水)를 일간이 무계합(戊癸合)으로 득재(得財)하는 상(像)이므로
이 사람은 재물운이 무척 강한 여자라고 보면 됩니다. 이런 구조는 거의 사
업가에 많이 나타납니다. 그런데 무슨 사업을 할 것인가? 우선 용신(用神)
을 분석해야 합니다. 용신이 그 사람의 직업군이기 때문이죠. 그러면 이 사
람의 용신은 신유(辛酉)물상이 될 것입니다. 신(辛)은 원의(原意)가 "매울 신"
입니다 그래서 매운 식품, 생강, 마늘, 파, 후추, 양파 등을 생각할 수 있습니
다.

또한 유(酉)는 입구는 좁고 배는 볼록한 술 단지 모양을 본 뜬 상형글자입니다. 그래서 "술을 담는 그릇, 못, 연못, 물을 담다."라는 뜻을 가지고 있습니다. 술은 일정 시간의 숙성과정을 거쳐야 만들어집니다.

그래서 유(酉) 글자가 부수로 쓰일 때는 "술"외에도 "발효"와 관계된 뜻이 있습니다. 그래서 유(酉)는 열매, 김치, 젓갈, 곡주, 과실주, 술, 세균, 효소, 부패, 발효, 숙성, 희생, 발효식품, 술항아리, 엑기스, 장류, 장독, 양조장, 주류술 등에 해당이 될 수 있습니다.

유(酉)는 도화(桃花)의 역할이 있습니다. 그래서 유금(酉金) 자체에 음주, 가무(歌舞)에 능한 성질이 있어서 유금(酉金)이 있으면 노래를 잘하거나 춤을 잘 추는 등 가무(歌舞)에 능하며 깔끔한 매력이 있습니다. 이러한 신유(辛酉)의 물상을 보고 이 여자는 주류(酒類)업계 사업가임을 알 수 있어야 합니다. 이것을 더 구체적으로 확증하는 육친 구조가 또 있습니다.

이것은 상신(相神)을 보고 판단해야 합니다. 왜냐하면 상신(相神)은 그 사람의 보직(補職)을 말하기 때문이죠. 그러므로 월주(月柱)의 계사(癸巳)를 보고 분석합니다. 계수(癸水)는 재물인데 계사(癸巳)라는 상(像)은 월주에 존재하는 것이라 내 인생에서 가장 핵심적인 환경이 됩니다.

그런데 계수(癸水)는 무토(戊土)일간과 사(巳)중의 지장간 무토(戊土)와 쟁합(爭合)처럼 명암합(明暗合)이 된 구조입니다. 이건 숨은 비견이니 여러 여자들이 내 재물 계수(癸水)를 두고 비견쟁재하는 것이라 쟁탈전이 벌어지는 것을 말합니다. 만약 계수(癸水) 정재가 아니라 갑을목(甲乙木)이였다면 숨은 비견들이 나의 관성을 명암합(明暗合)하는 것이죠. 그렇다면 이건 분관(分官)이므로 내 남자를 놓고 다투는 상(像)이라 처첩(妻妾)으로 볼 수가 있는 것이죠. 그러나 계수(癸水) 정재(正財)를 놓고 다투는 상(像)이므로 이건 돈을 지불하는 일과 관련성이 있다고 보는 겁니다.

그러므로 일간 무토(戊土)는 사(巳)중의 무토(戊土) 비견이 누군 인가를 먼저 해독해야 합니다. 내 재물을 두고 다투는 비견이니 경쟁자라고 봐야 하는가 아니면 투자자로 봐야 하는가?

군겁쟁재(群劫爭財)와 비견쟁재(比肩爭財)는 해석을 다르게 봅니다.

즉 군겁쟁재는 겁탈자이므로 내가 손해를 보는 겁니다. 곧 채권자입니다. 그러나 비견쟁재는 협력자입니다. 곧 비견은 돈을 나누는 상(像)에 더 근접하는 것입니다. 그래서 비견쟁재이니 협력자인 것은 파악이 되었는데 이런 경우에는 이 비견이 나와 동등한가를 살펴봐야 합니다.

즉 투자자로 봐야 하는가 아니면 종업원으로 봐야 하는가? 그런데 암장(暗藏)이 된 비견이 돈을 챙겨가는 사람이니까 나와 동등한 입장이 아니고 눈치를 보는 사람입니다

그러므로 나는 드러난 사람이고 저들은 숨어 있는 사람들이니 나의 눈치를 보는 사람들입니다. 그러므로 이 숨은 여자들은 여자 종업원으로 파악하고 고용인으로 보는 것입니다. 특히 쟁합이 된 종업원은 다양하다는 겁니다. 쟁합이 된 인연은 깊지가 않고 오고가는 사람이 많은 짧은 인연자를 말합니다. 이 비견의 명암합은 재물을 쟁재하는 숨은 쟁합자이므로 돈에 의해 이동이 많은 여자 종업원이라고 보는 겁니다. 이 분은 무척 날씬한 몸매를 가진 여사장으로 가요주점을 20년간 하셨는데 돈 욕심이 많은 건물주라고 합니다.

12 신유(辛酉)의 상의(象意)는 세균, 효소,
부패, 발효, 숙성이니 약사, 연구원이다

時	日	月	年	곤명
편재		상관	비견	六神
壬	**戊**	**辛**	**戊**	天干
戌	**午**	**酉**	**寅**	地支
비견	정인	상관	편관	六神

이 여자 분의 사주를 분석해 보면 신유(辛酉)월주이므로 상관격(傷官格)임에
는 틀림이 없습니다. 다만, 문제는 년지(年支)에 인목(寅木) 칠살을 놓으므로
상관제살(傷官制殺) 구조가 보이고 천간으로는 시간(時干)의 임수(壬水)가 편
재(偏財)이므로 상관생재(傷官生財)사주이기도 합니다. 또한, 오술합(午戌合)이
므로 상관패인(傷官佩印)을 구성하기도 합니다. 따라서 용신이 3개 이상이
되면 이것저것 쓸데없는 일만 많고 정작 실효성이 있는 직업을 가지지 못
하게 됩니다. 이것이 용신다자(用神多者)의 단점인 것입니다. 그러므로 이 사
람은 늦은 나이지만 약대(藥大)를 가고 싶어 합니다. 즉 자기가 가진 직업에
대해 후회를 하고 있다는 사실입니다. 그런데 약사(藥師)가 될 수 있을까요?

이것을 알려면 역시 물상(物像)의 상의(象意)를 분석해야 합니다. 상관자(傷官
者)가 이과(理科)를 지원한다면 기술자와 관련이 깊습니다. 그런데 어떤 기
술자가 이 사람에게 적합할까요? 이것을 알려고 한다면 용신인 신유(辛酉)
의 상의(象意)를 분석해 봐야 합니다. 유(酉)는 근본이 단단한 쇠를 상징하지
만 또 다른 뜻을 음식의 특징을 가지고 있습니다.

공통점은 유금은 숙살지기(肅殺之氣)를 품고 있다는 사실입니다. 숙살지기(肅殺之氣)는 쇠가 단단해지는 과정에서 단련을 위해 필요한 과정이 됩니다. 또한 모든 과일과 음식에 대해 발효(醱酵)하는 과정을 뜻하게 됩니다. 그래서 유(酉)는 음식, 술 이외에도 발효와 관계 된 뜻이 있습니다. 그러므로 열매, 김치, 젓갈, 곡주, 과실주, 술, 세균, 효소, 부패, 발효, 숙성, 희생, 발효식품, 엑기스, 장류, 장독, 양조장, 주류 등이라고 보는 것입니다.

그러므로 유금(酉金)을 가진 상관 기술자라 한다면 세균, 효소, 부패, 발효, 숙성의 특성이 강하게 나타나게 됩니다. 따라서 이와 관련이 된 업체를 선정하여 그 해당항목의 기술 자격증을 취득하는 게 무척 유리한 것입니다. 그래서 나에게 맞는 전공은 요리학과, 조리실습학과 등의 석사과정을 거쳐 음식공장 연구원 취업이 최고로 좋았고 그 차선으로 의학, 약사, 한의사, 약국운영 등이 좋습니다. 따라서 이 사람이 약사(藥師)를 지원하겠다는 발상은 매우 합당한 이유가 있는 것입니다.

그런데 나이가 들어 늦게 직업을 약사로 바꾸고 싶다는 생각이 일어난 가장 근본적인 이유는 사주팔자에서 상관패인(傷官佩印)으로 돌아섰기 때문입니다. 곧 오술합(午戌合)으로 인수(印綬)를 사용하고자 하므로 문서이고 자격증인 것입니다. 이것이 이 사람이 늦은 나이에도 불구하고 약사자격증을 가져야하겠다고 결심한 이유가 됩니다.

13 강휘상영(江暉相暎)과 흑운차일(黑雲遮日)의 차이점

時	日	月	年	세운26	대운20	곤명
정관		정관	겁재	편관	비견	六神
癸	丙	癸	丁	壬	丙	天干
巳	子	卯	丑	寅	午	地支
비견	정관	인수	상관	편인	겁재	六神

이 여자 분은 임인년(壬寅年)에 6급 시험에 합격하였습니다. 병화(丙火)가 2개가 되는 병오(丙午)대운에 합격한 이유가 무엇인가요.

원래 병화(丙火)에게 임수(壬水)는 상대하기 좋은 십간(十干)입니다. 파도가 요동치면 태양은 더 맑고 황홀해지죠. 이러한 취상(取像)을 강휘상영(江暉相暎)이라 합니다. 반면에 태양을 가장 힘들게 하는 것은 계수(癸水)입니다. 아무리 태양이라 하더라도 먹구름에 가려지면 그 빛을 잃게 됩니다. 이러한 취상을 흑운차일(黑雲遮日)이라 말합니다.

이 명조에서는 병화(丙火)가 계수(癸水)를 양쪽 옆으로 보았는데 흑운차일(黑雲遮日)이 됩니다. 그런데 정계충(丁癸沖)이므로 한쪽 시야가 뚫린 겁니다. 그러나 좀 약하죠. 그리고 시주(時柱)의 계사(癸巳)는 무계(戊癸)명암합(明暗合)이니 이것도 계수(癸水)의 역량이 떨어짐을 암시하죠. 또 자수(子水)는 자묘형(子卯刑)이고 자사(子巳)암합(暗合)이면서 자축합(子丑合)도 됩니다. 이런 것은 서로 연결이 되면서 자수(子水)에게 혼란를 주는 것입니다.

고로 정관 자수(子水)가 탁(濁)합니다. 십간의 특징을 살펴보면 병화(丙火)는 하늘의 군주(君主)로 세상에 군주는 2명이 되면 안 되는 것이 이치입니다. 그래서 흑운차일(黑雲遮日)은 병화(丙火)가 두 개 존재할 때에는 오히려 길하게 작용합니다. 따라서 병오(丙午)대운에는 병화(丙火) 2개와 계수(癸水) 두개가 적절한 것이죠. 고로 원국에서는 병화(丙火) 1개로 위태로웠으나 병오(丙午)대운에 효과적인 중화(中和)가 이루어지는 것입니다. 그리고 중요한 점은 오화(午火)대운에 진입해서부터 주인공이 발복한다는 점입니다.

이게 무엇을 뜻하나요?
자오충(子午沖)으로 자묘형(子卯刑)을 해소하므로 자수(子水)정관(正官)이 맑아졌다고 관찰하는 것입니다.
자수(子水)정관(正官)이 탁했는데 맑아지니 발전하지 않겠습니까?

이 사주의 주인공은 26세 임인(壬寅)년에 (22.7.2일) 6급 이상 특수공무원 시험을 보고 1차 합격했고 12월까지 2차 3차 면접까지 보고, 신원조회를 마친 후 1월 20일 최종 합격을 통지 받았다고 합니다.

14 흑운차일(黑雲遮日)에서 구제받는 방법

(1) 흑운차일(黑雲遮日)에 걸린 명조

【예시1】

時	日	月	年	건명
정관		장관	정재	六神
癸	**丙**	**癸**	**辛**	天干
巳	**戌**	**巳**	**酉**	地支
비견	식신	비견	정재	六神

이 명조는 일주 병술(丙戌)이 동주고(同柱庫)이고 사술(巳戌)원진(元嗔)에 둘러쌓인 팔자라 일지(日支)의 술토(戌土)는 창고(倉庫)가 아니라 무덤이 되는 것입니다. 일간 병화는 주변에 계수(癸水)를 보았는데 흑운차일(黑雲遮日)이 좌우(左右)에 걸쳐 있으니 운무(雲霧)가 깊은 골짜기에서 빛이 갇혀 벗어 나가질 못하고 있는 사주입니다.

곧 술토(戌土)라는 어두운 골짜기에 갇힌 형상입니다. 그러므로 이 사람은 년주(年柱)에 사유합(巳酉合)으로 황금산을 이루었지만 그 황금산에 누워서 굶어 죽을 수 있는 팔자입니다. 곧 재물산을 이루었지만 일간이 무력해 자기 것으로 얻지 못하는 것입니다.
일간이 동주고인 사람은 그 재물을 자기 것으로 얻지 못하니 남의 재물을 관리하는 사람에 불과한 겁니다. 그러므로 평생 재운이 열리지 않아 답답해하던 사람입니다.

(2) 흑운차일은 병병병존(丙丙竝存) 되면 구제받는다.

【예시2】

時	日	月	年	곤명
정관		정관	정재	六神
癸	**丙**	**癸**	**辛**	天干
巳	**午**	**巳**	**酉**	地支
편재	겁재	비견	정재	六神

이 여자 분은 간명 당시 서강대 국문과를 졸업하고 이화여대 경영대학원에서 재학 중인 학생 이였습니다. 이 사주는 일주가 병오(丙午)로 양인(陽刃)을 구성하고 주변이 사화(巳火)로 둘러쌓인 사주라 불기운이 강력한 사람입니다.

이런 경우에는 계수(癸水)가 두 개 존재해도 흑운차일(黑雲遮日)이라 말하지 않습니다. 흑운차일(黑雲遮日)은 병병병존(丙丙竝存)이 되면 구제(救濟)를 받을 수 있습니다. 병병병존(丙丙竝存)은 복음홍광(伏吟弘光)으로 세상에 2개의 태양이 떠 있는 것이 됩니다. 고로 두 개의 빛이 너무 강하면 세상이 오히려 어두워지게 됩니다. 이것은 혼탁(混濁)함을 말했던 것입니다. 그러므로 사람이 병병(丙丙)이 되면 서로의 간섭이 심해 그 재능을 발휘하지 못한다하여 두려워하였습니다.

그러나 반대로 흑운차일(黑雲遮日)의 상(像)에서는 오히려 병병병존(丙丙竝存)을 반기는 것인데 먹구름인 계수(癸水)가 장애가 되는 명조에서는 태양이 2개가 되면 하나의 계수를 잡아 없애주는 효과가 있기 때문입니다.

(3) 병병병존(丙丙竝存)이면 계수(癸水)를 만나야 길하다

【예시3】

時	日	月	年	건명
상관		정관	비견	六神
己	**丙**	**癸**	**丙**	天干
亥	**午**	**巳**	**戌**	地支
편관	겁재	비견	식신	六神

병화(丙火)가 계수(癸水)를 보면 무조건 태양 빛을 가려 흑운차일의 상이라 큰 인재가 되지 못한다고 간명을 하면 큰 오류를 범하는 경우가 있을 수 있습니다.

그것은 여름철의 병화(丙火) 일주가 또 하나의 병화(丙火) 비견이 투간하여 세력을 다툴 때는 복음홍광(伏吟弘光)이 두려운 것이므로 반드시 계수(癸水) 비견이 투간하여 하나의 병화(丙火)를 제(制)하는 것이 좋은 것입니다.

왜냐하면 병화(丙火)는 지존(至尊)의 별이므로 또 하나의 병화(丙火)가 있어 쌍투(雙投)하면 동료 간에 서로 시기하고 다투는 현상이 발생하기 때문이고 그런 이유로 하나의 병화는 제거해야 길해지기 때문입니다. 즉 이것은 관살혼잡을 합살류관(合殺留官)하는 방식과 같다고 보시면 됩니다.
위의 명조는 주인공은 고법원장(高法院長)을 역임하였습니다.

(4) 무계(戊癸)명암합(明暗合)으로 흑운차일에서 벗어났다

【예시4】

時	日	月	年	건명
비견		정관	정재	六神
丙	**丙**	**癸**	**辛**	天干
申	**午**	**巳**	**未**	地支
편재	겁재	비견	상관	六神

이 남자 분은 현재 이비인후과 의사입니다.

이 명조는 지지가 사오미(巳午未)방국을 결성한 것이고 천간에 병병(丙丙)이 병존(竝存)하는 구조입니다. 그러므로 화(火)가 치성(熾盛)하면 복음홍광(伏吟弘光)의 흉상(凶像)이 염려가 되지만 방국(方局)이라는 지전삼물(地全三物)이 이루어진 팔자에서는 일행득기(一行得氣)로 나가야 하기 때문에 오히려 천간의 계수(癸水)가 부담이 될 수가 있습니다. 그래서 잘못하면 계수(癸水)가 병(病)이 될 수 있습니다.

왜냐하면 이처럼 전국이 불타오르는 환경에서 물 한 바가지를 붓게 되면 왕신충발(旺神沖發)이 일어나 대흉(大凶)한 사주가 되기 때문입니다.
그러나 다행인 것은 주변의 강력한 화기(火氣)로 인해 계사(癸巳)월주에서 계수(癸水)가 사중(巳中)의 무토(戊土)와 무계(戊癸)명암합(明暗合)으로 합화(戊癸合火)에 성공하였다고 보는 것입니다. 그러므로 인생에서 발전이 있게 됩니다.

15 복음홍광(伏吟弘光)을 막아주던 계수(癸水)의 합거운에는 대패한다.

時	日	月	年	대운41	건명
정인		편재	정인	겁재	六神
丙	**己**	**癸**	**丙**	**戊**	天干
寅	**酉**	**巳**	**戌**	**戌**	地支
정관	식신	정인	겁재	겁재	六神

이 남자 분은 무술(戊戌)대운중 무토(戊土)대운에 친구에게 돈과 처를 모두 빼앗겼습니다. 명리학적인 원인을 찾을 수 있겠습니까?

이 명조에서는 기토(己土)일간인데 사월(巳月)의 병화(丙火)가 투출하였으므로 인수격(印綬格)에 해당합니다. 그런데 병화(丙火)가 2개 투출하면 병병병존(丙丙竝存)으로 복음홍광(伏吟弘光)의 흉상(凶像)을 지니게 됩니다. 이것은 하늘에는 군주가 2명이 될 수 없는 것이니 태양이 두 개이면 태양 빛이 서로의 빛을 가리므로 오히려 세상은 혼란해지고 어두워진다는 이야기입니다. 그러므로 병화(丙火) 하나를 잡아 주어야 마땅한 것이므로 월간(月干)의 계수(癸水)의 출현은 최고의 선(善)이 됩니다. 그러므로 이 명조는 인수용재(印綬用財)가 됩니다.

그런데 병술(丙戌)은 동주고(同柱庫)이고 사술(巳戌)원진(元嗔)에 걸린 형상(形像)이므로 겁재(劫財) 술토(戊土)는 요주의 인물이 됩니다. 곧 겁재(劫財)가 동(動)하면 원진이 발생하여 인수(印綬) 입고로 진행되기 때문인데 그럴 경우에 문서파기(破棄)가 일어납니다.

지지가 인유(寅酉)원진(元嗔)과 사술(巳戌)원진(元嗔)으로 원진에 덮인 구조라 동주고(同柱庫)인 겁재 술토(戌土)는 더 위태롭다고 봐야 합니다. 그런데 무술(戊戌)대운(大運)에는 무계합거(戊癸合去)가 결성이 됩니다. 이것은 상신(相神)의 합거(合去)이므로 대패(大敗)할 수 있습니다. 또한 지지(地支)는 술술(戌戌)이 동(動)할 것이고 인수도 입고(入庫)를 준비할 것입니다. 그러므로 무계합으로 인한 재성(財星)의 합거(合去)는 파재(破財)의 상(像)이므로 나의 처(妻)와 재물의 손재수가 일어나게 됩니다. 또한 인수(印綬) 동주고(同柱庫)의 작용은 문서 파괴로 이어지므로 소송을 당할 수 있으니 본인은 억울함을 호소할 수 있습니다.

【핵심정리】

복음홍광(伏吟弘光)이 된 사주의 결점은 태양 빛이 서로의 빛을 가리므로 오히려 어두워진다는 점이다. 그러므로 이런 사주는 계수(癸水)가 있어서 한쪽의 태양을 가려줘야 한다.

그러므로 겨울철 태생으로 복음홍광이 되면 오히려 귀(貴)해질 수 있는데 언론인, 판사, 교수, 고위공무원 등에서 승부를 성취할 수 있다. 다른 십간들보다 병화(丙火)는 분명한 위상(位相)을 가지기 때문에 군주(君主)라고 명칭하는데 만인지상(萬人之上)의 병화(丙火)는 자기 이외의 존재를 인정하지 못하는 특성이 있다.

그래서 병화가 많은 사람은 쉴 틈이 없이 자기 위상을 드러내려고 하므로 허세, 과장이 엿보이기도 한다. 그래서 병화일간으로 실패한 사주는 도박, 가상화폐, 입찰경매, 사채투자 등에서 손실이 있다.

16 자수가 재성도화이고 신유가 자유파이면 유흥업, 세차장 업에 종사해본다.

時	日	月	年	건명
상관		식신	상관	六神
辛	**戊**	**庚**	**辛**	天干
酉	**子**	**子**	**卯**	地支
상관	정재	정재	정관	六神

이 남자 분은 부친 덕으로 30대 중반부터 가업을 물려받아 잠실에서 주유소와 세차장 사업을 운영합니다. 주변에 유흥가들이 많아 장사가 잘 된다고 합니다. 이 분의 업종이 주유소와 셀프 세차장을 운영한다는 것은 어디에서 찾을 수가 있을까요?

이 명조는 월령 자수(子水)가 용신(用神)입니다. 그러므로 용신(用神)이 물이니까 직업이 물 관련이 나옵니다. 그런데 경신금(庚辛金)도 존재해서 금생수(金生水)하는 구조이므로 물과 금속이 연결이 된 환경이 나와야 하는 것입니다. 그런데 천간(天干)에는 식상관(食傷官)이 투출 하였으니까 재용상관(財用傷官)사주입니다.

상관생재(傷官生財)의 흐름이니 사업 수단이 좋은 장사꾼이라 보아도 됩니다. 물장사에는 주류판매, 목욕탕, 사우나, 양식장, 세척업, 강, 호수, 해양, 바다, 레져 등이 포함됩니다. 그런데 해수(亥水)와 자수(子水)는 차이가 있습니다. 해(亥)는 중지곤(重地坤)괘로 "만물이 땅 아래 묻혀 있다"고 하여 지혜, 경험, 저장, 보관의 특징이 강해서 수자원, 어장관리, 수산업, 양식장 같은 형태가 됩니다.

그러나 자(子)는 지뢰복괘로 일양시생(一陽始生) 일양오음(一陽五陰)이라 해서 "은밀하다, 비밀사"가 강해서 종자, 생명, 욕망, 애정과 관련이 된 일들이 많습니다. 특히 자(子)가 재성(財星)으로 쓰이면 야간 유흥업(遊興業)이나 숙박업 종사가 많이 나타납니다. 특히 자수(子水)가 도화(桃花)이면 물로 씻겨 깨끗하게 만든다. 그런 즉 이 사람은 사우나, 목욕탕, 세척장 등등에서 일할 가능성이 높아집니다. 또한 자자(子子) 글자가 중복된다는 의미는 대량성을 상징합니다. 곧 "많다, 대량의 물을 사용, 유통, 세척"등이 됩니다. 그것도 주로 밤 새벽 장사가 많다는 것이고 은밀한 애정사이니까 사우나, 마사지를 생각해 볼 수 있습니다. 그런데 목욕탕이 아니고 왜 하필 세차업인가?

이것은 물상적으로 자유파(子酉破)와 자묘형(子卯刑)은 인체에 유해한 물이라고 판정이 되기 때문에 음료, 목욕물로 사용하기 부적합하다는 것을 이해해야 합니다. 주로 세척용 액체, 주유소 기름, 페인트 수액 등의 액체일 가능성이 높습니다. 또한 상신(相神)이 신유(辛酉)이니까 단단한 금속체에서 뿜어져 나오는 물줄기가 자유파살(子酉破殺)입니다.
뭔가를 깨부수는 물줄기라는 의미인 것입니다. 그래서 사우나 보다는 세차장에 가깝습니다.

17 병화(丙火)는 수창현절(水猖顯節)이라도 절개가 드러난다.

時	日	月	年
癸	癸	丙	甲
亥	亥	子	申

청운 벼슬

時	日	月	年
丙	癸	甲	戊
辰	丑	子	申

판사

時	日	月	年
丙	辛	辛	壬
申	亥	亥	辰

청태종(淸太宗)

병화(丙火)라는 물건은 수창현절(水猖顯節)이라도 절개(節槪)를 드러낸다고 하였습니다. 이것은 수(水)가 미쳐 날뛰더라도 태양은 자기 할 일을 멈추지 않는다는 것입니다. 그러므로 병화(丙火)는 지지가 해자수(亥子水)이거나 또는 임수(壬水)의 극(剋)을 두려워하지 않습니다.

이것으로 병화(丙火)는 지지의 뿌리를 근본으로 삼지 않는다는 사실입니다. 그러나 병화(丙火)도 당연히 위태로와질 수 있는데 복음홍광(伏吟弘光)이 되는 구조, 흑운차일(黑雲遮日)의 상(像)을 구성하거나 또는 회광(晦光)이 되는 경우 등입니다.

예를 들어 청태종의 명조를 상세히 알아보도록 하겠습니다.

이러한 명조를 "금수상관(金水傷官)희견관"이라 생각할 수 있습니다.

이것이 무슨 뜻인가하면 상관은 정관을 극하는 관계로 인해 서로 만나면 상관견관(傷官見官)의 흉운(凶運)이라 보았습니다. 다만 해월(亥月)의 신금(辛金)은 한 겨울철이죠. 동토(凍土)라서 금이 얼어붙으면 신금(辛金)이 생의(生意)가 없게 되므로 일체 성장할 수가 없게 됩니다. 그래서 상관견관(傷官見官)의 흉의(凶意)보다 해동(解凍)이 더 시급한 것으로 본 것입니다.

이게 금수상관희견관(金水傷官喜見官)의 유래(由來)입니다.

時	日	月	年	세운45	대운43	건명
정관	비견	상관	정관	정관	정관	六神
丙	辛	辛	壬	丙	丙	天干
申	亥	亥	辰	子	辰	地支
겁재	상관	상관	정인	정관	정인	六神

그래서 상관격에서도 병화 정관은 길신으로 보는 겁니다.

그런데 이 명조는 해월(亥月)의 수(水)가 많아서 병신합수(丙辛合水)가 될 수도 있는데 그렇게 되면 병신합화격(丙辛合化格)이 됩니다. 그러나 이 사주의 아쉬운 점이 병신합수(丙辛合水)로 종화(從化)가 될 수 있었는데 시지(時支) 신금(申金)에 뿌리를 내린 월상(月上)의 비견 신금(辛金)의 방해로 늘 종화(從化)에 실패합니다.

곧 월간 신금(辛金)이 시지 신금(申金)에 뿌리를 내리고 병화(丙火)를 분관(分官)하므로 병신합수(丙辛合水)가 제대로 이루어지질 못합니다. 그러다가 병(丙)대운 병자년(丙子年)에 해소(解消)가 되어 45세 때 병자호란(丙子胡亂)을 승리로 이끌게 됩니다.

청태종(太宗)의 최고 전성기입니다. 병자년에 월상(月上)의 비견(比肩)을 병신(丙辛) 합거(合去)로 제거하고, 지지는 진자(辰子)수국이 됩니다.

완전한 종화(從化)를 이루게 됩니다. 진종(眞從)이 이루어지면 일인지상만인지하(一人之上萬人之下)가 됩니다. 그게 병자호란(丙子胡亂)입니다.

조선을 완전히 무릎 꿇게 하고 전쟁 포로 40만병을 데려갔습니다.

이 팔자에서는 병자년(丙子年) 당시는 월상(月上)의 비견(比肩)을 조선으로 보았던 겁니다. 약소국인 데에도 중국 본토를 침공하는데 방해가 되었던 나라가 조선이죠. 비견입니다만, 형제로만 보는 것이 아니라 같은 큰 틀에서 비견을 제후국, 다른 경쟁국으로도 본 것입니다.

18 경발수원(庚發水原)을 만난 재고(財庫)는
부자가 될 수 있다.

時	日	月	年	건명
편인		상관	비견	六神
庚	**壬**	**乙**	**壬**	天干
戌	**午**	**巳**	**辰**	地支
편관	정재	편재	편관	六神

70	60	50	40	30	20	10	0	
癸	壬	辛	庚	己	戊	丁	丙	대운
丑	子	亥	戌	酉	申	未	午	

90년대에 유명한 학원 강사로서 돈을 벌어 부동산에 투자하여, 명동에 빌딩이 3채, 강남에 학원이 2, 3개가 있습니다. 기유(己酉)운 신해(辛亥)년에 부동산으로 벌어 50대 초반의 재산이 약 2천억 대라고 합니다.

【자평진전】 용신법에 의하면 용신은 월령에서 잡는다고 하였습니다. 이것을 "팔자용신전구월령(八字用神專究月令)"이라고 합니다.
그런데 천간 투간자 혹은 지지 회합자에서도 용신이 가능하다고 첨부합니다. 이것은 용신이 월령뿐만 아니라 곧 월령 위주로 보는 것인데 월령에 근기(根氣)를 둔 천간 투출자, 혹은 지지 회합자(會合者)가 되어도 용신으로 할수 있다는 주장입니다. 그래서 월령에 근기를 둔 천간 투간자 혹은 지지 회합자중에서는 그 세력의 비중을 살펴서 가장 강한 세력을 골라 용신으로삼으면 되는 것입니다.

고로 이 명조에서는 사중(巳中)의 경금(庚金)이 투출하였지만, 사화(巳火)가 오술합(午戌合)을 쫓아 화극금(火克金) 하므로 인수보다는 재성(財星)을 용신으로 잡았습니다. 곧 화살위재(化殺爲財)가 되므로 이 사주는 재격패인(財格佩印)을 이루게 됩니다. 그런데 이 명조는 변격(變格)을 이해해야 풀 수 있는 명조인데 초반기에는 사(巳)중의 경금(庚金)이 용신(用神)으로 득세(得勢)하였는데 다만 경금(庚金) 용신(用神)에만 의존하면 안 되고 을경합(乙庚合)이라는 용신(用神)의 확장(擴張)을 함께 살펴봐야 합니다. 곧 을경합(乙庚合)으로 이어지게 되면 용신은 을경합(乙庚合)이라는 물상으로 직업 구현(俱現)이 일어나게 됩니다.

곧 경금(庚金) 편인(偏印)과 상관(傷官) 을목(乙木)의 합은 교육자, 학원강사, 언론, 변론에 가깝습니다. 고로 초반기에 이 분은 학원강사로 부(富)를 축재(蓄財)하였고 이후에는 재격패인(財格佩印)으로 변격(變格)을 하게 됩니다. 그러므로 이 분은 임오(壬午)일주(日柱)인데 일간(日干) 임수(壬水)는 오중(午中)의 정화(丁火)와 정임명암합(丁壬明暗合)을 하는 구조로 자화간합(自化干合)이 됩니다. 이것은 내가 시지(時支)에 술토(戌土) 재고(財庫)가 존재하는데 오술합(午戌合)으로 재국(財局)을 형성하였고 사화(巳火)를 쫓으므로 재고(財庫)가 창고를 뚫고 나와 언덕을 형성한 사람입니다 그러므로 이 남자 분의 재물은 상당한 수량(數量)임을 알 수 있습니다.

이 사람이 재산을 모으는 방식은 경술(庚戌)의 상(像)을 보고 알 수 있습니다 곧 경금(庚金)은 편인(偏印)이므로 거친 문서가 되는데 술토(戌土)라는 언덕 위에 쌓아 올린 문서이므로 부동산입니다. 곧 편인문서이므로 부동산 투기 문서입니다. 고로 임수(壬水)가 경금(庚金)을 만나는 것은 경발수원(庚發水原)이라 하였고 끊임없이 물을 생하는 까닭에 재물의 수원(水原)이 닫히지 않는다고 하였습니다. 그래서 경발수원(庚發水原)을 만난 재고(財庫)는 부자가 될 가능성이 높은 것입니다.

19 경발수원(庚發水源)의 임수가 산명수수(山明水秀)가 되면 수복(壽福)이 완전해진다

時	日	月	年	세운31	건명
편관		식신	겁재	겁재	六神
戊	壬	甲	癸	癸	天干
申	戌	寅	酉	卯	地支
편인	편관	식신	인수	상관	六神

이 남자 분은 무역업을 하는데 연간 수입이 3억 정도 된다고 합니다. 무재(無財)사주인데 그 까닭을 알 수 있겠습니까?

이 명조는 월주가 갑인(甲寅)이므로 식신격입니다. 유금(酉金)은 일간 임수(壬水)의 목욕지(沐浴地)이고 신금(申金)은 장생지(長生地)이므로 임수(壬水)가 경발수원(庚發水原)을 만난 것입니다.

봄철에는 물의 쓰임이 많은 이유로 임수(壬水)가 고갈될 염려가 있는데 경금(庚金)의 도움으로 물의 근원을 얻는 것을 말합니다. 이것을 경발수원(庚發水源)이라 하는데 금(金)이 물의 수원지가 되어 공급하므로 그치지 않는다는 뜻이니 주변의 도움과 협조로 성공하는 명식이 될 수 있습니다. 그런데 초년 대운수가 북방수운(北方水運)이고 천간에는 임(壬)경(庚)신(辛)으로 흐르므로 금수(金水)가 태왕(太旺)한 것을 근심할 수 있겠는데 시간의 무토(戊土)가 흐르는 물을 적당히 막아주니 산명수수(山明水秀)가 되어 수복(壽福)이 온존해진 명조라고 볼 수 있겠습니다.

그러므로 이 사주의 물상은 지지의 경발수원(庚發水原)과 대운 북방수에 의해 물길이 범람할 수도 있었는데 천간의 산명수수(山明水秀)의 상(像)으로 무토(戊土)가 방제(防除)가 되어 막아주고 갑목(甲木)은 수중유영(水中柳影)의 상(像)으로 물을 다스리는 상(像)입니다.

따라서 일주는 신강(身强)하고 용신(用神)은 강건(强健)하여 물상의 틀이 서로를 배신하지 않고 흠잡을 데 없으니 귀격(貴格)임에 틀림이 없는 것입니다. 더구나 이것이 식신제살(食神制殺)로 이어지고 지지 인신충(寅申沖)은 역마(驛馬)지살(地殺)이라 해외, 이동, 무역, 변동, 변화를 가진 직업을 가질 수 있을 것입니다.

또한 기묘한 것은 이 사람은 무재(無財)이지만 임술(壬戌)일주는 천간 임수(壬水)와 술(戌)중의 정화(丁火)가 정임(丁壬)명암합(明暗合)으로 자화간합(自化干合)이 된 구조입니다.
자화간합(自化干合)이 된 사람은 재성을 일지에 간합(干合)하는 까닭에 일간이 자신의 재고(財庫)를 깔고 앉아 있는 모습을 한 형상입니다. 고로 일간과 재성이 합이 된 까닭에 많은 재물을 축척할 수 있었던 것입니다.

20 무토가 편재로 산명수수(山明水秀)의 상이 되면 부귀할 수 있다

時	日	月	年	곤명
비견		편재	편인	六神
甲	**甲**	**戊**	**壬**	天干
戌	**申**	**申**	**子**	地支
편재	편관	편관	정인	六神
	지살	지살		신살

이 분은 수려한 외모로 기업대상 보험 영업을 하는 연봉 억대를 받는 커리어우먼입니다. 남편에게는 기대할 것이 없다고 말하며 본인이 직접 영업을 하여 높은 수입을 올리고 있다고 합니다.

이 명조는 월지의 신금(申金)에서 임수(壬水)가 투출하였고 신자합(申子合)으로 화살위인(化殺爲印) 되어 인수격을 이루게 됩니다. 그런데 갑신(甲申)은 절처(絶處)이고 월지 신금(申金)도 절지(絶地)라 일간이 절처(絶處) 중복(重複)이면 위태롭겠으나 화살위인(化殺爲印)하는 공덕으로 절처봉생(絶處逢生)이 된 구조입니다 그러므로 남편자리가 위태롭지만 인수로 인해 자신의 존재감이 살아갑니다.

그런데 인수(印綬)가 국(局)을 이루므로 범람 할 수도 있었는데 월간의 무토(戊土) 편재(偏財)가 있어서 인다우재(印多遇財)로 격국을 도왔습니다. 또한 많은 문서를 관리하여 조율하는데 편재가 상당한 길신이 되는 것이라 이것을 산명수수(山明水秀)의 상(像)이라 말하고 인다우재(印多遇財)가 산명수수의 상과 일치하는 격국은 우수하다고 볼 수 있습니다.

21 목곤쇄와(木棍碎瓦)의 상(像)은 도구를 사용하는 손기술자가 많다

時	日	月	年	곤명
편인		겁재	편관	六神
癸	**乙**	**甲**	**辛**	天干
未	**丑**	**午**	**未**	地支
편재	편재	식신	편재	六神
	현침살	현침살	신살	

이 여자 분은 강남에 있는 대형병원에서 임상병리사로 근무하고 있습니다. 임상병리사(臨床病理) 직업은 어디를 보고 예측이 가능한가요?

이 명조에서 가장 먼저 눈에 들어오는 대목이 갑신(甲辛)인데 갑신(甲辛)은 목곤쇄편(木棍碎片)의 상(像)입니다. 이것은 기술자에게 많습니다.

특히 도구를 사용하는 손기술 작업자에게 많은데 칼을 들고 하는 직업을 갖고 있는 분이 많습니다. 그런데 신미(辛未)와 갑오(甲午)가 모두 현침살입니다. 현침(懸針)은 바늘이며 의료계통 종사자로 주사바늘에 혈액을 채취하는 임상병리사로 자신에게 적합한 직업군이 됩니다.

또한 축미충(丑未沖)이므로 일간 고지와 관고(官庫)에 해당합니다. 이 분은 일지궁에 관고(官庫)를 가진 팔자가 됩니다. 이것은 을신충(乙辛沖)으로 남편과의 이별을 의미하는데 일간 고(庫)는 갇힘, 수옥, 아픔이 따를 수가 있어서 고충을 남다르게 겪을 수 있습니다. 그 시기는 무술(戊戌)대운 축술미(丑戌未)삼형(三刑)이 작동하면 일어날 가능성이 높습니다. 따라서 여기에 맞는 궁합과 개운이 필요합니다.

時	日	月	年	곤명
편재		정관	비견	六神
戊	甲	辛	甲	天干
辰	辰	未	戌	地支
편재	편재	정재	편재	六神

갑목(甲木)과 신금(辛金)의 구조를 목곤쇄편(木棍碎片)의 상(像)이라 말합니다.
신미(辛未)가 현침살이고 목곤쇄편(木棍碎片)의 상(像)을 가진 정관은 직업이
가위, 칼을 든 사람이 많습니다.
목곤쇄편(木棍碎片)은 대부분 의료계통과 대장장이처럼 가위나 조각칼로 다
듬는 사람이 많이 나타납니다. 그래서 업종도 의료, 미용사, 공예가 등이 많
습니다.

즉 상대방을 세밀하게 다듬어 예쁘게 하는 직업을 선택하기 좋아합니다.
만약 의료계통이라면 성형과 혹은 미용계통이 나올 수도 있습니다. 이 사
주의 주인공은 임인년(壬寅年) 현재 미혼이며 만나는 남자도 있습니다. 현재
미용사이고 결혼하면 직원도 채용하고 숍도 인테리어를 하여 사업을 조금
크게 할 생각이라고 합니다.

23 목곤쇄와(木棍碎瓦)은 도예공방, 미용, 외과의사, 조각가 직업을 가지기 쉽다

時	日	月	年	세운42	대운40	곤명
편재		정관	편인	인수	상관	六神
戊	甲	辛	壬	癸	丁	天干
辰	子	亥	戌	卯	未	地支
편재	정인	편인	편재	겁재	정재	六神
백호	공망	공망	공망 백호			신살

미혼으로 공무원 시험에 실패하고 아르바이트 등으로 고생하다가 올 초에 의류와 액세서리 공방을 창업 했는데 생각보다 판매가 저조하여 온라인 판매를 시작하려고 하는데 사업 운을 봐달란다고 합니다!

이 여자 분의 사주는 인수용관(印綬用官)과 인수용재(印綬用財)의 겸격(兼格)이 보입니다. 이것은 진로의 성패(成敗)가 있어서 방향을 크게 선회(旋回)한다고 판단하면 됩니다. 따라서 초년기에는 인수용관(印綬用官)의 의지에 따라 공무원의 진로를 찾은 것 같습니다. 그러므로 용신은 임수(壬水)이고 상신은 신금(辛金)이 됩니다. 그런데 술토(戌土)와 자수(子水)와 해수(亥水)가 공망이니 공망이 커서 그 자리에 앉은 신해(辛亥)도 영향을 받으니 관인상생(官印相生)에 실패할 수 있게 됩니다.

또한 임술(壬戌)과 무진(戊辰)이 백호(白虎)이니 장애(障礙)가 만만치 않은 겁니다. 고로 공무원 시험은 실패할 수 있습니다.

그럼 다른 길로 가야 하는데 인수용재(印綬用財)의 길이 보입니다. 이 길은 돈을 버는 목적이 큰 것이므로 목곤쇄와(木棍碎瓦)를 방식으로 선택한 것 같습니다.

목곤쇄와(木棍碎瓦)의 상(像)은 공예, 도자기, 공방류, 의료 등의 조각칼을 든 수작업 직업으로 일을 하는 분에게 많이 나타납니다. 따라서 인수용재(印綬用財)에서는 인수(印綬)가 용신(用神)이고 임수(壬水)에 해당하므로 임수는 적수(滴水)로 물은 흐르는 것이니 역마이고 유통입니다. 곧 온라인 유통업의 환경으로 나타나고 목곤쇄와(木棍碎瓦)를 유통하여 돈을 벌게 된다고 판단하고 싶습니다.

24 비조질혈(飛鳥跌穴)의 상(像)이 상관생재 (傷官生財) 구조이면 발재(發財)할 수 있다

時	日	月	年	곤명
편재		정재	상관	六神
丁	**癸**	**丙**	**甲**	天干
巳	**亥**	**子**	**申**	地支
정재	겁재	비견	정인	六神

76 66 56 46 36 26 16 6

戊 己 庚 辛 壬 癸 甲 乙 　대운

辰 巳 午 未 申 酉 戌 亥

이 명조는 월령에 자수(子水)비견(比肩)을 놓아 록겁격(祿劫格)인데 병정화(丙丁火)의 재성을 보았으니 록겁용재(祿劫用財)로 잡을 수가 있습니다. 다만, 록겁용재(祿劫用財)에서는 식상관(食傷官)이 뚜렷해야 성공하므로 갑목(甲木) 상관을 만난 것은 귀하다고 할 만 합니다.

목화(木火)는 상관생재(傷官生財)하는 구조가 되는데 탈태요화(脫胎要火)의 상(像)을 갖춘 것이라 사업가의 기질을 보이므로 발재(發財)할 수 있는 것입니다. 또한 병화(丙火)가 갑목(甲木)을 보면 큰 나무가 태양을 보고 꽃을 피우고 혹은 새가 큰 나무를 보고 둥지를 짓는다하여 그 터전을 삼았으므로 이것은 기르는 공덕이 있다고 하여 비조질혈(飛鳥跌穴)의 상(像)이라고도 하였습니다.

이러한 상(像)은 집을 짓고 새끼를 키우고 성장시키는 성정(性情)이 분명한 것이라 도모하는 일이 이루어지며 특히 재물 관련하여 흥성하다고 말합니다.

신자합수(申子合水)하므로 인수(印綬)가 나의 건록으로 변한 즉 문서 사업인데 목화(木火)가 상관생재(傷官生財)로 나타나고 비조질혈(飛鳥跌穴)의 상은 둥지를 말했던 것이므로 집문서를 판매한다고 볼 수 있습니다. 다만 우려스러운 점은 이 사주가 초중년운(初中年運)에는 발재(發財)하나 말년에는 고생할 수 있는데 이 명조의 문제는 정사(丁巳)가 겁재 계해에 의해 천충지충(天沖地沖)으로 충극 당한 게 문제입니다. 천간의 병정화는 오히려 혼탁하므로 정계충거(丁癸沖去)는 가능하나 지지의 사해충거(巳亥沖去)에서는 사중(巳中)의 병화(丙火)가 손상당하는 겁니다. 그러므로 사해충(巳亥沖)이 머무르 동안에는 병화(丙火)의 발재(發財)가 일어나지를 못하는 겁니다.

그런데 유금(酉金)대운에 사유합(巳酉合)으로 사해충(巳亥沖)이 어느 정도 해소가 된 것이므로 병화(丙火)가 사중(巳中) 병화(丙火)에 근기를 내려 힘을 발휘하게 됩니다. 고로 유금(酉金)대운 병화(丙火)의 발재(發財)가 일어나고 그 이후에는 사해충(巳亥沖)이 지속이 되므로 병화의 손상이 있게 되어 힘을 잃게 됩니다. 따라서 사해충(巳亥沖)에서는 병화(丙火)의 존속은 가능하나 발재(發財)는 중단 되어 말년(末年)이 힘든 겁니다. 그 시기는 신미(辛未)운이므로 병신합거(丙辛合去)하면 정계충(丁癸沖)과 사해충(巳亥沖)으로 파재(破財)할 수 있습니다.

【근황】
계유(癸酉) 대운 중반부터 집 짓는 곳에 투자하여 돈을 벌어 나중에는 자기가 3채의 집을 지어서 돈을 벌었다고 합니다. 30대 후반까지 6~7년 일을 하고 그 후에는 평생 아무 일도 안하였다고 합니다. 현재는 1채(서울)집을 소유하고 다른 집은 월세를 받아 살아가고 있습니다. 50대 전후에 주식 등 투자로 10억 손실을 입고, 현재는 돈이 없고. 남편은 47세에 퇴직 후 지금까지 백수이며 자신이 가장이었다고 합니다. 자녀는 2녀 1남을 두었습니다.

25 매금(埋金)의 상(像)은 해당 육친성을 잃을 수가 있다

時	日	月	年	건명
편재		정관	편인	六神
丁	**癸**	**戊**	**辛**	天干
巳	**丑**	**戌**	**未**	地支
정재	편관	정관	편관	六神

이 명조는 축술미(丑戌未) 삼형(三刑)으로 관형(官刑)이 걸린 구조이고 신금(辛
金)은 모친성인데 매금(埋金)의 상(像)이죠. 곧 신금(辛金)의 주변에는 많은 흙
이 쌓여 있어서 파묻힐 수가 있다는 뜻입니다. 따라서 이 사람은 일찍이 모
친과 인연이 없는 사람입니다.

매금(埋金)의 상(像)은 해당되는 육친을 잃을 수가 있게 되므로 부모가 이혼
명입니다. 이런 사주를 극모(剋母)하는 팔자라고 말했던 것입니다. 이런 사
람은 신금(辛金)인수가 매금(埋金) 구조라 인수 문서 가지고 사업하면 실패를
합니다. 문서를 사용한 사기꾼이 되거나, 아니면 자신이 문서 때문에 사기
당할 수 있습니다.

【근황】

정유대운 중 일찍 부모가 이혼하면서 아버지와 살고 있습니다. 대학은 진
학을 못했습니다. 자동차 딜러를 하겠다고 헤어진 어머니가 얼마 전 2천만
원을 주면서, 어떻게 살고 있는지 궁금하다고 방문 하였습니다.

26 상관(傷官)에 놓인 이전최화(利剪催花)는
자식으로 인해 모친이 고충을 당하게 된다

時	日	月	年	세운51	대운41	곤명
편관		정재	정인	정인	편인	六神
辛	乙	戊	壬	壬	癸	天干
巳	巳	申	申	戌	卯	地支
상관	상관	정관	정관	정재	비견	六神

계묘(癸卯)대운 임술년(壬戌年)에 자식이 음독자살하자 임술년(壬戌年)에 자신
도 자식 무덤에서 음독자살 하였습니다. 이 여자 분의 자살을 암시하는 대
목이 어디에 나타나 있습니까?

이 명조는 천간에 을신충(乙辛沖)은 지지가 사신형(巳申刑)이 되면 이전최화
(利剪催花)의 상(像)이라고 합니다. 이전최화(利剪催花)는 나무를 자르는 전지
(剪枝)가위라서 을목(乙木)이 잘려 나가게 됩니다.
을목(乙木)이라는 꽃은 신월(申月)에는 위태롭고 사월(巳月)에는 꽃을 피우게
됩니다. 그래서 을목(乙木)일간은 사화(巳火) 자식에게 의지를 합니다. 정관
(正官)은 중관중살(重官重殺)에 염려가 있으므로 마땅한 의지처가 아니며 상
관이 자식성인데 따뜻한 온기(溫氣)가 있으니 의지할 만하였습니다. 곧 자식
만 바라보고 살아온 어머니라는 의미가 됩니다.
그런데 사화(巳火) 상관이 겁살 자식이고 형살(刑殺)이 붙은 것이 문제입니
다. 특히 사신형(巳申刑)이 2개로 구성되어 있다는 것은 아들이 종종 말썽을
일으킨다고 볼 수 있겠습니다.

중관중살(重官重殺)이 사신형(巳申刑)이 되면 사신합(巳申合)하는 자식도 중관중살(重官重殺)로 인해 어려움에 처하고 안정이 되지 못하게 됩니다. 이런 구조는 사신형(巳申刑)이 발생 할 때마다 이전최화(利剪催花)가 작동한다고 보면 됩니다. 계묘(癸卯)대운에 무계(戊癸)합거와 묘신(卯申)암합이므로 재성 합거가 발생합니다. 곧 손재수가 발생하는데 사신형(巳申刑) 위에 놓인 재성(財星) 무토(戊土)는 자식 상관이 정관이라는 기관에 투자하기로 한 투자금입니다. 모친에게서 받아 간 것이므로 모친에게는 투자수 혹은 손재수가 될 것입니다.

그런데 을목(乙木)의 록(祿)이 되는 묘(卯)가 등장하면서 정관과 묘신암합(卯申暗合)하는 상(像)은 길한 발전을 뜻할 수 있겠지만 묘(卯)가 사사(巳巳)를 만나게 되면 이것은 수옥살(囚獄殺)이고 조객살(弔客殺)이 됩니다. 수옥살인 묘대운에 감옥 갈 일이 생길 수 있다는 우려가 보입니다. 무슨 말 인가하면 무계합으로 투자된 자금이 회수가 어렵고 잘못하면 수옥(囚獄) 즉 감금당할 수 있다는 말이니 파재(破財) 혹은 도산(倒産)의 상(像)을 뜻하기 때문입니다. 임술년(壬戌年)에 사(巳)입장에선 사술(巳戌)원진이 사신형(巳申刑)살을 작동시키는데 겁살+상관+원진+형살의 이 정도 구성이면 사람이 감옥가거나 혹은 죽어나갈 수 있습니다. 그러므로 사신형(巳申刑)이 발동이 되면 모친에게는 이전최화(利剪催花)가 일어납니다. 곧 자식성 위에 놓인 이전최화(利剪催花)의 상(像)은 자식으로 인해 모친이 고충을 당하게 됨을 암시하게 됩니다.

27 신금(辛金)이라는 쌍발 엔진이 투출하여 파일럿이 되었습니다

時	日	月	年	곤명
정인		편관	정인	六神
辛	**壬**	**戊**	**辛**	天干
亥	**子**	**戌**	**巳**	地支
비견	겁재	편관	편재	六神
건록	제왕	관대	절	12운성

이 여자 분은 현재 한국 항공대학 항공운항과 2년생이며 장학금을 받고 있는 재학생 입니다. 장래에 꿈은 여성 파일럿입니다. 이 명조가 파일럿(pilot)의 직업을 가지는 것을 무엇을 보고 알 수가 있겠습니까?

임자(壬子)는 양인(陽刃)인데 일주가 되면 일인(日刃)이라고 부릅니다. 그런데 이 사람의 용신은 무술(戊戌) 칠살이므로 편관격인데 사화(巳火)가 재생살(財生殺)하는 구조는 권살(權殺)이 되기 쉽습니다. 곧 군검경 법원으로 나가 생살여탈권(生殺與奪權)을 쥐는 것이 순리입니다. 이 칠살이 사술(巳戌)원진이고 술토(戌土) 편관이 관대지(冠帶地)이므로 군인. 군경 등의 제복(制服)을 입는 직업이 적합합니다.

그런데 칠살은 식제(食制)로 다스리거나 아니면 양인(陽刃)으로 다스리는 것이 정법(正法)인데 식신이 없고 양인은 존재하므로 자중(子中)의 계수(癸水)와 술(戌)중의 무토(戊土)가 무계합(戊癸合)으로 합살(合殺)이 된 구조입니다.

이것은 살인상정(殺刃相停)에 해당하므로 큰 재목(材木)이 될 수 있습니다.

그런데 사해충(巳亥沖)은 역마이므로 이동과 관련이 됩니다. 사해충(巳亥沖)은 바다와 육지를 왔다 갔다 해야 직성이 풀립니다. 그런데 년간(年干)과 시간(時干)에 출현이 된 신금(辛金)의 상(像)은 2개로 벌어져 이격(離隔)이 된 비행기의 양쪽 프로펠러 물상입니다. 이 2개의 프로펠러가 역마충을 당해 돌아가면서 사해충(巳亥沖)으로 바다(亥子)와 육지(戊戌) 사이를 오고 가고 움직이는 물상입니다. 그러므로 이 사람은 제복을 입은 사람이고 해외를 오고 가야 하며 쌍발 엔진이 투출하였은 즉 비행사가 됩니다.

【핵심정리】

살인상정(殺刃相停)이란 무엇인가?

칠살과 양인이 서로 합하여 머물러 있다는 뜻으로 양인과 칠살의 힘이 균등(均等)하여 서로 제복(制服)됨을 말하는 것이다.

예를 들어 갑(甲)의 칠살(七殺)은 경(庚)이고 갑(甲)의 양인(陽刃)은 묘(卯)인데 칠살(七殺)과 양인(陽刃)은 모두 흉악한 물건으로 세력이 비등한 두 종자(種子)가 만나 서로 탐합(貪合)하는데 그 결과로 주변의 평화가 유지가 된다는 뜻이다. 고로 경(經)에 말하기를 살인(殺刃)이 쌍현균정(雙顯均停)이면 위지왕후(位至王侯)라고 한 것이다. 이것은 칠살과 양인의 세력이 균등해지면 그 사람은 능히 제후(諸侯)의 위치에 오른다는 말이다.

28 이집(乙木) 저집(甲木)을 동가숙서가식(東家宿西家食)하는 직업은 불을 끄는 소방관이 되면 좋다.

時	日	月	年	건명
정인		편관	정관	六神
丙	**己**	**乙**	**甲**	天干
寅	**酉**	**亥**	**戌**	地支
정관	식신	정재	겁재	六神

이 명조는 천간에 정관(正官)이 있는데 첩신(貼身)하여 또 편관(編官)이 있습니다. 이것은 관살혼잡(官殺混雜)의 양상(樣相)을 보입니다. 그런데 이 명조는 월지의 해수(亥水)라는 한 우물에서 갑(甲)과 을(乙)의 두 가지 종묘(種苗)를 수확하려 합니다. 그러므로 터는 한 곳이지만 일하러 가는 갑을(甲乙)의 운동방향은 다릅니다. 그러므로 이 사람은 한 지붕 아래 살면서 이집(乙木) 저집(甲木)을 동가숙서가식(東家宿西家食)하는 직업을 가지게 됩니다. 고로 직업이 소방관이면 좋습니다.

왜 그러한 소방관의 물상이 나오는가 하면, 인해합(寅亥合)의 물상에서 찾아보시기 바랍니다. 곧 병인(丙寅)의 물상은 인(寅) 호랑이 등에 불이 붙은 상(像)이니 호랑이는 다급한 마음에 해수(亥水)로 달려가 인해합(寅亥合)으로 불을 끄려고 할 것입니다. 그래서 인유해(寅酉亥) 이 삼자(三字)의 물형(物形)은 물대포를 장착한 소방차의 형상(刑象)이 될 수 있습니다. 유금(酉金)이 물을 퍼 올리는 발동기이고 인목(寅木)은 빨간색을 칠하고 움직이는 호랑이이니 소방차가 됩니다.

인유(寅酉)가 원진처럼 퍼 올리는 물이 해수(亥水)가 되니 물대포라는 말인 것이죠.

그런데 해수(亥水)가 갑(甲)에게는 장생(長生)이고, 을(乙)에게는 사지(死地)이니 한 우물에서 작은 목(木)은 죽이고, 큰 목(木)을 살리려는 이치(理致)가 분명합니다. 이것은 큰 불을 끄기 위해 작게 일어나는 초기 단계에서 벌목(伐木)을 하는 모습이니 대형 화재로 번지는 것을 막으려는 의도인 것이라고 보면 됩니다. 그러므로 이 명조는 소방공무원을 꿈꾸는 젊은이입니다.

【핵심정리】

관살혼잡의 단점을 해소하는 방안으로는 분리, 독립이 좋은 대안이다. 왜냐하면 한 집안에 동생과 형이 같이 살 수는 없는 것이다. 때가 되면 동생은 집을 나와 독립하는 것이 순리이다. 정관을 가장(家長)으로 보았다면 칠살은 형제가 되므로 한 집안에 큰아버지와 작은 아버지가 같이 살아가는 것을 말한다. 어려서는 가능하지만 성장하여 가정을 이룬다면 비견겁이 많은 권속은 분쟁과 다툼의 소지가 많아져서 때가 되면 부친으로부터 스스로 독립해야 한다는 것이다.

그래서 【서락오】선생이 말하길 **"정관과 칠살은 같은 종류이지만 각기 분야가 다르다. 비유해서 말하면 형제와 같으니 밖으로는 일가(一家)를 이루지만 안으로는 형은 형이고 아우는 아우일 뿐이다. 각기 가정을 이루어 서로 섞이지 않는다."**라고 말했던 것이다. 이것은 한 국가로 보면 임금이 있는데 칠살이라는 숙부가 있어 왕권을 위협하는 것과 마찬가지로 본 것이다. 숙부가 왕권을 찬탈한 사례는 상당히 많은데 이런 경우를 사주학에서는 관살혼잡이라 보았던 것이다.

29 기러기가 나의 남자를 분관(分官)한다

時	日	月	年	곤명
정재		비견	비견	六神
戊	乙	乙	乙	天干
子	丑	酉	卯	地支
편인	편재	편관	비견	六神

이 명조는 월지(月支)의 유금(酉金)이 관성이므로 나의 남자가 됩니다. 그런데 분관(分官)의 상(像)을 가집니다. 분관(分官)이라 함은 비견들이 "관성을 나눈다"라는 뜻입니다.

곧 을목(乙木) 비견(比肩)은 여러 명인데 정관(正官)은 하나이므로 정관을 얻고자 경쟁할 수밖에 없는 상황에 놓인 처지를 말합니다. 이것은 유(酉)중의 경금(庚金)과 천간의 을목(乙木) 비견(比肩)들이 을경(乙庚) 명암합(明暗合)이 된 상태를 뜻하는 것입니다. 비견이란 나의 경쟁자들을 말합니다.

곧 한 남자를 놓고 다투는 현상입니다. 물상으로 설명한다면 3마리의 기러기가 유금(酉金)이라는 암석(巖石)에 휴식을 취하고 있는 모습입니다. 이 유금(酉金)은 새들의 서식지(棲息地))가 되는데 이 좋은 자리를 놓고 새들이 다투는 팔자를 가진 사람입니다. 이것을 유금(酉金)이 분관(分官)이 되는 구조라고 말합니다.
이런 경우는 여러 여자들이 내 남자를 쪼개 나눠 가지게 되는 형상이 나타나는데 곧 내 남자는 양다리 걸친 것으로 보는 겁니다.

그런데 편관과 비견이 묘유충(卯酉沖)이 되어 있으므로 서로를 밀어내기도 합니다. 이것은 만나고 헤어짐의 반복구조인 겁니다.

따라서 다비견(多比肩)에 관성이 묘유충(卯酉沖)이면 여러 남자들을 만나거나, 혹은 내 남자가 바람둥이가 될 수 있습니다. 그러므로 이 여자 분은 41세인 을미(乙未)년 현재 남자 애인이 많습니다. 애인이 많은데 자주 남자가 바뀐다는 사실은 결국 사귀고 있는 남자에게 문제가 있다는 것인데, 즉 다른 비견이 있다는 것은 유부남일 가능성이 높다는 것입니다.

【핵심정리】

여자의 명조에서 처첩(妻妾)이 발생하는 이유는 분관(分官)이 하나의 원인이 될 수 있다. 즉 분관(分官)은 하나의 남자를 여려 명의 경쟁자들이 다투는 것을 말한다. 이것은 일간을 놓고 월간과 시간에서 쟁탈하는 쟁관(爭官)의 구조와는 좀 다르다.

쟁관(爭官)은 합이불합(合而不合)이라 하여 합(合)처럼 보이지만 결코 합(合)이 되지 못하는 구조를 말한 것이라 결혼에 성공하기 어렵지만 분관(分官)은 일단 결혼에는 성공한다. 그런 연후에 이별하거나 혹은 처첩의 신분이 발각이 되는 것이다. 일단 분관(分官)이 되려면 비견과 식신이 동궁(同宮)하는데 년주(年柱)와 일주(日柱)에 혹은 일주(日柱)와 월주(月柱), 시주(時柱)에 동일한 간지(干支)가 배치(配置)가 되어 있다면 거의 확실해진다.

30 정축(丁丑)백호가 병탈정광(丙奪丁光)에 걸려 있다

時	日	月	年	세운66	대운64	건명
정관		상관	정관	식신	편관	六神
丁	庚	癸	丁	壬	丙	天干
丑	寅	卯	酉	寅	申	地支
정인	편재	정재	겁재	편재	비견	六神

이 남자 분은 병신(丙辛)대운 임인년(壬寅年)에 코로나에 걸렸는데 심근경색으로 중환자실에서 일주일 투병(鬪病)하다가 돌아가셨습니다. 이 사람에게 심장질환이 온 이유를 알 수 있겠습니까?

년주의 정유(丁酉)는 장생(長生)이라 힘이 강하고 시주의 정축(丁丑)은 동주묘(同柱墓)라 허약합니다. 그런데 정축(丁丑)은 시주(時柱)의 백호(白虎)이므로 나이 들어 늦게 찾아오는 겁니다. 젊어서는 건강해도 정축(丁丑)으로 접어들면 심장질환 조심해야죠. 젊은 시절에 당하는 정관의 손상은 직업 관련이 대부분이겠지만 나이 들어 당하는 정관의 손상은 직업, 은퇴문제가 아니고 건강 문제일 가능성이 매우 높은 것입니다.

특히 일간의 고(庫)인 축토가 백호(白虎)이면 백호가 동(動)할 때에 고장지도 따라서 움직이므로 이건 일간에 해당되는 건강문제가 큽니다. 그러므로 임인년(壬寅年)에 정임합거(丁壬合去)가 결성이 되는 시점은 후반기 진입이므로 신월(申月) 이후에 나타나겠죠.

그러면 정계충(丁癸沖)과 묘유충(卯酉沖)도 연달아 발생하므로 이건 천충지격(天沖地擊)이라 말할 수 있는 것입니다.

정화(丁火)는 심장이니 심장질환이겠는데 병신(丙申)대운에 일어나는 이유는 무엇일까? 하는 의문이 들 수 있습니다. 일단 인신충거(寅申沖去)로 인중(寅中) 병화(丙火)를 손상(損傷)시켜야 정화(丁火)의 의지처가 사라지는 것입니다. 정화(丁火)의 고립 단절을 의미합니다.

또한 병화(丙火)가 정화(丁火)를 만나 오행(五行)으로는 강해질 수 있지만 이건 오행학에서는 가능한 일이고 음양학에서는 병탈정광(丙奪丁光)이 발생합니다. 즉 한 낮에는 달빛을 볼 수 없는 것이므로 태양빛에 의해 정화는 그 빛을 잃게 되는 사건이라 매우 흉한 징조라 보았습니다.

【핵심정리】

병탈정광(丙奪丁光)이란 병화(丙火) 태양이 나타나면 정화(丁火)인 등촉(燈燭)의 빛을 빼앗아가므로 정화 고유의 성질을 상실하게 됨을 두려워 하는 말이다. 이것은 기(氣)가 생왕(生旺)을 따르는 이치다. 따라서 하월(夏月)의 병탈정광(丙奪丁光)이 심하면 임계수(壬癸水)로 제(制)해야 현달(顯達)부귀(富貴)한다. 그런데 병임(丙壬)이 같이 투출하면 병탈정광(丙奪丁光)의 불리함을 논할 필요가 없고 스스로 청귀(淸貴)함이 있어 극품(極品)에 이른다.

다만 추월(秋月)과 동절(冬節)의 정화(丁火)는 병탈정광(丙奪丁光)을 두려워하지 않는데 병화(丙火)로 추위와 습한 을목(乙木)을 말려 고초인등(枯草引燈)하기 때문이다. 따라서 병화가 희신으로 작용할 때 항아분월, 고초인등(枯草引燈)라고 말을 한다.

時	日	月	年	건명
식신		겁재	정재	六神
乙	癸	壬	丙	天干
卯	卯	辰	辰	地支
식신	식신	정관	정관	六神
천의 문창	천의 문창	화개 공망	공망	신살

이 분은 20년간 절 집의 선방 생활을 해 온 승려입니다. 이 사주에서 이 분이 스님이라는 사실을 알 수 있게 해주는 대목이 있겠습니까?

보통 말하기를 "화개(華蓋)가 공망(空亡)이 되면 스님생활을 한다"라고 말을 합니다. 이 명조도 역시 화개가 공망이 된 팔자입니다. 다만 더욱 뚜렷한 증거는 진토(辰土) 화개(華蓋)가 정관(正官)이라는 점입니다.

남자에게 정관은 몸을 담는 기관이 됩니다. 그 기관(機關)이 공망이 된 것이니 텅 비어 있다는 말이므로 세상에 있는 건물이 아닙니다.

그래서 진진(辰辰)이라는 정관(正官)의 형살(刑殺)터는 마치 선방(禪房)과 같습니다. 왜냐하면 진진(辰辰)이 일간의 고지(庫地)이므로 잘못하다가는 고(庫)에 빠지면 요절(夭折) 할 수도 있었습니다. 그러므로 일간 계수(癸水)가 진토(辰土)에 스스로 갇히지 못한다면 단명 운으로 보기도 합니다.

그러므로 진진형(辰辰刑)에 계수(癸水)가 스스로 갇히는 것이 본인의 용신(用神) 자리가 됩니다. 그래서 갇힌다는 의미에서 진진(辰辰)의 정관터는 선방(禪房)의 모습을 하고 있는 것입니다.

또한 묘묘(卯卯)가 천의성(天醫星), 문창성(文昌星)이므로 학문에 정진하는 모습이 보입니다. 그러므로 이 팔자는 선방에서 공부하는 수행자의 모습을 그대로 보여주고 있습니다.

【핵심정리】

화개살(華蓋殺)은 십이운성에서 묘지(墓地)에 해당하는 자리이다. 무덤으로 들어가는 시기이니 화려할 화(華), 덮을 개(蓋) 란 글자로 화려한 것을 덮는다는 의미의 살(殺)이다. 그래서 속세의 일을 떠나 정리정돈하려는 습성이 강하다. 따라서 화개가 하나면 정신이 맑고 생각이 깊으며 철학적인데 반하여 화개가 너무 많으면 무능하고 나태하다.

고로 게으른 학자나 놀기 좋아하는 도인의 특성을 지니는데 화개가 공망이면 출가 도인으로 승려나 신부가 된다. 화개가 있으면 심성은 선량한 무골호인이나 구도심은 강하고 자비심은 많아 중생을 구제하고 교화한다. 화개(華蓋)가 천의성(天醫星), 문창성(文昌星)을 만나면 학문에 정진하고 편인(偏印) 화개(華蓋)이면 학자로 대성할 수 있다. 화개(華蓋)공망(空亡)이면 승도지류(僧道之類)가 된다.

32 자오충(子午沖)의 물형(物形)

(1) 자오충(子午沖)의 물형(物形)은 전기, 전자, 광선이 된다

자월(子月)에는 저장, 수축, 정지가 이루어지고 오월(午月)에는 열정, 발산이 시작이 됩니다. 그래서 자오충(子午沖)은 수렴과 발산을 반복합니다. 자(子)는 극음(極陰)이고 오(午)는 극양(極陽)인데 수화(水火)가 교차하는 것입니다. 이렇게 냉온(冷溫)의 강한 왕지(旺地)끼리 충(沖)하면 빅뱅이 발생하는데 자오충(子午沖)의 상의(象意)가 직업을 가진다면 극전파를 발생하는 장소가 됩니다.

그러므로 전기, 전자제품이고 전송수단이니 인터넷 통신 수단이 나타납니다. 또는 발산하는 성품으로 인해 연극, 방송, 성악이 등장합니다. 자(子)는 밤이고 오(午)는 낮이므로 밤낮이 교차하여 근무하는 환경입니다. 24시간 물류업이며 불과 물이 맞닿는 해수면 화산이니 춥고 덥고를 반복합니다. 이러한 환경은 용광로 혹은 철공소입니다.

또는 자시(子時)는 비밀이 되고 오시(午時)는 공개되므로 이러한 성정으로 인해 은밀하고 공개되고를 반복하는 수사관이 될 수 있습니다.

(2) 자오(子午) 충하여 전자파가 방출하니 디스플레이 패널 된다

時	日	月	年	건명
편인		편재	편재	六神
壬	甲	戊	戊	天干
申	子	午	申	地支
편관	정인	상관	편관	六神

삼성전자 이재용 회장의 명조입니다.

자수(子水)는 정인이고 오화(午火)는 상관이죠. 자오(子午)가 충(沖)하면 오화(午火)는 충기(沖起)합니다. 충기(沖起)된 오화(午火)에서는 무토(戊土)에 방출하는 광선이 됩니다. 그래서 이 무토(戊土)는 디스플레이 패널 물상이 됩니다. 오화(午火)는 월령을 득(得)하였고 신자(申子)는 합하여 왕(旺)하니 수화(水火)가 충하면 수화기제(水火旣濟)하므로 빅뱅이 이루어지는 것입니다. 이것은 전기, 전자가 됩니다. 극음(極陰)과 극양(極陽)이 만나면 빛이 만들어지는 것입니다. 무토(戊土)는 태양의 잔사(殘渣)로 만들어지는 노을의 상입니다.

그래서 무토 노을은 태양 빛이 소멸하면 소등이 된 OLED, LCD 패널과 같습니다. 그러므로 무토(戊土)의 상의(象意)는 디스플레이 패널에 해당하는데 이러한 OLED, LCD 패널에 전자의 수렴과 발산을 반복하는 것입니다. 그래서 수화(水火)충으로 방출된 전자가 무토(戊土)를 주사(走査)하면 디스플레이 화면이 켜지는 것입니다. 그래서 이 분은 OLED, LCD 패널, 전기, 전자 제품과 관련된 일을 한다고 보면 됩니다.

33 축미충(丑未沖)의 물형(物形)

(1) 축미충(丑未沖)의 물형(物形)은 소와 양의 뿔이 충돌하는 모습이다

양은 머리 뿔로 상대를 들이 받기를 좋아합니다. 이것은 소도 마찬가지이죠. 투우(鬪牛) 경기를 보면 소의 뿔이 매우 날카롭다는 것을 알게 됩니다. 이러한 축(丑)과 미(未)가 만나면 서로 머리 뿔로 충돌한다는 것입니다.

이것이 축미(丑未)충의 표현입니다. 치고 빠지는 행동을 반복합니다.
소의 뒷발길질로 흙을 엎어 버리고 뒤집습니다. 그래서 토건업(土建業)의 형태로 나타나기도 합니다. 신미(辛未), 신축(辛丑)이면 농경지 경작, 중장비입니다. 혹은 정신계에서는 종교. 철학이 될 수 있습니다. 왜냐하면 신미(辛未)는 돌로 만든 비석의 물상을 가지기 때문입니다. 축미(丑未)충으로 소(丑)와 양(未)이 동(動)하면 목(木)을 일으키고 쇠철(鐵)을 굳건하게 만들게 됩니다. 그래서 토건업, 건축업, 종모와 경작입니다. 잡기(雜氣)는 고지(庫地)라 충(沖)해야 얻을 수가 있습니다. 그래서 축미충(丑未沖)을 금목(金木) 충묘라 합니다.

(2) 오미(午未)가 마구간이므로 축미충(丑未冲)으로 소양을 몰고 간다

時	日	月	年	곤명
정재		비견	정관	六神
甲	**辛**	**辛**	**丙**	天干
午	**未**	**丑**	**辰**	地支
편관	편인	편인	정인	六神

한우목장에서 임신우(妊娠牛)사업과 모종사업을 겸하고 있는 농장주입니다.
사주를 살펴보니, 신미(辛未)일주와 신축(辛丑)월주에서 축미충(丑未冲)은 비견 두 사람이 소와 양을 몰고 가는 모습이므로 소양을 기르면 좋습니다.
왜냐하면 오미합(午未合)은 마구간의 물상이 되기 때문입니다. 특히, 갑오(甲午)의 상(像)은 오화(午火) 암컷을 상대로 갑목(甲木) 수컷이 등에 올라 탄 모습이므로 갑오(甲午)는 임신우(妊娠牛)의 상징이 될 수도 있을 것입니다.

그러므로 갑목(甲木)은 재성(財星)이니까 갑오(甲午) 임신우(妊娠牛) 사업이 이 사람에게는 돈이 되는 사업입니다. 임신우(妊娠牛)라는 것은 새끼를 밴 암소를 말하는데 소 판매를 말합니다.

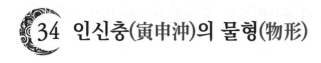

34 인신충(寅申沖)의 물형(物形)

(1) 인신충(寅申沖)의 물형(物形)은 세우고 무너뜨리는 것이다

인월(寅月)에는 세우고 신월(申月)에는 내려가게 합니다. 인월(寅月)에는 위로 솟구치고 신월(申月)에는 숙살지기(肅殺之氣)가 작용하여 단단해집니다. 이것이 인신충(寅申沖)의 역할입니다.

그래서 인신충(寅申沖)이 직업의 상의(象意)를 가진다면 세우고 무너뜨리는 것을 반복하는데 건물을 세우고 단단하게 만드는 건축 혹은 목수가 되거나 비행기가 오르고 내리는 조종사가 됩니다. 가격이 치솟다가 떨어지는 자료를 분석하는 증권분석가가 될 수 있고 혹은 인기가 치솟다가 내리막길로 떨어지는 연예인이 될 수 있습니다.

치솟다가 떨어지는 이미지의 반복 물상이 인신충(寅申沖)입니다. 인신충(寅申沖)에서 이러한 직업군을 찾으면 됩니다.

(2) 세우고 무너뜨리는 것이니 회사 창업입니다.

時	日	月	年	건명
식신		정관	편인	六神
丙	**甲**	**辛**	**壬**	天干
寅	**申**	**亥**	**戌**	地支
비견	편관	편인	편재	六神

한화그룹의 창업자 김종희(金鍾喜)회장의 명조입니다.

인목(寅木)은 비견이고 신금(申金)은 편관에 해당합니다. 그런데 인신충(寅申沖)이 된 구조입니다. 인신충(寅申沖)의 상의(象意)는 세우고 무너뜨리는 것을 뜻하게 됩니다. 왜냐하면 인목(寅木)은 치솟는 기상이며 신금(申金)은 숙살지기(肅殺之氣)로 단단하게 고정시키는 물상이기 때문입니다. 그러므로 인목(寅木)은 땅에 세우는 기둥이며 신금(申金)은 H빔 철골조에 해당하는데 인목(寅木) 건물을 세우고 골조를 박아 건물을 단단(申)하게 고정시키는 물상을 뜻하게 됩니다.

그래서 인신충이 되면 인목(寅木)은 충기(沖起)하므로 건물이 올라갑니다. 인목(寅木)은 비견이므로 나의 대리인이 되고 회사(寅)를 세우고 신금(申金) 편관에게 관리 감독을 맡기는 것입니다. 신금(申金)은 편관이고 숙살지기이므로 인목(寅木)을 찍어 단단하게 만드는 구실을 합니다. 그런데 편재 술토(戌土)의 상의(象意)는 화고(火庫)를 품은 창고입니다. 곧 지하격납고, 주유저장소, 주유소, 무기고, 화약고, 화공약품이 됩니다. 그러므로 인목(寅木)이 술토(戌土)를 당겨 인오술(寅午戌) 삼합하려는 마음에 인목(寅木)건물의 실체는 화약고, 주유소 등이 됩니다. 김종희(金鍾喜)회장은 한국화약, 경인에너지 등을 설립 경영하였습니다.

35 묘유충(卯酉冲)의 물형(物形)

(1) 묘유충(卯酉冲)의 물형(物形) 깎고 쪼개기의 반복이다

묘유충(卯酉冲)의 상의(象意)는 깎고 쪼개고를 반복합니다. 돌리고 파고를 반복합니다. 내리치고 자르고를 반복합니다. 일종의 벽갑(劈甲)입니다. 그래서 묘유충(卯酉冲)이 직업의 상의(象意)를 가진다면 정밀부품가공, 성형 연마기, 고속가공, 사출 금형, 금형 프레스, 플라스틱 금형, 귀금속세공이 나오게 됩니다.

묘유충은 여성이라면 세밀한 디자인, 인테리어, 조경, 원예가 될 수 있고 묘(卯)가 머리털이니 미용사가 됩니다. 또는 네일아트도 됩니다. 묘(卯)는 손가락의 모양이라 손재주가 발달하게 됩니다. 손가락을 사용하여 칼과 가위를 다루는 직업에서 많이 등장합니다.

(2) 묘유충(卯酉沖)이 도화 중중(重重)이면 아름다움을 가꾸는 직업이다

時	日	月	年	곤명
편재		편인	겁재	六神
己	**乙**	**癸**	**甲**	天干
卯	**卯**	**酉**	**戌**	地支
비견	비견	편관	정재	六神
도화	도화			

사/주/분/석 ▶

첫 번째 유금(酉金) 용신(用神)을 분석한다.

이 여자 분의 사주는 월지의 유금(酉金)이 용신이 됩니다. 유금은 왕지(旺地)라 순수함이 강하고 오행의 결정체로서 도화(桃花)의 역할이 있습니다. 유금(酉金) 안에 신(辛)은 날카로운 것이고 매운 것입니다. 곧 현침살이죠. 닭이 부리로 모이를 쪼는 모습은 땅에 곡괭이질을 하는 모습과 같습니다. 계속해서 땅을 쪼다 보면 그 땅에는 구멍이 나기 마련입니다. 날카로운 것이고 곧 수술의 형태입니다.

그래서 통찰력, 날카로움으로 분리 조정하는 분야, 법무, 금융, 종교, 예술, 의술, 병원, 침술원 의료, 치과, 치기공사, 송곳, 이미용 기구, 칼, 도끼, 침, 주사, 톱, 수술도구, 바늘, 연장, 가위 등을 연상할 수 있습니다. 이러한 장소에서 직업을 찾아야 하는데 이것이 용신인 겁니다.

두 번째 묘(卯)중의 을목(乙木)을 분석한다.

을(乙)은 "가늘고 길다"에 의미를 가지고 있습니다. 갑목(甲木)이 팔이라면 을목(乙木)은 손가락에 해당합니다. 그래서 을목을 사용하는 사람은 손가락으로 다루는 재능이 뛰어나다고 보면 됩니다.

그래서 수공예, 악기연주, 수예, 바느질 수술칼 가위질이 탁월합니다. 특히 을묘(乙卯)일주는 년지의 술토가 비인살(飛刃殺)인데 묘술합이니 이 사람은 손에 칼을 들어야 합니다. 그런데 묘묘(卯卯)는 도화이므로 도화(桃花)가 중(重)하니 이미용, 피부미용, 예술가 상(像)이 적합합니다.

세 번째 용신(用神)의 확장 묘유충(卯酉沖)을 분석한다

월지 유금(酉金)이 용신(用神)이지만 묘유충(卯酉沖)이 되면 용신이 확장(擴張)이 되는 것입니다. 즉 자신의 직업환경이 묘유충(卯酉沖)의 모습으로 존재하는 것입니다. 그래서 묘유충(卯酉沖)의 상의(象意)는 깎고 쪼개기를 반복합니다. 돌리고 파고를 반복합니다. 내리치고 자르고를 반복합니다. 일종의 벽갑(劈甲)입니다. 이것은 유중(酉中)의 신금(辛金)과 묘중(卯中)의 갑목(甲木)이 만난 것이므로 목곤쇄와(木棍碎瓦)의 상(像)을 가지는 것입니다.

그래서 묘유충(卯酉沖)이 직업의 상의(象意)를 가진다면 정밀부품가공, 성형 연마기, 고속가공, 사출 금형, 금형 프레스, 플라스틱 금형, 귀금속세공이 나오게 됩니다. 묘유충은 여성이라면 세밀한 디자인, 인테리어, 조경, 원예가, 미용사, 조각사, 귀금속세공이 될 수 있고 묘(卯)가 머리털이니 미용사가 됩니다. 또는 네일아트도 됩니다. 묘(卯)는 손가락의 모양이라 손재주가 발달하게 됩니다. 손가락을 사용하여 칼과 가위를 다루는 직업에서 많이 등장합니다. 그러므로 이 사람은 미용사입니다.

36 진술충(辰戌沖)의 물형(物形)

(1) 진술충(辰戌沖)의 물형(物形)은 뽑고 심고 탈착(脫着)을 해야 한다

진월(辰月)에는 모를 심고 술월(戌月)에 벼를 거두게 됩니다. 심고 뽑고를 반복하면서 움직이는데 이것이 진술충(辰戌沖)의 물형이 됩니다.
진술충이 되면 "이것 저것" 만지거나 혹은 "이리 저리" 왔다 갔다 하고 "끼고 빼고" "입고 벗고"를 반복하는 일을 가질 수 있습니다.

진술충이 직업의 상의(象意)를 가진다면 치과 의사 혹은 치기공사가 되어 이빨을 뽑고 심고를 반복하는 직업을 가져야 합니다. 혹은 안경사가 안경을 벗고 쓰고를 반복하거나 사우나에서 옷을 벗고 입고를 반복할 수 있습니다. 모델이 의상을 입고 벗고를 반복하거나 전기내선공이 수시로 전선을 뽑고 붙이는 작업을 반복해야 합니다.

(2) 진술충(辰戌沖)은 뽑고 심고 빼고 붙이는 작업자이다

時	日	月	年	건명
편재		편관	편인	六神
戊	**甲**	**庚**	**壬**	天干
辰	**申**	**戌**	**寅**	地支
편재	편관	편재	비견	六神

사/주/분/석 ▶

이 남자 분은 전기기술자인데 전기 내선작업의 사업을 하고 있습니다. 앞으로 전기차 충전소를 운영하려는 계획을 가지고 있습니다.

이 명조는 월지 술토(戌土)에서 무토(戊土)가 투출한 것이므로 이 분의 용신(用神)은 무토(戊土)이며 재격(財格)이 됩니다. 그런데 경금(庚金) 칠살(七殺)이 투출하였으므로 칠살을 제복(制伏)하는 일이 시급한 것입니다. 이런 까닭에 술(戌)중의 정화(丁火)를 사용하는 것이 무척 유리해집니다. 그러므로 정화(丁火)가 상신(相神)이고 임수(壬水) 편인은 보조로 살인상생(殺印相生)하면 좋습니다.

용신(用神)은 그 사람의 직업 환경을 결정합니다. 그런데 술토(戌土)는 인오술(寅午戌)삼합에서 화(火)를 입고시켜 저장하는 장소가 됩니다. 또한 술토(戌土)는 화개(華蓋)가 되는데 저장 보관의 의미가 강합니다. 무엇을 저장하는가? 여름철의 병정(丙丁)의 열기(熱氣)를 가둔 것입니다. 그래서 술토(戌土)의 상의(象意)는 불을 감춘 화고(火庫)라 지하저장고, 주유저장소, 주유소, 무기고, 화약고, 화공약품이 됩니다.

그래서 만약 술(戌)중 화고(火庫)의 분묘(墳墓)를 그대로 가져다 사용할 수 있으면 그의 직업은 주유소, 화공약품 저장소 전기충전소가 맞습니다.

그러나 만약 이 사람이 술(戌)중 정화(丁火)의 상의(象意)만을 사용한다면 전기, 전자제품 기술자가 됩니다. 왜냐하면 문명지상(文明之像)의 불빛이 신금(申金)이라는 금속재를 통과하는 물상이므로 이것은 전기, 전자라고 보는 것입니다. 그래서 신금(申金)은 벼락, 전기의 물상을 가지고 있습니다.

전기내선 사업과 전기차 충전소의 직업이 이 사람에게 맞는 이유는 진술충(辰戌沖)이 된 구조에서 찾으면 됩니다. 곧 이것은 화개(華蓋)와 화개(華蓋)의 충이므로 덮고 열고 닫고 열고를 반복합니다. 뽑고 심고 뽑고 심고를 반복하죠. 전기제품에서 전선을 뽑고 붙이는 기술을 가진 사람입니다.

그런데 이것은 역마(驛馬)이죠. 그러므로 방방곳곳을 돌아다니면서 뽑고 붙이기를 해야 합니다. 내가 움직여서 전기선을 뽑고 붙이는 작업을 해야 하는데 전기내선공이죠. 또 주유소에서는 충전기를 차량 주유구에 넣고 뽑고를 반복합니다. 그런데 인신충(寅申沖)입니다.

만약 내가 주유소를 운영한다면 인신충(寅申沖)은 교통 차량이 되는 것입니다. 차가 수시로 다가와서 내가 주유기를 차량에 넣고 뽑고를 반복하는 일을 해야 합니다.

37 사해충(巳亥沖)의 물형(物形)

(1) 사해충(巳亥沖)의 물형(物形)은 오고 가고를 반복해야 한다

사월(巳月)은 화창함의 시작이고 해월(亥月)은 마지막 달입니다. 사월(巳月)에는 꽃이 피기 시작하고 해월(亥月)에는 추수절이라 마무리를 하게 됩니다. 사월(巳月)의 꽃향기는 해월(亥月)에 와서 축장(蓄藏)이 된 과실의 열매로 변하게 됩니다. 고로 사람이 출발했다가 결실을 가지고 되돌아오는 계절이 됩니다. 그래서 사해충(巳亥沖)이 직업의 상의(象意)를 가진다면 시작과 마침이 반복이 되는 것입니다. 그러므로 오고 가고 하는 왕래가 잦은 직업을 갖습니다.

그래서 배가 출항을 하고 회항을 하는 환경이 등장하니 항만업, 무역업이됩니다. 또는 택배 기사가 물건을 입고하고 출고하기를 반복하니 물류업, 배달업이 됩니다. 또한 닦고 쪼이고, 불로 쏘이고 물로 닦는 직업이니 세척, 세공, 제련에서 나타납니다. 이것이 사해충(巳亥沖)의 물형입니다.

(2) 사해(巳亥) 역마충(驛馬沖)에는 오고 가고를 반복해야 한다

時	日	月	年	건명
식신		편관	식신	六神
丁	乙	辛	丁	天干
亥	亥	亥	巳	地支
정인	정인	정인	상관	六神
역마 지살	역마	역마 지살	역마	신살

이 명조는 신축년(辛丑年) 45세의 남자로 여행사를 운영합니다.
어느 물상을 보고 이 분이 관광업 종사자인지 알 수 있겠습니까?

이 명조는 해월(亥月)의 을목(乙木)이 수(水)가 많은데 천간에 을신충으로 부목(浮木)이 되어 유랑자가 되기도 합니다. 다행히 인수용살(印綬用殺)격국이 잡히면 부목(浮木)의 흉을 액땜하는 직업으로 구제 받을 수 있습니다. 특히 지지 전체가 역마(驛馬)와 지살(地殺)로 이루어졌는데 사해 역마충(驛馬沖)을 합니다. 반드시 왕래가 심한 직업군을 가져야 액땜이 됩니다. 진술충이 뽑고 심고의 반복이라면 사해충(巳亥沖)은 가고 오고의 반복입니다. 그런데 해수(亥水)가 인수이니까 문서를 잡은 사람입니다.

곧 인수 문서가 충을 맞아 또 오고 가고를 해야 합니다. 이동과 변동의 움직임을 문서로 기록한 것이 됩니다. 이것은 발권, 여행, 비자 관련문서가 될 수 있고, 다른 계통이라면 택배문서라도 되어야 합니다. 그런데 해수(亥水)가 많은 사람이므로 바다를 건너야 하는 것이므로 무역업, 물류업 혹은 우체국, 관광업과 여행사가 될 수 있습니다.

제6장

기국형상 승부론(勝負論)

1 토중목절(土重木折)과 토다금매(土多金埋)로 사망하다

時	日	月	年	대운22	곤명
겁재		정관	정재	비견	六神
乙	甲	辛	己	甲	天干
丑	子	未	丑	戌	地支
정재	인수	정재	정재	편재	六神

이 명조는 23세 신해년(辛亥年)에 남편은 교통사망하고 24세 임자년(壬子年)에 아들과 본인도 교통사고로 사망하였습니다. 이 여자 분이 요절할 운명 있다면 그런 흉조(凶兆)는 분명히 팔자에 있어야 합니다. 그렇다면 흉명을 어디에서 찾아 낼 수가 있겠습니까?

이것은 기국형상(氣局形像)으로 그 사람의 흉함을 알아야 합니다. 갑목(甲木) 일간은 신금(辛金)이 정관이니 남편이 됩니다. 그런데 토(土)가 많고 신금(辛金)이 을신충(乙辛沖)이 되어 있으므로 신금(辛金)은 토다금매(土多金埋)의 두려움이 있는 것입니다. 매금(埋金)이라는 것은 금(金)이 땅에 묻히는 것을 말합니다. 또한 지지가 축미충(丑未沖)이므로 목금충고(木金沖庫)가 되는 것이니 금목(金木)의 오행은 미토(未土)와 축토(丑土)에 각각 입고(入庫)가 되는 것입니다. 그러므로 본인 또한 토중목절(土重木折)의 흉상을 갖고 있고, 토중목절(土重木折)은 많은 흙속에 갑목(甲木)이 꺾여 파묻히는 물상이므로 곧 미토(未土)에 입고(入庫)가 됩니다. 이러한 목절(木折)과 매금(埋金)이 발생하는 시기는 갑술(甲戌)대운입니다. 곧 축술미(丑戌未) 삼형(三刑)으로 토중목절(土重木折)과 토다금매(土多金埋)가 작동이 되었을 것으로 판단됩니다.

2 토중목절(土重木折)의 을목이 곡각살(曲脚殺) 무리에 앉아 있다

時	日	月	年	세운47	대운46	건명
편관		정인	비견	편관	식신	六神
乙	己	丙	己	乙	辛	天干
丑	丑	子	丑	亥	未	地支
비견	비견	편재	비견	정재	비견	六神
곡각살	곡각살		곡각살			신살

자월(子月)의 기토(己土)는 습니(濕泥)로 한동(寒凍)한 때에 있습니다. 따라서 병화(丙火)로 따뜻하게 하지 않으면 생의(生意)가 일어날 수가 없으므로 병화(丙火)를 존신(尊神)으로 취(取)하고 갑목(甲木)은 참작(參酌)해서 쓰게 됩니다. 그러므로 이 명조는 병화(丙火)가 존신(尊神)이 됩니다.

병화(丙火)가 기토(己土)를 따뜻하게 하므로 을목(乙木)의 성장을 돕는 역할을 하므로 만물이 자랄 수 있는 여건 조성이 될 수 있습니다. 다만 이 사주의 결함은 을목(乙木)이 곡각살(曲脚殺)에 파묻혀 있다는 점인데 곡각형질(曲脚刑疾)이 형충(刑沖)을 만나게 되면 신병(身病)을 피할 수 없다는 사실입니다. 특히 토중목절(土重木折)의 상(像)이므로 곡각살(曲脚殺)의 흉의(凶意)는 더 커지게 됩니다.

곡각살(曲脚殺)이라는 것은 을(乙) 기(己), 사(巳), 축(丑)인데 삼형과 형충이 연계가 되면 신체 골절이 있거나 잘라지는 고통이 있는데 을목(乙木)이 꺾여 땅속에 파묻히는 상입니다.

따라서 해당 육친이나 혹은 해당되는 신체의 질환으로 근심이 있을 수 있습니다. 이 명조에서 을목(乙木)은 편관(編官)이므로 관록과 자녀이고 인체에서는 간에 해당합니다.

병이 발견이 된 계해년(癸亥年)에는 병화가 흑운차일(黑雲遮日)에 걸리고 지지는 해자축(亥子丑)방국이니 병화가 극쇠하다고 보면 됩니다.
따라서 을목(乙木)은 동목(冬木)으로 변하니 간이 굳는 질환이며 신미(辛未)대운에는 을신충거(乙辛沖去)와 축미충(丑未沖)이므로 곡각살이 동(動)하여 토중목절(土重木折)이 진행이 되었습니다.

【근황】
을해(乙亥)대운 가난한 시골 농가에서 출생하여 갑술(甲戌16)대운이 길하여 지방 명문고를 졸업하고 서울 공대를 나왔습니다. 공사에 취직하여 명망(名望)이 있었는데 계유(癸酉26)대운 35세 계해(癸亥)년에 건강이 나빠져서 진찰하니 간경화였습니다. 6개월을 넘기기 어렵다고 진단이 나왔으나 수도생활과 식이요법으로 치료하다가 (12년 뒤) 47세 을해(乙亥)년 10월에 사망하였다. [명리요론]

3 곡각형질(曲脚刑疾)에서는 형충을 만나면 신액(身厄)을 피하기 어렵다

時	日	月	年	세운	곤명
편관		편인	정재	편재	六神
乙	己	丁	壬	癸	天干
丑	丑	未	午	亥	地支
비견	비견	비견	편인	정재	六神
곡각살	곡각살				신살

이 여자 분은 계수대운(癸水大運) 계해년(癸亥年)에 남편(乙木)이 자살하였습니다. 사람이 요절하는 명이라면 본인이나 아내 팔자에 해당 육친성의 위태로움이 나타나야 합니다.

이 분은 남편성인 을목(乙木)이 주변에 다량(多量)의 토(土)에 둘어 쌓여 있습니다. 특히 월지에 미토(未土)라는 관고(官庫)를 가지면서 토중목절(土重木折)이 된 흉명(凶命)이 됩니다. 토중목절(土重木折)이라 함은 토(土)가 많아서 약한 을목(乙木)이 꺾인다는 뜻입니다. 그런데 기토(己土)와 축토(丑土)는 곡각살(曲脚殺)이죠. 토중목절(土重木折)이 된 명조에 곡각살(曲脚殺)이 중첩(重疊)이 되면 목(木)을 부러트리는 흉의(凶意)가 더욱 커지게 됩니다. 을목(乙木)은 편관이므로 남편성에 해당합니다. 그러므로 이 사주는 남편 을목(乙木)이 많은 토(土)에 꺾여 관고(官庫)에 파묻히는 흉상(凶像)을 가지고 있는 것입니다.

【곡각형질(曲脚刑疾)】이란?

을(乙) 기(己), 사(巳), 축(丑)의 곡각 글자가 삼형(三刑) 혹은 형충(刑沖)과 연계(連繫)되면 신병(身病)을 피하기 어렵다는 뜻입니다.

4 곡직격(曲直格)의 사주에서는 금(金)을 보면 패망한다

時	日	月	年	세운49	대운48	곤명
식신		겁재	인수	정관	칠살	六神
丙	甲	乙	癸	辛	庚	天干
寅	寅	卯	卯	卯	申	地支
비견	비견	겁재	겁재	겁재	칠살	六神

이 여자 분은 남편은 한의사인데 경신(庚申) 대운 중의 신묘년(辛卯年)에 남편이 위암 수술을 받았습니다. 특별히 신묘년 위암 수술을 받을 징조가 어떻게 알 수 있나요?

이 명조는 지지(地支)가 전부 목(木)이고 갑을(甲乙)목(木)이 투출하므로 곡직격(曲直格)으로 독상(獨像)을 구성하였습니다. 독상(獨像)에서는 마땅히 설기하는 식신(食神)을 빼어난 수기(秀氣)로 보게 됩니다. 따라서 목화(木火)가 길신이 됩니다. 수(水) 인성도 식상과 장애가 안 되는 조건에서 반기게 됩니다. 그런데 이런 목체(木體)에서는 정화(丁火) 상관(傷官)은 목다화식(木多火熄)의 염려가 있으므로 사용할 수 없는 것입니다. 그러므로 목기(木氣)가 가득 채워지면 병화(丙火)로 유통(流通)시켜 줘야 길하게 됩니다.

따라서 만약 목기(木氣)가 정체(停滯)가 되면 운수 불길(不吉)할 수 있는데 금수운(金水運)을 기피하게 됩니다. 그러므로 남방화운(南方火運)을 만난 왕(旺)한 목기(木氣)가 병화(丙火)에 정(情)을 주어 흐르니 착한 성분이 되었던 이유로 발전이 따랐습니다.

그러나 반대로 서방금(西方金)운을 진행하는 시절에는 강한 금(金)을 만나게 되는데 비로서 목(木)의 강기(剛氣)가 드러나게 됩니다. 그러므로 경(庚)대운에 갑경충(甲庚沖)으로 독상(獨像)을 훼방하게 하고 신묘년(辛卯年)에는 절각(折脚)에 앉은 신금(辛金)이 다시 을신충(乙辛沖)하므로 패격(敗格)이 되었습니다.

목(木)을 전왕(專旺)하는 사주에서는 금(金)을 보면 패망하게 됩니다. 이것은 왕목(旺木)에 의해 금(金)정관이 손상당하는 것입니다 고로 남편성이 되는 경신금(庚辛金)운에 남편에게 질환이 발생하게 되었습니다.

5 곡직독상격(曲直獨像格)에서는 관성운을 꺼린다

時	日	月	年	세운55	대운50	곤명
정관	겁재	편인		식신	정관	六神
庚	乙	甲	癸	丁	庚	天干
辰	卯	寅	巳	亥	申	地支
정재	비견	겁재	상관	인수	정관	六神

이 명조는 인묘진(寅卯辰) 방국을 이루고 있습니다. 그리고 천간(天干)에는 갑을목(甲乙木)이 투출한 것이니 목국(木局)을 이루어 독상(獨像)의 구조가 됩니다. 보통 전왕격(專旺格) 또는 일행득기(一行得氣)라고도 하는데 목국(木局)일 경우에는 곡직격(曲直格)이라고 말합니다.

지지가 목국(木局)이 되면 천간에 관살(官殺)이 뜨면 불리하다고 말합니다. 여기서 시상(時上)에 경금(庚金)관살(官殺)이 있는데 에도 곡직격이 가능할까요? 천간의 경금(庚金)은 일간과 바로 합하죠.

이것은 일간이 취합(聚合)하는 것이라 일간에게 묶임을 당하는 겁니다. 그러므로 금극목(金克木)이 일어나지 않는다는 점입니다. 이것은 년상(年上)과 월상(月上)의 을경합거(乙庚合去)처럼 보아도 됩니다. 다만 합거(合去)는 사라지는 것이라 내가 취할 수가 없다는 점이 불리한 것이고 이 명조처럼 일간과의 합은 내가 취할 수 있다는 점이 다릅니다.
이렇게 인묘진(寅卯辰) 방국(方局)이거나 해묘미(亥卯未) 삼합(三合)을 형성하면 이것을 지전삼물(地全三物)이라 하여 높이 평가를 합니다.

그런데【적천수】에서"지전삼물불가사천도막지용(地全三物不可使天道莫之容)"이라고 표현을 합니다. 이 말의 뜻은 "만약 지지에 세 가지 물건이 있다면 천간이 그것을 용납(容納)하여 주지 않으면 안 된다" 라고 천복지재(天覆地載)를 주장하였던 겁니다.

이것은 지지가 인묘진(寅卯辰)이나 해묘미(亥卯未)인데 천간에서 갑경을신(甲庚乙辛)을 만나게 되면 그 강한 기운을 거스른 삶이라서 패망할 것이라는 점을 강조한 겁니다. 곧 "그 기운의 질서를 거스르는 것은 인생이 험난할 뿐이다"라는 말이죠.

이것은 순국(順局)명조에 반(反)하는 명조를 말하는 겁니다. 팔자라는 것은 통근하거나 통근하지 않는 것을 막론하고 모두 그 왕(旺)한 기운의 질서를 따르고 간지(干支)가 서로 배반하므로 어긋나지 않아야 묘(妙)함이 있다는 것이죠. 이것은 우리가 흔히 알고 있던 일반적인 중화(中和) 이론을 벗어난 겁니다. 보통 중화(中和) 이론에 따르자면 "왕(旺)하면 곧 마땅히 설기하고 마땅히 상해(傷害)를 해 줘야하고 쇠(衰)한 즉 거들어 도와야 좋은 것"이라고 하는 것은 자평의 이론이죠.

이것이 일반적 명리이론이지만, 여기서 말하는 천복지재(天覆地載)는 "왕지극자불가손(旺之極者不可損)"이라하여 "왕(旺)함이 극(剋)에 이른 것은 손상(損傷)해서는 안 된다"고 말하고 있습니다. 이것을 터득하셔야 전왕격을 이해할 수 있으며 따라서 적천수의 순국이론과 반국이론을 이해할 수가 있게됩니다.

이 사주의 여주인공은 부잣집 딸로 태어나 결혼 후 안정된 생활 하다가 묘(卯)대운부터 광장시장에서 원단 장사를 하여 열 손가락에 들 정도로 사업운이 좋았습니다. 그러나 55세 신(申)대운 무렵부터 불면증, 공황장애. 우울증 등의 질환을 얻었으며 곡직격의 명조가 배반하는 신유(辛酉)대운을 만나파국이 더 극심해져 사업을 접고 정신과 치료를 받는 중입니다.

6 군겁쟁재(群劫爭財)가 되면 내 재물을 지키기 힘들다.

時	日	月	年	대운43	건명
비견		편재	비견	겁재	六神
乙	乙	己	乙	甲	天干
酉	丑	卯	巳	戌	地支
편관	편재	비견	상관	정재	六神

이 명조는 여러개의 비견(比肩)들이 재성(財星) 기토(己土)를 놓고 다투는 형상(形像)입니다. 또한 묘중(卯中)에서는 갑목(甲木)이 갑기합(甲己合)으로 명암합(明暗合)도 되어 기토(己土)를 구속하고 있습니다.

여러 군데에서 내 재물을 훔치는 상(像)이라 재성노출(財星路出)이 심한 사주입니다. 이런 구조를 가리켜 군겁쟁재(群劫爭財)라 하는데 결국 내 재물은 쪼개지는 것이라 분재(分財)하게 되어 있습니다.
이로 인해 재물을 모으기가 쉽지 않은 사람입니다. 재성노출이 된 사람은 도둑들이 들끓는 팔자라고 보면 됩니다.

이런 유형의 사람은 좀 어리숙하게 보이기도 하기 때문에 주변에서 접근하는 사람들이 한결같이 내 재산을 노리는 사기꾼들이 많습니다.
갑술(甲戌)대운에 갑기합거(甲己合去)가 되면 기토(己土)재성(財星)이 확실하게 사라지게 됩니다. 이 시기에 중국 여자에게 결혼사기를 당하여 금전 손해가 막심했다고 합니다.

7 군겁쟁재(群劫爭財)의 명조가 구제받는 법

時	日	月	年	건명
편재		편재	정관	六神
己	**乙**	**己**	**庚**	天干
卯	**卯**	**卯**	**戌**	地支
비견	비견	비견	정재	六神

70	60	50	40	30	20	10	0	
丁	丙	乙	甲	癸	壬	辛	庚	대운
亥	戌	酉	申	未	午	巳	辰	

이 명조는 건록격입니다. 그런데 건록월겁격에는 두 가지 상생(相生)의 방향이 있습니다. 첫 번째는 식상을 만나는 길이며, 두 번째로는 재관(財官)의 귀기(貴氣)를 보는 방법입니다.

그러한 명조가 이루어지면 건록월겁격이 형성(形成)이 될 수가 있어서 귀명(貴命)으로 보는 겁니다. 그런데 보통 건록의 흉이라 함은 비견이 태과(太過)하므로 재물과 처 혹은 부친을 극부극처(剋父剋妻)하기 때문이죠. 그래서 건록이 태과(太過)하게 된 명조가 식상(食傷)이나 재성(財星)과 관성(官星)이 없다면 힘은 왕성하지만 쓸 장소가 없다는 말이 되는 것이죠. 그 결과 의지할 곳이 없게 됩니다. 이것을 신왕무의(身旺無倚)라 하여 흉하게 보았습니다. 그러므로 몸 하나는 튼튼하게 태어났지만 할 일이 없어서 세상을 한탄하면서 떠돌아다니는 식객(食客)이 된다는 말에서 신왕무의(身旺無依)라 하였던 겁니다.

그러나 건록이라도 만약 천간에 식상의 기운이 강하거나 또는 재관(財官)의 귀기(貴氣)가 천간에 드러난다면 건록월겁을 격국으로 취할 수가 있습니다. 이런 건록이라도 재관이 뚜렷하여 움직임이 좋다면 성격이 되어 길명이 된다는 뜻입니다. 그래서 이 명조는 록겁격으로 천간에서 재관(財官)의 귀기(貴氣)가 분명히 드러난 경우이므로 건록월겁격이 성격(成格)이 됩니다.

곧 경술(庚戌) 년주(年柱)는 토생금(土生金)으로 재생관(財生官)이 되죠. 또한 정관이 일간과 을경(乙庚)합으로 득관(得官)합니다. 또 묘술합(卯戌合)의 기능으로 목극토(木克土)의 작용이 약화되었다고 보는 것입니다. 그래서 이 사주는 경금(庚金) 정관(正官)이 으뜸인 명조가 됩니다. 또한 한편으로는 대운을 잘 만난 겁니다. 대운이 남방화운(南方火運)으로 진행하죠. 이것은 식상(食傷)의 향지(鄕地)가 됩니다. 또 서방금운(西方金運)을 만나므로 길신(吉神)인 재관(財官)이 왕해지므로 발전하지 않을 수가 없는 겁니다.

그러나 아래 명조들은 파격으로 보는 것인데 재관(財官)의 귀기(貴氣)를 만나지 못하였기 때문입니다.

時	日	月	年	천간	時	日	月	年
편재		편재	비견	六神	편재		비견	정재
己	乙	己	乙	天干	己	乙	乙	戊
卯	卯	卯	丑	地支	卯	未	卯	戌
비견	비견	비견	편재	六神	비견	편재	비견	정재
	부친사망과 기해년 이혼			이력		4번 이혼함		

8 화다토초의 상(像)에 곡각살과 낙정관살이면 요절 혹은 장애자이다.

時	日	月	年	건명
정인		식신	편관	六神
丙	**己**	**辛**	**乙**	天干
寅	**巳**	**巳**	**巳**	地支
정관	정인	정인	정인	六神
공망	곡각살	곡각살	곡각살	
겁살	지살	지살	지살	**신살**
	낙정관살	낙정관살	낙정관살	

이 명조는 요절(夭折)하거나 혹은 장애자라면 그 원인이 팔자 원국(原局)에 분명이 기록이 되어 있습니다. 이 분은 병화(丙火)가 투출하고 지지(地支)가 3개의 사화(巳火)로 구성이 되어 화다(火多)한 팔자입니다.

그런데 말하기를 화다토초(火多土焦)하면 그 땅은 마르고 화다목분(火多木焚)이면 목(木)은 타버리고 화다수증(火多水烝)이면 물이 증발해 버린다고 하였습니다. 모두 흉명(凶命)을 가리킨 겁니다.

이 명조는 3가지 흉을 다 가진 팔자라고 봐야 할 것입니다.
첫째 기토는 화다토초(火多土焦)로 땅이 메말라 식물을 심지 못합니다. 곧 생의(生意)가 없다고 보면 됩니다. 그러므로 을목(乙木)을 화다토초(火多土焦)에 심으면 불타 재가 되므로 모든 것이 헛된 삶이 됩니다.

둘째 신살에서도 중중 장애자의 암시가 노출이 되어 있습니다. 사화(巳火)가 곡각살(曲脚殺)의 무리를 이루는데 뼈가 부서진다는 암시이고 사화(巳火)가 낙정관살(落井關殺)이니 또한 추락한다, 멘홀에 빠진다는 암시입니다. 추락하고 빠지는데 뼈가 안 부러질 수가 없으므로 사화(巳火)가 낙정관살(落井關殺)이며 곡각살(曲脚殺)인 겁니다.

셋째 화다토초(火多土焦)의 흉상(凶像)에 곡각살(曲脚殺)과 낙정관살(落井關殺) 중중(重重)이니 요절명인 것입니다. 만약 살아난다면 중중(重重)장애자(障碍者)인 것입니다.

그러면 장애자일 경우 신체 어느 부위가 손상을 당하겠습니까?
천간의 을신충(乙辛沖)의 상(像)은 디스크 질환입니다. 즉 신금(辛金)이 척추이고 을목(乙木)이 신경계이죠. 이 둘이 충극하면 신경계질환이 옵니다. 전신마비, 안면 마비, 척추장애, 갑상선장애 등등. 이걸 이전최화(利剪催花)의 상이라 하여 신경성, 우울증으로 보기도 하였습니다.

【근황】
가난한 농부의 장남으로 태어나 제대로 공부를 하지 못했습니다. 무인(戊寅) 대운에 부친이 사망하였습니다. 33세 정축(丁丑)년 아파트 건축현장에서 발을 헛디뎌 아래로 추락하였는데 다행히 목숨은 건질 수 있었으나 하반신이 마비가 되었습니다. 부인과 딸이 있었으나 곁을 떠나갔다고 합니다. 46세 경인(庚寅)년에 중증 장애인 전동차를 타고 횡단보도를 건너다 택시에 치어 입원하여 1년여 만에 중환자실에서 깨어났으나, 계사년(癸巳年) 49세 등과 엉덩이에 생긴 욕창이 악화하여 바로 눕지도 못하고 24시간 내내 엎드려 병마와 싸우고 있습니다.

9 관살혼잡의 중관(重官)이면 이부종사(二夫 從事) 한다.

時	日	月	年	곤명
정관		편관	정관	六神
辛	**甲**	**庚**	**辛**	天干
未	**戌**	**寅**	**酉**	地支
정재	편재	비견	정관	六神

72 62 52 42 32 22 12 2

戊	丁	丙	乙	甲	癸	壬	辛	대운
戌	酉	辛	未	午	巳	辰	卯	

이 분은 재혼 후 이혼하고 3번째 결혼을 고민 중인 여자 분입니다.
중혼(重婚)을 하게 되는 이유가 팔자에서 확인이 가능할까요?

이 명조는 년간(年干)은 정관이고 월간(月干)은 편관으로 관살혼잡(官殺混雜)
이 뚜렷하고 시간(時干)에는 재차 정관을 만났는데 사주에 병정화(丙丁火)가
없어 왕한 관살을 제복(制伏) 할 수 없는 구조라서 중관(重官)의 팔자입니다.
그러므로 이부종사(二夫從事)의 상(像)이라고 판단하시면 됩니다.

또한 관성이 공망이기도 합니다. 사주에 관성이 지나치게 많게 되면 남자
는 이직(移職)에 따른 변동(變動)이 많고, 여자는 이직(移職) 이동 혹은 남자
와 여러 번의 이별(李鼈)을 경험하게 됩니다. 이것은 역시 팔자에 관성이 지
나치게 많은 까닭인데 관성이 많이 등장한다는 것은 관성에 관련한 기회가
그만큼 많이 주어진다고 보면 됩니다.

그래서 남자는 자기가 종사하는 업종에서 쉽게 이동하므로 안정된 직업에 종사하기가 어려워지고 여자는 남자와의 만남이 오래 지속이 되기 어려운 것입니다. 그래서 이 여자분 은 경인(庚寅)년 30세에 두 살 연하의 계해(癸亥)생과 결혼 했다가 임진(壬辰)년 32세에 다른 남자를 남편 몰래 만나다가 임진(壬辰)년에 이혼을 하였습니다.

두 번째 남자는 미국 항공관제사로 근무하는데 갑오(甲午)년 34세에 재혼하고 미국에 거주 하였습니다. 병신(丙申)년 36세에는 본인이 다니던 직장을 그만 두게 되었습니다. 두 번째 남자는 성격의 차이로 두 딸을 낳고 2019년 기해(己亥)년 39세에 이혼하고, 그해 기해(己亥)년에는 두 살 어린 직업군인과 결혼이야기가 오고 가고 있는 중입니다.

10 관살혼잡에 재다생살(財多生殺)은 남자 복이 없다.

時	日	月	年	곤명
상관		정재	편재	六神
戊	**丁**	**庚**	**辛**	天干
申	**亥**	**子**	**酉**	地支
정재	정관	편관	편재	六神

71	61	51	41	31	21	11	1	
戊	丁	丙	乙	甲	癸	壬	辛	대운
申	未	午	巳	辰	卯	寅	丑	

공황장애와 간질이 있으며 귀신 이야기 좋아하며 빙의도 걸렸었고 타로와 점집을 좋아합니다. 문제는 남자들이 2 주를 못 버티고 도망을 가는데 이유가 뭘까요? 외모는 예쁘지는 않으나, 동안(童顔)입니다.

이 명조는 월지(月支)와 일지(日支)에 정편관이 존재하는데 하나는 재생살(財生殺)이고 하나는 재생관(財生官)입니다. 정편관이 혼잡한데 여자로써 관살혼잡(官殺混雜)에 재다생살(財多生殺) 구조는 남자 복이 없다고 봐야죠. 재생관이던 재생살이던지 금생수(金生水)하면 남자에게 정(情)을 준다는 말이 되고 여러 번 애정운에 실패하면 일간 정화(丁火)는 상정(傷丁)이 되는데 상처를 받게 됩니다. 이러한 상정(傷丁)이 발생하면 정화(丁火)가 꺼질 수 있어서 우울증이 올 수 있습니다. 다만 다행인 점은 앞으로 남방화운이므로 일간의 록향지로 진행하는데 신강해지면 개선될 희망이 보이므로 기대해 보면 좋겠습니다.

11 중관중살(重官重殺)에 재생살(財生殺)은 요절한다.

時	日	月	年	세운8	대운6	곤명
편재	비견	정관		편재	겁재	六神
庚	丙	丙	癸	庚	丁	天干
子	子	辰	亥	午	巳	地支
정관	정관	식신	편관	겁재	비견	六神

이 여자 아이는 기사년(己巳年) 7세 때 급성 혈액 암 진단받고 경오년(庚午年) 8세 되는 해에 사망하였습니다.

고가(古歌)에서 말하길 **"중관(重官)은 곧 칠살(七殺)로 보라"**고 말했는데 이 사주는 계해(癸亥)년주가 관살이고 일지(日支)와 시지(時支)는 자수(子水) 정관으로 중관(重官)을 형성하고 있습니다.
곧 중관중살(重官重殺)의 구조이면서 경금(庚金) 편재(偏財)가 재생살(財生殺)하는 팔자입니다. 전 국토가 중관중살(重官重殺)하는데 재생살(財生殺)이니 요절(夭折)팔자로 봐야죠.

이런 삶은 살아나도 사는게 아닐 겁니다. 정사(丁巳)대운에 사해충(巳亥沖)과 정계충(丁癸沖)이니 중살(重殺)을 충극(沖剋)하여 흉신(凶神)이 동(動)한 것인데 경오년(庚午年)에 다시 재생살(財生殺)이고 자오충(子午沖)이니 왕자충발(旺字沖發)로 사망한 것으로 봅니다.

12 거살류관(去殺留官)으로 재고(財庫)를 가지면 부귀하다.

時	日	月	年	세운39	대운30	건명
편관		정관	겁재	비견	상관	六神
壬	丙	癸	丁	丙	己	天干
辰	子	丑	未	戌	酉	地支
식신	정관	상관	상관	식신	정재	六神

무재(無財) 사주임에도 불구하고 부동산, 교육업으로 재산가가 될 수 있었던 이유를 알 수 있겠습니까?

이 명조는 축월(丑月)에서 임계수(壬癸水)가 투출하고 진자합수(辰子合水)하므로 수(水)가 왕성합니다. 그러므로 관격(官格)을 형성할 수 있는데 문제점은 계수(癸水) 정관과 임수(壬水) 편관이 투출한 것이므로 관살혼잡(官殺混雜)과 함께 흑운차일(黑雲遮日)의 염려가 있습니다.

그런데 다행이도 정계충거(丁癸沖去)로 거관류살(去官留殺)이 됩니다. 따라서 흑운차일(黑雲遮日)과 상관견관(傷官見官)에서 벗어날 수 있었는데 이것은 정계충거(丁癸沖去)로 인해 일석이조(一石二鳥)의 혜택을 얻는 셈입니다.

이로 인해 병임충(丙壬沖)은 수화기제(水火旣濟)로 강휘상영(江暉相暎)의 상(像)을 기대할 수 있습니다. 또한 병화(丙火)일간에게는 신금(辛金) 재성(財星)이 축(丑)중에 재고(財庫)로 숨겨진 것이므로 이를 축미충(丑未沖)하므로 얻을 수 있습니다.

재고(財庫)는 마땅히 충(沖)하여야 얻을 수 있는 것이므로 축미충(丑未沖)은 호충(好衝)이 되는 셈입니다. 고로 병술년(丙戌年)에 축술미(丑戌未)삼형은 축(丑)의 재고(財庫)를 열게 하고 충출(沖出)하는 신금(辛金)은 일간이 병신합(丙辛合)으로 취(取)하는데 이 때 재성 신금(辛金)은 유금(酉金)대운의 록(祿)을 얻어 부를 축적할 수 있었습니다.

13 금다수탁(金多水濁)으로 혼탁한 해수(亥水) 정관은 남편이 된다.

時	日	月	年	세운34	대운30	곤명
상관		비견	편재	인수	정재	六神
戊	丁	丁	辛	甲	庚	天干
申	酉	酉	亥	申	子	地支
정재	편재	편재	정관	정재	편관	六神

이 여자 분은 고부갈등이 심하여 갑신년(甲申年)에 이혼한 명조입니다.

남편이 시모(媤母)를 일방적으로 편들어 고통을 많이 받았다고 합니다. 이 사주를 보면 금다수탁(金多水濁)의 상(像)을 가지고 있는 것이 보입니다. 금다수탁(金多水濁)이란 금(金)이 많게 되면 물이 탁(濁)해진다는 말이죠. 탁(濁) 해진 물은 유독(有毒)하여 사람이 마시기 어렵고 또한 물고기도 살지 못하는 오염수가 되는 것이죠.

그런데 금(金)의 정체는 무엇인가요?
곧 편재가 되고 여자에게서 편재는 시어머니가 됩니다. 그래서 시어머니에 의해서 탁해진 물인 해수 정관(正官)이 남편입니다. 남편의 정서(情緒)를 흐리게 하는 원인이 시모(媤母)에게 있다는 사실입니다. 이것이 고부갈등의 원인이 되며 남편이 모친편만 들게 됩니다.
당연히 정화(丁火) 일간은 혼탁해진 해수(亥水) 남편(男便)에 의해 고통을 받게 됩니다. 이 여자 분은 피부 관리업종에 근무하다. 계미년(癸未年) 33세에 자연유산을 겪고 갑신년(甲申年)34세에 이혼을 하였습니다.

14 금수상관희견관(金水傷官喜見官)에서는 재관운(財官運)을 만나야 발재(發財)한다

時	日	月	年	건명
정재		겁재	식신	六神
乙	**庚**	**辛**	**壬**	天干
酉	**辰**	**亥**	**午**	地支
겁재	편인	식신	정관	六神

75	65	55	45	35	25	15	5	
己	戊	丁	丙	乙	甲	癸	壬	대운
未	午	巳	辰	卯	寅	丑	子	

이 명조는 해월(亥月)의 경금(庚金)일간이므로 금수상관격인데 오화(午火) 정관을 만났습니다. 그러므로 금수상관희견관(金水傷官喜見官)에 해당됩니다.

금수식신도 금수상관처럼 보면 됩니다. 곧 금수식상관은 겨울철이라 금(金)이 한랭(寒冷)하여 얼어붙으므로 일간이 생의(生意)가 없게 됩니다. 그러면 만물(萬物)이 살아나지를 못합니다.
그래서 얼어붙은 금(金)은 불을 보아 녹여줘야 이롭다는 말이죠. 일반적으로 식신이 편관(編官)을 보면 식신대살(食神帶殺)로 명쾌해지나 정관이 등장하면 식신이 정관을 극하는 연고로 금(禁)하게 되는 것이 원칙입니다.

그런데 왜 금수식신상관에서만 정관을 보아도 좋다고 말하는가요?
얼어붙은 금이 생의(生意)를 잃어버리면 사주 전체가 폭망(暴亡)하기 때문입니다.

그래서 동금(凍金) 일간은 요절(夭折)하여 일찍 죽는 일도 발생하는 것입니다. 그러므로 차라리 한랭(寒冷)으로 인한 요절을 당하느니 상관견관의 구설수가 있더라도 정관을 반긴다는 속뜻이 있는 겁니다.

그러므로 초년의 고생은 북방 해자축(亥子丑)운으로 인해 수(水)가 오화(午火) 정관을 극하기 때문이니 곧 상신(相神)을 극하는 것입니다.
중년운의 인묘진(寅卯辰)대운에는 목생화(木生火)로 정관을 생하는 운이니까 발복합니다. 그러다가 사오미(巳午未) 운을 만나 오화(午火)가 득세하여 발관(發官)이 되니 을경합(乙庚合)으로 득재(得財)하여 수백억의 자산가가 되었습니다.

【근황】

초년 북방수운으로 행하니 생활이 어려워 외삼촌댁에 얹혀살다가, 농장에서 방목 일도 하였다. 자라서 정거장에서 얼음을 팔았고, 길거리에서 노점상도 하였다. 25세 이후 동방 갑인 을묘운에서 신발가게를 운영하다 신발공장까지 하게 되었다. 이후 종자돈을 모아 피륙도매점과 소매점을 운영하다, 컴퓨터 자수공장을 하였는데 대박이 터져 재산이 수백억이 되었다.

15 금수상관희견관이라 해도 자오충(子午沖)이면 대패(大敗)한다.

時	日	月	年	세운50	대운40	곤명
정관		정관	비견	인수	식신	六神
丁	庚	丁	庚	己	壬	天干
亥	子	亥	子	丑	午	地支
식신	상관	식신	상관	인수	정관	六神

이 명조는 해월(亥月)의 경금(庚金)일간이므로 금수식신에 해당됩니다. 자수(子水) 상관(傷官)을 2개 놓고 다시 시지(時支)에 해수(亥水)가 존재하므로 식상관이 태왕(太旺)할 수 있는데 정화 정관을 만난 것이므로 금수상관희견관(金水傷官喜見官)의 구조를 보이고 있습니다.

그러므로 정화(丁火) 남편성은 물이 많은 곳에 촛불로 위태롭습니다. 정화(丁火)는 지지의 해수(亥水)가 태지(胎地)이고 자수(子水)는 사지(死地)가 됩니다. 촛불이 꺼질 수 있습니다. 기축년(己丑年) 50세는 임오(壬午)대운으로 아직 오(午)대운 말에 해당하므로, 자오충(子午沖)을 하고 있습니다. 지지의 자수 상관이 정관을 충극(沖剋)하는 것이죠.

아무리 정관을 반긴다하여도 2개의 상관으로 정관 하나를 자오충(子午沖)하는 것은 위험한 것입니다. 지나친 충극(沖剋) 제화(制化)는 오(午)중의 정화(丁火)를 손상되어 천간의 투출한 남편성이 피상(彼傷)을 당하게 되기 때문입니다.

이것은 상관견관 위화백단의 상(像)이 되는 것이므로 그러한 상황에서 기축년(50)에 해자축(亥子丑) 방국을 결성합니다. 곧 지지는 대양(大洋)으로 바뀌게 된 상황에서 대운의 자오충(子午沖)은 왕신충발(旺神沖發)로 바뀌게 됩니다. 따라서 정화(丁火) 촛불이 꺼져 버릴 수도 있게 됩니다. 그래서 기축년(己丑年) 이별 운에 남편이 대장암(大腸癌)으로 사망 하였습니다.

16 목다화식(木多火熄)으로 독상(獨像)을 훼방 (毀謗)하고 있다.

時	日	月	年	세운59	곤명
비견		상관	비견	편인	六神
甲	甲	丁	甲	壬	天干
子	寅	卯	辰	寅	地支
인수	비견	겁재	편재	비견	六神

71	61	51	41	31	21	11	1	
己	庚	辛	壬	癸	甲	乙	丙	대운
未	申	酉	戌	亥	子	丑	寅	

이 여자 분은 초년에는 병인(丙寅)대운과 을축(乙丑)대운에는 부유하여 4년 제 대학을 졸업하였고, 보험 설계사로 일하였는데 계해(癸亥)운(運)에 이르 러 파혼(破婚)하였고, 현재 신유(辛酉)대운 중의 임인년(壬寅年) 59세에 정신 과 약을 복용하고 있습니다.

이 명조는 일간 갑목(甲木)이 인묘진(寅卯辰) 방국(方局)을 이루고 천간에 갑목 (甲木) 비견(比肩)이 양(兩)쪽으로 투간한 구조를 형성하므로 독상(獨像)을 언 급해 볼 수 있습니다. 다만 아쉬운 점은 일점 정화(丁火)로 인해 독상(獨像)을 방해받고 있다는 사실입니다.

독상(獨像)을 방해하는 목다화식(木多火熄)이면 정화(丁火)는 귀물(鬼物)인지라 흉명(凶命)이라 봐야죠.

그러나 독상(獨像)에 실패하더라도 일단 지지가 인묘진(寅卯辰)방국의 지전 삼물(地全三物)을 이루는 것이라 천복지재(天覆地載)의 이치를 따라 순세(順勢)해야 마땅한 겁니다.

고로 이 팔자에서는 대운이 북방수운(北方水運)을 거쳐 서방금운(西方金運)으로 흐르는 중인데 북방수운(北方水運)에는 정화(丁火)가 완전히 제거되지 못한 것으로 보이며 서방금운(西方金運)에는 천지(天地)를 역행(逆行)하게 되므로 대패(大敗)하는 겁니다. 보통 목다화식(木多火熄)의 흉명(凶命)이 서방금운을 만나 묘유충(卯酉沖)에 걸리면 대패(大敗), 파재(破財), 질환(疾患) 등이 많이 나타날 수가 있습니다.

【핵심정리】
삼합(三合)이나 방국(方局)이 성립이 되면 서로의 글자가 하나의 강한 기운으로 뭉쳐지는데 그 결과 간지(干支)배반의 작용이 일어난다. 이것을 전도(顚倒)현상이라 말한다.

전도(顚倒)란 꼭대기에서 넘어진다는 뜻이다. 또는 위와 아래를 바꾸어서 거꾸로 되는 것이니 앞뒤가 바뀐다는 의미가 있다. 예를 들어 반생(反生)이라 함은 평소에 화(火)는 목(木)에 의지해 살아가지만 목(木)이 과다(過多)하게 많아지면 아궁이의 불은 오히려 꺼진다는 뜻이다. 이것을 화뢰목생(火賴木生)하지만 목다화식(木多火熄)이라 한다. 이러한 것을 반생(反生)이라 말했는데 반생(反生)이 되면 해당 육신(六神)과 육친(六親)의 변화가 발생한다.

17 득비리재(得比理財)로 거부가 될 수 있다

(1) 인수가 상관의 도설(盜洩)를 막는다.

時	日	月	年	건명
상관		상관	인수	六神
辛	**戊**	**辛**	**丁**	天干
酉	**子**	**亥**	**巳**	地支
상관	정재	편재	편인	六神

76	66	56	46	36	26	16	6	
癸	甲	乙	丙	丁	戊	己	庚	대운
卯	辰	巳	午	未	申	酉	戌	

무토(戊土) 일간 양 옆으로 상관(傷官)이 출현이 되어 있습니다. 그리고 월지(月支)에 편재를 놓고 일지에는 자수(子水) 정재(正財)와 협조하므로 상관생재(傷官生財)하니 재왕(財旺)하다고 말할 수 있습니다.

이렇게 두 개의 상관이 설기한다면 반드시 일간의 신강 여부를 살펴봐야 합니다. 왜냐하면 무지막지한 도설(盜洩)이 진행 중이니까요.

그러므로 누군가 일간을 도와야 하는데 비견 혹은 인수가 도와 줄 수가 있습니다. 이런 경우는 일간 무토를 도설(盜洩)하는 상관 때문에 겁재가 도움이 될 수 있는데 관성이 등장하면 오히려 겁재를 극하여 무토 일간의 도설을 도와주는 훼방꾼이 될 수 있습니다.

450 / 최강의 포식자 논 형충회합

그러므로 비견보다는 인수의 도움이 유력(有力)한 것입니다. 곧 인수가 화극금(火克金)으로 중(重)한 상관을 극제하면서 일간을 방신(幇身)하는 것입니다. 그러므로 부자가 되는 조건을 말하길 "재강신강 관성위재(財旺身强官星衛財)"와 득비리재(得比理財)로 나눠 지적하였는데 곧 관성위재(官星衛財)에서는 신강하고 재강하더라도 겁재는 재성을 겁탈하는 물건이므로 반드시 관성이 있어 재성을 보호해야 한다고 말한 것입니다만, 이 명조에서는 너무 신약한 것이 흠이 되므로 관성이 존재하면 더 신약해져 재물을 취할 수 없게 됩니다.

따라서 위 사주는 일간이 신약한데 상관생재하고 인수로 도설(盜洩)의 위험을 방지하여 부자가 될 수 있는 조건을 갖춘 사주입니다. 따라서 대운에서 일간을 생하거나 비견겁을 만나면 발재하게 됩니다. 곧 득비리재(得比理財)에 가깝다고 보고 싶습니다.

그러므로 이 사람은 제조업을 경영하는 사업가인데 연 3억의 순수익을 올리고 있습니다.

(2) 득비리재(得比理財)를 만나 거상(巨商)이 된 팔자.

時	日	月	年	건명
인수		정재	정재	六神
丁	戊	癸	癸	天干
巳	子	亥	酉	地支
편인	정재	편재	상관	六神

73	63	53	43	33	23	13	3	
乙	丙	丁	戊	己	庚	辛	壬	대운
卯	辰	巳	午	未	申	酉	戌	

이 명조는 해월(亥月)의 계수(癸水)가 년간과 월간에 2개 투출하고 일지(日支)의 자수(子水) 정재(正財)가 붙어 있으므로 재성이 왕(旺)한 사주가 됩니다. 그런데 일간(日干) 무토(戊土)는 일체 비견이 없으므로 일신(日身)은 약한데 재성(財星)이 왕한 사주 구조인 것입니다. 곧 재다신약(財多身弱)을 뜻합니다.

일신(日身)을 돕는 오행이 길신(吉神)이 되는 것이죠. 그래서 인수(印綬)와 비견(比肩)을 희신(喜神)으로 합니다. 이러한 구조를 득비리재(得比理財)라고 말하는데 곧 자신을 도와주는 비견을 얻어서 왕한 재성을 지혜롭게 다스리는 이치를 말한 것입니다. 이때는 반드시 유금(酉金)의 식상(食傷)이 존재해서 식상생재(食傷生財)의 구조를 갖춰야 합니다. 만약, 식상이 없게 되면 신강재왕(身强財旺)이라 재성이 피상(皮相)당할 염려가 있기 때문입니다. 그러므로 이 명조는 사주정설에 있는 거상(巨商) 사주인데 비겁운이 되는 기미(己未)대운에 부자가 된 사람입니다.

18 윤하격(潤河格)이지만 금침수저(金沈水底)된 팔자의 흉

時	日	月	年	곤명
정인		비견	비견	六神
辛	**壬**	**壬**	**壬**	天干
亥	**辰**	**子**	**子**	地支
비견	편관	겁재	겁재	六神

76	66	56	46	36	26	16	6	
甲	乙	丙	丁	戊	己	庚	辛	대운
辰	巳	午	未	申	酉	戌	亥	

이 여자 분은 모친과 자매간에 불미(不美)한 관계로 스트레스를 받고 있다고 합니다. 그러한 정황은 어느 부분을 보고 알 수가 있겠습니까?

이 명조처럼 비록 윤하격(潤河格)의 구조라 해도 이 사주에는 큰 결함이 있습니다. 진해(辰亥)원진을 깔고 앉은 모친 신금(辛金)이 금침수저(金沈水底)의 흉상(凶像)을 가지고 있습니다. 신금(辛金)은 모친인데 침수(沈水)의 상(像)이므로 물속에서 허덕이는 것은 바로 모친입니다.

모친의 상(像)이 침수(沈水)가 되는 것이니 모친의 사망, 사고, 병환 질환 등으로 모친 우환이 나타날 것인데 모친은 시간(時干)에 인접한 것이라 임수일간이 먼저 감당해야 합니다. 왜냐하면 년간과 월간의 비견보다는 일간이 모친과 거리가 가까우니까요. 또한 문제점은 이러한 흉조(凶兆)들이 정미(丁未)대운에 나타나는 겁니다.

즉 자미(子未) 쌍원진이 걸린 시기인데 자수(子水)가 겁재(劫財)이므로 자매와 원진살이 낀 겁니다. 이러한 경우 쌍으로 걸린 자미원진이라 자매들과의 불화(不和)로 보면 됩니다. 이러한 사주를 보고 원국이 순수하지 못하다고 말하는 것입니다. 특히 대운의 진행이 불순합니다. 당연히 윤하격에서는 화토(火土)를 보면 대패(大敗)합니다.

어린 시절인 신해(辛亥)대운에 진해 쌍원진과 신금(辛金) 침수의 상(像)이 가중(加重)하여 나타나므로 어릴 적부터 모친의 잔소리를 듣고 성장했을 것이고 경술(庚戌)대운에는 진술충(辰戌沖)으로 토동(土動)할 수 있으니 술토(戌土)는 윤하격에서는 당연히 안 좋죠. 무기토(戊己土) 대운도 토(土)가 투출한 것이므로 윤하(潤河)구성에 실패하게 됩니다.

【근황】
아직까지 미혼이며 직업은 과외선생입니다. 자신의 집에서 부모를 돌보고 있으며, 형제는 아래층에 살면서 빨대를 꽂더니 요즘엔 아예 같이 살자며 밀어 붙이고 있다고 합니다. 이런저런 스트레스로 자궁암 수술을 수차례 받았다고 합니다. 특히 임인년과 계묘년엔 너무 힘든 일들만 터져서 여러 곳에 상담하러 다녔다고 합니다.

19 사맹(四孟), 사패(四敗), 사묘(四墓)은 대격 (大格)이 많다

옛 학설에서 자오묘유(子午卯酉)가 모두 있거나 인신사해(寅申巳亥)가 모두 있 거나 진술축미(辰戌丑未)가 모두 있으면 대격(大格)을 이룬다고 하였습니다. 인신사해(寅申巳亥)는 사맹격(四孟格)사주이고, 진술축미(辰戌丑未)는 사묘격(四 墓格)사주이며, 자오묘유(子午卯酉)는 사패격(四敗格)사주라고 합니다.

이렇게 호칭을 부르는 이유는 인신사해(寅申巳亥)는 삼합의 처음 글자가 되 므로 처음, 맏이, 우두머리를 뜻하는 "맏이 맹(孟)"을 사용한 것이니 사맹격 이라 호칭하고, 자오묘유(子午卯酉)는 왕지(旺地)로 상대방을 깨뜨리고 부순 다는 뜻으로 "깨뜨릴 패(敗)"를 사용하여 사패격 사주라고 호칭을 합니다.

(1) 사패격(四敗格) 사주 청나라 건륭황제

時	日	月	年	
상관		정관	겁재	六神
丙	**庚**	**丁**	**辛**	天干
子	**午**	**酉**	**卯**	地支
상관	정관	겁재	정재	六神

이 글은 건륭황제가 왕자시절에 걸거리 맹사를 만나 담화한 내용입니다.

이 팔자가 여자라면 기생(妓生) 혹은 창부(娼婦)가 될 팔자입니다.

왜 그런가 하면 자오묘유(子午卯酉)로 도화(桃花)가 가득한데 특히 병자(丙子) 시주에서 시지(時支)의 자수(子水)가 함지(咸池)이므로 관살(官殺)이 도화(桃花)를 범했습니다. 또한, 편야도화라 양가집 규수가 아니고 바람난 여자입니다. 자오묘유(子午卯酉)는 동서남북을 말하는데 토(土)가 없으니 발 디딜 곳이 없습니다. 그래서 평생 떠돌아다닙니다. 이런 사주는 비록 창녀라 해도 일류가 되니 한번 남자를 쳐다보면 사람이 무너지고 두 번 쳐다보면 나라가 무너집니다.

만약, 여자가 아니라 선비출신이라면 운명은 어떻겠습니까?
이 사람이 선비라면 총명하기 그지없고 사방에 이름을 알립니다. 아쉬운 것은 술을 좋아하고 색을 밝힙니다. 시지(時支) 자수(子水)가 상관으로 지혜를 의미합니다. 년지의 묘목(卯木)이 재성인데 묘유충(卯酉沖)을 당합니다. 유금(酉金)은 원래 겁재이니 재성을 겁탈하는 물건이라 묘(卯)상 천간 신금(辛金)도 겁재라 위에서 누르고 옆에서 충을 하니 이 사람은 재산이 많다하더라도 황금산에 앉아 굶어 죽을 수도 있습니다.

만약, 이 사람이 선비가 아니라 군인이라면 어떻겠습니까?
맞는 길입니다. 양인(陽刃)이 있어 매우 강합니다. 경신금(庚辛金)을 병정화(丙丁火)로 단련하니 뛰어난 장수입니다. 자수(子水) 상관(傷官)이 정화(丁火) 정관(正官)을 보는데 재생관된 독살(獨殺)은 귀합니다. 날카로운 무기를 손에 들고 병권을 홀로 움직이니 남을 정벌하고 북을 토벌하여 팔방에 위용을 떨칩니다. 역사에 남을 명장입니다.

편야도화가 있는데 방해 되지않을까요?
성을 공략하고 땅을 빼앗아 보물과 미녀를 마음대로 취합니다. 장수에게는 도화가 뺏고 취하는 것이니 무장이 어찌 도화를 신경 쓰겠습니까?
어디를 가서 싸워도 이기니 그야말로 편야도화(遍野桃花)입니다.

만약, 이 사주가 왕가(王家)에서 태어났다면 어떻습니까?

왕족으로 태어났다면 황제의 명입니다. 월(月)이 돕고 당권 능령했습니다. 밖은 약하지만 안은 강합니다. 강한 성품입니다. 무리들과 홀로 다릅니다. 만물을 만나면 베지 못하는 것이 없습니다. 가을 금의 속성을 가지고 있기 때문입니다. 또한 강금(強金)이 수(水)를 만나 강한 기운을 배출하니 금(金)은 맑고 수(水)는 아름답습니다. 수(水)로 갈고 닦으니 좋은 그릇이 됩니다.

만약, 해시(亥時) 출생하였다면 어떠합니까?

완전히 다릅니다. 자오묘유(子午卯酉)는 공협을 합니다. 정해(丁亥)시라면 정화(丁火)는 등잔과 같아 금(金)을 단련하지 못합니다.

(2) 사묘격(四墓格) 사주 명 태조 주원장(朱元璋)

時	日	月	年	
비견		정관	상관	六神
丁	丁	壬	戊	天干
未	丑	戌	辰	地支
식신	식신	상관	상관	六神

이 명조는 사묘지(四墓地)의 명조인데 종아(從兒)의 상(像)을 가지고 있습니다. 종아상(從兒像)은 종격(從格)을 말하는 것이 아닙니다.

내 주변에 아이들이 천지(天地)이니 나를 따르는 무리들이 많다는 겁니다. 그런데 임수(壬水)가 정관이죠. 힘이 부족한 신약 사주가 정(丁)비견의 도움을 받고 일간이 임수(壬水)를 쟁취하는데 성공합니다. 정관 임수를 쟁취하는 데에 일등 공신은 시간의 비견 정화가 될 것입니다.

그들의 도움으로 왕권을 세울 수 있었습니다. 그런데 시간(時干)에 출현한 정화(丁火) 비견도 종아상이니 그를 따르는 무리들이 많다는 사실입니다. 그들은 나라를 세워 공을 세웠으므로 공신으로 임명(任命)이 되겠지만 자신들에게 내려진 처우에 불만인 신하들도 있을 것입니다.

이런 구조가 비견(比肩)분관(分官) 사주가 되는 것입니다. 나중에 딴 생각을 가지겠죠. 왕권을 상징하는 임수(壬水)가 자기 옆 월간에 놓여져 있으니까. 임수(壬水) 왕관을 자기도 취할 수도 있겠다는 망상(妄想)에 빠지는 겁니다. 이것이 정임합(丁壬合)이기 때문입니다. 이것은 주변 식상의 무리들이 2인자가 되는 정화(丁火) 비견을 추종하여 많이 따르기 때문에 가능한 것입니다.

비견 정화가 식상의 무리들과 함께 내 정관을 분관(分官)으로 쪼개 가지려고 하는 것입니다. 결국 나를 쫓아 따르던 상관의 무리들이 비견을 등에 업고 왕권에 위해(危害)를 가하게 됩니다. 그러므로 주원장이 나라를 건국한 후에 반란으로 약 10만명의 사람들을 반역으로 죽이게 됩니다. 이 사주는 진상관(眞傷官)이 되는데 진술충(辰戌沖)이므로 상관부진(傷官不盡)이 되어 있는 것입니다.

따라서 충돌, 의심, 위해 등의 여러 항쟁들을 경험하게 됩니다. 당연히 왕이 된 일간 입장에서는 왕권을 차지한 후에 식상을 내 버려두면 내 왕권을 뺏았으려 할 것이므로 반역(反逆)의 씨앗들을 미리 숙청해야 할 것입니다. 그래서 주원장은 황제로 등극 이후에 수많은 건국에 참여했던 신하를 숙청하였습니다.

(3) 사맹격(四孟格)의 사주 고(故)박정희 전(前)대통령

時	日	月	年	
편인		겁재	정관	六神
戊	庚	辛	丁	天干
寅	申	亥	巳	地支
편재	비견	식신	편관	六神

【명리정종(命理正宗)】에 따르면 사맹격의 남자는 대귀(大貴)할 것인데 그 지위는 삼공(三公)에 이를 것이다. 라 밝히고 있습니다.
또한【삼명통회(三命通會)】에서도 사맹격이 득시(得時)하면 영구히 대창(大昌)할 것이나 불연(不然)이면 요수(夭壽)할 것이라고 하였습니다.

이 명조는 박정희 대통령입니다.(시는 불명확함) 해월(亥月)의 경금(庚金)일간이므로 금수식신격(金水食神格)이 됩니다. 강금(强金)은 수를 만나면 강한 기운을 배출하니 금(金)은 맑아지고 수(水)는 아름다워 진다고 말했습니다.
그러나 겨울철의 수(水)는 동수(凍水)이므로 금수(金水)가 얼어버릴 염려가 있는데 정사(丁巳)의 관성을 만난 것은 기쁜 일입니다. 그러므로 조후(調候)를 해결하고 금수식신격을 이룰 수 있게 되었습니다.

특히 지지가 인신사해(寅申巳亥)로 인신충(寅申沖)과 사해충(巳亥沖)이므로 생방(生方)의 충을 구성하였습니다. 격을 이룬 상태에서는 생방(生方)의 충은 귀하다고 판단해야 합니다. 또한 역마가 되는 것이니 거주 불안 등으로 이동이 많을 수 있겠고 무쇠와 각목이 충돌하는 모습이 많아서 직업적으로는 군인, 경찰 등의 직업이 적합 합니다.

20 종혁(從革)이 되면 일인지하 만인지상의 위치에 있게 된다.

【예시1】
형사 사건 전문 변호사

時	日	月	年	건명
겁재		정재	비견	六神
辛	**庚**	**乙**	**庚**	天干
巳	**戌**	**酉**	**申**	地支
편관	편인	겁재	비견	六神

71	61	51	41	31	21	11	1	
癸	壬	辛	庚	己	戊	丁	丙	대운
巳	辰	卯	寅	丑	子	亥	戌	

이 분은 서울○○대학교 법대를 졸업하고 형사사건 전문 변호사로 활동하고 있습니다. 월 3억 수익을 올리는 로펌을 운영합니다. 무자(戊子)대운과 기축(己丑)대운의 전성기를 맞아 많은 부분을 성취할 수 있었습니다.

경인(庚寅)대운에는 월 3억을 벌었고 1억씩 본가와 처가에 나눠 줬으며 아내는 고급 수입차를 몰고 다닌다고 합니다. 보통 종혁격이 되려면 금(金)일주 사주에 지지(地支)가 신유술(申酉戌) 금방국(金方局)을 결성하거나 또는, 사유축(巳酉丑) 삼합(三合)의 금국(金局)을 이루고 화(火)가 섞이지 않으면 종혁격(從革格)이 됩니다. 위 명조는 신유술(申酉戌)방국인데 천간에 을경합금(乙庚合金)으로 종혁(從革)에 성공한 경우입니다.

다만 시지(時支)의 사화(巳火)는 시간(時干)의 신금(辛金)과 사중(巳中)의 병화(丙火)가 병신(丙辛)암합(暗合)으로 무력하다고 본 것입니다.

종혁격(從革格)이 되면 독상승권(獨象乘權)하니 독상(獨像)이란 마치 모든 권력이 한사람에게 집중되어 있는 것과 같은 것입니다. 그러므로 일인지하 만인지상(一人之下 萬人之上)이 되어 감히 그 뜻을 거역하질 못한다고 합니다. 그러므로 특히 금방국의 종혁격은 숙살지기(肅殺之氣)로 인해 생사 여탈권을 가지는 사람이 많습니다. 따라서 군검, 법원, 법률, 금융, 경영등에서 사람을 다루거나 생명의 위중(威重)을 다루는 부류가 많습니다.

【핵심정리】

종혁격이 군검, 법원, 금융, 경영에서 두각을 나타내는 이유는 종혁(從革)의 구성을 이루는 인자(因子)가 경금(庚金)이기 때문이다. 금(金)의 속성은 변화이다. 곧 경(庚)은 낡은 것을 바꾸는 것이다. 그래서 경(庚)은 변경, 변화, 개혁의 의미가 있다. 완금장철(頑金丈鐵)의 무쇠를 제련하여 쓸만한 도구로 만들거나 숙살의 특성으로 억압, 통제, 무력을 써서 세상을 바꾸므로 종교, 혁명이다.

그래서 종혁(從革)의 혁(革)은 혁명(革命)을 말한다. 고로 이러한 환경이 권력기관이면 군검경이나 사법기관으로 등장한다. 또한 경(庚)은 금융(金融)을 상징하기도 하는데 경(庚)의 원래 의미는 탈곡기의 형상을 의인화하였다고 알려진다. 곧 가을철에 거둬 들이는 상품성이 높은 열매를 관리하는 도구이니 돈으로 환전할 수 있다. 그런 이유로 은행, 금융(金融), 경영(經營)을 언급하는 것이다. 그래서 경금일간의 주인공은 은행가, 금융가, 경제학 교수가 많다.

【예시2】
경영학 교수

時	日	月	年	건명
정재		편관	겁재	六神
乙	**庚**	**丙**	**辛**	天干
酉	**申**	**申**	**酉**	地支
겁재	비견	비견	겁재	六神

이 남자 분은 중학교 때 미국으로 유학을 떠났고 미국에서 대학을 졸업한 후에 현재 모교에서 경영학 교수를 하고 입니다. 천간에 병화가 존재하는 데도 종혁이 가능한가요?

이 사주를 보면 전왕격(專旺格)사주라고 판단할 수 있습니다. 왜냐하면 병화(丙火)가 병신합거(丙辛合去)로 제거가 되고 신월(申月)의 을경합화금(乙庚合化金)이므로 화격(化格)에 해당합니다. 따라서 일행득기(一行得氣)가 되는 것이고 종혁격(從革格)인데 화격(化格)으로 인한 것입니다. 일단 종혁격(從革格)이 되면 독상승권(獨象乘權)하니 마치 모든 권력이 한사람에게 집중되어 있는 것과 같은 것입니다.

그런데 아쉬운 점은 지지의 방국 혹은 삼합으로 된 지전삼물이 나타나 있지 않아 위세가 크지 않다는 점입니다. 만약 방국을 결성하였다면 대격으로 진행이 될 수도 있었습니다.
따라서 신유월(申酉月)의 종혁격은 숙살지기(肅殺之氣)를 함축하였지만 종혁(從革)의 상(像)이 약하여 군 검경의 진출보다는 법률가, 금융가, 경영학 등에서 활동이 많이 나타나게 됩니다.

【예시3】
적천수천미에 소개된 2사람의 동일 명조입니다

時	日	月	年	건명
비견		정재	비견	六神
庚	**庚**	**乙**	**庚**	天干
辰	**戌**	**酉**	**申**	地支
편인	편인	겁재	비견	六神

癸	壬	辛	庚	己	戊	丁	丙	대운
巳	辰	卯	寅	丑	子	亥	戌	

위 명조는 동일한 명조로 두 사람을 소개하고 있습니다. 한 사람은 행오(하사관)출신으로 참장(장군)까지 올랐습니다. 그러나 경인운(庚寅運)에 군중에서 사망하였고, 다른 한 사람은 무자(戊子) 기축(己丑)운에 큰 이익을 내어 벼슬을 사고 명리를 얻었는데 경인운(庚寅運)에 낙직하여 재리(財利)를 파(破)하고 신묘운에 사망했다고 합니다

이 명조는 신유술(申酉戌)방국과 을경합화금(乙庚合化金)으로 종혁(從革)을 이루었습니다. 다만 불미(不美)한 것은 진술충(辰戌沖)은 일의 끝을 흐리는 것이라 방국(方局)을 해체시킬 수 있는 위험을 가진다고 보면 됩니다. 고로 불안정한 종혁격이 됩니다.

경인운(庚寅運)에 인신충(寅申沖)은 방국(方局)을 해체시키고 신묘운(辛卯運)의 묘유충(卯酉沖)은 양인(陽刃)의 충이면서 방국을 해체시켰습니다. 고로 일인격(一人格)이 무장해제가 되면 제각기 다른 목소리를 주장하는 사람이 되니 대인의 삶이 아니므로 재리(財利)를 파(破)하거나 낙직(落職)하고 군중(軍衆)에서 사망(死亡)하였다고 합니다.

時	日	月	年	곤명
식신		겁재	인수	六神
丙	甲	乙	癸	天干
寅	寅	卯	卯	地支
비견	비견	겁재	겁재	六神

癸	壬	辛	庚	己	戊	丁	丙	
亥	戌	酉	申	未	午	巳	辰	대운
78	68	58	48	38	28	18	8	

이 여자 분의 사주는 지지(地支)가 전부 목(木)이고 갑을(甲乙)목(木)이 투출하
므로 곡직격(曲直格)으로 독상(獨像)을 구성하였습니다. 독상(獨像)에서는 마
땅히 설기하는 식신(食神)을 빼어난 수기(秀氣)로 봅니다. 이런 목체(木體)에
서는 정화(丁火) 상관(傷官)은 목다화식(木多火熄)의 염려가 있으므로 사용할
수가 없고 병화(丙火)로 유통(流通)시켜 줘야 길한 것입니다. 따라서 목화(木
火)가 길신이 되고 병화를 극하지 않는 조건에서 계수(癸水)는 나쁘지는 않
습니다.

이 명조는 왕(旺)한 목기(木氣)가 병화(丙火)에 정(情)을 주어 흐르니 귀하게
될 수 있습니다. 만약 목기(木氣)가 정체(停滯)가 되면 운수 불길할 수도 있는
데 강한 금(金)을 만나게 되면 비로서 목(木)의 강기(剛氣)가 드러납니다.

곧 왕신충발(旺神沖發)하는 이치인데 왕목(旺木)이 오히려 금(金)을 절지(絶地)
시켜 죽게 만드는 것입니다.

그러므로 경신(庚辛)대운의 관성운을 만나게 되면 왕목(旺木)에 의해 금(金)이 절지가 되므로 남편이 병약하여 질병으로 입원 등의 손재수가 연달아 발생하게 되었습니다. 이 분의 남편은 한의사인데 경신(庚申) 대운 신묘년(辛卯年)에 남편이 위암 수술을 받았습니다. 왕신충발 당한 금운(金運)에 신묘년(辛卯年)의 병신합거(丙辛合去)는 큰 원인이 됩니다. 병화 식신을 합거(合去)하여 유통의 흐름을 단절시키고 충발(衝發)한 즉 금(金)을 죽이는데 정체하고 막히면 질환이 생겨나는 것입니다.

【핵심정리】
사주에 오행이 모두 다 있으면 좋지만 단지 하나의 형상으로 세력을 잡고 있다고 해도 흥성할 수 있는 것이 있다 . 이것은 권재일인(勸在一人)으로 권력이 한 사람에게 있다는 것인데 곡직(曲直), 염상(炎上) 등을 말하고 화신(化神)이라는 것은 생하는 것으로 식신과 상관을 말하는 것이다. 이것은 독상(獨象)을 설명하는 것인데 보통 전왕격(專旺格) 또는 일행득기(一行得氣)라고도 한다.

그런데 일행득기와 전왕격은 하나의 왕한 상(象)으로 본 것이므로 왕(旺)한 기를 설기시켜 주는 식상을 반드시 필요로 하였는데 왜냐하면 왕한 비겁이라 함은 겁재를 말함이고 이 겁탈자를 인화해야 하는 공덕이 식상에게 있다는 말이다. 그래서 독상에서는 설기해주는 식상이 정체(停滯)가 되면 막히는 것이라 위태로운 중에 왕신충발이 발생한다면 군중(群衆)에서 사망하는 일도 일어난다.

22 패중유성(敗中有成)으로 구응(救應)을 받았다

時	日	月	年	건명
편인		상관	상관	六神
甲	**丙**	**己**	**己**	天干
午	**午**	**巳**	**亥**	地支
겁재	겁재	비견	편관	六神

76 66 56 46 36 26 16 6

辛 壬 癸 甲 乙 丙 丁 戊 　대운

酉 戌 亥 子 丑 寅 卯 辰

이 남자 분은 을축(乙丑) 대운부터 돈을 벌기 시작하여, 58세 현재 재산이 200억대입니다.

이 명조는 사월(巳月)의 병화(丙火)일간인데 일지와 시지에 오오형(午午刑)으로 화기(火氣)가 태왕(太旺)합니다. 사월(巳月)의 열기(熱氣)가 왕(旺)한 사주이므로 임계수(壬癸水)의 조후가 되는 오행이 필요합니다. 천간에 투출한 기토(己土) 2개는 상관으로 태왕(太旺)한 일신(日身)을 설기하니 또한 공덕(公德)이 있는 것입니다.

다만 화토(火土)가 중중(重重)하면 화다토초(火多土焦)가 될 수 있기 때문에 수(水)의 조력(助力)이 필요합니다.

그러므로 이 명조는 해수(亥水) 칠살(七殺)을 상신(相神)으로 삼았으므로 상관대살(傷官帶殺)입니다.

그런데 기사(己巳)월주가 사해충(巳亥冲)이고 기해(己亥)는 개두(蓋頭)라 해수(亥水) 칠살(七殺)이 힘이 약화가 된 것입니다.

이 경우는 제살태과(制殺太過)로 봅니다.

고로 동방목운(東方木運)에서는 칠살(七殺)을 설기하고 태왕(太旺)한 일신(日身)을 생하니 운이 불리(不利)하다가 해자축(亥子丑) 북방수운(北方水運)에 칠살을 일으켜 세우므로 발전하게 됩니다. 이것을 가리켜 패중유성(敗中有成)으로 구응(救應)을 받았다 합니다.

23 기명종살(棄命從殺)의 개념 정의

종살격(從殺格)은 살(殺)이 매우 중(重)하여 일신(身)이 더 이상 돌아갈 곳이 없으므로 부득이 종(從)하는 것을 말합니다. 그 결과 관살(官殺)의 세력에 자신이 따라간다는 뜻이 됩니다. 즉 자기 고집을 버리고 칠살에 순종하는 것입니다. 그래서 기명(棄命)이란 글자 그대로 버릴기, 목숨 명이니 자기 목숨을 버리는 것에서부터 기명(棄命)이 시작이 되는 것입니다. 그런데 음간(陰干)은 이에 쉽게 굴복하지만 양간(陽干)은 좀처럼 굴복하려 하질 않는다고 하였습니다.

이것을 【적천수】에서 말하길를 "오양종기부종세(五陽從氣不從勢)오음종세무정의(五陰從勢無情義)"라고 정의하였습니다.

이것은 양간은 기(氣)를 따르되 세력을 쫓지 않고 음간은 세력을 따르고 의리가 없다는 뜻입니다. 이것으로 알 수가 있는 내용은 음간(陰)은 부드럽고 물질에 쉽게 종(從)하는 성정이 있기 때문이지만 반대로 양간은 부러지면 부러질지언정 휘어지지 않는 특유의 고집이 존재한다는 사실입니다.
기명종살의 행운법(行運法)에서는 대운이 왕한 칠살운과 재성의 향지(鄕地)로 진행해야 좋습니다. 만약 행운(行運)에서 일신(身)을 생조하여 일간이 왕(旺)하게 되면 칠살과 대치하므로 종살이 성립되지 않아 화(禍)가 크게 미친게 됩니다.

그러므로 사주에서 비견과 인수가 무일점(無一點)이 되면 종살은 성립하기 쉽습니다. 곧 일신(身)이 태약(太弱)하고 칠살이 태중(太重)하면 온 천하에 이름을 날릴 수 있습니다.

병신합반(丙辛合絆)으로 종살(從殺)을 방해하는 어려움을 극복하였다

時	日	月	年	세운26	곤명
편관		상관	편인	상관	六神
甲	**戊**	**辛**	**丙**	**辛**	天干
寅	**辰**	**卯**	**子**	**丑**	地支
편관	비견	정관	정재	겁재	六神

78	68	58	48	38	28	18	8	
癸	甲	乙	丙	丁	戊	己	庚	대운
未	申	酉	戌	亥	子	丑	寅	

여자 분은 아직 26세 밖에 되지 않았지만 월수입이 2천만 원으로 기명종살(棄命從殺)이 되면 이해가 가능한 겁니다. 기축(己丑)대운 신축(辛丑)년 26세 2021년 말에 피부관리 숍을 개업하여 월 5백~천 순수익을 올리고 있습니다.

이 명조는 일간이 지지 인묘진(寅卯辰) 방국(方局)을 이루고 있는데 천간에 갑목(甲木)이 투출이 된 구조입니다. 그러므로 지전삼물(地全三物)의 형상이라 말할 수 있습니다. 다만 불미(不美)한 것은 월간에 상관(傷官) 신금(辛金)이 놓여 있는 것입니다.

지전삼물에서는 천복지재가 되어야 순조롭게 흘러가는 것인데 만약 신금(辛金)이 금극목(金克木)으로 방해하는 상관이 놓이게 되면 지전삼물(地全三物)을 역행(逆行)하는 구조가 되어 천하를 어지럽게 만드는 장본인이 상관이 되는 셈입니다. 또한 병화(丙火)는 인수이므로 인수가 무토일간을 생조하는 즉 일간도 힘을 얻는 것이므로 종살(從殺)하는데에도 방해를 받고 있는 것입니다.

그러므로 병화(丙火)와 신금(辛金)은 이 사람이 귀하게 되지 못하도록 방해하는 팔자의 결함요소가 되는 것이죠. 그러나 다행이도 병신합반(丙辛合絆)이죠. 합반(合絆)은 둘 글자가 모두 쓸모가 없어졌다는 말입니다. 고로 인묘진(寅卯辰)방국(方局)을 이루고 자수(子水) 재성은 칠살을 돕는 희신이 됩니다. 만약 이 팔자를 정격(定格)이라고 본다면 재생살(財生殺)이 되는 것인데 그렇게 되면 본인에게는 상당한 고통을 당해야 하는 시절이 되겠지만 현재 그런 모습은 안보이죠. 매달 상당한 수입을 올리고 있으니까요.

그러므로 이 명조는 기명종살(棄命從殺)의 귀함을 보이게 됩니다. 기축(己丑)대운에 발전할 수 있는 것은 갑기합(甲己合)과 자축합(子丑合) 때문 같아요. 일신(身)이 왕하게 되는 것을 합거(合去)로 막아주네요. 병신합반(丙辛合絆), 갑기합거(甲己合去), 자축합(子丑合)으로 모두 종살을 방해하는 글자들이 신묘(神妙)하게 제거가 됩니다.

자평진전에서 소개가 된 이시랑의 기명종살 사주

時	日	月	年	건명
겁재		비견	비견	六神
甲	**乙**	**乙**	**乙**	天干
申	**酉**	**酉**	**酉**	地支
정관	편관	편관	편관	六神

기명종살(棄命從殺)은 사주가 모두 관살(官殺)로 되어 있고 일주가 뿌리가 없어서 자기를 버리고 관살을 좇아가는 것입니다. 만약 기명종살격(棄命從殺格)이 이루어지면 대귀(大貴)합니다. 그러나 식상이 있으면 칠살이 극을 당하니 종살격이 이루어지지 않는 것입니다. 인수가 있으면 인수가 화살(化殺)하여 일간을 돕는 것이라 또한 종살격이 안됩니다.

다음 명조는 자평진전에서 수록하고 있는 이시랑(李侍郞)의 명조입니다. 천간에 을목(乙木)이 즐비하게 나열이 되어 비견이 돕는 구조 같으나 실상은 유중(酉中)에 암장(暗藏)이 된 경금(庚金)이 천간의 을목(乙木)과 을경(乙庚) 명암합화(明暗合化) 하는데 성공을 한 것입니다. 곧 을목비견들이 지지의 3유금(酉金)을 만나니 금기(金氣)의 눌려 을경합금(乙庚合金)으로 돌아선 것입니다. 갑신(甲申)은 절처(絶處)라 갑목(甲木)은 힘이 없고 을유(乙酉)라는 간지 3개가 모두 동일한 구조이므로 기명종살격을 이루어 대귀하였습니다.
기명종살에서는 재관운(財官運)이 길하고 신왕운(身旺運)은 꺼리며 식상운(食傷運)은 더욱 기피합니다. 이런 특수한 기명종살이 있다는 사실을 알고 계셔야 합니다.

24 재격(財格) 사주이지만 전혀 다른 인생을 사는 이유

時	日	月	年	六神天干	時	日	月	年
정재		비견	편관	六神	정재		식신	인수
庚	丁	丁	癸	天干	庚	丁	己	甲
戌	亥	巳	未	地支	戌	丑	巳	午
상관	정관	겁재	식신	六神	상관	식신	겁재	비견
서울○○대 의대생					거지 사주[출처 서락오]			

사주학에서는 팔자를 보려면 재관(財官)을 중심으로 간명합니다. 따라서 간명(看命)하고자 하는 사주에서 재관(財官)의 왕쇠(旺衰)를 우선적으로 살펴야하는데 혹 재관(財官)이 손상(損傷)을 당하는데 구제(救濟)되는 길이 있다면구응(救應)이라 하여 성공하는 팔자로 보았습니다.

이런 경우들은 모두 재관(財官)의 왕쇠(旺衰)를 읽을 줄 알게 되면 저절로 밝혀지는 것입니다. 따라서 위에 제시가 된 두 사주는 재관(財官)의 위상(位相)을 파악하는데 만약 재관(財官)이 정도(正道)에 있는지를 찾을 수 있다면 의사와 거지의 구분이 확연히 보일 수 있게 됩니다. 위 두 사주의 차이점은계미생(癸未生)은 재관(財官)이 뚜렷하지만, 갑오생(甲午生)은 관인(官印)부재(不在)하다는 차이가 있습니다.

이 두 사주의 공통점은 월지(月支) 사중(巳中)에서 경금(庚金)이 투출하였습니다. 그러므로 화겁위재(化劫爲財)를 구성하므로 재격(財格)이 됩니다.

그런데 계미생(癸未生)은 경술(庚戌)이 술해(戌亥)천문에 앉은 구조이지만 다른 갑오생(甲午生)은 축술형(丑戌刑) 위에 재성이 위태롭다는 차이점이 있습니다. 곧 술해천문에서 출현하는 상관생재는 정신계통이 발전이 된 기술계통의 사업가이고 축술형(丑戌刑)에서 출현하는 상관생재는 재성입고가 되어 파재(破財)의 상(像)을 가지는 것입니다.

계미생의 경우는 술해(戌亥)가 활인업이므로 직업 특성으로는 사람을 구제(救濟)하면서 돈을 버는 직업 환경이 나타나게 됩니다. 예를 들어 응급 구조대, 소방대원, 수술실 간호사, 의사 등입니다. 이 사람은 상관생재(傷官生財)하므로 자신의 기술로 돈을 버는 목적이 강하여 현실적인 세계관을 가진 사람입니다. 따라서 상관을 쫓는 길에 술해(戌亥) 천문(天門)은 정신철학의 방편이 되는 것입니다. 이것은 술해(戌亥)가 종교, 철학, 역술을 태동시키는 원천이므로 취미생활로 역술업, 종교에 심취하면 상관견관이 액땜이 되어 좋은 것입니다.

반면에 갑오년생의 거지 사주에서는 년주궁의 갑오(甲午)는 사지(死地)에 앉은 모친(母親)인데 갑기합거(甲己合去)한다는 사실은 모친의 덕이 없다는 사실을 알 수가 있으니 모친이 어려서 일찍 곁을 떠나간다는 사실을 암시합니다. 또한 재성은 축술형(丑戌刑)에 앉아 있으므로 형살의 위협받는 재물이니 기만과 소송으로 파재(破財)의 상을 지닌 것이니 부친은 이를 돌보지 않는다는 사실을 알 수 있습니다. 곧 축술형은 재성입고처라 수시입고가 발생하므로 재물도 지킬 수가 없는 사람이라 보면 됩니다. 따라서 이 사람은 관성(官星)과 인수(印綬) 부재(不在)이며 재성(財星) 입고(入庫)지를 둔 팔자로 삼고(三孤)부덕(不德)이라 천애(天涯)의 고아(孤兒)로 보면 됩니다.

25 가상관(假傷官)이 인수운이면 필사(必死)한다

(1) 가상관은 상관운에 명진사해(名盡四海)하나 인수운에 필사 (必死)한다.

時	日	月	年	건명
정재		정재	상관	六神
辛	**丙**	**辛**	**己**	天干
卯	**子**	**未**	**卯**	地支
인수	정관	상관	인수	六神

								대운
癸	甲	乙	丙	丁	戊	己	庚	
亥	子	丑	寅	卯	辰	巳	午	

【적천수천미】에 나오는 가상관(假傷官) 명조입니다. 미월(未月)의 태어난 병화 (丙火) 일간이므로 화토상관(火土傷官)에 해당합니다.

그런데 기사(己巳), 무진(戊辰)대운에 풍족했고 정묘(丁卯), 병인(丙寅)대운에 모든 걸 잃었다고 합니다. 곧 무기(戊己)토운(土運)에 발전했고 인묘(寅卯) 목운(木運) 에 파재(破財)했으므로 상관운(傷官運)을 만나 발전하고 인수운(印綬運)에 파재(破財)한 것입니다. 따라서 이 명조는 가상관(假傷官)에 해당이 되는 것입니다. 미 토(未土)에서 기토(己土) 상관이 투출하여 상관이 강할 것으로 보이지만 묘미합 (卯未合)이 된 관계로 목기(木氣)가 오히려 강해지는 것입니다. 고로 기토(己土)를 극하므로 가상관(假傷官)이 되었던 것입니다. 가상관(假傷官)에서는 인수운(印綬運)에는 필멸(必滅)이고 상관운(傷官運)에는 이름을 사해(四海)에 떨친다고 하였 습니다.

그러므로 식상운이 되는 무기(戊己)대운에는 재물운이 풍족하였으나 인수운이 되는 인묘(寅卯)대운에 모든 것을 잃게 되었습니다.

(2) 파료상관(破了傷官)명에 범태세를 만나면 대흉(大凶)하다.

時	日	月	年	세운17	대운10	건명
상관		편인	정인	정재	편관	六神
丁	甲	壬	癸	己	庚	天干
卯	子	戌	酉	丑	申	地支
겁재	정인	편재	정관	정재	편관	六神

이 남자는 기축년 17세에 부친을 폭행하여 숨지게 한 패륜아입니다

이 명조는 술월(戌月) 정화(丁火)가 투출하였으므로 상관격을 구성하지만 상관이 가벼우니 가상관(假傷官)이죠. 왜냐하면 임계수(壬癸水)가 투출되었고 일지(日支)는 자수(子水)이므로 수(水)가 강하여 정화(丁火)는 습을상정(習乙傷丁)에 해당하기 때문입니다.
이런 명조는 파료상관(破了傷官)의 상(像)을 가지고 있기 때문에 금수운(金水運)으로 진행하면 위태롭게 됩니다. 경신(庚申)대운에서 기축년(己丑年) 17세는 신유술(申酉戌)방국을 이루는 시기인데 금왕(金旺)수왕(水旺)하니 정화(丁火)가 위태로와 파료상관(破了傷官)이라 보는 것입니다. 기축년(己丑年)은 갑기합(甲己合)과 자축합(子丑合)이니 일간이 세군(歲君)을 범(犯)했다고 보고 대흉(大凶)하다고 하는데 범태세(犯太歲)에서는 산사람으로 보질 않기 때문이죠. 파료상관 명조에 범태세를 만나는 팔자는 대흉(大凶)이니 누구 하나는 죽어 나가야 합니다. 안타깝게도 이 사람은 기축년 17세에 부친을 폭행하여 숨지게 하였습니다.

26 진상관(眞傷官)이 상관운이면 필멸(必滅)이다

【예시1】
진상관운으로 한 해에 자녀 3명을 모두 잃었다

時	日	月	年	세운	건명
상관		정재	상관	상관	六神
壬	辛	甲	壬	壬	天干
辰	亥	辰	申	辰	地支
인수	상관	인수	겁재	인수	六神

이 분은 한 해에 3명의 자녀들을 모두 잃어버렸습니다. 임진(壬辰)년 초에 큰 아들을 잃고 9월, 10월에 딸 둘을 차례로 잃어 버려 사별하였습니다. 이런 불상사가 일어난 이유를 명리로 알 수 있겠습니까?

위 사주는 원국 자체의 결함이 있는데 무관(無官)사주이므로 자식성(子息星)이 존재하지 않습니다. 또한 금수상관(金水傷官)격으로 진상관(眞傷官)을 형성하였습니다. 이러한 구조는 관성이 아예 들어오기 힘든 구조가 되어 자식을 가지기 힘든 구조라고 보면 됩니다. 원래 무자식이므로 자식을 3명씩이나 가진 자체가 명리학적으로 위험한 과정입니다.

더구나 진상관(眞傷官)이 되면 반드시 관성을 암중(暗中)으로 극충하여 자식에게 불리한 현상을 발생시킬 수가 있게 됩니다. 그러므로 이 명조는 신진(申辰)반합이 임수(壬水) 투간하면서 수국(水局)을 만들었습니다.

그러면 금수상관(金水傷官)격이 되는데 이것은 진상관(眞傷官)으로 보는 것입니다. 진상관에서는 상관운을 만나면 필사(必死)한다라고 설명을 하였는데 이 명조가 상관 임진년(壬辰年)을 재차 만난 것입니다.

그렇다면 필멸(必滅)이 되는 대상자는 누구인가?

그것은 상관살이 극충(剋沖)하는 관성이 될 것인데 바로 자녀에 해당이 되는 것입니다. 이 명조는 진상관(眞傷官)이라 팔자 원국에 없는 병정화(丙丁火) 관성을 암암리에 극하는 것입니다. 따라서 극자(剋子)하는 명조라고 보면 됩니다. 병정화 대운의 화기(火氣)로 인해 자녀를 취하였지만 이게 다하고 나면 다시 무관성이므로 주의해야 합니다.

【핵심정리】

진상관(眞傷官)이 상관운(傷官運)으로 향하면 필사(必死)라고 하였는데 진상관운에 필사(必死)하는 대상자는 누군인가. 진상관의 오행(五行)이 수(水)가 되면 화(火)오행은 운명(運命)에서 자유롭지 못하다. 만약 화(火)오행이 관살(官殺)이라면 남자에게는 자식성(子息星)에 해당되므로 자식운이 불길하게 된다. 만약 여자라면 남편성(男便星)이므로 남편운이 불길해진다. 마침 관성 백호살(白虎殺)도 중첩(重疊)한다면 자식 혹은 남편의 혈광사(血狂死)는 여지없이 일어난다. 그리하여 필사(必死), 필멸(必滅)이란 용어가 만들어진 것이다.

만약 불행한 육친성이 일어나지 않는다면 이것은 관성이므로 자기가 몸 담고 있는 회사가 될 수 있다. 곧 회사가 폭망(暴亡)하므로 불명예 퇴직이 발생할 수 있다. 멀쩡한 회사라고 하여도 작은 부서에 이런 진상관운의 필사를 당하는 직원이 여러명이 한 해에 모두 모이게 되면 그 부서는 아예 해체가 된다. 역발상으로 생각해보면 그 부서가 해체(解體)가 되려고 이런 사람들이 집결하여 모여드는 것이다.

【예시2】

진상관이 첨수첨화(沾水沾火)의 상(像)을 가지다

時	日	月	年	세운20	대운11	건명
비견		정관	상관	식신	정재	六神
壬	壬	己	乙	甲	丁	天干
寅	子	卯	卯	戌	丑	地支
식신	겁재	상관	상관	편관	정관	六神
역마 공망	도화 공망	육해	육해			12신살

이 명조는 월지와 년지가 묘목(卯木)이고 을목(乙木)이 투출하였으므로 진상
관(眞傷官)입니다. 또 태왕(太旺)한 진상관이 기토(己土) 정관을 가진 명조이니
상관견관위화백단 팔자이기도 합니다.

【사주첩경】에서 말하길 "진상관은 인수운은 좋고 식상관 운에는 필멸이다"
라고 하였는데 사망 당시에 20세였는데 갑술(甲戌)년에 재차 식상관운을 만
난 것으로 보입니다. 전체적으로 보았을 때에는 이 사주의 사망 원인은 일
단 흉명이 된 기토(己土) 귀물(鬼物)을 제거하지 못하여 흉물이 난폭해졌기
때문입니다.
12운성으로 기토(己土)를 보면 인(寅)은 사지, 자(子)는 절지, 묘(卯)는 병
지, 축(丑)대운은 묘지입니다. 기토(己土)가 정상적으로는 살 수가 없고 요절
명조입니다. 따라서 정관 기토는 반드시 제거지병(制去之病)할 귀물(鬼物)이
니 정관은 장애(障礙)의 상(像)을 가지게 됩니다. 이러한 귀물 제거의 상(像)
에서는 귀물을 제거하는 것이 1차 목표인데 축(丑)대운 기토의 뿌리가 등장
하니 오히려 귀물(鬼物)을 돕고 있습니다.

그런데 갑술년(甲戌年)에는 축술형(丑戌刑)을 일으키니 상관견관을 일으켜 귀

물(鬼物)을 키우는 화(禍)를 초래하고 있습니다. 이 때 기토(己土)정관이 축토(丑土)에 뿌리내려 강해졌다고 말하면 안 되고 귀물을 키우는 화(禍)를 가져왔다라고 말해야 합니다. 여기서 진상관(眞傷官) 을목(乙木)은 습목(濕木)이니 임자(壬子)일주가 수왕(水旺)하기 때문이고 정축운(丁丑運)을 만나면 습을상정(濕乙傷丁)의 상(像)이 됩니다.

곧 습목(濕木)이 된 을목(乙木)에 불을 피우려고 하다가 그을음을 크게 일으키는데 이 모습이 습을상정(濕乙傷丁)의 상(像)이므로 가스중독사이니 곧 첨수첨화(沾水沾火)의 상(像)이라는 말이 되는 것입니다.

부친이 아들 사주를 간명하러 내방했다. 하중기는 사주를 세우고 이 사람은 죽었다고 했다. 또 18세 임신(壬申)년에 혼담이 있었고, 사망 당시 동거녀는 죽지 않았다고 했다. 아들이 무엇 때문에 죽었는가 물으니 하중기선생이 말하길 "내가 본 그의 사인(死因)은 병(病)이 아니다. 흉사(凶事)에서 나온 것이다 첨수첨화(沾水沾火)로 사망했다"고 했다. 실제 그의 아들은 석탄가스 중독으로 사망했고 그의 여자는 죽지 않았다.
20 세 갑술(甲戌)년 1994년 정월(正月) 24일(庚寅日)의 일이었다.
【맹사단명질례집 中 】

【예시3】
남편이 자(子)대운에 익사(溺死)하였습니다

時	日	月	年	坤命
편관		상관	정관	六神
丁	辛	壬	丙	天干
酉	亥	辰	申	地支
비견	상관	인수	겁재	六神

甲	乙	丙	丁	戊	己	庚	辛	
申	酉	戌	亥	子	丑	寅	卯	대운
73	63	53	43	33	23	13	3	

교사인 남편과 자(子) 대운에 소풍갔다가 물에 빠진 학생을 구하려다가 남편이 빠져 죽었습니다. 사별 후 얼마 되지 않아서 정 (丁)대운에는 새로운 남자를 만나고 있습니다.

이 명조는 신진(申辰)반합이 임수(壬水)투간하니 화인위상(化印爲傷)으로 수국(水局)을 이루고 있습니다. 그러므로 금수상관격(金水傷官格)인데 상관 해수(亥水)가 첩신하므로 이 명조는 진상관격을 넘어 강물이 범람하는 형상입니다. 또한 병정화(丙丁火)가 투출하여 관살 이위(二位)가 뚜렷하니 남편과 이별수도 있습니다. 그러므로 년간의 병화(丙火) 남편을 일찍 만났으나 사고로 잃고 나중에 정화(丁火) 남자를 만나게 되는 것입니다. 금수상관희견관(金水傷官喜見官)이라는 것은 상관격이 병정(丙丁)화 관살을 반긴다라는 뜻인데 비록 천간에 병(丙)과 정(丁)이 나타나 있어서 좋아 질 수도 있겠지만 이 사주는 강물이 범람하는 위태로운 상(象)이니 무토(戊土) 제방이 우선적으로 필요합니다.

그런데 자(子)대운에 신자진(申子辰)수국을 확실하게 지으면 상관운을 만나는 것과 같으니 병화가 존폐(存廢)의 기로에 서게 됩니다. 진상관에서 상관운을 만나면 관성 필멸(必滅)이므로 남편성이 와해(瓦解)가 됨을 걱정해야 하겠습니다.

【핵심정리】

이 명조는 금수상관희견관(金水傷官喜見官)의 명조이지만 병임충거(丙壬冲去)도 분명하므로 정관 제거의 위험성이 뚜렷하다. 병화 정관은 신금(申金) 병지(病地)에 놓여 있고 정화(丁火) 편관(編官)은 장생(長生)에 놓여 있다. 이것은 유전(遺傳)적으로 병지(病地)처(處)에 있는 남편보다 장생궁에 앉은 편관이 더 건강하다는 뜻이 된다.

고로 상관격에서 정관을 극하는 중에 관성(官星)이위(二位)가 뚜렷하다면 주인공은 이부종사(二夫從事)할 수 있다. 곧 수국(水局)으로 인해 정관을 잃고 새롭게 정화(丁火) 편관을 만나야 할 운명이 나타나 있다는 점이다. 이러한 구조를 관성(官星) 이위(二位)라 한다.

【예시4】
자강 이석영님의 매형 명조

時	日	月	年	乾命
상관	我	편인	겁재	六神
庚	**己**	**丁**	**戊**	天干
午	**卯**	**巳**	**申**	地支
편인	편관	인수	상관	六神

乙	甲	癸	壬	辛	庚	己	戊	
丑	子	亥	戌	酉	申	未	午	대운
74	64	54	44	34	24	14	4	

이 명조는 자강 이석영님의 매형 명조입니다. 불행이도 경신(庚申)대운에 이르러 4남 2녀의 자녀가 줄줄이 사망하다가 기묘(己卯)년에 득남하였습니다 그리고 경진(庚辰)년 33세에 사망하였습니다. 이 명조는 묘목이 편관이므로 자녀성에 해당하는데 묘오파살(卯午破殺)이 됩니다. 또한 정사(丁巳)월주가 강해서 사신(巳申)이 합수는 안되지만 목생화(木生火)로 묘목 칠살을 관설(官泄)하며 경금(庚金)으로는 제살(制殺)하니 제살태과(制殺太過)의 염려가 됩니다. 이 상태에서는 별 문제가 없지만 경신(庚申)대운의 상관대운을 다시 만나게 되면 사(巳)중 경금(庚金)이 투출하게 되는 것이라 진상관(眞傷官)으로 변화하게 됩니다. 일지와 시지궁에 있는 오묘(午卯)파는 자녀생사분리의 뜻을 담고 있습니다. 묘(卯)가 관성으로 자녀가 되는데 오묘(午卯)파가 있으므로 파살을 발동시킬 수 있는 극이나 형충이 오는 운에는 오묘(午卯)파가 작동을 하게 될 것입니다. 그런데 진상관이 상관운을 만나면 필멸한다고 하였는데 필멸하는 대상은 상관살이 극하는 관성 묘(卯)이므로 자녀가 될 것이고 제살태과(制殺太過)와 오묘파(午卯破)도 작용하게 될 것 입니다. 그런 연고로 경신(庚申) 상관 대운 기간에 4남 2녀를 줄줄이 잃어 버렸습니다.

27 삼명통회에서 밝히고 있는 상관상진의 정의(定義)

(1) 질의

상관무요상진(傷官務要傷盡)을 번역을 해보면 "상관은 상진하는 노력이 요구가 된다"입니다. 그런데 이 구결을 놓고 두 가지 해석으로 논쟁중입니다. 하나는 "상진(傷盡)이라는 것은 상관이 제거되어야 한다."라는 입장을 취하고 있는 사람이 있고, 또 다른 하나는 "상진(傷盡)이라는 것은 정관이 제거되어야 한다"라는 입장을 취하고 있는 주장이 서로 맞서고 있습니다. 어느 질문의 주장이 타당하다고 생각하겠습니까?

(2) 상관상진은 상관거관을 말한다

만약 상관격(傷官格)에서 상관상진(傷官傷盡)을 위해 상관(傷官)을 제거한다면 상관격이 와해(瓦解)가 되어 패격(敗格)이 되는 것이 분명해집니다. 그렇게 된다면 상관이 제거가 되어 없는 상태인데 어찌 상관상진을 언급할 수가 있겠습니까?
당연히 상관격이 존재해야만 상진을 언급할 수가 있다는 점입니다.
그러므로 상관상진(傷官傷盡)은 상관을 제거하는 것이 아니라 태왕(太旺)한 진상관격에서 미약(微弱)한 일점의 정관을 거관(去官)하여 완전히 제거하는 것을 말합니다.

아래는【삼명통회】에서 상진(傷盡)에 대해 개념을 정의하고 있습니다.

傷官運把命局內 正官 完全 制死 往往便得大官職 ..... 此爲傷盡
상관운파명국내 정관 완전 제사 왕왕편득대관직 .....차위상진

상관운으로 행하여 명국(命局) 내에 정관이 완전 제사(制死)되어 정관을 죽이게 되면 왕왕 큰 관직을 얻게 된다. 이것을 상진(傷盡)이라 한다.

(3) 삼명통회에서 밝히고 있는 상관상진의 정의(定義)

다음 아래 명조는 【삼명통회】에서 제시가 된 화토(火土) 상관상진(傷官傷盡)의 사례 명조입니다. 이 글귀를 읽어 보면 상관상진(傷官傷盡)의 개념을 정확하게 이해할 수 있습니다. 이 명조는 년지(年支)와 월지(月支)에 미토(未土) 상관(傷官)이 2개가 중첩(重疊)이 되어 있는 구조입니다. 이것은 상관(傷官)의 도기(盜氣)가 무척 왕성하다는 증거가 되는 것입니다. 그러므로 원문에서 말하기를 "비겁식상이 왕성하여 재관(財官)이 모두 손상이 되었다"라고 밝히고 있으며 또한 말하기를 "상관(傷官)의 도기(盜氣)가 중(重)하다(竊氣又重)"라고 거듭 설명하고 있습니다. 따라서 본문에서 제시가 된 화토상관상진(火土傷官傷盡)의 이러한 설명들을 종합해서 살펴본다면 상관상진(傷盡)이라 함은 상관이 제거가 된 상황이 아닌 것이며 오히려 상관중중(重重)의 진상관(眞傷官)이라고 평가하고 있다는 것입니다.

時	日	月	年	건명
비견		겁재	겁재	六神
丙	**丙**	**丁**	**丁**	天干
午	**午**	**未**	**未**	地支
겁재	겁재	상관	상관	六神

이 명조는 정미(丁未), 정미(丁未), 병오(丙午), 병오(丙午)인데 병화(丙火)일주가 오화(午火)에 앉아 일주는 스스로 자왕(自旺)하고 두개의 오화(二午), 2개의 정화(二丁), 2개의 미토(二未)가 있어 비겁이 강하고 식상이 왕하므로 재관(財官)이 다 손상되어 있습니다. 비록 상관상진(傷官傷盡)이 되어 있으나 사주에 화(火)의 기운이 태왕(太旺)하지만 화(火) 기운을 훔쳐감이 또한 심(甚)한데 운로의 진행에서 화(火)가 왕성한 동남(東南) 방향으로 향해 가니 한 점 재성의 기운도 없는 팔자에서 일주는 쓸데없이 왕성하여 의지할 곳이 없어서 신왕무의(身旺無倚)하니 지극히 빈궁한 사람이 되었습니다. 상관상진이 신왕함을 만났다고 해서 좋은 명조로 보아서는 절대로 안 된다는 말입니다.

(4) 상관상진(傷官傷盡)과 상관부진(傷官不盡)을 논하는 조건

또한 상관상진(傷官傷盡)과 상관부진(傷官不盡)을 논하는 조건은 진상관(眞傷官)을 말했던 것입니다. 가상관(假傷官)에서는 상관상진(傷官傷盡)을 언급할 필요가 없는 것입니다. 왜냐하면 가상관(假傷官)에서는 상관이 무력(無力)하므로 설사 정관이 등장한다고 해도 정관을 해치는 힘이 남아 있지 못하는 것입니다. 상관이 태왕(太旺)한 조건에서 진상관이 등장하는 조건이 되면 정관을 극할 수 있기 때문에 상관 상진이 되었는가, 상관부진이 되었는가를 관찰하는 것입니다. 그렇기 때문에 만약 태왕한 상관을 제거한다고 주장한다면 이것은 분명히 왕신(旺神) 제거를 말하는 것이므로 그러면 상관격 자체가 와해(瓦解) 되어 그 팔자의 주인공은 요절(夭折)하게 될 것입니다. 그러므로 상관상진은 상관을 제거하는 것이 아니라 정관 제거에 초점을 맞추는 것입니다. 즉 태왕한 진상관에서 정관의 손상을 당하는 일점 정관을 아예 고사(枯死)하여 제거하면 이것은 귀물제거(鬼物制去)의 공덕을 이루게 됩니다. 정관 자체가 없는 무관 사주처럼 되어 정관의 피해가 나타나지를 않는다고 주장하는 것이 신봉통고와 삼명통회의 가르침입니다.

(5) 상관자가 정관을 만나도 해롭지 않는 경우를 설명하다

갑일(甲日)생의 사람이 사주에 신금(辛金)이 있어서 정관으로 삼는데 또 정화(丁火) 상관이 있는 경우 만약 가을철(秋月)에 태어나면 관성이 왕성하는 계절이므로 비록 정화(丁火) 상관을 만났더라도 정관을 해롭게 하기 어렵습니다.

또한 정해(丁亥) 혹은 병자(丙子)처럼 해수(亥水)혹은 자수(子水) 위에 상관이 자리하거나 혹 임오(壬午)처럼 오화(午火)가 임수(壬水), 계수(癸水) 아래에 있다면 정화(丁火)는 신금(辛金) 관성을 손상시킬 수 없으니 종래에는 관직과 지위가 있는 명조가 됩니다.

상관으로 인해 박관(剝官)이 되었는데 세운에서 인수를 만난다면 모두 길할 것이고 일주가 쇠지운(衰地運)이나 패지운(敗地運)을 만나는 것은 꺼리니 상관격이 관성을 만났다고 해서 절대로 좋은 것이 안 된다고 쉽게 간명해서는 안 되는 것입니다.

【예시1】
관성이 왕성하면 상관이 관성을 손상시킬 수 없다

時	日	月	年	명조
		정관	상관	六神
甲	辛	丁		天干
	酉			地支
	정관			六神

【예시2】

정해(丁亥)라면 정화(丁火)와 해중(亥中) 임수(壬水)가 정임(丁壬)명암합(明暗合)으로 정화(丁火)가 암극(暗尅)을 받아 약하니 신금의 정관을 손상시키기 어렵다.

時	日	月	年	명조
		정관	상관	六神
甲	辛	丁		天干
			亥	地支
			戊壬庚	지장간

【예시 3】

임오(壬午)라면 임수(壬水)와 오중(午中)의 정화(丁火)가 정임(丁壬)명암합(明暗合)으로 암합(暗合)을 당하니 오중(午中)의 정화(丁火)가 무력하여 신금(辛金)의 정관을 손상시키기 어렵다.

時	日	月	年	명조
		인수	정관	六神
甲	壬	辛		天干
	午			地支
	상관			六神

【예시4】

상관부진(傷官不盡)이 중관(重官)을 만났다.

時	日	月	年	대운42	건명
편인		상관	식신	편인	六神
甲	丙	己	戊	甲	天干
午	辰	未	子	子	地支
겁재	식신	상관	정관	정관	六神
양인			공망		신살

이 명조는 기미(己未)월주가 상관이고 무토(戊土)와 진토(辰土)는 식신(食神)이
므로 진상관(眞傷官)이라고 봐야 합니다. 그런데 자수(子水) 정관(正官)이 자미
원진에 걸린 것이며 멀리 자오충을 당하므로 진상관(眞傷官)이 정관(正官)을
본 경우가 되는데 이런 경우는 상관부진(傷官不盡)이라고 봐야 할 것입니다.
그런데 진상관은 인수운에 발복한다고 하였으므로 인수가 되는 갑자운(甲
子運)에 크게 발복하였습니다. 2개의 갑목이 기토를 합제(合制)하고 지지에
는 2개의 자수가 등장하는데 정관이 2개인즉 중관(重官)이 되는 것입니다.
중관(重官)은 마땅히 1개를 제거하여야 발(發)하게 됩니다.

왜냐하면 중관(重官)은 중살(重殺)로 보는 것이므로 하나를 제거하면 중관(重
官)이 해소가 되어 발복하는 겁니다.

그래서 갑자대운에 우뢰와 같이 발복하였던 것으로 보입니다. 그래서 말하
기를 "중관이 해소가 되면서 진상관이 인수운을 만나면 우레와 같은 발전
이 있게 된다"고 하였습니다.

【근항】

이 남자 분은 갑자대운에 건설과 전기업체를 경영하여 대구 3대 부자가 된 사람입니다. 비록 갑자운에 부자가 될 수 있었지만, 현재도 궁핍하다고 합니다. 그 이유는 원국 자체에서 역시 상관부진(傷官不盡)이 된 정관의 흉을 가지고 있기 때문입니다.

【핵심정리】

한 사주에서 중관(重官)이 된 팔자를 해소하면 발전이 따르는 원인은 마치 관살혼잡이 된 사주에서 합관류살(合官留殺)하거나 합살류관(合殺留官)하여 관성을 맑게 해주어 발복(發福)하는 이치와 비슷하다.

그러므로 남자는 중관(重官)이 되면 자식의 근심이 따르고 여자가 중관(重官)이 되면 이부종사(二夫從事)하는 슬픔이 있다. 중관(重官)을 해소하는 방법에는 식신으로 합제(合制)하는 방법과 상관으로 충제(沖制)하는 방법이 있는데 모두 유효(有效)하다 하지만 중관중살(重官重殺)로 크게 흉하는 경우에는 충제보다는 합제가 효과가 크다. 왜냐하면 흉신을 잘못 충제하면 왕신충발을 일으켜 도리어 재앙을 당할 수 있기 때문이다.

28 양인(陽刃) 총론

양인을 볼 적에는 신강 신약을 잘 살펴서 그 양인의 거취를 정해야 합니다. 그러므로 시지(時支)에 겁재(劫財)가 놓이면 호록인(護祿刃)이라 호칭하였고 겁재가 투출하였다면 겁재인(劫財刃)이라 말하며 양인과 동등하게 보았습니다.

예를 들어 갑(甲)일간에 투출된 을(乙)겁재이면 겁재인(劫財刃)이라 보고 또 다른 양인으로 호칭하였습니다. 병(丙)일간에 정(丁)겁재, 무(戊)일간에 기(己)겁재, 경(庚)일간에 신(辛)겁재, 임(壬)일간에 계(癸)겁재를 보면 겁재 양인이라 불렀습니다.

각각 간두(干頭)에 겁재가 투출되어 있어도 이것이 양인으로 작용 될 때가 있다는 것입니다. 또한 양인이 일지(日支)에 있으면 그것을 일인(日刃)이라 호칭하여 월인(月刃)의 양인(陽刃)과 동등하게 보았습니다.

① 원리부운(元理賦云)에 말하길 살인이 쌍현균정(雙顯均停)하면 위지왕후(位至王侯)라 하였습니다. 동서우운同書又云)에서 말하길 관성이 양인과 겸하면 장만장지위권(掌萬將之威權)이라 하였습니다. 또 갑이을매(甲以乙妹)로 처경(妻庚)하니 흉위길조(凶爲吉兆)라 말하였습니다. 계선편(繼善篇云)에 이르길 군자 중에는 범칠살양인(也犯七殺羊刃)이 있다고 하였습니다.

이것은 모두 양인과 칠살의 힘이 균등(均等)하여 서로 제복(制服)됨을 말하는 것입니다. 이것을 살인상정(殺刃相停)이라 하였는데 양인에서는 최고의 선(善)으로 보았던 것입니다.

② 홍범운(洪範云)에서 밝히길 신약재성(身弱財星)에 양인(羊刃)을 반기니 형제위조(兄弟爲助)라 말하였고 희기편운(喜忌篇云)에 일간무기(日干無氣)에 시봉양인(時逢羊刃)이면 불위흉(不爲凶)이라 하였습니다. 만상사부운(萬尙書賦云)에서 말하길 상관과 양인이 있으면 장상공후(將相公侯)라 하였고 인수와 양인이 있어 상수(常隨)하여 따른다면 관고극품(官高極品)이라 하여 관이 극귀(極貴)하여 높다고 하였습니다.

왜 그런가? 이것은 일간이 양인이 있음에도 불구하고 신약한 결점이 있다는 것을 말하는 것입니다. 따라서 상관이 무척 강해 일간이 설기당 할 때에 양인이 방신(幇身)하면 장상공후(將相公侯)라 말하였고 인수가 있어 양인이 일간을 상수(常隨)하여 방신(幇身)함을 관고극품(官高極品)이라 명칭한 것입니다. 또 일간이 무기(無氣)한데 시지(時支)에 양인을 만나면 오히려 일간을 돕게 되는 것이니 흉이라고 보지 않았던 것입니다. 신약(身弱)한데 재성(財星)을 만나면 재다신약(財多身弱)하여 불리하게 보는데 양인을 만나면 형제가 오히려 돕는다고 말하는 것입니다.

③ 그런데 만약 양인이 무척 강하다면 어떻게 보는가?
일주가 강한 사주에 관살(官殺)이 없거나 또는 있어도 미약한 경우 양인(羊刃)이 중첩(重疊)되거나 양인(羊刃)이 왕(旺)하여 있으면 흉화(凶禍)한다는 것입니다. 역감운(易鑑云)에서 말하길 양인(羊刃)이 중중(重重)이면 필극처(必剋妻)라 하였다. 반드시 처를 극한다고 본 것입니다.
촌금법운(寸金法云)에서 말하길 겁재(劫財)는 상부역상처(傷父亦傷妻)라하여 부친과 처를 상하게 한다고 말하였습니다. 원리부운(元理賦云)에서 남다양인(男多羊刃)에 필중혼(必重婚)이라하여 양인이 많으면 반드시 중혼팔자라 하였습니다. 금불환운(金不換云)에서 신왕비겁중(身旺比劫重)이면 손재우상처(損財又傷妻)라하여 신왕비겁이 많으면 재성을 손상시키고 처를 상하게 한다고 말하였습니다.

동서우운(同書又云)에서는 본(本) 비겁(比劫)이 봉효식(逢梟食)이면 처조산상액(妻遭産喪厄)라하여 비겁에 효식을 보면 처가 산액이 따른다고 하였습니다.

이상과 같으므로 양인격(格) 구성에는 일주가 약한 양인은 일주를 방조(幇助)하므로 길(吉)하고, 일주가 강한 양인은 탈재(奪財), 극부(剋父)하여 처를 극(剋)하므로 흉(凶)하다는 것을 알 수 있습니다.그러므로 촬요(撮要)라는 글에 비겁(양인)은 요봉칠살제(要逢七殺制)라고 단정을 내린 것이다.

이 말은 양인은 반드시 칠살로 다스려야 함을 말하는 것입니다.

④ 단혐세월(單嫌歲月)에 중상견(重相見)인데 막파생시작노궁(莫把生時作怒宮)이라. 단지 양인이 혐오(嫌惡)하는 것은 그 양인이 중첩(重疊)되어 오는 것인데 그렇게 되면 관살(官殺)이 작용하여 양인을 제(制)하게 되면 좋을 듯하나 도리어 왕(旺)한 비겁을 건드려 양인을 노(怒)하게 하는 까닭입니다.

그러니 생시의 양인이 노궁(怒宮)으로 만드는 결과가 된다고 하였습니다.

⑤ 양인을 형해(刑害)하는 것은 무방(無妨)하나 만약 충패구(沖敗懼)가 되면 파봉재지(怕逢財地)가 되어 화비경(禍非輕)이라.

양인(陽刃)궁(宮)에 형해(刑害)는 그리 두려워 하지 않으나 양인(陽刃)궁(宮)을 충(沖)하는 것은 제일 두려워 합니다. 이것은 일주 자신이 칠살인 매씨(妹氏)의 힘에 의존하고 있다가 그 매씨를 충으로 파괴하게 되므로 인하여 방위선이 무너지는 것과 같다는 말입니다.

⑥ 일인(日刃)이 환여양인동(還如陽刃同)인데 관성칠살희교봉(官星七殺喜交逢)이라. 일인(日刃)은 일지(日支)에 양인(陽刃)을 놓은 것을 말합니다. 예를 들어 병오일주(丙午日), 무오일주(戊午日), 임자일주(壬子日)은 모두 양인과 같은 것입니다. 이러한 양인은 다 같이 관성(官星)과 칠살(七殺)을 만나게 됨을 기뻐합니다.

⑦ 삼형칠살(三刑七殺)이 여교우(如交遇)면 필정염왕출인징(必定閻王出引徵)이라. 시봉양인(時逢羊刃)이면 희편관(喜偏官)인데 약견재성화백단(若見財星禍百端)이라. 양인에 만약 상충(相沖)이거나 상합(相合)을 만나면 군겁쟁재가 발현되거나 아니면 합살위귀를 방해하는 것이므로 재앙이 오게 됩니다. 예를 들어 갑(甲)일간에 묘(卯)는 양인(陽刃)인데 해묘(亥卯)가 와서 목국(木局)을 만들면 되면 군겁쟁재(群劫爭財)가 실현이 되기도 합니다. 또한 병(丙)일간에 오(午)는 양인(陽刃)인데 자수(子水)가 오면 자오충(子午沖)이라 왕한 양인을 충발(衝發), 충기(衝起)하여 두렵고 만약 오(午)가 양인(陽刃)인데 년지에 해수(亥水)가 있어 오해(午亥)암합(暗合)하면 합살위귀(合殺爲貴)로 귀한 것이지만 자오충이 되면 오해합살을 깨트리므로 재앙이 오게 되는 것입니다.

또 그렇게 되는 곳에 삼형(三刑)이나 칠살이 재차 등장하게 되면 그때는 반드시 염라대왕의 소집영장이 내리게 되는 것입니다. 따라서 계선편에 양인혐충합세군(羊刃嫌沖合歲君)이면 발영화지(勃然禍至)라고 하였습니다.

곧 양인은 세군과 합충(合沖)함을 혐오(嫌惡)한다고 하고 모든 화가 발연(勃然)한다고 말한 것이다. 시에서 양인을 만났을 때는 편관을 기뻐하는 것이고 만약 재성(財星)을 보게 되면 화(禍)가 백단(百端)이나 일어나는 것입니다.

⑧ 세운상충병상합(歲運相沖倂相合)이면 발연재화우임문(勃然災禍又臨門)이라. 팔자에서 합살위귀(合殺爲貴)하고 있는데 세운에서 충(沖)이 들어 온다면 합살위귀(合殺爲貴)를 깨트리게 됩니다. 그러므로 서로 제복이 되었던 양인과 칠살이 살아나는 것이니 재앙이 어찌 안 오겠는가? 또한 상합(相合)이 되면 양인(陽刃)이 많아지는 것이라 재를 극하는 것이 더욱 심해지니 군겁쟁재로 탈재가 일어나 재앙이 문에 이르게 된다는 것입니다. 그러므로【삼명통회(三命通會)】에서 말하길 "柱原有刃 見衝或合 歲運再臨衝合 大凶_주원유인 견충혹합 세운재림충합 대흉" 이라 하였습니다. 곧 사주 원국에 양인이 존재하는데 충합(衝合)이 되었다면 이것은 합살위권(合殺爲權)인데 세운에서 다시 충합이 임하게 되면 합살위권을 깨트리므로 대흉하다고 말한 것입니다.

⑨ 양인(羊刃)이 중봉합유상(重逢合有傷)이면 주인심성기고강(主人心性氣高强)이라. 형충(刑沖)이 태중(太重)이면 다흉액(多凶厄)인데 유제(有制)면 방위보길창(方爲保吉昌)이라. 양인이 합이 되어 중첩되면 상(傷)함이 있게 되는데 그 주인의 심성은 강하고 기(氣)는 고강하여 남에게 굴하지 않으려 합니다.
만약 이러한 양인에 형충(刑沖)이 크다면 흉액이 많게 됩니다. 만약 양인을 제복하게 되면 오히려 길하여 번창한다 하였습니다.

【취성자(醉醒子)】에서 밝히길 "殺旺에 復行殺旺之鄉이면 立業建功處에 不免死於刃制之下하고 刃多에 再行羊刃之地면 進祿得財處에 必然 終於藥石之間이라_ 살왕에 복행살왕지향이면 입업건공처에 부면사어인제지하 하고 인다에 재행양인지지 진록득재처에 필연 종어약석지간이라"하였습니다.
이 말인 즉 칠살이 왕한데 다시 칠살이 있는 곳으로 가면 업적과 공을 이룬 곳에서 칼날 아래 죽음을 면치 못할 것이고 양인이 많은데 다시 양인이 있는 곳으로 가면 록과 재물을 얻은 곳에서 반드시 사약을 받고 삶을 마친다는 말입니다.

時	日	月	年	건명
편재		편관	상관	六神
壬	**戊**	**甲**	**辛**	天干
戌	**子**	**午**	**卯**	地支
비견	정재	정인	정관	六神
辛丁戊	壬癸	丙己丁	甲乙	지장간

사주실록에 제시되었던 고위공직자 사주입니다. 월령에 오화(午火)는 십신(十神)에서는 인수(印綬)가 되는데 자평진전 격국법에서는 양인격(陽刃格)으로 취급하고 있습니다. 그 이유가 궁금합니다.

사/주/분/석▶

양인격(陽刃格)의 성립 조건은 일간(日干)의 오양간(五陽干)이 월지에서 자오묘유(子午卯酉)의 사왕지(四旺地)를 만나는 것입니다. 오양간(五陽干)은 갑병무경임(甲丙戊庚壬)을 말하고 월지 겁재(劫財)는 자오묘유(子午卯酉)를 말합니다. 다시 말하자면 오양간(五陽干)이 월지(月支)에서 겁재(劫財)를 만났을 때 이것을 양인(陽刃)이라 말하는 것입니다.

겁재(劫財)라고 하지 않고 양인(陽刃)이라고 하는 이유는 재(財)를 겁탈하는 작용이 일반 겁재(劫財)보다 더 극렬하기 때문입니다. 즉 오양간(五陽干)이 월지에서 사왕지(四旺地)를 만나는 것이니 그 힘이 가히 위력적임을 말하는 것입니다.

일간	甲	丙	戊	庚	壬
월지	卯	午	午	酉	子
지장간	甲乙	丙己丁	丙己丁	庚辛	壬癸

도표에서 지장간을 살펴보면 갑(甲)의 겁재는 을(乙)이고 병(丙)의 겁재는 정(丁)이고 경(庚)의 겁재는 신(辛)이며 임(壬)의 겁재는 계(癸)가 됩니다. 다른 왕지(旺地)는 정상적으로 본기의 겁재를 만나게 되는데 무오(戊午)만 본기의 자리가 겁재가 아니고 인수 정(丁)이 됩니다.

그 이유는 무토(戊土)의 겁재는 정화(丁火)가 아니라 기토(己土)가 되므로 기토(己土)를 겁재로 삼게 됩니다.

그러므로 무토(戊土)의 양인(陽刃)은 오중(午中)의 기토(己土)가 되는 것입니다. 그래서 월지를 살펴 용신을 잡을 때에는 월령 지장간에 놓인 십간(十干)의 투간회지를 살피는 것이지 12지지를 보지 않는 것입니다.

다만【삼명통회】에서 말하기를 무오(戊午) 일인(日刃)은 양인이지만 만약 년월(年月)에서 화(火)를 많이 보면 인수(印綬)로 논(論)한다고 하였고 또한【자평진전】에서도 무(戊) 일주가 오(午)월에 출생하고 천간에 병정(丙丁)이 모두 투출하고 지지에 화국(火局)이 되면 이것은 양인이 변하여 인수가 되는 것이라고 분명한 설명이 있습니다.

그러므로 월지 오화(午火)를 보면 양인격이지만 만약 오술합(午戌合)이 되거나 혹은 인수를 많이 보게 되면 양인이 아니라 인수로 바뀌는 것이니 잘 살펴 확인해야 합니다.

이 명조는 무토(戊土)일간에서는 오중(午中)의 기토(己土) 겁재(劫財)가 양인(陽刃)에 해당합니다. 고로 오화의 본기는 정화이며 십신으로 보면 인수(印綬)이지만 격국으로 살펴보면 오중(午中) 기토(己土) 겁재(劫財)를 만난 것으로 양인격(陽刃格) 결성으로 보는 것입니다.

그런데 양인(陽刃)의 형충(刑沖)은 대흉(大凶)하여 기피(忌避)한다고 말하였는데 이 명조의 자오충(子午沖)은 과연 양인의 충이 성립이 되고 있을까요. 이것을 확인하려면 지장간 분석을 해봐야 합니다. 오화(午火)에서 양인이 되는 십신은 오중(午中)의 기토(己土)이고 오중(午中)의 정화(丁火)는 인수가 됩니다 그러므로 자오충(子午沖)은 자중(子中)의 계수(癸水)와 오중(午中)의 정화(丁火)의 싸움인 것이지 양인(陽刃) 기토(己土)와는 상관이 없는 것입니다. 오히려 오중(午中) 기토(己土)는 토극수(土克水)하므로 계수(癸水)를 충분히 견제할 수 있는 물건입니다.

그러므로 이 명조에서 자오충(子午沖)은 양인충(陽刃沖)이 발생이 되지 않습니다. 그러므로 이 명조는 무토(戊土)일간이 오중(午中) 기토(己土)를 만나 양인격(陽刃格)을 이루게 됩니다. 양인에서는 관살제인(官殺制刃)으로 가는 것이 정법(正法)이 됩니다.
그래서 편관인 갑목(甲木)의 투출은 기쁜 것으로 오중(午中)의 기토(己土) 양인(陽刃)을 갑기(甲己)명암합(明暗合)으로 제화(制化)할 수 있는 구조가 되었던 것입니다. 일단 양인은 제화(制化)가 되면 건실해지므로 일꾼이 될 수 있습니다.

30 양인노살투인(陽刃露殺透刃)이 되면 아무런 공(功)을 이루지 못한다

時	日	月	年	건명
편관		겁재	상관	六神
丙	**庚**	**辛**	**癸**	天干
子	**申**	**酉**	**丑**	地支
상관	비견	겁재	정인	六神

이 명조는 양인노살투인(陽刃露殺透刃)으로 파격(破格)이 됩니다. 양인노살투인(陽刃露殺透刃)이라 함은 월지(月支)가 양인격(陽刃格)을 구성하는데 다시 천간에 양인(陽刃)이 투출하고 칠살(七殺)을 만나게 되면 합살(合殺)하므로 아무런 공(功)을 이루지 못한다는 뜻입니다.

곧 경금(庚金)은 유월(酉月)에 태어나면 양인격(陽刃格)을 구성하는데 양인(陽刃)은 칠살(七殺)로 합살(合殺)하는 공(功)을 최선(最善)으로 삼습니다. 그런데 천간에 병화(丙火) 칠살(七殺)이 노출(露出)하여 대길(大吉)할 듯하였는데 신금(辛金) 겁재(劫財)도 투출하게 되면 병신합(丙辛合)으로 양인(陽刃)이 칠살(七殺)을 합거(合去)해 버리므로 실패로 돌아가게 됩니다. 곧 양인(陽刃) 유금(酉金)을 제복(制伏)해 주는 병화(丙火)가 신금(辛金)을 탐합망극(貪合亡尅)하므로 유금(酉金)을 제복(制伏)하지 못하는 것입니다.

이것을 양인노살투인(陽刃露殺透刃)이라 하여 공(功)을 이루지 못한다고 말했던 것입니다. 그러므로 이 사주는 신왕무의(身旺無倚)하여 의지할 상신(相神)이 없는 연고로 록록종신(碌碌終身) 명조에 해당합니다.

【근황】

과거에는 돈, 재물, 여자, 직업등에 관심이 많았다. 하지만 요즘은 회의적인 인생관으로 변했다. 왜냐하면, 허송세월하는 인생을 살아 온 것에 대한 후회만 남아 있기 때문이다. 과거, 결혼할 당시에 잠깐 재물을 얻었고, 자식도 얻을 수 있었다. 그러나 현재까지 무직(無職)으로 15년째 생활하고 있다.

【핵심정리】

양인노살투인(陽刃露殺透刃)은 보통 효용(效用)이 없다고 말하는데 무슨 까닭인가. 곧 양인격(陽刃格)에서는 관살제인(官殺制刃)을 최고로 친다. 그런데 관살제인(官殺制刃)이라 함은 칠살로 양인의 흉을 제화(制化)한다는 것이다. 이것은 이이제이(以夷制夷)를 말했던 것이다. 즉, 적을 이용하여 다른 적을 친다는 뜻으로, 이것이 성공하려면 양인이던 칠살이던지 두 집단의 세력이 비등(比等)해야 한다. 그런데 어느 한쪽의 세력이 증가하면 문제가 된다. 곧 월지의 양인이 놓여 있다면 일지 혹은 년지에 칠살이 첩신해야 합살(合殺)로 성공할 수 있다.

하지만 월지와 일지가 합살(合殺)하는데 천간에 다시 양인이 투간했다고 한다면, 새로운 양인집단이 월지의 양인을 도우러 왔다는 말이 된다.

그 결과 칠살은 참패(慘敗)하고 오히려 양인이 득세(得勢)하니 그 사주가 온전할 리가 없다. 오히려 없던 외부의 오랑케 세력을 내부로 끌어들여 망국(亡國)의 길로 갔던 조선왕조의 고종을 생각해 보면 알 수가 있다.

그러므로 이것을 비유하여 관살제인(官殺制刃)의 구조에서 투인(透刃)으로 양인이 다시 투출하면 망한다고 했다.

31 살인양정(殺刃兩停)한 사주에서는 칠살을 보좌해야 한다

時	日	月	年	건명
겁재		인수	식신	六神
辛	**庚**	**己**	**壬**	天干
巳	**戌**	**酉**	**戌**	地支
편관	편인	겁재	편인	六神

74 64 54 44 34 24 14 4

丁	丙	乙	甲	癸	壬	辛	庚	대운
巳	辰	卯	寅	丑	子	亥	戌	

이 남자 분은 현재 미혼이고 레저스포츠, 요식업을 운영하면서 월 소득이 4억을 넘는 다고 합니다. 재성이 없는데도 불구하고 고소득을 올리는 이유를 알 수가 있겠습니까?

경금(庚金) 일간(日干)이 월지에서 유금(酉金)을 보면 양인(陽刃)이 됩니다. 그런데 신사(辛巳)에서는 유중(酉中)의 신금(辛金) 양인(陽刃)이 투출한 것입니다. 이런 경우 만약 천간에 병화(丙火)칠살(七殺)이 투출하여 병신합(丙辛合)할 경우에는 양인노살투인(陽刃露殺透刃)이 되어 무성(無成)으로 공로가 없어지므로 패격(敗格)이 됩니다.

무슨 말인가 하면 월지에서 유금(酉金) 양인(陽刃)이 존재하는데 천간에 다시 양인(陽刃) 신금(辛金)과 칠살(七殺) 병화(丙火)가 함께 투출이 되면 병신합(丙辛合)하는데 그럴 경우에 월지(月支) 유금(酉金) 양인(陽刃)을 제복(制伏)할 수 있는 병화(丙火)가 천간에서 합거(合去)가 된 것이므로 관살제인(官殺制刃)의 공로(功勞)가 없어져 패격(敗格)이 된다는 뜻입니다.

그러나 이 명조에서는 칠살이 사중(巳中)의 병화(丙火)이니 이것은 관살장이 불로(官殺藏而不露)에 해당하게 됩니다. 곧 병화 관살이 지장간에 숨어 있는 경우이므로 사중(巳中)의 병화(丙火)가 유중(酉中)의 신금(辛金)을 병신(丙辛)암합(暗合)하는 공덕이 이루어지게 됩니다. 그렇게 되면 유중(酉中)의 양인 신금은 암중(暗中)에서 제화(制化)가 되는 것이므로 제화가 된 겁재 신금(辛金) 투출은 두려워하지 않아도 되는 것입니다. 곧 제화(制化)가 된 신금(辛金) 투출은 양인(陽刃)이 아니라 겁재가 되는 것입니다.

그러므로 이 명조는 유금(酉金)이 양인(陽刃)인데 사중(巳中)의 병화 편관(編官)으로 대적하는 구조이니 살인양정(殺刃兩停)이 성립이 된 구조입니다. 그래서 양인격에서는 칠살은 제복하면 안 되고 보호해야 하는데 원국에 토인수가 많은 것은 유리해졌습니다.
왜냐하면 초년운이 북방수운(北方水運)이라 칠살을 제극할까 염려 되었으나 팔자의 원국이 다토(多土)하므로 토극수(土克水)로 방어하여 칠살을 보호할 수 있었기 때문입니다.

계묘년(癸卯年) 현재 42세이므로 앞으로 동방목(東方木)운으로 향하는 운기이므로 목생화(木生火)로 칠살을 생조하는 길신운이라 희망적이라 볼 수 있습니다. 묘(卯)대운에서 묘유충(卯酉沖)은 묘술합(卯戌合)이 보호하여주므로 충극이 크지 않습니다.

32 양인의 충극이 있는데 재차(再次) 양인을 형충합하면 대흉이다.

時	日	月	年	세운42	대운35	건명
정관	겁재	상관		편재	정관	六神
丁	庚	辛	癸	甲	丁	天干
亥	午	酉	卯	申	巳	地支
식신	정관	겁재	정재	비견	편관	六神

이 남자 분은 직업이 주방장인데 갑신년(甲申年) 42세 때 같이 근무하는 여직원을 좋아하게 되었습니다. 그해 그 여자 분의 전 애인(일식집 주방장 출신)과 다투다가 칼에 찔려 사망하였습니다.

이 명조는 양인격입니다. 그런데 묘유충(卯酉沖)으로 양인의 충이 된 구조로 이미 상처(傷妻)하고 파재(破財)하는 재앙이 보이는 사주입니다.
왜냐하면 묘목(卯木) 정재(正財)가 아내성인데 양인이 묘유충(卯酉沖)을 하는 것이므로 파재(破財)의 상(像)이 보이는 것입니다.
또한 양인에서 말하길 "사주에서 원래부터 유금(酉金) 양인(陽刃)이 있으면서 충(衝)이나 혹 합(合)을 하는 경우에 세운(歲運)에서 재차 충합이 임(臨)하면 대흉(大凶)하다." 하였는데 이 명조가 이런 경우에 해당이 됩니다. 대운에서 정계충(丁癸沖)과 사해충(巳亥沖)을 하고 있습니다. 그러면 원국의 묘유충(卯酉沖)도 일어나므로 이것은 양인(陽刃)의 충(沖)이 흉동(凶動)한다는 뜻입니다.
그러므로 갑신년에 갑경충은 지지의 묘유충을 더욱 자극하였으므로 이 시기에 흉한 사건을 당하게 되었습니다.

33 양인은 칠살을 만나면 더 이상 양인(陽刃)이 아니다

時	日	月	年	건명
편관		겁재	상관	六神
丙	**庚**	**辛**	**癸**	天干
戌	**午**	**酉**	**卯**	地支
편인	정관	겁재	정재	六神

75	65	55	45	35	25	15	5	
癸	甲	乙	丙	丁	戊	己	庚	대운
丑	寅	卯	辰	巳	午	未	申	

이 분은 한국에서 대학을 졸업하고 독일에서 박사학위를 취득하였습니다. 2003년 41세 계미년(癸未年)에 귀국하여 2004년 42세 갑신년(甲申年) 지방 국립대에 임용되었습니다. 그런데 2007년 45세 정해년(丁亥年)에 자동차 사고를 내어 당시 지방의 32평 아파트 1채 값을 주고 합의 하였습니다.

이 명조는 유월의 경금일간이므로 양인격에 해당합니다. 그런데 양인(陽刃)에서 말하기를 "경오(庚午)일이 을유(乙酉)시가 되면 역시 양인(陽刃)이 아닌 것인데 오중(午中)의 정화(丁火)가 유중(酉中)의 신금(辛金)을 화극금(火克金)으로 제(制)하기 때문이다"라고 서술을 합니다. 따라서 경오(庚午)일주가 병술(丙戌)을 만나면 오술합(午戌合)으로 화기(火氣)가 치성(熾盛)하니 화극금(火克金)으로 양인(陽刃) 유금(酉金)을 제복(制伏)을 하므로 유금(酉金)은 더 이상 양인(陽刃)이 되지 못하는 것입니다.

이때 양인은 찰살을 반기는데 칠살이 양인을 만나 이이제이(以夷伐夷) 하기 때문입니다.

그러므로 이 명조는 신유(辛酉)라는 강한 양인(陽刃)을 만난 팔자인데 거기에 맞춰 오술합(午戌合)에 뿌리를 내린 병화(丙火) 칠살(七殺)이 투출하고 있다는 점입니다.

그래서 이 명조는 양인용살(陽刃用殺)을 구성하므로 성격(成格)하게 됩니다.
양인(陽刃)에서는 칠살을 정관처럼 사용을 합니다. 곧 정관을 재인(財印)이 보좌하듯이 칠살도 재성과 인수로 보좌하는 것입니다.
정관은 존귀함으로 재인(財印)이 보좌함은 마땅한데 칠살을 재인(財印)으로 보좌하는 이유는 무엇인가요? 그것은 양인의 흉폭함이 극렬하므로 칠살이 아니면 그 횡포를 막을 자가 없기 때문입니다 따라서 "양인격에서는 칠살을 정관처럼 생각하라"고 말을 했던 것입니다.

34 칠살격에서 양인(陽刃)으로 칠살을 감당하는 격국

時	日	月	年	곤명
정재		비견	겁재	六神
己	甲	甲	乙	天干
巳	寅	申	卯	地支
식신	비견	편관	겁재	六神

71	61	51	41	31	21	11	1	
壬	辛	庚	己	戊	丁	丙	乙	대운
辰	卯	寅	丑	子	亥	戌	酉	

이 여자 분은 일찍 은행에 취직해서 현재 지점장입니다. 특히 기업대출 영업에 능력이 뛰어나다고 합니다. 다만 높은 연봉에 비해 모은 돈은 별로 없습니다. 이 분의 격국은 무엇으로 볼 수 있겠습니까?

【자평진전】에서 말하길 "칠살격에서 식신의 제살이 없이 양인(陽刃)으로 칠살을 감당하는 격국이 존재한다"고 하였습니다. 이것이 살무식제이용인당살(殺無食制而用刃當殺)입니다. 곧 양인격에서는 칠살로 제복하는 길을 으뜸으로 하듯이 칠살격에서도 양인으로 합살하는 방식을 선택한 경우입니다. 그러므로 이 경우가 되면 무식신이 되면 인수운이 좋다고 설명을 하였습니다. 고로 이 명조가 이에 해당한다고 보는데 인사형으로 사화(巳火) 식신(食神)이 그 역할을 다하지 못하겠고 또한 초년 북방수(北方水)운을 진행하면서 수극화(水克火)하여 식신을 제(制)하므로 묘신(卯申)암합(暗合)이 성공적으로 된 구조입니다.

즉 묘중(卯中)의 을목(乙木)겁재(劫財)와 신중(申中)의 경금(庚金)칠살(七殺)이 암합(暗合)하여 묘신(卯申)합제(合制)가 이루어지는 것입니다. 두 양인과 칠살이 만나 합을 이루어 제화(制化)에 성공하는 것입니다. 그럴 경우에는 양인으로 칠살을 합살하는 관살제인(官殺制刃)처럼 보는 것입니다

【핵심정리】
칠살격(七殺格)에서는 살용식제(殺用食制)를 최고로 여긴다. 그런데 칠살격에서 식신의 제살이 없이 양인(陽刃)으로 칠살을 감당해야 하는 경우가 있다. 이것을 살무식제이용인당살(殺無食制而用刃當殺)이라 한다. 만약, 칠살이 경미(輕微)하고 양인(陽刃)이 중(重)하다면 당연히 칠살을 돕는 운으로 가야 좋다.

만약, 반대로 양인이 경미(輕微)하고 칠살이 왕하다면 마땅히 질살을 제복(制伏)하는 운으로 가야 하는데 원국에 식신이 없다면 도식(倒食)이라는 말도 없는 것이니 무(無)식신에는 인수운이라도 좋다. 또한 칠살격에서는 정관이 섞이는 것은 탁해지므로 불리하다.

35 쌍봉칠살(雙峰七殺)을 만났는데 화살(化殺) 해주는 인수가 손상되었다.

時	日	月	年	세운	대운39	곤명
편재		인수	편관	편관	정재	六神
庚	丙	乙	壬	壬	辛	天干
寅	辰	巳	戌	寅	丑	地支
편인	식신	비견	식신	편인	상관	六神

이 여자 분은 계묘(癸卯) 대운에 신사(辛巳) 2001년 국내 유명 사립대 K 대학교 의상학과 입학하였고 결혼 후에 전업주부로 생활하다가 작년인 신축(辛丑)대운 임인(壬寅)년에 남편이 부동산 담보대출을 받아 주식투자를 하여 7억을 날렸습니다. 계묘(癸卯)년부터 가계의 빚을 갚기 위해서 주말마다 백화점에서 아르바이트를 시작하였다고 합니다.

이 명조는 임수(壬水)가 칠살(七殺)인데 다시 임인년(壬寅年)에 임수(壬水) 칠살(七殺)이 등장하는 겁니다. 이것을 쌍봉칠살(雙峰七殺)을 만났다고 말합니다. 그런데 이 명조는 을목(乙木)으로 화살생신(化殺生身)하는 구조이므로 신금운(辛金運)에 을신충거(乙辛沖去)로 을목(乙木)이 제거가 된 상태이니 흉한 사건이 일어나지 않겠습니까?
그러므로 이 명조는 신금(辛金)대운에는 재생살(財生殺)이 되다가 을신충(乙辛沖)하므로 화살(化殺)해주는 인수손상이 두려운 겁니다. 따라서 신축운(辛丑運)에는 을신충으로 인수가 파괴되는 것이니 크게 불길하고 을목(乙木)이 인수이므로 문서로 인한 피해를 말해주는 것입니다.

또한 신금(辛金)이 임수(壬水)를 재생살(財生殺)하므로 남편문제이고 신금(辛金)이 을신충(乙辛沖)으로 인수를 제거한 것은 역시 남편이 문서를 잘못 사용했다고 보는 것이죠. 이런 것을 다시 확인하려면 지지를 분석해야 하는데 신축(辛丑)의 물상은 그 자체로 재성입고처(財星入庫處)가 됩니다.

이것이 축술형(丑戌刑)이 되면 신금(辛金) 재물이 축토(丑土)에 입고(入庫)되므로 큰 손재수의 상이 나타나는 것입니다. 이로 인해 술(戌)중 정화(丁火)가 충출(沖出)하여 정임(丁壬)합거(合去)의 상(像)이 되므로 남편 임수가 도망(去)가는 모습이죠. 남편이 사라진 이유가 재물손괴로 인한 것임을 알 수 있습니다.

그러므로 문서운과 재물운이 모두 불길한데 집문서, 주식, 부동산 문서, 계약문서 진행할 일이 생기면 하지 말아야 하고 신중을 기해야 합니다.

【참고문헌 및 도움주신 분】

滴天髓闡微 적천수천미 중화민국 무릉출판사유한공사
滴天髓徵義 적천수징의 중화민국 무릉출판사유한공사
滴天髓補註 적천수보주 중화민국 무릉출판사유한공사
淵海子平 연해자평 중화민국 무릉출판사유한공사
窮通寶鑑 궁통보감 중화민국 무릉출판사유한공사
命理正宗 명리정종 중화민국 무릉출판사유한공사
命理約言 명리약언 중화민국 무릉출판사유한공사
神峰通考 신봉통고 중화민국 무릉출판사유한공사
滴天髓 적천수 중화민국 무릉출판사유한공사

역학동의 청명님과 회원님
대원명리학님
서상원님
태양님
청운님
인당님
백담님
홍산님
무술님
하륜지산님

그 외 도움을 주신 많은 분께 감사드립니다.